Thomas Schweizer

Muster sozialer Ordnung

Netzwerkanalyse als Fundament
der Sozialethnologie

Dietrich Reimer Verlag Berlin

Gedruckt mit Mitteln aus dem Leibniz-Programm
der Deutschen Forschungsgemeinschaft

Die Deutsche Bibliothek - CIP-Einheitsaufnahme

Schweizer, Thomas:
Muster sozialer Ordnung : Netzwerkanalyse als Fundament der
Sozialethnologie / Thomas Schweizer. – Berlin : Reimer, 1996
ISBN 3-496-02613-8

© 1996 by Dietrich Reimer Verlag
Dr. Friedrich Kaufmann
Unter den Eichen 57
12203 Berlin

Gedruckt auf alterungsbeständigem Papier

Umschlaggestaltung: Nicola Käthner, Berlin

Alle Rechte vorbehalten
Printed in Germany

ISBN 3-496-02613-8

Zur Erinnerung an
J. Clyde Mitchell
(21.6.1918-15.11.1995)
Begründer der Netzwerkanalyse
in der Sozialethnologie

Inhaltsverzeichnis

VORWORT 9

1 NETZWERKANALYSE ALS GRUNDLAGE DER SOZIALETHNOLOGIE ... 13
Die Entwicklung des Netzwerkdenkens 13
Themenübersicht 21
Die Entdeckung der Netzwerkanalyse: eine selbstreflexive Notiz 24

2 DIE SOZIALSTRUKTUR ALS PROBLEM DER ETHNOLOGISCHEN FORSCHUNG 29
Einleitung 29
Die Sozialstruktur als klassisches Problem 31
Die heutige Sicht: Soziale Netzwerke und Rational Choice 36
Netzwerkmodelle der Sozialstruktur 37
Die Theorie des rationalen Handelns und die Mikro/Makro- sowie Wandelsproblematik 38
Ein Anwendungsfall: Der Machtkampf in einer chinesischen Gemeinde 42
Ausblick auf Forschungsschwerpunkte 53

3 KULTUR ALS TEXT? DAS VERNACHLÄSSIGTE PROBLEM DER SOZIALEN ORDNUNG 55
Einleitung 56
Kultur als Text 59
   Kultur als homogener Text: Clifford Geertz *60*
   Kultur als polyphoner Text: die postmoderne Kritik *61*
Diskussion der Standpunkte 64
   Kritik der Theorie von Kultur-als-Text *64*

Eine Theorieskizze als Syntheseversuch 69
Fallbeispiel I: Der reziproke Gabentausch der !Kung 71
Rahmenbedingungen 72
Die Situation der Akteure und der Gabentausch 73
Eine Netzwerkanalyse des hxaro-Gabentauschs 75
Fallbeispiel II: Rituale in einem javanischen Dorf 83
Rahmenbedingungen 83
Die Situation der Akteure 85
Die Rituale 86
Eine Netzwerkanalyse der slametan- Ordnungsmuster 92
Zusammenfassung der Fallstudie 106
Was kommt nach der Postmoderne? 108

4 STRUKTUR UND HANDELN: DIE THEORETISCHEN AUSSAGEN DER NETZWERKANALYSE 111

Einleitung 111
Kohäsion und Handeln 114
Schwache Beziehungen, strukturelle Löcher und lachende Dritte 117
Identität und Kontrolle als Grundmomente des sozialen Lebens 131
Netzstruktur, Kognitionen und Handlungsfreiheit 135
Synthese und offene Probleme: Netzwerkdynamik 147

5 EINE EINFÜHRUNG IN DIE FORMALEN GRUNDLAGEN DER NETZWERKANALYSE 157

Einleitung 158
Relationale Daten 161
Der Kularing als regionales Tauschnetz 162
Damen der Gesellschaft und soziale Ereignisse in Old City/ Deep South 165
Klassifikation relationaler Daten 168
Formale Analyseverfahren 177
Graphentheoretische Kennwerte 179
Dichte und Vollständigkeit 179
Komponente 181
Cutpoint, Brücke, Block und Lambda-Set 182
Zentralität und Zentralisiertheit 185
Grad-Zentralität und -Zentralisiertheit 185
Closeness-Zentralität und -Zentralisiertheit 188
Betweeness-Zentralität und -Zentralisiertheit 190

Relationsanalyse 193
Positionsanalyse 196
    Strukturelle Äquivalenz, Blockmodell und Bildstruktur *198*
    Ein Blockmodell des Kularings *199*
Diskussion und Ausblick 204

6 SPEZIELLE VERFAHREN DER SOZIALSTRUKTURANALYSE **209**

Einleitung 210
Vergleich von Netzwerken (QAP-Korrelationsanalyse) 214
    Grundlagen *214*
    Beispiel: Heiratsbeziehungen zwischen indianischen
    Sprachgemeinschaften *217*
Verwandtschaftanalyse (Pgraph) 220
    Grundlagen *220*
    Beispiel: Das Verwandtschaftsnetz in einem javanischen Weiler *227*
Konsensusanalyse 235
    Grundlagen *235*
    Beispiel: Kultureller Konsens unter Anonymen Alkoholikern *238*
Die Untersuchung persönlicher Netzwerke 243
    Grundlagen *243*
    Beispiel: Soziale Beziehungen in Costa Mesa, Kalifornien *252*

7 FAZIT: DAS FORSCHUNGSPROGRAMM DER
NETZWERKANALYSE **255**

ANHANG: WEITERFÜHRENDE INFORMATIONEN **265**

A. Nachrichten und Zeitschriften 265
B. Elektronische Informationsquellen 266
C. Software 266

LITERATURVERZEICHNIS **269**

REGISTER **309**

Vorwort

Dieses Buch behandelt die Versuche aus der Ethnologie und verwandten Sozialwissenschaften, die Muster sozialer Ordnung in ihrem Gegenstandsbereich empirisch zu beschreiben und theoretisch zu erklären. Dies geschieht im Rahmen der Analyse sozialer Netzwerke, einer interdisziplinär ausgerichteten und international betriebenen Forschungsrichtung. Diese wurde in den sechziger Jahren in der britischen Ethnologie mitbegründet. In der Gegenwart hat sie Impulse aus vielen Fächern erhalten und aufgenommen. Hier möchte ich an Beispielen aus der und für die Ethnologie aufzeigen, welche Perspektive zur Theorie und Methode der Sozialstrukturanalyse dieser Forschungsverbund hervorgebracht hat.

Der Sammelband zur Netzwerkanalyse in der Ethnologie, den ich 1989 herausgegeben habe, enthält Fallbeispiele und methodologische Beiträge. Im vorliegenden Buch stelle ich den heutigen Forschungsstand zur Theorie und Methodik vor, der sich seit damals gewandelt hat. In der aktuellen Netzwerkforschung sind gegenüber den Beschreibungsproblemen von Netzwerken die Erklärungsprobleme wichtiger geworden. Auch hat sich das theoretische Umfeld verändert, weil mittlerweile der Zusammenhang zwischen Strukturen und Handlungen in der sozialen Praxis, aber auch die Verbindung von Kognitionen und Netzwerken („Wissen und Macht") das Zentrum aktueller Debatten bilden. Es entspricht der ethnologischen Forschungsstrategie, daß theoretische und methodologische Erkenntnisse an ethnographischen Fällen entwickelt und begründet werden. Deshalb ist auch die vorliegende theorie- und methodenbezogene Darstellung fallorientiert. Die ethnographischen Fälle stehen jedoch gegenüber theoretischen und methodischen Erwägungen nicht im Vordergrund.

Um Mißverständnissen vorzubeugen, möchte ich eingangs feststellen, daß die Suche nach Ordnungsmustern in sozialen Daten als eine Möglichkeit auch die Erkenntnis von „Unordnung" einschließt. Die im methodischen Teil des Buches vorgestellten Auswertungsverfahren entdecken nämlich im extremen Fall, daß Daten lediglich ein Zufallsmuster enthalten, und in dem untersuchten sozialen Bereich *keine* Ordnung herrscht. Der Vorteil der formalen Analyse besteht genau darin, daß sie das tatsächliche Ordnungsmuster in den Daten (das „Signal" oder *pattern*) vom „Rauschen" des Zufalls (*noise*) trennen und zudem Zwischenstufen zwischen perfekter Ordnung und gänzlicher Unordnung unterscheiden kann.

Es ist für die heutige Forschungspraxis, zumal in einem zwischen verschiedenen Fächern und Ländern angesiedelten Forschungszweig wie der Netzwerkanalyse, charakteristisch, daß Forschungen kooperativ angelegt sind und vielfältige Einflüsse aufnehmen. An dieser Stelle möchte ich denjenigen danken, die durch exemplarische Arbeiten, aber auch gemeinsame Projekte und Diskussionen meine Sicht der Netzwerkanalyse in den letzten Jahren geprägt haben: Doug White und Lin Freeman von der University of California in Irvine; Russ Bernard von der University of Florida, Gainesville; Alain Degenne und Vincent Duquenne vom CNRS aus Caen bzw. Paris; ein Diskussionszirkel bestehend aus Hans-Jochen Hummell, Peter Kappelhoff, Lothar Krempel, Wolfgang Sodeur und mir in Nordrhein-Westfalen; im Kölner Institut für Völkerkunde Monika Böck, Michael Bollig, Christoph Brumann, Joachim Görlich, Hartmut Lang, Michael Schnegg und weitere Teilnehmer/innen aus meinem Forschungskolloquium und den Lehrveranstaltungen zur Analyse sozialer Netzwerke. Dem Leibniz-Programm der Deutschen Forschungsgemeinschaft verdanke ich die Möglichkeit, während eines Freisemesters dieses Buch schreiben zu können, und eine Beihilfe für die Drucklegung. Die Alexander von Humboldt Stiftung und die Deutsche Forschungsgemeinschaft haben den Austausch mit den amerikanischen Kollegen ermöglicht, und die Robert Bosch Stiftung hat die französischen Kontakte gefördert.

Für ihre genaue Lektüre des Manuskripts und den Hinweis auf Unklarheiten und Verbesserungen danke ich Christine Avenarius-Herborn, Christoph Brumann, Stefanie Lang, Julia Pauli, Michael Schnegg, Walter Schulze und Barbara Zschoch. Sara Thesen unterstützte mich bei der Literaturbeschaffung, dem Erstellen des Literaturverzeichnisses, zeichnete einen Teil der Abbildungen und verfertigte das Layout, an dem auch Götz Leineweber beteiligt war. Allen genannten Personen und Institutionen danke ich für ihre Unterstützung. Doch habe ich nicht jeden Ratschlag befolgt, und für das Ergebnis bin ich alleine verantwortlich.

Vorwort

Margarete Schweizer und meine Kinder sorgten für den auch beim Schreiben notwendigen Realitätskontakt und verhinderten auf diese Weise manche unverständliche gedankliche Pirouette im Text. Einige Klärungen, etliche stilistische Vereinfachungen und das produktive Umfeld verdanke ich meiner Frau.

Das Buch ist dem Gedenken des kürzlich verstorbenen J. Clyde Mitchell (Oxford) gewidmet, der Rituale als Ausdruck sozialer Beziehungen gedeutet und die verwickelten Interaktionen afrikanischer Stadtbewohnern im Kupfergürtel Zentralafrikas untersucht hat. Clyde war einer der ersten, der formale Verfahren zur Auswertung ethnologischer Daten benutzt und entwickelt hat. Er wies damit der heutigen Netzwerkforschung den Weg und hat auch einige meiner Arbeiten mit Sympathie, kritischem Ratschlag und britischem Humor begleitet, wofür ich ihm sehr dankbar bin.

Köln, im Juni 1996   *Thomas Schweizer*

1 Netzwerkanalyse als Grundlage der Sozialethnologie

In diesem Kapitel wird die Bedeutung des Netzwerkdenkens für die heutige Sozialethnologie erörtert. Während wichtige Netzwerkideen in der Sozialethnologie entstanden sind und in einem internationalen und disziplinenübergreifenden Forschungsverbund aufgegriffen wurden, hat die Untersuchung sozialer Organisation innerhalb der Ethnologie mit der Abkehr vom Strukturfunktionalismus und der Hinwendung zu symbolbezogenen Forschungsrichtungen in den siebziger und achtziger Jahren an Bedeutung verloren. In den neunziger Jahren ist das ethnologische Interesse an der Erforschung sozialer Beziehungen wiedererwacht. Die heutige Netzwerkforschung liefert grundlegende formale Begriffe, Verfahren und Hypothesen zur Beschreibung und Erklärung auch komplexer sozialer Beziehungsgefüge, die die Sozialethnologie zu ihrem Vorteil nutzen kann. In diesem Kapitel skizziere ich die Entwicklung des Netzwerkdenkens, stelle in einem Themenüberblick die Kapitel dieses Buches vor und lege dar, wie ich selbst zur Netzwerkanalyse fand.

Die Entwicklung des Netzwerkdenkens

Die Erforschung der Einheit und der Vielfalt menschlicher Kultur ist die Aufgabe der Ethnologie als wissenschaftlicher Disziplin, die im angloamerikanischen Sprachraum als *Social Anthropology* oder *Cultural Anthropology* bezeichnet wird (Borofsky 1994). Aus Gründen der wissenschaftlichen Arbeitsteilung und der Fachtradition liegt das Schwergewicht der Ethnologie bei der Untersuchung nicht-westlicher und nicht-industrialisierter Gesellschaften und ihrer Wandlungen in der Gegenwart. Heute schließt dies komplexe Gesellschaften, Stadtkulturen und interethnische Beziehungsgeflechte als ethnologische Gegenstände ein. Feldforschungen, d.h. etwa einjährige Aufenthalte in überschaubaren lokalen und sozialen Einheiten mit dem Ziel, die wichtigsten Lebensbereiche vor Ort – Wirtschaft, soziale und politische Organisation, Religion – aus der Nähe und im Zusammenhang zu dokumentieren, sind die wichtigste Methode der Ethnologie zur Gewinnung neuer empirischer Daten (Bernard 1994). Daneben liefern interkulturelle Vergleiche innerhalb von Regionen, im Zeitablauf und zwischen verschiedenen, auch räumlich/ zeitlich getrennten Kulturen wesentliche methodische Beiträge zur Systematisierung der Einzelbefunde und zur theoretischen Verallgemeinerung über die menschliche Kultur. Solche Vergleiche stützen sich meist auf bereits vorhandene ethnographische Beschreibungen.

Sozialethnologie ist derjenige Bereich des Fachs, der sich mit sozialen Beziehungen und den aus dem Handeln der Individuen gestifteten und vielfach in soziale Gruppen gebundenen Ordnungsmustern der sozialen Beziehungen befaßt. Das in einem sozialen System vorhandene übergreifende Ordnungsmuster – also das Gesamtgefüge der sozialen Beziehungen und der daraus gestifteten sozialen Gruppen – wurde in der älteren Literatur auch als *Sozialstruktur* bezeichnet (Radcliffe-Brown 1952: Kap. X; Nadel 1957: Kap. I; vgl. Kapitel 2 dieses Buches). *Soziale Beziehung* ist demgegenüber als elementarer Begriff zu verstehen, der jedwede mit Sinn versehene Handlung zwischen Akteuren bezeichnet.[1] Verwandtschaft, soziale Unterstützung, wirtschaftlicher Austausch, Ausübung politischer Macht oder Kommunikation zwischen Akteuren bilden sozialen Beziehungen unterschiedlichen Inhalts. Soziale Beziehungen, vor allem wenn sie zwischen Akteuren wiederholt vorkommen oder dauerhafter angelegt sind, erzeugen unter den Akteuren bestimmte Ordnungsmuster. Diese Muster sozialer Beziehungen weisen unterschiedliche Formen auf und können sich z.B. im Grad ihrer Hierarchie, Verbundenheit oder Dichte unterscheiden. In heutiger Sicht ist alles Handeln prozeßhaft zu deuten. Selbst soziale Institutionen – als Standardisierung wiederkehrender sozialer Beziehungen – sind lediglich als in Teilen von einzelnen Akteuren geplantes, aber in Teilen auch unbeabsichtigtes Ergebnis des Zusammenspiels vieler individueller Akteure zu erklären. Akteure verfolgen Ziele, die sie in einem sozialen Raum im Wechselspiel mit Mitspielern und nach Maßgabe ihrer

---

[1] Der Ausdruck „Akteur" umfaßt in diesem Buch sowohl Frauen als auch Männer. Gleiches gilt für die Bezeichnungen „Ego" und „Alter" in späteren Kapiteln.

Ressourcen strategisch zu erreichen trachten. Die Sozialethnologie interessiert sich dafür, wie diese Ziele zustande kommen (wie sie sozialisiert wurden); wie die Handlungen im Alltag sozial erlernt und vermittelt werden; wie die Akteure mit ihren Zielen und Ressourcen in soziale Beziehungsmuster, die bestimmte Handlungen begünstigen oder einschränken, eingebettet sind; und wie die sozialen Ordnungsmuster aus dem Handeln der Einzelnen hervorgebracht werden. Alle diese Elemente – die Ziele, Ressourcen, strategischen Handlungen und die daraus erzeugten Beziehungsmuster – sind veränderlich. Es gibt zwar stabilere Momente in diesem Fluß sozialer Beziehungen, nämlich Institutionen als verfestigte Ordnungsmuster (z.B. soziale Gruppen als Zusammenschluß von Individuen mit bestimmten gemeinsamen Zielen und Handlungsweisen), doch muß beschrieben und erklärt werden, wie diese Institutionen entstanden sind und sich verändern.

Im traditionellen Gegenstandsbereich der Sozialethnologie spielte die Verwandtschaft, also die sozialen Beziehungen und Gruppen, die durch gemeinsame Abstammung und Heirat gestiftet werden, eine große Rolle, weil Verwandtschaft in nicht-industrialisierten Gesellschaften und vor allem in solchen ohne Zentralgewalt (Middleton und Tait 1958) als übergreifendes Strukturprinzip auf viele Lebensbereiche einwirkt. Als Kernbereich der Sozialethnologie galt daher die Verwandtschaftsethnologie (Keesing 1975 als Überblick). Einige herausragende Fallstudien aus der die Ethnologie in den dreißiger bis frühen sechziger Jahren dieses Jahrhunderts dominierenden britischen *Social Anthropology* (Kuper 1983; Goody 1995) stellen folglich Verwandtschaftsinstitutionen ins Zentrum: E.E. Evans-Pritchard (1940) über die Nuer, M. Fortes (1945, 1949) über die Tallensi Afrikas, R. Firth (1936) über die Pazifikinsel Tikopia und E.R. Leach (1964 [1954]) über die Kachin im Hochland von Burma. Auch die theoretische Diskussion jener Zeit war vom Nachdenken über Verwandtschaftsinstitutionen bestimmt: A.R. Radcliffe-Brown (1952) schärft seine theoretischen Überlegungen zum Strukturfunktionalismus an empirischen Beispielen über Verwandtschaft. In E.R. Leachs (1966 [1961]) theoretischer Standortbestimmung der Ethnologie bilden Beispiele aus der Verwandtschaftsethnologie den Mittelpunkt. G.P. Murdocks (1949) großangelegter statistischer interkultureller Vergleich prüft den Zusammenhang von Verwandtschaftsinstitutionen. C. Lévi-Strauss (1949) analysiert die aus dem Frauentausch zwischen Verwandtschaftsgruppen entstehenden zyklischen Muster der Allianzbildung. In den späten sechziger Jahren wurden diese

Impulse aus der Verwandtschaftsethnologie schwächer. Zum einen erweiterten Ethnologen als Reaktion auf Veränderungen in ihrem Gegenstandsbereich ihren Fokus und wandten sich auch Städten und komplexen Gesellschaften zu, in denen Verwandtschaft eine weniger dominante Rolle spielte (Banton 1966). Für die flüchtigen, nur teilweise von Verwandtschaft bestimmten sozialen Beziehungen in den multiethnischen, von saisonalen Booms geprägten Minenstädten Zentralafrikas und das weder durch Verwandtschaft noch durch Erwerbsarbeit geprägte Feld von Freundschaftsbeziehungen in einer norwegischen Gemeinde prägten J.C. Mitchell (1969b) und J.A. Barnes (1954) den Begriff des sozialen Netzwerks. Sie definierten ein soziales Netzwerk als „a specific set of linkages among a defined set of persons, with the additional property that the characteristics of these linkages as a whole may be used to interpret the social behavior of the persons involved." (Mitchell 1969a: 2). Die Netzwerkanalyse verstanden sie als flexible Ergänzung der strukturfunktionalistisch geprägten Untersuchung von verfestigten (Verwandtschafts-) Institutionen. Sie waren der Auffassung, daß die Analyse sozialer Netzwerke sich besonders für die Untersuchung diffuser und schwach institutionalisierter sozialer Beziehungsgeflechte in komplexen oder sich in raschem Wandel befindlichen traditionellen Gesellschaften eignet (so auch E. Bott 1971 [1957] in ihrer wegweisenden Netzwerkanalyse der häuslichen Arbeitsteilung unter Londoner Familien, vgl. Freeman und Wellman 1995). Ein zweiter Grund für die Abkehr von der Verwandtschaftsethnologie hängt mit der Debatte über die Leistung des Strukturfunktionalismus zusammen und hatte zugleich Auswirkungen auf die Verbreitung der ethnologischen Netzwerkanalyse. Die damals von Barnes, Bott und Mitchell entwickelte Netzwerkanalyse war bereits eine konstruktive Antwort auf eine allgemeine Kritik am Strukturfunktionalismus, die dessen Unvermögen zur Beschreibung und Erklärung individuellen Handelns und letztlich zur Erklärung des Entstehens von Institutionen hervorhob. Der Strukturfunktionalismus erschien dem Fach insgesamt als zu starr und gleichgewichtsorientiert. Er konnte sozialen Wandel nicht befriedigend erklären. In den sechziger und siebziger Jahren wandten sich viele Ethnologen vom Strukturfunktionalismus ab und symbolbezogenen Forschungsrichtungen zu (Strukturalismus, kognitive, symbolische und interpretative Ethnologie als neue Forschungsrichtungen). Diese rückten kulturelle Bedeutungssysteme und das Wissen der Angehörigen fremder Kulturen in den Vordergrund des Interesses und eröffneten damit völlig neue

Fragestellungen.² Im Gefolge dieses Paradigmenwechsels geriet auch die ethnologische Netzwerkanalyse ins Abseits, weil das Fach mit der Abkehr vom Strukturfunktionalismus das gesamte Feld der Analyse sozialer Beziehungen und der Muster sozialer Organisation mehr oder weniger aufgab. Auch die Verwandtschaftsethnologie wurde von dieser symbolischen Wende erfaßt. So betonte D.M. Schneider (1984) die variable Bedeutung von Verwandtschaftsbegriffen zwischen Kulturen und zog mit diesem Argument den Wert der interkulturell vergleichenden Forschung über Verwandtschaft in Zweifel (zur Kritik s. Lang 1989; Shimizu 1991; White und Jorion 1996). Verwandtschaft und andere soziale Beziehungen und die daraus entstehenden Beziehungsgefüge wurden zwar weiterhin empirisch beschrieben – insoweit übte die von den Ethnographen erfahrene soziale Realität einen Einfluß gegen die herrschenden Theorieströmungen aus – aber der Gegenstand der Sozialethnologie und besonders der verwandtschaftsethnologische Teilbereich galten innerhalb der Fachwelt in den siebziger und achtziger Jahren als altmodisch und theoretisch uninteressant.

Hingegen wurden in derselben Zeit die Ideen der Strukturfunktionalisten, besonders die theoretischen Überlegungen der Vordenker A.R. Radcliffe-Brown (1952) und S.F. Nadel (1957), und der Pioniere der Netzwerkanalyse (Barnes 1954; Bott 1971; Mitchell 1969b; weitere Aufsätze in Leinhardt 1977: Tl. III) außerhalb des Fachs aufgegriffen und mit Entwicklungen aus der Sozialpsychologie, Kommunikationswissenschaft, Soziologie, mathematischen Graphentheorie, Statistik und Computerwissenschaft verbunden. Der in den sechziger und siebziger Jahren an der Harvard Universität lehrende mathematische Soziologe Harrison White und sein Schülerkreis und ein interdisziplinärer Verbund von Forschern an der School of Social Sciences der University of California in Irvine waren die Hauptzentren dieser neuen Synthesen. Die heutige Netzwerkanalyse entstand aus diesen unterschiedlichen Einflüssen als eine neue interdisziplinär und international ausgerichtete sozial- und verhaltenswissenschaftliche Forschungsrichtung. (1) Die ältere ethnologische Gegenüberstellung von verfestigten, institutionalisierten Sozialbeziehungen (Beispiel Verwandtschaft in Stammesgesellschaften) einerseits und veränderlichen, lockeren Beziehungen im

---

² Eine kleine Auswahl dieser in sich unterschiedlichen Positionen vermitteln die Arbeiten von Lévi-Strauss 1967, 1968; Geertz 1973, 1983a, b; Dolgin, Kemnitzer und Schneider 1977; Sahlins 1976, 1986; Shweder und LeVine 1984; Borofsky 1994: Tl. 4; D'Andrade 1995a.

Stadt- und modernen Kontext andererseits wurde überwunden, weil man diesen Unterschied heute nur noch graduell auffaßt. Zudem wurde erkannt, daß es sowohl in traditionellen als auch in modernen Gesellschaften starke, institutionell verfestigte Bindungen neben flüchtigen, schwächeren Beziehungen gibt. In dieser umfassenderen Sicht hatten sowohl die Strukturfunktionalisten als auch die ethnologischen Netzwerkanalytiker ein gemeinsames Anliegen: soziale Beziehungen zu erfassen, das ihnen unterliegende Muster zu entwirren und das Handeln der Akteure aus der Struktur des umgebenden Beziehungsmusters zu erklären (Foster 1978/79). Ein Netzwerk kann demzufolge sowohl aus schwachen als auch aus stärker institutionell verfestigten sozialen Beziehungen gebildet sein. Die „strukturelle" Betrachtungsweise ist in beiden Fällen gleich (Wellman und Berkowitz 1988; Wasserman und Galaskiewicz 1994). (2) Der wesentliche Mangel der älteren sozialethnologischen Forschungsansätze bestand darin, daß sie ihre theoretischen und methodischen Ideen zur Sozialstruktur nicht auf produktive und kontrollierte Weise mit den empirischen Detaildaten in Beziehung zu setzen vermochten und ihre Erklärungsversuche sozialen Handelns deshalb unbefriedigend waren. Die klassischen Sozialtheoretiker lieferten einerseits sehr abstrakte Modelle der von ihnen untersuchten Gesellschaften, ließen jedoch den Bezug zu konkreten Handlungen der individuellen Akteure vermissen. Andererseits waren einige der ethnologischen Netzwerkstudien empirisch sehr reich, erzielten aber nicht eine empirisch begründete Reduktion der Beobachtungsvielfalt, so daß das soziale Ordnungsmuster in seiner Gesamtheit hätte erfaßt werden können (Boissevain 1973). Der Weitsicht von Barnes und Mitchell ist die Erkenntnis zu verdanken, daß die mathematische Graphentheorie eine Möglichkeit zur formalen Durchdringung sozialer Beziehungsmuster liefert. In der späteren Zusammenarbeit von Wissenschaftlern mit ganz unterschiedlichem Hintergrund im Rahmen der heutigen Netzwerkanalyse wurden aus der mathematischen Graphentheorie, aber auch anderen Bereichen der Mathematik und Statistik, formale Begriffe entlehnt und Rechenverfahren entwickelt, die die Verbindung zwischen reichen empirischen Daten und abstrakten Strukturen (als Muster sozialer Beziehungen) herstellen. So ist es mittlerweile möglich, einige der Fragen aus der klassischen Sozialethnologie und frühen ethnologischen Netzwerkforschung mit Hilfe der heutigen Netzwerkanalyse überhaupt und besser als damals beantworten zu können. Die Netzwerkanalyse stellt dabei einen allgemeinen und umfassenden formalen Apparat für die differenzierte Beschreibung, analytische Zergliederung und Visualisierung auch komplexer Beziehungsmuster bereit. Auch liefert sie theoretische Ideen zur Erklärung der mit diesen formalen Mitteln aufgefundenen Ordnungen. Nun ist die Ethnologie an der Reihe, diese Impulse wieder aufzugreifen.

Die Ethnologie befindet sich gegenwärtig in einer Phase, in der eine Rückbesinnung auf die Muster sozialer Organisation begonnen hat (Kuper 1992). Auch die Verwandtschaftsethnologie nimmt damit einen neuen Aufschwung (Robertson 1991; Peletz 1995; Godelier und Trautmann 1996), wobei Netzwerkideen einen wichtigen Anstoß zu dieser Neubelebung gegeben haben (White und Jorion 1992, 1996; Brudner-White und White 1997; Schweizer und White 1996; White und Houseman 1995). Verwandtschaftsbeziehungen sind allerdings nur ein Teil der sozialen Beziehungen, die mit den Verfahren der Netzwerkanalyse untersucht werden können. Zu Recht hat Hannerz (1992) darauf verwiesen, daß die Einbettung lokaler Gemeinschaften in ein globales ökonomisches, politisches, soziales und kommunikatives Netz von der Netzwerkanalyse bearbeitet werden sollte (selbst wenn er dies nicht empirisch umsetzt und an den älteren ethnologischen statt an den neueren interdisziplinären Forschungsstand der Netzwerkanalyse anknüpfen will). Auch die Theorien sozialer Praxis (Bourdieu 1976; Barth 1992, 1994; Strauss und Quinn 1994), die das Handeln der Individuen zwar in einem aus sozialen Beziehungsmustern (ökonomischen, sozialen und politischen Strukturen) gebildeten Gefüge analysieren, doch den verbliebenen Handlungsspielraum der Akteure betonen, benötigen präzise Begriffe und Verfahren zur Charakterisierung der strukturellen Rahmenbedingungen. Die heutige Netzwerkanalyse liefert beides. Selbst zu den postmodernen Debatten in der amerikanischen Ethnologie (Clifford und Marcus 1986; Marcus und Fischer 1986; Berg und Fuchs 1993; Dirks, Eley und Ortner 1994) finden sich Anknüpfungspunkte, geht es dort doch unter anderem um die 'Situiertheit von Diskursen', d.h. die soziale Einbettung kulturellen Wissens, die auch von Netzwerkforschern und kognitiven Ethnologen zunehmend untersucht wird (D'Andrade 1995a: Kap. 8; Wimmer 1995; Böck 1996).

Eine Reihe sehr guter Lehrbücher erläutern die theoretischen und methodischen Leitideen sowie die formalen Begriffe und Verfahren der Netzwerkanalyse (Wellman und Berkowitz 1988; Wasserman und Faust 1994; Wasserman und Galaskiewicz 1994 als Hauptwerke; weiterhin Freeman, White und Romney 1989; Scott 1991; Degenne und Forsé

1994; Pappi 1987 und Schenk 1995 zur Vertiefung). Diese Arbeiten sind jedoch nicht speziell von Ethnologen für Ethnologen verfaßt, so daß ein fachspezifischer Zugriff fehlt, der an die besondere Datenlage, die speziellen empirischen Probleme und die aktuellen theoretischen Fragen dieser Disziplin anknüpfen kann (Mitchell 1974; Foster 1978/79; Schweizer 1989a; Johnson 1994 als Aufsätze mit dieser Zielsetzung). In Hage und Hararys bahnbrechenden Werken (1984, 1991, 1996) stehen ethnologische Anwendungen der Graphentheorie im Vordergrund; aber andere Verfahren sowie die theoretischen Aussagen der Netzwerkanalyse fehlen. In den neunziger Jahren sind neue, leistungsfähige Verfahren der Analyse sozialer Beziehungsmuster entwickelt worden. Anstelle der Methodenprobleme rücken nun, wie schon im Vorwort erwähnt, die Erklärungsprobleme von Netzwerken zunehmend in den Vordergrund des Interesses (Burt 1992; H. White 1992; Emirbayer und Goodwin 1994; Wasserman und Galaskiewicz 1994). Die Fragen, wie Strukturen und Handlungen zusammenhängen und wie kulturelle Bedeutungen mit sozialen Beziehungen verwoben sind, hatten in den achtziger Jahren noch nicht das Gewicht, das ihnen heute zukommt. In diesem Buch möchte ich deshalb den aktuellen methodischen und theoretischen Stand der Netzwerkanalyse aus ethnologischer Sicht darstellen und diskutieren. Beabsichtigt ist allerdings nicht die systematische Durchdringung des gesamten Stoffs in Form eines umfassenden Lehrbuchs, sondern vielmehr eine Bündelung gesonderter Kapitel, die jeweils für sich ein methodisches oder theoretisches Problem der Netzwerkanalyse aufgreifen und einer Lösung zuführen sollen. Die Probleme und Lösungen werden an empirischen Beispielen entwickelt oder illustriert. Entstanden sind die Beiträge aus unterschiedlichen Anlässen; die ersten Kapitel waren Fachvorträge, während die letzten für Vorlesungen und Seminare geschrieben wurden. Bis auf das Kapitel 2 wurden sie noch nicht veröffentlicht. In der Bearbeitung für diesen Band habe ich größere Überschneidungen getilgt. Ich möchte aus ethnologischer Sicht den intellektuellen Reiz der Netzwerkanalyse als eines disziplinenübergreifenden und international ausgerichteten Forschungsparadigmas unterstreichen und die fundamentale Bedeutung aufzeigen, die dem Netzwerkdenken für die moderne Sozialethnologie zukommt.

Für die praktische Durchführung von Netzwerkanalysen ist das Vorhandensein von Computerprogrammen unerläßlich. Wie ich vor allem im zweiten Kapitel zeigen werde, ist dies der entscheidende Entwicklungssprung von den Ideen der klassischen Sozialethnologie und der frühen Netzwerkanalyse hin zur aktuellen Netzwerkanalyse. Wer sich in die Netzwerkanalyse tiefer einarbeiten will, wird daher nicht umhin kommen, sich mit diesen Programmen vertraut zu machen und durch Reanalysen vorhandener oder eigener Datensätze mit Hilfe dieser Programme ein genaueres und praktisches Verständnis für die formalen Verfahren, aber auch die analysierten Daten zu gewinnen. Da die Programmversionen sehr schnellebig sind, habe ich davon abgesehen, die Kapitel über die formalen Grundlagen der Netzwerkanalyse eng an bestimmte Computerprogramme und Programmversionen anzubinden. Gleichwohl habe ich alle Auswertungen in diesem Buch, soweit nicht anders erwähnt, mit Hilfe des UCINET-Programms zur Analyse sozialer Netzwerke durchgeführt (Borgatti, Everett und Freeman 1992). Dieses Programmpaket enthält sehr viele Auswertungsverfahren und ist besonders für Einsteiger geeignet.[3]

Themenübersicht

Nach der Einleitung in die Grundanliegen der Netzwerkanalyse in diesem Kapitel befassen sich die Kapitel zwei, drei und vier im Teil I des Buches mit der Entwicklung des Netzwerkdenkens und den theoretischen Problemen der Netzwerkanalyse. Kapitel 2 richtet einen kritischen Blick zurück auf die älteren Strukturalismen der Ethnologie, während Kapitel 3 kontrastiv an textbezogene Kulturtheorien über kulturelle Bedeutungen als theoretische Alternativen zum Netzwerkdenken anknüpft. Es geht dabei um die Erkenntnis der in diesen Forschungsrichtungen aufgeworfenen und mit der Netzwerkanalyse gemeinsamen Probleme und die Prüfung, ob die heutige Netzwerkanalyse diese Aufgaben lösen kann. Darüber hinaus werden die Themen herausgearbeitet, die die Netzwerkanalyse neu erschließt und klärt. Kapitel 4 stellt die im Netzwerkdenken entwickelten eigenständigen Hypothesen zur Erklärung sozialer Ordnungsmuster vor und entwickelt eine Synthese der in den Kapiteln zwei bis vier diskutierten theoretischen Ideen. Auf diesem theoretischen Hintergrund sind die Kapitel fünf und sechs im Teil II des Buches methodischen Fragen gewidmet und bilden eine Einführung in die formalen Begriffe und Verfahren der Netzwerkanalyse. Sie sollen

---

[3] Weitere Angaben zu Programmen und Informationsquellen für die Analyse sozialer Netzwerke habe ich im Anhang zusammengestellt.

zeigen, wie man die theoretischen Gedanken methodisch umsetzen und in der Forschungpraxis anwenden kann. Im einzelnen behandeln die Kapitel die folgenden Themen:

Kapitel 2, „Die Sozialstruktur als Problem der ethnologischen Forschung", erläutert forschungsgeschichtlich die Entstehung der Netzwerkanalyse und zeigt auf, wie die heutige Netzwerkanalyse mit Hilfe der Theorie des rationalen Handelns einige Probleme der Sozialstrukturanalyse aus der klassischen Sozialethnologie lösen kann. Der Fall der politischen Konflikte in einem chinesischen Dorf dient als Beispiel zur Veranschaulichung dieses methodischen und theoretischen Anspruchs.

Kapitel 3, „Kultur als Text? Das vernachlässigte Problem der sozialen Ordnung", greift Themen der interpretativen und postmodernen Ethnologie auf, die kulturelle Bedeutungen ins Zentrum der Untersuchung stellen. Es wird argumentiert, daß diese bedeutungsbezogene Betrachtungsweise durch die Untersuchung der sozialen Netzwerke ergänzt werden muß, von denen die kulturellen Vorstellungen hervorgebracht und sozial getragen werden. An den Beispielen des reziproken Gabentauschs (*hxaro*) der !Kung-Buschleute im südwestlichen Afrika und der religiösen Rituale (*slametan*) in einem javanischen Dorf möchte ich verdeutlichen, daß es für das Verständnis der aus dem sinnhaften Handeln der Akteure entstehenden sozialen Ordnungsmuster nicht ausreicht, lediglich den Sinn dieser Institutionen und die das Handeln der Akteure lenkenden kulturellen Regeln zu kennen. Die Netzwerkanalyse erhellt den in kulturellen Bedeutungsanalysen vernachlässigten sozialen Aspekt des sozialen Handelns.

Kapitel 4, „Struktur und Handeln: Die theoretischen Aussagen der Netzwerkanalyse", ist als Sichtung des theoretischen Forschungsstands verschiedenen erklärungsbezogenen Hypothesen gewidmet, die von der Netzwerkforschung zum Zusammenhang Netzwerk/ Handeln und zum Verhältnis kultureller Bedeutungen und sozialer Strukturen entwickelt wurden. Neben ethnologischen Hypothesen zur Verbundenheit sozialer Netzwerke gehe ich auch auf soziologische Hypothesen zur Stärke schwacher Beziehungen, zu strukturellen Löchern in Netzwerken und der daraus erwachsenen strategischen Vorteile des lachenden Dritten und auf neuere Theorieansätze zum Zusammenhang von Struktur, Handeln, Kognitionen und Handlungsfreiheit in historischen Situationen ein. In einem Syntheseteil werden diese partiellen Erklärungsaspekte zu einem theoretischen Gesamtmodell des Wechselspiels von Netzstruktur, Handeln und kulturellen Bedeutungen im Zeitablauf zusammengefügt.

Kapitel 5, „Eine Einführung in die formalen Grundlagen der Netzwerkanalyse", erläutert die formalen Grundbegriffe, die graphentheoretischen und die statistischen Verfahren der Netzwerkforschung am Beispiel des *Kularings*, des von B. Malinowski (1922) beschriebenen zeremoniellen Gabentauschs zwischen Inselgemeinschaften im Nordosten Papua-Neuguineas. In diesem Kapitel werden die graphentheoretischen Begriffe und netzwerkanalytischen Verfahren systematisch vorgestellt, die in den theoriebezogenen Vorkapiteln lediglich angerissen und verwendet werden. Neben der Graphentheorie stehen die statistischen Verfahren zur Erkenntnis strukturell ähnlicher Akteure im Vordergrund des Kapitels. Diese Positionsbetrachtung von Akteuren mit gleicher Stellung im Netz bildet die Grundlage für eine zusammenfassende Charakterisierung der Sozialstruktur.

Kapitel 6, „Spezielle Verfahren der Sozialstrukturanalyse", baut auf den im fünften Kapitel vorgestellten elementaren Begriffen und Verfahren auf und stellt einige fortgeschrittene und für besonderen Zwecke entwickelte Analyseverfahren vor. Diese befassen sich mit dem Vergleich von Netzwerken und der Prüfung von Strukturhypothesen; der Repräsentation von Verwandtschaftsbeziehungen und der Zergliederung von Verwandtschaftsnetzen; und der Untersuchung des kulturellen Konsens, also der Verbreitung kulturellen Wissens in einer Gemeinschaft, als einer Verbindung von Netzwerk- und Kognitionsforschung. Die vorangegangenen Kapitel und alle bis dahin vorgestellten Verfahren haben, dem Kern der Netzwerkanalyse entsprechend (Wasserman und Faust 1994), Gesamtnetzwerke untersucht. In Gesamtnetzwerken werden die Beziehungen aller Akteure des Netzwerks zueinander erfaßt. Im letzten Abschnitt von Kapitel 6 befasse ich mich hingegen mit Untersuchungen persönlicher Netzwerke, die nicht Gesamtnetzwerke, sondern egozentriert das soziale Umfeld ausgewählter Akteure erheben. Bei diesem vor allem in der Umfrageforschung verankterten Untersuchungstyp werden strukturelle Gesichtspunkte über die soziale Umgebung von Akteuren mit Informationen über deren individuelle Eigenschaften verknüpft.

Die Entdeckung der Netzwerkanalyse: eine selbstreflexive Notiz

Die Forschungsgemeinschaft, die sich quer zu den Grenzen von Disziplinen und Nationen mit der Untersuchung sozialer Netzwerke befaßt, ist selbst ein soziales Netzwerk, dessen Kern im *International Network of Social Network Analysis* (INSNA) und seinen jährlichen Tagungen (alternierend in den Vereinigten Staaten und Europa) organisiert ist, die Zeitschriften *Connections* (seit 1977) und *Social Networks* (seit 1978) herausgibt sowie zahlreiche wissenschaftliche Arbeiten hervorgebracht hat. Wissenschaftssoziologische Untersuchungen verfolgen die Entwicklung der Netzwerkanalyse von einer Aufbruchphase in den siebziger Jahren (Leinhardt 1977; spürbar noch in Wellman und Berkowitz 1988; Freeman, White und Romney 1989) zu einer Normalwissenschaft (s. das Beispiel von Lehrer-Schüler-Beziehungen in der Netzwerkforschung in Reitz und White 1989: 460-64; Hummon und Carleys Analyse von Zitiernetzwerken in der Netzwerkforschung, 1993; Freeman und Wellmans historische Anmerkung, 1995).

Es mag daher interessant sein, wenn ich in diesem Zusammenhang kurz erläutere, wie ich selbst zur Netzwerkanalyse gefunden habe, da diese Richtung in der deutschsprachigen Ethnologie nicht vertreten war. Als ich 1968/69 das Studium der Ethnologie im Haupt- und der Soziologie als Nebenfach an der Kölner Universität aufnahm, war das Fach noch deutlich von einem älteren kulturhistorischen Paradigma bestimmt, das die im angloamerikanischen und französischen Raum erfolgte Ausrichtung der Ethnologie als Sozial- und Verhaltenswissenschaft ablehnte. Die Ethnologie im deutschsprachigen Raum verstand sich als Teil der Geschichts- und Geisteswissenschaften, doch hatten sich die Fragen der historischen Ethnologie erschöpft, und man betrieb theorieferne historische Dokumentenanalysen und beschreibungsorientierte Feldforschungen.[4] Die Schriften der britischen *Social Anthropology* und der amerikanischen *Cultural Anthropology* galten innerhalb der Völkerkunde zunächst als eine nahezu subversive Lektüre, die jedoch in der Soziologie bei R. König und später auch in der Kölner Ethnologie bei U. Johansen anerkannt und gefördert wurde. Entscheidende methodologi-

---

[4] Selbst Feldforschungen dienten vielfach der historischen Rekonstruktion, und die Gegenwartssituation wurde lediglich indirekt, unter dem Aspekt des Kulturwandels tradierter Strukturen, besprochen. In der Abkehr von diesem engen Paradigma wurden historische Fragen zunächst zugunsten der sozialethnologischen Datenerhebung über die Gegenwartssituation in lokalen Gemeinschaften der 3. Welt ausgeklammert. Erst in einer späteren Phase erkannte man, daß es viele fruchtbare Verbindungen zwischen einer sozialwissenschaftlich orientierten Ethnologie und historischer Forschung gibt, und daß das Denken in Prozessen auch für Zustandsanalysen nützlich ist.

sche Anregungen zu den quantitativen Verfahren der empirischen Sozialforschung erhielt ich aus der Kölner Soziologie zunächst von E.K. Scheuch und danach bei R. Ziegler und aus Frühjahrseminaren des Zentralarchivs für empirische Sozialforschung in Köln (A.P.M. Coxon zur multidimensionalen Skalierung; E. Weede zur Pfadanalyse). Über einen Freund, K.H. Reuband, der als Hilfskraft an dem berühmten „Altneustadt" (=Jülich)-Projekt von E.O. Laumann und F.U. Pappi (1976) beteiligt war, erfuhr ich 1969/70 von Clyde Mitchells Sammelband (1969b) „Social Networks in Urban Situations". Dieses Buch wurde von dem amerikanischen Soziologen Laumann, der sich als Gastprofessor am Zentralarchiv für empirische Sozialforschung aufhielt, als eine neue Perspektive zur Erforschung der Sozialstruktur propagiert. Sein Anstoß wurde später von anderen damals in Köln arbeitenden Sozialwissenschaftlern aufgegriffen und hat auch mich beeinflußt[5]. Zunächst befaßte ich mich mit anderen Themen, nämlich den Methodenproblemen des (statistischen) interkulturellen Vergleichs (1975), und führte 1978/79 eine wirtschaftsethnologische Feldforschung zum Reisanbau in einem javanischen Dorf durch. Während der Untersuchung in Java habe ich bereits Daten über Wirtschaft, soziale Organisation und Rituale in einer Form gesammelt, die mir für die spätere Auswertung mit Netzwerkverfahren geeignet erschien. Seit Mitte der achtziger Jahre betreibe ich aktiv Netzwerkuntersuchungen, wobei die seit damals verfügbaren PC-Programme für die Auswertung von Netzwerkdaten meine Arbeit entscheidend unterstützt haben. Ein erneutes Treffen mit R. Ziegler und seiner Forschungsgruppe während einer Vertretungsprofessur in München (1985); die engen Verbindungen zu Vertretern des interkulturellen Vergleichs und gleichzeitig Netzwerkforschern aus der amerikanischen Ethnologie (D.R. White, H.R. Bernard u.a.) und bis zu seinem Tode auch zu J.C. Mitchell (Oxford); weiterhin die Diskussionen mit Kollegen auf den amerikanischen und europäischen Konferenzen zur Netzwerkanalyse und im Kölner Raum haben meine Sicht dieser Forschungsrichtung seitdem geprägt.

---

[5] Nach Reitz und Whites Analyse, 1989: 463, gehört Laumann zur Kategorie der *Mainstream Disseminators*, die eine Schülergeneration von den Begründern der Netzwerkanalyse entfernt sind.

Teil I: Theorie

2 Die Sozialstruktur als Problem der ethnologischen Forschung[*]

Dieses Kapitel kontrastiert die Überlegungen aus der klassischen Sozialethnologie (Radcliffe-Brown, Nadel, Linton, Lévi-Strauss) mit heutigen Ansätzen zur Erforschung der Sozialstruktur, d.h. der Erfassung und Erklärung von Ordnungsmustern in empirischen Daten über soziale Beziehungen. Diese älteren Forscher erkannten zentrale Probleme und entwickelten grundlegende Begriffe für die Sozialstrukturanalyse. Lösen konnten sie diese Probleme jedoch nicht, und ihre begrifflichen Vorarbeiten blieben daher folgenlos. Die heutige Analyse sozialer Netzwerke löst das methodische Problem der Modellbildung, während die Theorie des rationalen Handelns wichtige Hypothesen zur Erklärung des Zusammenspiels zwischen der Sozialstruktur und dem Handeln der Individuen enthält. Diese methodologischen und theoretischen Ideen werden in einer Sekundäranalyse vorhandener Daten am Beispiel des Machtkampfs im Dorf der Chen/ VR China veranschaulicht.

[*] Erstabruck in der *Zeitschrift für Ethnologie* 117: 17-40, 1992 (erschienen 1993). Dies ist der Text meiner Antrittsvorlesung an der Universität zu Köln im Juli 1991 und eines Vortrags auf der Tagung der Deutschen Gesellschaft für Völkerkunde in München im Oktober 1991. Wertvolle Verbesserungsvorschläge verdanke ich Susanne Fülleborn, Joachim Görlich, Margarete Schweizer und der Redaktion dieser Zeitschrift. Ich habe den Aufsatz nur unwesentlich verändert und hauptsächlich die Literatur aktualisiert.

Einleitung

Aufgabe der Ethnologie ist seit ihrem Bestehen als wissenschaftliche Disziplin im 19. Jahrhundert die Erkenntnis der Ordnungsprinzipien, die in der menschlichen Kultur wirksam sind. Gesucht waren die universellen Gesetze der räumlichen Ausbreitung und der zeitlichen Entfaltung der menschlichen Kultur.[6] Im Verlauf der Fachentwicklung erwies sich diese Aufgabe jedoch nur durch thematische, methodische und regionale Spezialisierung und durch schrittweises Vorgehen als lösbar. So ergibt sich die Erkenntnis universell gültiger Zusammenhänge zwischen kulturellen Phänomenen erst aus der Analyse vieler ethnographischer und historischer Einzelfälle und aus deren systematischem Kulturvergleich. Im Gegenstandsbereich der Ethnologie hat sich unter empirischen sowie theoretischen Gesichtspunkten der *Bereich der sozialen Organisation* als ein Kerngebiet herausgeschält. Die sozialen Beziehungen, die hierin von der Sozialethnologie untersucht werden, sind inhaltlich sehr vielfältig. Diese Teildisziplin befaßt sich z.B. mit Verwandtschaft, Nachbarschaft, alters- und geschlechtsbezogenen Gruppierungen, aber auch hierarchischen Machtbeziehungen. Im Vordergrund des Interesses stehen dabei nicht Schicksale einzelner Personen, sondern Gruppenphänomene. In den von der Ethnologie bevorzugt untersuchten lokalen Gemeinschaften der 3. Welt überlappen sich diese verschiedenen sozialen Beziehungen teilweise, und sie bündeln sich zu komplexen Anordnungsmustern. Das in einer Gemeinschaft vorhandene Geflecht der sozialen Beziehungen bildet in der ersten Näherung die *Sozialstruktur*. Die Aufgabe der Sozialethnologie besteht darin, dieses Muster präzise zu beschreiben und seine Ordnungsprinzipien zu erkennen.

In diesem Kapitel möchte ich verdeutlichen, welche Probleme bei der Erforschung der Sozialstruktur auftreten und welche Lösungen die Sozialethnologie hierzu erarbeitet hat. Ich beginne meinen Überblick zunächst mit einer Darstellung der klassischen Sozialethnologie der 40er bis 60er Jahre dieses Jahrhunderts. Diese Rückblende geschieht nicht aus Gründen der Traditionspflege. Die Absicht ist vielmehr systematisch: die

---

[6] Kultur als allgemeiner ethnologischer Grundbegriff hat sich vor allem in der nordamerikanischen Ethnologie (=Cultural Anthropology) unter dem Einfluß von F. Boas und seinem Schülerkreis durchgesetzt und ist von dort vielfach übernommen worden. Gemeint ist mit Kultur ein sozial tradiertes Muster aus Handlungen, Denkweisen und Artefakten. Erst in jüngerer Zeit, vgl. Kapitel 3, ist dieser allgemeine Kulturbegriff von spezielleren, symbolbezogenen Kulturbegriffen verdrängt worden. Die britische Ethnologie (=Social Anthropology) in der Nachfolge von Radcliffe-Brown verwendete demgegenüber Gesellschaft als Grundbegriff. Da ich in der Fachsystematik der amerikanischen Ethnologie näherstehe als der britischen (die durch die Lehrtätigkeit Radcliffe-Browns in den dreissiger Jahren in Chicago auch außerhalb ihres Stammgebiets Einfluß gewonnen hat), wähle ich einen kulturbezogenen Einstieg in das Thema dieses Kapitels.

meisten Probleme, die uns im Bereich der Sozialethnologie heute noch beschäftigen, wurden damals zuerst formuliert. So entsteht eine Kontinuität des Problemlösens und eine dadurch begünstigte Kumulation von Erkenntnissen. Nach der knappen Darstellung der älteren Problemsicht möchte ich zweitens in einem Überblick zum heutigen Forschungsstand diese Kontinuität verdeutlichen. Im dritten Teil sollen einige Prinzipien der ethnologischen Strukturanalyse an einem empirischen Fall erläutert werden.

Die Sozialstruktur als klassisches Problem

In der britischen Tradition der Sozialethnologie begriff man die Sozialstruktur als eine dauerhafte Anordnung von Positionen in einer Gesellschaft. Den Erkenntnisgang stellten sich die Briten wie folgt vor: Ethnographen beobachten Individuen, die im sozialen Leben *Rollen* spielen. Diesen Rollen sind Rechte und Pflichten inhärent, über die in der Gemeinschaft Einvernehmen herrscht. Das an diesen Normen orientierte Handeln der Individuen hält *Institutionen* aufrecht, nämlich verfestigte, standardisierte Handlungsabläufe, die auch nach dem Ableben der Individuen überdauern (der Institutionenbegriff umfaßt den in ihm enthaltenen Rollenbegriff; z.B. die Institution der Familie die Rollen Vater, Mutter, Kind, deren Inhalte freilich kulturspezifisch variieren). Die Institutionen bilden zusammengenommen die *soziale Struktur* einer Gesellschaft. So schreibt A.R. Radcliffe-Brown (1952: 190 [1940: 2]):

„... human beings are connected by a complex network of social relations. I use the term ‚social structure' to denote this network of actually existing relations."

Radcliffe-Browns empirischer Begriff der Sozialstruktur betont die Verflechtung von Individuen, also den Ordnungsaspekt. Darauf aufbauend hebt S.F. Nadel in seiner „Theory of Social Structure" gleichfalls den Ordnungsgesichtspunkt und den für die Institutionenanalyse erforderlichen Abstraktionsvorgang hervor (1957: 4):

„... in studying ‚structure' we study essentially the interrelation or arrangement of ‚parts' in some total entity or ‚whole'"; (12) „We arrive at the structure of a society through abstracting from the concrete population and its behaviour the pattern or network ... of relationships obtaining ‚between actors in their capacity of playing roles relative to one another.'"

In der Folge beschrieben die britischen Sozialethnologen die Sozialstruktur der von ihnen untersuchten Gemeinschaften, indem sie die dort vorhandenen Institutionen und die an diese geknüpften Normen erfaßten. Auf der Ebene der Gesamtgesellschaft unterschieden die britischen Sozialethnologen drei hauptsächliche Formen der Sozialstruktur:[7]

1. *Stammesgesellschaften* in denen die Zugehörigkeit zu Abstammungsgruppen das Bauprinzip der sozialen Ordnung bildet.
2. *Agrarische Gesellschaften* ("Peasant Societies") in denen verwandtschaftlich organisierte Gemeinschaften als Teilgesellschaften in einen übergeordneten Staat und das weitere Marktgeschehen eingebunden sind.
3. *Komplexe Gesellschaften*, die sich von den anderen beiden Typen durch die Größe ihrer Population, die Differenziertheit ihrer Institutionen und die Vielfalt der in ihnen entfalteten Lebensweisen unterscheiden.

Nach dem 2. Weltkrieg kamen Sozialethnologen in zunehmenden Kontakt mit komplexen Gesellschaften, weil die Bewohner aus den von ihnen bevorzugt untersuchten ländlichen Gemeinden in die Städte abwanderten. Städte galten als die komplexen Gebilde schlechthin, deren Sozialstruktur besonders schwer zu durchdringen war. Denn in den multiethnischen Städten der 3. Welt mußten die Akteure in kulturell

---

[7] Die Benennungen dieser drei Gesellschaftstypen schwankten, und im Detail gab es unterschiedliche Klassifikationsversuche. Jäger-Sammler-Gemeinschaften wurden zuweilen als Sonderform von den Stammesgesellschaften abgesetzt. Keesing 1975: 16 bemerkt hierzu: "In the technical literature on political organization, a society has been classed as 'tribal' if its members were food-producing, occupied a territory, shared a common language and culture, but had no overarching political organization beyond local kin groups. I use the term somewhat more generally to refer to small-scale, stateless societies subsisting predominantly by food-producing." Ich verwende diesen Terminus gleichfalls in Keesings rekonstruierter Bedeutung. Zur älteren britischen Sicht vgl. zusammenfassend Mair 1965: 10-13; Fortes und Evans-Pritchard 1940 sowie Middleton und Tait 1958 zu Stammesgesellschaften; Firth 1966 zu agrarischen und Banton 1966 sowie Mitchell 1969b zu komplexen Gesellschaften. Heutige Klassifikationsversuch stammen z.B. von Johnson und Earle 1987; Maryanski und Turner 1992; zu einigen Problemen der Klassifikation von Gesellschaftstypen aus aktueller Sicht s. Bollig und Casimir 1993; Cashdan 1989; Köhler und Seitz 1993; Rao 1993 und weitere Beiträge in Plattner 1989. Keesing 1975 ist eine lesenswerte Darstellung des für die Sozialethnologie fundamentalen Verwandtschaftsbereichs und seiner Einbettung in die übrigen Kulturbereiche und Gesellschaftstypen.

unbestimmten Situationen Normen und daran gebundene Rollen neu aushandeln. Für diesen speziellen Fall städtischer Kontexte und komplexer Gesellschaften entstand die Netzwerkanalyse (Barnes 1954; Mitchell 1969b; Schweizer 1989a zum Überblick). Als Ergänzung zur gesamtgesellschaftlichen Institutionenanalyse sollte sie situationsspezifisch die "im Fluß befindlichen" und nur schwach institutionalisierten sozialen Beziehungen in diesen diffusen Kontexten erfassen. Man erkannte in dieser Forschungsrichtung einen idealtypischen Unterschied zwischen der Sozialstruktur von Stammes- und bäuerlichen Gesellschaften einerseits und komplexer Gesellschaften andererseits (Barnes 1969; ähnlich Kroeber 1963: 88-94). In „small-scale societies" ist das Netz der sozialen Beziehungen sehr dicht und *multiplex* geknüpft, d.h. jeder kennt jeden und die verschiedenen sozialen Rollen bzw. Beziehungen überlappen sich. Im Gegensatz dazu ist das Gesamtbild komplexer Gesellschaften durch sehr weitmaschige soziale Netze gekennzeichnet. Zudem fallen die Lebensbereiche und Rollen auseinander, so daß die Mitglieder komplexer Gesellschaften typischerweise durch *uniplexe* Beziehungen untereinander verbunden sind.

In der britischen Sozialethnologie ergab sich nun aus dem Gegenüber von gesamtgesellschaftlichen Institutionenanalysen einerseits und situationsbezogenen Mikrostudien andererseits ein zentrales *Theorie- und Methodenproblem*: wie gelangte man von der Detailanalyse individueller Akteure in speziellen Situationen zur Gesamtanalyse der Sozialstruktur (und umgekehrt vom institutionellen Gefüge einer Gesellschaft zum konkreten Handeln ihrer Individuen)? Eine damit verbundene weitere Frage problematisierte den Veränderungsaspekt: Wie ließ sich mit den abstrakten Strukturmodellen der soziale Wandel erklären? Es tat sich nämlich in den Ethnographien einzelner Kulturen eine Kluft auf zwischen der Beschreibung der Handlungen der Akteure auf der Mikroebene, die von normativen Erwartungen abwichen und mit Rollen spielten, und der Schilderung der ehernen Institutionen auf der gesamtgesellschaftlichen Ebene, die diesen Aspekt von Flexibilität und Veränderung nicht enthielt. Dieser Bruch galt nicht nur für die Analyse städtischer Sozialstrukturen, sondern er wurde selbst in Fallstudien des ländlichen Raums sichtbar (Clyde Mitchell erwähnte dies 1990 in einem Vortrag in Köln am Beispiel seiner Monographie „Yao Village", 1956). Die Sozialethnologen der nachfolgenden Generation wie z.B. Raymond Firth und Edmund Leach versuchten diese Diskrepanz vornehmlich begrifflich zu lösen. So unterschied Firth (1964:60-4) zwischen der Sozialstruktur als dem abstrakten Handlungsrahmen einerseits und der *sozialen Organisation* in einem speziellen Sinn andererseits, den „working arrangements" einer Gesellschaft, nämlich dem, was die Akteure in einer teilweise offenen sozialen Situation aus diesem Strukturrahmen machen. Leachs analoge Unterscheidung zwischen der Sozialstruktur als Ideal(typ) und dem davon abweichenden Handeln der Akteure (1964 [1954]) benannte zwar gleichfalls das Problem, erzielte jedoch ebensowenig eine befriedigende Lösung darüber, wie man Mikro- und Makroanalysen verbinden konnte. Im Grunde standen in der britischen Forschung einerseits die gesamtgesellschaftliche Institutionenanalyse und andererseits Mikrostudien bestimmter Situationen, spezieller Netzwerke und individueller Transaktionen (Barth 1981: Kap. 2-5) beziehungslos nebeneinander.

Ein zweiter Strang der ethnologischen Forschung zur Sozialstruktur entwickelte sich in der nordamerikanischen Ethnologie mit Ralph Lintons Begriffspaar Status und Rolle (1936). Unter *Status* verstand Linton (1936: 113) „a position in a particular pattern", und diese Stellung in einem sozialen Anordnungsmuster ist mit einer „collection of rights and duties" versehen. Als *Rolle* bezeichnete Linton (114) den dynamischen Aspekt des Status, nämlich die Art und Weise, wie jemand, der eine bestimmte gesellschaftliche Position einnimmt, diese mit Leben erfüllt. Der Statusbegriff legt somit die soziale Rolle und letztlich die Sozialstruktur im britischen Sinn fest, während Lintons besonderer Rollenbegriff die subjektive Performance des Akteurs erfaßt. Wie bei den Briten ist bei Linton folglich ein Gegensatz erkennbar zwischen dem abstrakten Gefüge der mit Normen versehenen Positionen (Status), d.h. der Sozialstruktur, auf der einen Seite, und dem situationsbezogenen konkreten Handeln der Individuen auf der anderen Seite. Diese Unterscheidung wurde allgemein akzeptiert, während sich Lintons nur auf die Performance bezogener spezieller Rollenbegriff nicht durchsetzte.[8] Allerdings prägte Lintons Interesse am Rollensspiel und den dahinter verborgenen Regeln die nordamerikanische Forschungstradition bis in die 70er Jahre nachhaltig (Goodenough 1965, Frake 1980: Kap. 7,10,13, Keesing 1970). Im Vordergrund der Betrachtung stehen die Kognitionen der Akteure – ihre Überzeugungen, Regeln und Entscheidungspläne – und das daraus folgende Handeln in kulturtypischen Szenen, während

---

[8] Vgl. die treffende Kritik Nadels (1957: 29), Linton vermische Regel und Anwendung.

Die Sozialstruktur als Problem der ethnologischen Forschung 35

die nordamerikanischen Sozialethnologen die gesamtgesellschaftliche Bühne nur als Hintergrundbedingung für das situative Handeln interessierte.

Claude Lévi-Strauss erarbeitete eine dritte gesamtgesellschaftliche Sicht der Sozialstruktur (vor allem in seinem amerikanischen Aufsatz „Social Structure", 1953, und in seinem den Austauschbeziehungen zwischen Verwandtschaftsgruppen gewidmeten Hauptwerk „Les Structures élémentaires de la Parenté", 1949). Er grenzt sich besonders von Radcliffe-Browns ‚empiristischer' Auffassung der Sozialstruktur ab. Radcliffe-Brown habe nicht deutlich genug zwischen den beobachtbaren *sozialen Beziehungen* auf der einen Seite und der *Sozialstruktur* auf der anderen Seite unterschieden. Die Sozialstruktur ist das auf diesen Beobachtungen aufbauende, aber niemals auf sie reduzierbare abstrakte Modell der sozialen Wirklichkeit aus der Sicht des Ethnologen (1953: 525):

„The term ‚social structure' has nothing to do with empirical reality but with models which are built up after it... social relations consist of the raw materials out of which the models making up the social structure are built, while social structure can, by no means be reduced to the ensemble of the social relations to be described in a given society."

Lévi-Strauss differenziert in seinen Ausführungen zwischen (a) den sozialen Beziehungen; (b) dem Modell, das die Akteure von ihrer sozialen Ordnung selbst haben und (c) dem Modell, das Ethnologen über diesen Gegenstand entwickeln. Auch denkt Lévi-Strauss an die Anwendung formaler Verfahren zur genaueren Darstellung der sozialen Ordnungsprinzipien. Diese Ideen waren zweifellos anregend. Lévi-Strauss selbst und seine Schüler haben sie allerdings nur zum Teil umgesetzt. Erst jetzt gibt es präzise Verfahren zur Untersuchung der von Lévi-Strauss aufgeworfenen verwandtschaftsethnologischen Fragen (Tjon Sie Fat 1990; White und Jorion 1992, 1996).

Der klassische Forschungsstand zur Sozialstruktur läßt sich nun zu zwei Hauptproblemen verdichten, die die damaligen Sozialethnologen zwar intensiv beschäftigten, die sie jedoch nicht lösten:
1. *das Modellbildungsproblem:* wie erlangen wir systematische und kontrollierbare Erkenntnisse über die Ordnungsprinzipien einer Gesellschaft und wie können wir diese Befunde zur Sozialstruktur ggf. in formalen Modellen präzisieren? Dies erwies sich als ein fundamentales Methodenproblem aller Forschungsrichtungen.

2. *das Mikro-/Makroproblem und damit zusammenhängend das Problem des Wandels:* wie können wir das Verhältnis zwischen der situativen Mikro- und der gesamtgesellschaftlichen Institutionenanalyse bestimmen und den sozialen Wandel in unsere Modelle der Sozialstruktur einarbeiten? Dies ist ein zentrales Theorie- und Methodenproblem aus der britischen, aber auch der nordamerikanischen Tradition der Sozialethnologie.

Die heutige Sicht: Soziale Netzwerke und Rational Choice

Die meisten Ideen für die Analyse der Sozialstruktur sind im klassischen Forschungsstand bereits enthalten. Doch zeigte sich, daß die älteren, oft metaphorischen Vorstellungen begrifflich präzisiert werden mußten; die häufig unverbundenen Begriffe und Forschungsansätze waren systematisch aufeinander zu beziehen; es galt neue Analyseverfahren zu entwickeln oder vorhandene durchschaubarer zu gestalten; die empirischen Daten mußten systematischer mit der Modellbildung verfugt werden. Während die britische, aber auch die französische Sozialethnologie viele der Grundideen entwickelt hatten, ist die heutige konstruktive Systematisierungsphase von der nordamerikanischen Ethnologie bestimmt (White 1973). Auch handelt es sich um Forschungsaufgaben, die in stärker interdisziplinären Bezügen bearbeitet werden. Zwei Forschungsstränge will ich hier herausgreifen: Erstens die Analyse sozialer Netzwerke, die einen allgemeinen begrifflichen Rahmen und präzise Verfahren zum Aufbau von Modellen der Sozialstruktur liefert; zweitens die immer bedeutsamer werdende Theorie des rationalen Handelns (*Rational Choice*) in der sich eine Lösung der Mikro-Makro- und Wandelsproblematik abzeichnet. Die in dieser Kontrastierung enthaltene Charakterisierung der Netzwerkanalyse als *Methode* der Sozialstrukturanalyse und der Theorie des rationalen Handelns als erklärender *Theorie* ist etwas vereinfachend, weil erklärende Hypothesen auch im Netzwerkdenken enthalten sind (vgl. Kap. 4) und aus der Umsetzung der Theorie des rationalen Handelns viele methodologische Schlußfolgerungen zu ziehen sind (vgl. z.B.Coleman 1990, 1991; Esser 1993: Kap. 6,7; Coleman und Fararo 1992). Doch trifft diese Zuordnung die typische Verwendung dieser beiden Forschungsrichtungen zur Erhebung und Auswertung von Daten über die Sozialstruktur einerseits und zur Erklärung der aufgefundenen Muster andererseits.

Netzwerkmodelle der Sozialstruktur

Der Begriff des *sozialen Netzwerks* – einer festgelegten Menge von Akteuren, die über bestimmte soziale Beziehungen verbunden sind – hat sich als Grundbegriff für die Erfassung und Darstellung schwach institutionalisierter ebenso wie stärker verfestigter Handlungsmuster erwiesen.[9]

Man unterscheidet das an Einzelakteuren verankerte *persönliche Netzwerk* vom *Gesamtnetzwerk* aller Akteure. Neben direkten Beziehungen werden auch indirekte analysiert, die über andere Akteure vermittelt oder durch die gemeinsame Teilnahme an Ereignissen erzeugt werden. Die Netzwerkanalyse zergliedert das Beziehungsgeflecht nach Inhalt und Form. So werden akteursbezogen oder auf das Gesamtnetz ausgerichtet die Größe, Dichte, Verbundenheit, Multiplexität, das Ausmaß der Zentralisiertheit und die typischen Muster der sozialen Beziehungen unterschieden (vgl. im einzelnen Kapitel 5 und Wasserman und Faust 1994 als Lehrbuch; weiterhin Wellman und Berkowitz 1988; Freeman, White und Romney 1989; Schweizer 1989b; Scott 1991; Wasserman und Galaskiewicz 1994; Degenne und Forsé 1994). Der entscheidende Fortschritt gegenüber dem älteren Forschungsstand besteht darin, daß alle diese Begriffe durch Bezug auf die mathematische Graphentheorie, Algebra und Mengenlehre eine präzise Bedeutung erhielten (Hage und Harary 1983, 1991, 1996; Pappi 1987; Freeman, White und Romney 1989; Pattison 1993; Wasserman und Faust 1994). Darüber hinaus wurden Computerverfahren entwickelt, die die Berechnung dieser strukturellen Kennwerte für die empirische Forschung praktikabel werden ließen (z. B. Borgatti, Everett und Freeman 1992 als universelles Programmpaket für die Analyse sozialer Netzwerke; D. White 1992, 1996a für die Netzwerkanalyse von Verwandtschaftsdaten).

Radcliffe-Brown, Nadel, Linton oder Lévi-Strauss entwickelten zwar interessante Ideen, doch konnten sie diese nicht oder nur sehr grob mit den empirischen Daten verbinden. Heute verfügen wir über leistungsfähige formale Verfahren, die sowohl die begrifflichen Intuitionen präzisieren als auch einen methodisch kontrollierten Blick auf die in

---

[9] Heiratsbeziehungen und Erbfolge sind z.B. in vielen Kulturen institutionell verfestigt, während Freundschaftsbeziehungen variabler sind, vgl. z.B. Fischer 1982a zur Kategorie der "friends" im angloamerikanischen Bereich, die von großer Vertrautheit hin zu bloßer Bekanntschaft schwanken, so daß Akteure aushandeln müssen, welchen Grad der sozialen Nähe sie mit dieser schwach normierten Beziehungsart eingehen wollen.

einem ethnographischen Fall enthaltenen Ordnungsmuster werfen. Die Ordnungsmuster werden nach Abstraktionsstufen gefiltert, und auf jeder Stufe bildet ein formales Modell der Sozialstruktur nur bestimmte Facetten der Ausgangsdaten über soziale Beziehungen ab. In dieser Hinsicht ist Lévi-Strauss' Betonung der Abstraktheit von Strukturmodellen recht zu geben. Allerdings muß, entgegen Lévi-Strauss, in diesem Reduktionsgang der Bezug auf die empirischen Ausgangsdaten gewahrt bleiben. Netzwerkmodelle der Sozialstruktur sind zwar teilweise abstrakt, aber sie bleiben empirisch. Grundsätzlich löst die formale Netzwerkanalyse damit das erste Hauptproblem der präzisen und kontrollierten Modellbildung über die Sozialstruktur. Im Vergleich zu den älteren Sichtweisen ist der Begriff der Sozialstruktur in der Netzwerkanalyse weiter gefaßt, weil er das Anordnungsmuster aus sowohl institutionalisierten als auch schwächer standardisierten Beziehungen beinhaltet.[10] Dieser Begriff ist zudem differenzierter, weil das Beziehungsgeflecht mit systematischen Verfahren untergliedert wird. Ich will allerdings nicht verschweigen, daß im Detail noch ungelöste Forschungsfragen bestehen. So zeigt sich z.B., daß nicht jede in einem formalen Kalkül definierte Reduktion auch eine empirisch sinnvoll deutbare Entsprechung aufweist. Aus solchen Interpretationsproblemen entsteht in der Regel ein fruchtbares Wechselspiel zwischen ethnographischer Deutung und formaler Modellbildung, das unser Gesamtverständnis der Sozialstruktur eines empirischen Falls vertieft, aber auch die Methoden der Sozialstrukturanalyse erweitert.

Die Theorie des rationalen Handelns und die Mikro/Makro- sowie Wandelsproblematik

Eine wichtige neuere Entwicklung in den Sozialwissenschaften, die zunehmend auch die Ethnologie betrifft, ist die Anwendung der Theorie des rationalen Handelns. Ich stütze mich hierbei vor allem auf James Colemans Gesamtdarstellung in „Foundations of Social Theory" (1990 bzw. deutsch 1991; zur Einführung in diese Denkrichtung s. auch Coleman und Fararo 1992; Esser 1993: Kap. 14). Coleman stellt die Theorie explizit als Lösung der Mikro-/Makroproblematik und als Forschungs-

---

[10] Insofern geht die heutige Netzwerkanalyse über die ältere britische Tradition hinaus, die sich auf die schwach institutionalisierten Beziehungen beschränkte (Schweizer 1989a).

Die Sozialstruktur als Problem der ethnologischen Forschung 39

perspektive zum sozialen Wandel vor. Grundannahme der Theorie ist, daß die individuellen Akteure zielgerichtet und vernünftig handeln, d.h. ihre Ziele im Rahmen vorhandener Mittel und sozialer Einschränkungen optimieren. Diese Vernunftannahme unterliegt implizit allen ethnographischen Untersuchungen, da wir unserem fremdkulturellen Gegenüber in Befragungen und Beobachtungen grundsätzlich Vernunft unterstellen und überhaupt erst auf diesem Verstehensfundament Differenzen im Detail erkennen können (Davidson 1990: 151-2, 1993: 85-86 als prägnante philosophische Analyse dieses fundamentalen Übersetzungsproblems). Die moderne Theorie des rationalen Handelns läßt explizit Unterschiede zwischen Kulturen in den vorgegebenen Zielen und Mitteln zu und sieht vor, daß rationales Handeln in soziale Interaktionen eingebettet ist. Die Grundsituation, die die Theorie auf der sozialen Mikroebene analysiert, ist der dyadische Austausch. In ihm stehen sich zwei Akteure gegenüber und überlegen, ob sie miteinander kooperieren sollen oder nicht. Die Akteure besitzen Ziele und daraus erwachsende Interessen und sie kontrollieren Ressourcen oder Ereignisse, die sie gemäß ihren Interessen zu beeinflussen trachten. Ihre Handlungen sind dergestalt aufeinander bezogen, daß sie sich wechselseitig auf die Ressourcenlage und Ereigniskontrolle der Tauschpartner auswirken. Im Fall der Kooperation tauschen sie Kontrollrechte an jeweils begehrten Ressourcen aus. Je nach der zeitlichen Verzögerung von Gabe und Gegengabe und nach dem Auszahlungsmodus kann jedoch eine soziale Dilemmasituation entstehen, in der es für jeden Akteur vorteilhaft ist, Kooperation lediglich vorzuspiegeln und sich das Gut der Gegenseite ohne Rückzahlung anzueignen. Durchschaut der andere diese Absicht und verhält sich ebenso, stehen sich beide schlechter als im Fall der Kooperation. Diese Anreizsituation ist z.B. grundsätzlich beim Gabentausch in Stammesgesellschaften ohne Zentralgewalt gegeben (Görlich 1989, 1992a, b, 1996). Komplexere Austauschsituationen entstehen durch wiederholte Tauschsequenzen oder durch die Erweiterung der Tauschpartner, wenn Dritte – z.B. der Staat – im dyadischen Austausch vermitteln. Die Theorie des rationalen Handelns analysiert diese unterschiedlichen Konfigurationen und ihre Handlungskonsequenzen im Detail. Sie ist auch nicht auf den Austausch materieller Güter beschränkt, sondern bezieht Prestige, auch Werte wie Altruismus in die Analyse ein. Bis zu diesem Punkt bewegt sich die Theorie auf der sozialen Mikroebene bei den Transaktionen individueller Akteure. „Die Gesamtgesellschaft" oder die Institutionen sind nun in der

Perspektive der Theorie des rationalen Handelns lediglich als das abstrakte Ergebnis der Verkettung vieler individueller Handlungen zu begreifen (s. auch Hechter, Opp und Wippler 1990; Esser 1993: Kap. 6). Die Sozialstruktur entsteht folglich als beabsichtigte und unbeabsichtigte Auswirkung der Handlungen auf der Mikroebene.

Wie kommen neue Normen und Institutionen zustande und warum verschwinden alte? Diesen *Wandelsaspekt* beleuchtet die Theorie des rationalen Handelns wie folgt. Aus der Interessenlage und Ressourcenausstattung der am Austausch Beteiligten entstehen Veränderungsanreize für Einzelne, die im Handeln mit anderen Akteuren neue Spielregeln herausbilden. Coleman (1990: Kap. 10) analysiert die Bedingungen, die zur Entstehung neuer Normen führen, im einzelnen. In der Ethnologie konnte die Einschränkung von kommunalen Nutzungsrechten an Land und anderen Ressourcen einerseits und die Herausbildung von Individualrechten am Territorium und seinen Reichtümern andererseits in wildbeuterischen, pastoralen und agrarischen Gemeinschaften der 3. Welt mit solchen Hypothesen erklärt werden.[11] Diese Betrachtungsweise gelangt folglich von der Mikroebene individueller Akteure zur institutionellen Makroebene und ihren Veränderungen. Die Theorie des rationalen Handelns enthält jedoch außerdem eine *Makrosicht*. So bilden die zu einem bestimmten Zeitpunkt in einer Kultur vorhandenen Institutionen und Normen die Spielregeln ("the rules of the game"), unter denen die mit Interessen und Ressourcen ausgestatteten individuellen Akteure in Interaktion treten. Die vorhandene Sozialstruktur stellt somit den *institutionellen Kontext* dar für das individuelle Handeln auf der Mikroebene zu dieser Zeit. Die individuellen Transaktionen erzeugen ggf. Veränderungen der Sozialstruktur, so daß die institutionellen Rahmenbedingungen für das individuelle Handeln zum nächsten Zeitpunkt verändert werden. Die Theorie des rationalen Handelns verfügt damit über einen einheitlichen theoretischen Rahmen zur Erklärung der Mikro-Makro-, der Makro-Mikro-Verflechtungen und der diachronen Veränderungen. Auch lassen sich ganz unterschiedliche empirische Phänomene unter diese Theorie subsumieren. Dies ist einerseits der große Systematisierungsvorteil der Theorie (vgl. Esser 1991 zur Synthese und Präzisierung verstehender

---

[11] Vgl. u.a. Casimir 1992, Ensminger 1990, 1992, Ensminger und Rutten 1991, McCay und Acheson 1989, Röpke 1986; Popkin 1979 als eine interessante frühe Anwendung.

sowie erklärender Sozialtheorien im Rahmen der Theorie des rationalen Handelns und Alfred Schütz als Vorläufer dieser Theorie). Die Umsetzung der Theorie auf empirische Gegenstände stellt andererseits auch eine große Herausforderung für die Forschung dar. Hier befindet sich die Ethnologie noch im Erprobungsstadium und eine tiefergehende Leistungsbeurteilung der Theorie des rationalen Handelns für die ethnologische Forschung wäre gegenwärtig verfrüht (s. jedoch Görlich 1993 zu Anwendungen in der Wirtschaftsethnologie; Coleman und Fararo 1992; Kappelhoff 1992a, 1995 zu den Stärken und Schwächen dieses Paradigmas in den Sozialwissenschaften). Deutlich ist schon jetzt, daß diese Theorie einen Neubeginn auch in der Sozialethnologie einleitet; selbst wenn man skeptisch ist und realistischerweise nicht erwarten kann, daß diese Theorie sämtliche Erklärungsprobleme der Sozialethnologie lösen wird.

Zum Schluß dieses Theorieaufrisses will ich zwei sozialethnologische Forschungsansätze erwähnen, die sich mit der Theorie des rationalen Handelns vereinheitlichen und präzisieren lassen. Das ist einmal Pierre Bourdieus Theorie der sozialen Praxis (1976). Hierin unterscheidet er gesamtgesellschaftliche Strukturen, den Habitus als sozial verfestigte Lebensweise sozialer Gruppen und schließlich auf der Mikroebene das von beiden Komponenten nur teildeterminierte Handeln der Individuen, das er als "improvisierte Praxis" kennzeichnet. Welche Teile der Sozialstruktur nun in besonderem Maße zur Improvisation einladen und wie aus der Praxis die Struktur entsteht, vermag Bourdieu im Gegensatz zur Theorie des rationalen Handelns, die die Verknüpfung zwischen Interessen, Normen, Akteuren und Veränderungen systematisch analysiert, nicht zu erklären. Clyde Mitchell (1987: Kap. 1) differenziert in einer Gesamtsicht der Stadtethnologie zwischen Strukturanalysen, die die Rahmenbedingungen des individuellen Handelns spezifizieren, und Situationsanalysen, die auf der Mikroebene feststellen, wie die Akteure den Rahmen subjektiv deuten und daran ihre Handlungen ausrichten. Diese stadtethnologische Forschungsperspektive läßt sich in die Theorie des rationalen Handelns einfügen und dort verfeinern, indem das Wechselspiel zwischen der Makro- und der Mikroebene diachron durchleuchtet wird.

Der Kern der zwei Forschungsansätze kann nun wie folgt zusammengefaßt werden: Die Netzwerkanalyse liefert präzise und praktikable Verfahren zur Auswertung sozialethnologischer Daten und zur Bildung von Modellen der Sozialstruktur. Die Theorie des rationalen Handelns enthält hochrangige Erklärungsprinzipien, mit denen man die Verbindung zwischen der Mikro- und der Makroebene herstellen und die Veränderung der Sozialstruktur theoretisch verstehen kann. Beide Forschungsperspektiven lassen sich zudem verbinden: Netzwerkanalysen entwirren die aus dem Wechselspiel der individuellen Akteure entstandenen sozialen Strukturen und präzisieren somit die Tatbestände, die von der Theorie des rationalen Handelns zu erklären sind.

Ein Anwendungsfall: Der Machtkampf in einer chinesischen Gemeinde

Nun sollen einige der abstrakt vorgestellten Forschungsprinzipien empirisch veranschaulicht werden. Und zwar analysiere ich den historischen Ablauf der politischen Kämpfe in einem Dorf in der Volksrepublik China. Es handelt sich um eine Strukturanalyse auf der Grundlage vorhandener Daten (s. dazu ausführlicher Schweizer 1991, 1996a). Die Daten habe ich der Monographie von Anita Chan, Richard Madsen und Jonathan Unger (1984) über „Chen Village" entnommen. In diesem Buch schildern die Autoren ungewöhnlich plastisch die politischen Auseinandersetzungen und Veränderungen in einem kleinen südchinesischen Dorf mit 200 Einwohnern in der Zeit von 1950 - 1980. Das Dorf ist zunächst von der Landwirtschaft, Landbesitz, patrilinearen Abstammungsgruppen und Nachbarschaften bestimmt, doch werden diese Bindungen im Verlauf der politischen Entwicklung abgeschliffen und durch neue ersetzt.[12] In der Beschreibung erlebt man am Beispiel einiger Hauptpersonen deren Verwicklung in politische Ereignisse und das Auf und Ab ihrer politischen Karrieren mit. Drei Phasen sind unterscheidbar: zunächst die kommunistische Machtergreifung von 1950 bis Mitte der 60er Jahre; danach die maoistische Radikalisierung, die in die Anarchie der Kulturrevolution einmündet; schließlich in den 70er Jahren eine vorsichtige Rücknahme der radikalen Politik. In dem Buch von Chan, Madsen und Unger, das sich auf Interviews und Erinnerungen der Akteure aus den unterschiedlichen politischen Lagern stützt, überwiegt die biographische Mikrosicht. Daneben stellen die Autoren institutionelle Kategorien aus der chinesischen Politik. Dies sind einmal die politischen Entwicklungen, die aus der Hauptstadt oder der Region

---

[12] Als weiterführende Literatur zu China vgl. u.a. die Fallstudien von Hinton 1966, Potter und Potter 1990 und Siu 1989.

Die Sozialstruktur als Problem der ethnologischen Forschung 43

stammen und das lokale Geschehen beeinflussen. Weiter heben sie den Klassenhintergrund der Personen als ein wichtiges institutionelles Merkmal hervor. Dies ist eine starre Kategorisierung der politischen Zuverlässigkeit, die in einer Art proletarischem Stammbuch niedergelegt wird. Eine kleinbäuerliche oder Landarbeiter-Herkunft erweist sich als wertvolles politisches Kapital. Was sich allerdings im Dorf der Chen im einzelnen abspielt, läßt sich weder aus biographischen Merkmalen der Akteure noch aus ihrem Klassenhintergrund und auch nicht allein aus überlokalen Maßnahmen ableiten. Die Ordnungsmuster entfalten sich vielmehr im Zusammenspiel von individuellen und gesamtgesellschaftlichen Merkmalen. Sie sind das lokale Ergebnis der Einbindung der Individuen in ein länger andauerndes Machtspiel, das von Faktoren innerhalb und außerhalb des Dorfes bestimmt wird. Diese Verflechtung wird von Chan, Madsen und Unger analytisch nicht genau durchdrungen.

In einer von der Theorie des rationalen Handelns beeinflußten Erklärungsskizze lassen sich einige Tendenzen in diesem Machtgeschehen erkennen: Am Anfang der Entwicklung stehen sich die Akteure als Vertreter von Abstammungsgruppen, territorialen Untereinheiten des Dorfes und der an Landbesitz geknüpften sozialen Schichten gegenüber. Die ersten politischen Auseinandersetzungen folgen noch diesen herkömmlichen Interessen und Positionen. Im Verlauf der Umgestaltung wird jedoch der Zugang zu Ämtern in der kommunistischen Hierarchie immer wichtiger und es bilden sich Allianzen heraus zwischen lokalen und regionalen Machthabern innerhalb der in Fraktionen zerfallenden Partei. Diejenigen Akteure triumphieren im Chen-Dorf, die auf Posten gelangten und aufgrund guter Außenkontakte frühzeitig von politischen Kampagnen erfahren. Diese Maßnahmen können sie dann gegen ihre lokalen Opponenten richten. Die Instanzen auf der nationalen und regionalen Makroebene kündigen z.B. eine Säuberung an und die lokalen Akteure kennen aus Erfahrung die Spielregel, daß nun unbedingt Opfer gefunden werden müssen. Wer allerdings aktuell zum Sündenbock gemacht wird, hängt dann nicht nur von den höheren Direktiven, sondern auch von der lokalen Interessen- und Ressourcenkonstellation ab. Selbst das proletarische Stammbuch erweist sich als interpretationsfähig, wenn sich lokale Akteure mit höheren Instanzen abstimmen und der Regelbruch zum beidseitigen politischen Vorteil gereicht. Die politischen Veränderungen im Dorf der Chen ergeben sich folglich aus der Verkettung der institutionellen Rahmenbedingungen mit den Interessen und Ressourcen der lokalen Akteure. Ich kann diesen Erklärungsversuch nicht weitertreiben, weil die Monographie solche für die Erklärung erforderlichen Informationen nur unsystematisch enthält (s. jedoch unten meinen Systematisierungsversuch für einige belegbare Gründe des politischen Erfolgs in diesem Machtkampf).

Im folgenden gebe ich eine formale Gesamtsicht der Verkettung der Akteure und der Ereignisse. Dies ist eine Netzwerkanalyse, die zur Erkenntnis der sich im Machtkampf herausbildenden Sozialstruktur führt. Für eine Reihe von Akteuren und eine Reihe von Ereignissen konnte ich der Beschreibung entnehmen, welcher Akteur in welchem Ereignis seinen Status verbessert oder verschlechtert hat. Tabelle 2.1 zeigt, wie diese Akteur/Ereignis-Daten aussehen.

TABELLE 2.1: AKTEURE UND EREIGNISSE IM DORF DER CHEN, 1950 - 1980

Die Tabelle enthält in den Spalten die Ereignisse und in den Zeilen die Akteure. Der Buchstabe W (=winner) bezeichnet einen siegreichen Akteur, L (=loser) einen Akteur, der eine politische Niederlage erleidet; identische Akteure sind durch dieselben Zahlen gekennzeichnet (z.B. W4=L4). Ein X in der Tabelle gibt an, welcher Akteur bei welchem Ereignis eine Veränderung seiner Macht erfährt, also Zuwachs (W) oder Verlust (L). Quelle der Primärdaten: Chan, Madsen und Unger 1984.

Erläuterung der Ereignisse:
A   Landreform und Kollektivierung
B   Der Große Sprung Vorwärts
C   Konsolidierung der kommunistischen Macht
E   Die Vier Großen Säuberungen
F   Lernen vom Vorsitzenden Mao
G   Die Rebellischen Roten Garden
H   Die Roten Garden mit richtigem Klassenhintergrund
I   Der Zusammenbruch der Brigadeführung
J   Die Säuberung der Klassenhierarchien
K   Ein Linksruck und ein solider Halt
L   Der Große Verlöbnisdisput (ein lokales Ereignis)
M   Die Neue Ökonomische Ära
N   Die Schwierigen Siebziger Jahre
O   Der Beginn der Achtziger Jahre

Die Sozialstruktur als Problem der ethnologischen Forschung 45

Die Daten:	Erläuterung der Akteure:
`ABCEFGHIJKLMNO`	
`X..........XX.`	**W1** Kommunist. Untergrundagent, Held der Landreform
`............X`	**W2** „Die 4 schlechten Elemente": Großgrundbesitzer, reiche Bauern, Konterrevolutionäre, Kriminelle
`.XX......X.XXX`	**W4** Führer der kommunist. Pragmatiker, Parteisekretär von '60-66,'79-
`.X.XX..X..X...`	**W5** Führer der maoistischen Fraktion, Vorstand eines Brigadekommittes
`....X.XXX.....`	**W7** Städtische Jugendliche, Maoistin und Propagandistin der Brigade
`......X.....X.`	**W8** Städt. Jugendlicher, Rotgardist mit gutem Klassenhintergrund, Überläufer zu rebellischen Roten Garden
`......XX...X..`	**W9** Städt. Jugendlicher, Rotgardist mit gutem Klassenhintergrund
`.....X........`	**W10** Städt. Jugendlicher, rebellischer Rotgardist
`.....X.....X..`	**W12** Städt. Jugendlicher, rebellischer Rotgardist
`........X.....X.`	**W13** Ex-Soldat, Interims-Führer in der späten Kulturrevolution
`X.XX..X.X.....`	**L2** (=W2) "Die 4 schlechten Elemente"
`.X.X..........`	**L3** Erster Parteisekretär des Dorfes, '50-60
`...XX.X.X.....`	**L4** (=W4) Führer der kommunist. Pragmatiker
`............XX`	**L5** (=W5) Führer der maoistischen Fraktion
`........XX....`	**L8** (=W8) Städt. Jugendlicher, guter/ später rebellischer Rotgardist
`.........X....`	**L14** Maoistischer Jugendkader, Sicherheitsleiter der Brigade, Vertrauter von W5/L5
`..........X...`	**L15** Städt. Jugendlicher, Außenseiter, Kritiker von Lin Piao

Die Daten geben auf der einen Seite (in den Zeilen der Tabelle) Auskunft über das Muster der politischen Siege und Niederlagen der Akteure. Auf der anderen Seite (in den Spalten) informieren sie über die Ähnlichkeit der Ereignisse hinsichtlich der in ihnen erzeugten politischen Schicksale der Akteure. Dieses duale Ordnungsgefüge soll nun in einem formalen Modell dargestellt werden. Die mathematische Verbandstheorie, eine Verknüpfung von Aussagenlogik, Mengenlehre und Algebra, modelliert solche Verbindungen. Gemeinsam mit nordamerikanischen und französischen Kollegen haben Kölner Ethnologen die Anwendbarkeit dieser und verwandter Verfahren der formalen Analyse qualitativer Daten erprobt.[13] Hier repräsentiere ich die Daten von Tabelle 2.1 in einem

---

[13] Es handelt sich hierbei um Anwendungen der Booleschen Algebra, Verbandstheorie, Graphenanalyse und kombinatorischen Statistik auf Daten über soziale, wirtschaftliche und kognitive Phänomene. Die Aufsatzsammlung von White und Duquenne 1996 enthält Ergebnisse zur Analyse sozialer Netzwerke; ein thematisch weitergefaßter Sammelband befaßt sich mit Verwandtschaft und Tausch (Schweizer und White 1996); als weitere Beiträge liegen vor Brudner-White und White 1997; Duquenne 1995; Freeman und White 1993; Houseman 1996; Houseman und White 1996a, b, c; Lang 1993; Schweizer 1993a,c; White

Verband (englisch *lattice*), weil diese Analyse sehr nahe an den Ausgangsdaten bleibt und die logischen Ordnungsmuster in den Daten verdeutlicht (Freeman und White 1993; Wille 1990; im Deutschen nennt man diese Verbandsdarstellung auch *Gittermodell*). Die Ordnung der Akteure, der Ereignisse und der Verbindungen zwischen ihnen wird in einem *Liniendiagramm* abgebildet. Das Verfahren ermittelt alle logischen Implikationen (Wenn-Dann-Beziehungen oder Teilmengen-Verbindungen) zwischen Akteuren, Ereignissen und zwischen beidem. In der Abbildung zeigen sich hierarchische Verknüpfungen durch Abfolgen entlang aufsteigender Linien (ein untenstehender Punkt enthält die über ihm stehenden). Der oberste Punkt des Liniendiagramms repräsentiert die Menge aller Akteure, während der unterste Punkt die Menge aller Ereignisse verbindet. Die einzelnen Akteure werden unterhalb der Ereignisse, in die sie verwickelt sind, abgebildet. Gibt es keinen Akteur, der in alle Ereignisse verwickelt ist, so bleibt der unterste Punkt leer. Akteure, die in keines der im Liniendiagramm aufgeführten Ereignisse verkettet sind, werden am obersten Punkt des Liniendiagramms aufgeführt.

1991b; White und Jorion 1992, 1996; White und Houseman 1995; White, Stern, Brudner-White und Nutini 1992. In diesem Projektverbund sind die folgenden Programme anwendungsbezogen weiterentwickelt worden: Degenne und Lebeaux 1992 (Boolesche Algebra), Duquenne 1992 (umfassend zur Verbandsanalyse), White 1991a, 1996c (statistische Implikationsanalyse) sowie D. White 1992, 1996a (Verwandtschaftsanalyse). In diesem Aufsatz habe ich die Verbandsanalysen mit Hilfe von Programmen Darmstädter Mathematiker durchgeführt, Burmeister (1991) sowie Vogt und Bliesener (1991). Die Boolesche Auswertung im späteren Teil meines Aufsatzes stützt sich auf Ergebnisse aus Degenne und Lebeaux' Programm (1992), s. dazu ausführlich Schweizer 1996a.

Die Sozialstruktur als Problem der ethnologischen Forschung

ABBILDUNG 2.1: LINIENDIAGRAMM DER AKTEURE UND EREIGNISSE IN DER PERIODE 1 (KOMMUNISTISCHE MACHTERGREIFUNG)

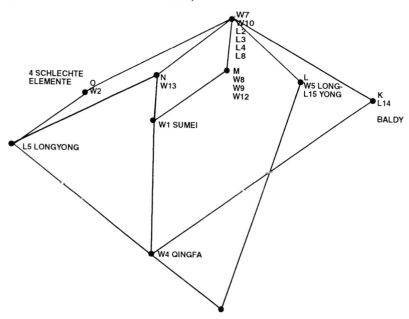

Nimmt man z.B. aus Abbildung 2.1 unten einen Punkt (etwa W4), so kann man alle Ereignisse, mit denen der Akteur verknüpft ist, entlang aufsteigender Linien verfolgen (B,C). Die Verknüpfung zweier Ereignisse besagt, daß der Ausgang des unteren Ereignisses für die Akteure gleich ist mit dem des oberen Ereignisses (das obere ist im unteren enthalten; diese Ereignisabfolge kommt in den Daten von Tabelle 2.1 empirisch nicht vor). Akteure, die tiefer im Diagramm aufgeführt sind, waren an mehr Ereignissen beteiligt und sind entsprechend zentralere Akteure als die obenstehenden periphereren (W4 vs. W1). Das hier vorgelegte Modell liefert eine formale Darstellung des Machtkampfes und der durch die Verwicklung der Akteure in die Ereignisse erzeugten Sozialstruktur. Ich kann an dieser Stelle jedoch nur eine kurzgefaßte Interpretation des Modells vortragen (Schweizer 1996a als Ausarbeitung). Zum besseren Verständnis des Ereignisablaufs analysiere ich den Machtkampf getrennt für die drei Perioden.

In der Periode 1 der *kommunistischen Machtergreifung* (Abbildung 2.1) erweist sich L2 – „die vier schlechten Elemente" – als zentraler

Akteur (es ist dies eine Zusammenfassung mehrerer Personen). In den Ereignissen A, C, E werden die Angehörigen dieser dörflichen Mittel- und Oberschicht ihrer alten Macht beraubt. Die Niederwerfung des Ancien régime ist das Hauptthema der ersten Periode. Im Ereignis B kündigt sich ein Nebenthema an: zwei jüngere Männer, Qingfa (W4) und Longyong (W5), entmachten den ersten Parteisekretär Feihan (L3). Diese Episode hat keine Auswirkung auf „die vier schlechten Elemente". Der Untergrundagent Sumei (W1) dominierte in der Landreform, A, verläßt jedoch das Dorf, um eine politische Karriere auf der höheren Ebene zu beginnen. Im Ereignis E kündigt sich ein weiterer Umschwung an. Zwar richtet sich dieses Ereignis auch gegen die früheren Sündenböcke, „die vier schlechten Elemente" (L2) und Feihan (L3); dem linken Führer Longyong (W5) gelingt es darüber hinaus, seinem pragmatischen Rivalen Qingfa (L4/W4) eine Niederlage beizubringen. Standen anfangs die kommunistischen Führer siegreich gegen die „Klassenfeinde" und „unsicheren Elemente", so befinden sich am Ende dieser Periode die älteren und pragmatischen Kommunisten gemeinsam mit den Vertretern der alten Ordnung auf der Verliererseite.

ABBILDUNG 2.2: LINIENDIAGRAMM DER AKTEURE UND EREIGNISSE IN DER PERIODE 2 (MAOISMUS UND KULTURREVOLUTION)

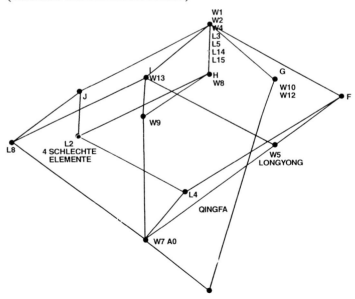

Die Sozialstruktur als Problem der ethnologischen Forschung 49

In der Periode 2 des *Maoismus und der Kulturrevolution* (Abbildung 2.2) beherrscht ein anderer Akteur, Ao (W7), sämtliche Ereignisse mit Ausnahme von G. Es ist dies eine jugendliche Aktivistin aus der Stadt, die zur ideologischen Aufrüstung der Bevölkerung ins Dorf kam. Sie ist in eine siegreiche Koalition mit dem maoistischen Führer Longyong (W5) eingebunden, dessen Ereigniskontrolle in dieser Periode allerdings insgesamt schwächer ist. Im Ereignis F, dem Lesen von Maos rotem Büchlein, stärken die beiden ihren Einfluß und schwächen weiter die Stellung des pragmatischen Politikers Qingfa (L4). Dessen Niedergang setzt sich in den Säuberungskampagnen H und J dramatisch fort. „Die vier schlechten Elemente" (L2) sind mit seinem Schicksal verkettet. Im Ereignis G setzt die Kulturrevolution ein, die von den städtischen Jugendlichen und rebellischen Roten Garden W10 und W12 getragen wird. Beide Akteure und dieses Ereignis bleiben unverbunden mit anderen Ereignissen und Akteuren dieser Periode, was den Überraschungseffekt dieses singulären Ereignisses wiedergibt. Im Ereignis H hat sich die Partei wieder gefaßt und baut als loyale Jugendorganisation und Gegengewicht zu den Rebellen „die Roten Garden mit gutem Klassenhintergrund" auf, repräsentiert von den Jung-Politikern W8 und W9. Die rebellischen Garden werden nämlich von städtischen Jugendlichen getragen, die durch ideologische Überkompensation ihren problematischen Klassenhintergrund zu kaschieren trachten. Im Verlauf der Ideologisierung und der internen Kämpfe zwischen verschiedenen Fraktionen innerhalb der kommunistischen Partei bricht auf der regionalen und lokalen Ebene Anarchie aus. Dieses Vakuum machen sich im Ereignis I der Alt-Maoist Longyong (W5), der Ex-Militär W13 und der von der Partei gelittene Nachwuchs W9 zunutze. In demselben Ereignis bestrafen sie den Überläufer L8, der von den „guten", parteikonformen, zu den „rebellischen" Roten Garden wechselte. In der Säuberung J werden die rebellischen Roten Garden, „die vier schlechten Elemente" (L2) und der pragmatische Politiker Qingfa (L4) noch einmal bestraft. In der Periode 2 bauen folglich die Maoisten ihre Macht aus, neue Führer kommen in oder nach der Kulturrevolution zum Zuge und der Niedergang der „rechten" kommunistischen Politiker und des Ancien régime setzt sich fort. Diese Periode ist durch ein hohes Maß an Verkettung unter den Akteuren in einerseits siegreiche Allianzen und andererseits verlustreiche Schicksalsgemeinschaften gekennzeichnet.

ABBILDUNG 2.3: LINIENDIAGRAMM DER AKTEURE UND EREIGNISSE IN DER PERIODE 3
(SPÄT- UND POSTMAOISTISCHE PHASE)

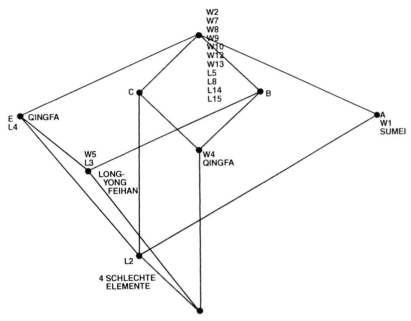

In der dritten, *spät- und postmaoistischen Periode* (Abbildung 2.3) kehrt der pragmatische Politiker Qingfa (W4) als Sieger auf die politische Bühne zurück. In vier Ereignissen erringt er seine Macht zurück. Im Ereignis K wird – in einem Stellvertreterkonflikt – der maoistische Nachwuchspolitiker Baldy (L14) erfolgreich entmachtet, und Qingfa (W4) erlebt ein Comeback. In dem singulären Ereignis L gelingt es dem maoistischen Führer Longyong (W5) noch einmal, seine Stellung durch einen Angriff auf einen Außenseiter erfolgreich zu behaupten. In M und N bauen einige der Nachwuchspolitker, die während der Kulturrevolution aktiv wurden, ihre Position aus. Auch der „Held der Landreform" aus Periode 1, Sumei (W1), kehrt ins Dorf zurück; auf der regionalen Ebene ist dies zwar ein Abstieg, doch im Dorf bleibt sein hohes Ansehen erhalten. In den Ereignissen N und O wendet sich das Schicksal des Alt-Maoisten Longyong (L5), und er verliert endgültig seine Macht. Im letzten Ereignis können nach dem Fall der Maoisten sogar die Anhänger der alten Ordnung, „die vier schlechten Elemente" (W2), ihren Paria-Status aufbessern. Typisch für diese Periode ist die breite Koalition, in

Die Sozialstruktur als Problem der ethnologischen Forschung 51

die der Pragmatiker Qingfa (W4) eingebunden ist, denn er verbündet sich mit dem alten Politiker Sumei (W1) und den nicht- oder spätmaoistischen Nachwuchspolitikern W8,W9,W12,W13. Im Gegensatz dazu ist die maoistische Fraktion in dieser Periode klein und zerfallen. Auch hat sich Qingfa (W4) aus der Schicksalsgemeinschaft mit dem Ancien régime, den „vier schlechten Elementen" (L2/W2), befreit, denn er gewinnt auch dort, wo diese gar nicht beteiligt sind.

Ich fasse das Gesamtergebnis zusammen: (1) Die formale Analyse gewinnt einen differenzierten Einblick in das Geflecht der Personen und Ereignisse, das aus der narrativen Beschreibung von Chan, Madsen und Unger (1984) nicht systematisch hervortrat. Das Verbandsmodell liefert das formale Gerüst für die Erfassung und Deutung der Sozialstruktur. (2) Es zeigt sich, daß eine klassen- oder gruppenbezogene Sichtweise die hinter dem Machtkampf verborgene Sozialstruktur nicht korrekt wiedergibt, denn nicht feste Gruppen, sondern Zweckbündnisse und Schicksalsgemeinschaften bestimmen das Bild. Lose gefügte Fraktionen herrschen vor und spalten sich. In Periode 1 stehen sich zunächst die Anhänger der alten Ordnung und die Kommunisten entgegen. Diese Partei zerfällt schon in der ersten Periode. In der Periode 2 unterwerfen die Maoisten die Pragmatiker, und Nachwuchskader treten in den Machtkampf ein. In der Periode 3 tauschen Maoisten und Pragmatiker die Rolle der Verlierer aus, und die mit den Pragmatikern verbündeten Kader beherrschen das Spiel. (3) Den klassischen Institutionenanalysen wird oft entgegengehalten, daß sie zeitliche Abläufe nicht erfassen können. Durch die zeitliche Zerlegung des Datensatzes habe ich aufzeigen wollen, wie man mit diesem formalen Verfahren der Strukturanalyse Wandel im Detail erfassen kann. Selbstverständlich hat die Anwendung der Netzwerkanalyse allgemein und des Verbandsmodells im besonderen auf die Chen-Daten in diesem Aufsatz nur exemplarische Bedeutung. Doch selbst in diesem noch überschaubaren Fall konnte die Auswertung mit formalen Verfahren Zusammenhänge in den Daten erkennen, die die historische Darstellung übersehen hat. Der Wert formaler Analysen wird noch deutlicher, wenn die Datenmenge größer oder die Beziehungsnetze verwickelter sind.

Hiermit habe ich einen kleinen Einblick in die formale Analyse der Sozialstruktur gegeben. Gewiß kann man die Auswertung dieses Falls mit diesem Modell und auch mit anderen Verfahren noch vertiefen. An dieser Stelle möchte ich lediglich eine knappe Auskunft zur Kausalanalyse des Machtkampfs im Dorf der Chen mit Hilfe formaler Verfahren anschließen (Schweizer 1996a). Die Monographie von Chan, Madsen und Unger verweist auf städtische Herkunft (A), proletarische Klassenlage (B) und Außenkontakte zu regionalen Instanzen (C) als Gründe für den Erfolg (D) in diesem Machtkampf. Die drei erklärenden Variablen sind im Text für die hier betrachteten Akteure dokumentiert. Im narrativen Text von Chan, Madsen und Unger wird das Zusammenspiel dieser Gründe jedoch nicht genau analysiert. Zu diesem Zweck habe ich eine Überprüfung verschiedener Hypothesen mit Hilfe der Booleschen Algebra vorgenommen. Die folgende komplexe Hypothese stimmt mit den Daten überein (im Gegensatz zu anderen, falsifizierten Hypothesen, vgl. Schweizer 1996a):

$$A \,\&\, (B \lor C) \rightarrow D$$

(& bezeichnet die logische Konjunktion, v die Disjunktion, d.h. das nicht-ausschließende Oder; der Pfeil symbolisiert die logische Implikation). In Worten: *Wenn ein Akteur aus der Stadt stammt (A) und proletarischer Herkunft ist (B) oder über Außenkontakte verfügt (C), dann gewinnt der Akteur die Machtkämpfe (D).*

Man kann durch logische Ableitung aus dieser Hypothese auch eine äquivalente Aussage über die Gründe des Scheiterns gewinnen:

$$d \rightarrow a \lor (b \,\&\, c)$$

(Kleinbuchstaben bezeichnen die Negation der betreffenden Merkmale). In Worten: *Wenn ein Akteur verliert (d), dann stammt der Akteur aus dem Dorf (a) oder der Akteur ist nicht-proletarischer Herkunft (b) und verfügt über keine Außenkontakte (c).*

Diese Erklärungsskizze zeigt, daß die Bedingungen des politischen Überlebens im Chen-Dorf verwickelt sind. Nur auf den Ort oder nur auf die Außenwelt beschränkte Erklärungen greifen zu kurz. Eine adäquate Erklärung muß sowohl interne als auch externe Bedingungen umfassen. Die Boolesche Analyse liefert ein formales Modell für die Darstellung und Überprüfung der komplexen Zusammenhänge. Die Erklärung ist skizzenhaft, weil in diesem Fallbeispiel noch weitere Bedingungen wirksam sind, die ich jedoch in der Monographie nicht systematisch belegen konnte.

Die Sozialstruktur als Problem der ethnologischen Forschung 53

Ausblick auf Forschungsschwerpunkte

Ich habe nachzuweisen versucht, daß die Sozialethnologie der Gegenwart zwei Kernprobleme der klassischen Ethnologie – das Modellbildungsproblem und das Mikro-Makroproblem bzw. das damit verbundene Problem des sozialen Wandels – mit zeitgemäßen Methoden und Theorien erforscht und damit Problemlösungen erarbeitet. In diesem Teilgebiet der Ethnologie besteht demgemäß eine Kontinuität des Problemlösens und ein dadurch bedingter Erkenntnisfortschritt ist möglich und partiell erreicht worden (Romney 1989).

Was sind nun die nächsten Schritte? Die Sozialethnologie sollte zwar auch neue Daten über die Sozialstruktur gewinnen, aber zudem den reichen Bestand vorhandener ethnographischer und ethnohistorischer Beschreibungen nutzen, um mit aktuellen Verfahren und Theorien Aufschluß über Grundmuster sozialer Beziehungen zu gewinnen. Die Netzwerkanalyse liefert hierfür das präzise Instrument zur Zergliederung der Beziehungen, während die Theorie des rationalen Handelns die Hypothesen zur Erklärung dieser Ordnungsmuster enthält. Fünf Forschungsschwerpunkte zeichnen sich ab, die auch einen Rückbezug zu den Formen der Sozialstruktur aus britischer Sicht herstellen: (1) in Stammesgesellschaften interessieren Reziprozität und Tausch (Hage und Harary 1991; Görlich 1992a, b, 1996) und die Herausbildung von Hierarchien. (2) Für agrarische Gesellschaften lassen sich verwandtschaftlich geprägte Patronagenetzwerke und ökonomische, soziale sowie politische Verflechtungen im Detail untersuchen (White und Jorion 1992, 1996; White und Schweizer 1996); in beiden Gesellschaftstypen spielen rituelle Netzwerke, Kooperation unter Verwandten und Nachbarn und die Verteilung von Gütern eine wichtige Rolle, die der formalen Durchdringung zugänglich sind und somit genauer analysiert werden können (Schweizer, Klemm und Schweizer 1993; Schweizer 1993a, c; s. auch Kapitel 3). (3) In komplexen Gesellschaften erweisen sich städtische Sozialstrukturen als ein immer noch schwieriges, aber zunehmend praktikables Untersuchungsfeld (Klovdahl 1989 als zentraler Beitrag, s. Kapitel 6). Eine neue Aufgabe besteht (4) darin, das Phänomen der Globalisierung in die Modelle der Sozialstruktur adäquat einzuarbeiten, also die personellen, ökonomischen, politischen sowie kommunikativen Verflechtungen in der heutigen Welt systematisch in ethnologischen Analysen lokaler und regionaler Sozialordnungen zu berücksichtigen. Im Chen-Beispiel wurde z.B. die Wichtigkeit der Außenbeziehungen in politischen Kampagnen und in den Bündnissen zwischen Akteuren auf der lokalen und der regionalen Ebene deutlich. Die aktuelle Globalisierungsdiskussion (z.b. Hannerz 1992) greift zwar zu Netzwerkideen, verharrt jedoch auf dem Methodenstand der älteren Netzwerktradition. „Netzwerk" ist mehr Metapher als Analyse in diesen Überlegungen. Eine Rekonstruktion und Vertiefung des Globalisierungsthemas mit Verfahren der heutigen formalen Netzwerkanalyse erscheint daher lohnend. Auch ist als ein weiterer Schwerpunkt (5) aufzuführen, daß im Verfall und in der Transformation der realsozialistischen Gemeinschaften Osteuropas, Asiens und Afrikas nicht nur die Wirtschaft umgestaltet wird, sondern sich auch die sozialen Ordnungsmuster verändern, was ein lohnendes Thema für die Sozialethnologie darstellt (aus netzwerkanalytischer Sicht Sik 1993, Völker 1995).

Die Entwicklung in den letzten Dekaden hat insgesamt gezeigt, daß die Sozialethnologie über ausreichend Daten (mit Ausnahme der letztgenannten Themen), genaue Methoden und informative Theorien verfügt, um diese Schwerpunkte zu erforschen. Der ethnologische Begriff der Sozialstruktur ist zwar inhaltlich sehr weit gefaßt. Entscheidend für diesen Begriff und die sozialethnologische Sichtweise ist jedoch der abstrakte Ordnungsaspekt, nämlich das Anordnungsmuster, das die Akteure in einer Gemeinschaft durch ihre vielfältigen sozialen Beziehungen untereinander erzeugen. Beim heutigen Forschungsstand können Daten, Methoden und Theorien enger miteinander verknüpft werden als das früher der Fall war. Fragen der klassischen Sozialethnologie lassen sich dadurch genaueren Antworten zuführen, und neue Themen werden auf diesem Hintergrund entdeckt und mit präzisen Methoden sowie informativen Hypothesen bearbeitet. Die Analyse sozialer Netzwerke und die Theorie des rationalen Handelns sind nicht nur in der Sozialethnologie, sondern insgesamt wichtige Komponenten des analytischen Programms in der Ethnologie (Schweizer 1993b). Darüber hinaus entwickeln sich in einem internationalen Forschungsverbund auch fruchtbare Bezüge zu benachbarten Disziplinen und besonders zu den analytisch orientierten Sozial- und Verhaltenswissenschaften.

3 Kultur als Text?
Das vernachlässigte Problem der sozialen Ordnung*

Dieses Kapitel befaßt sich zunächst mit einer Debatte innerhalb der symbolbezogenen Forschungsansätze der Ethnologie, die Kultur wie einen Text lesen und deuten wollen. Am Beispiel von Clifford Geertz' interpretativer Kulturtheorie geht es um die Deutung kultureller Zeichensysteme und um die postmoderne Kritik an dessen ‚monologischem' Deutungsmodell ethnographischer Texte. Die konträren Positionen werden dargestellt und in ihrem Anspruch sowie ihrer Leistung erörtert. Es zeigt sich, daß ein symbolbezogener Forschungsansatz, der Kultur lediglich als einen ein- oder mehrstimmigen Text deutet, das grundlegende Problem der sozialen Ordnung, d.h. der sozialen Folgen des absichtsvollen Handelns der „Textproduzenten", vernachlässigt. Eine Netzwerkperspektive, die diese soziale Dimension der Kultur erhellt, ist daher eine notwendige Ergänzung der textbezogenen Sicht von Kultur. Am Beispiel des reziproken Gabentauschs (hxaro) der !Kung-Buschleute und der religiösen Rituale (slametan) in einem javanischen Dorf skizziere ich einen Forschungsansatz, der sowohl die symbolische als auch die soziale Dimension von Kultur untersucht.

* Dies ist die überarbeitete und um das Java-Beispiel erweiterte Fassung eines Vortrags im Fachbereich Geschichtswissenschaft der Universität Frankfurt im Juli 1994. Joachim Görlich danke ich für intensive Gespräche zu diesem Thema. Verbesserungsvorschläge zu diesem Kapitel verdanke ich Christine Avenarius-Herborn, Christoph Brumann, Hans-Jochen Hummell, Peter Kappelhoff, Julia Pauli und Wolfgang Sodeur. Meine Analyse des !Kung-Beispiels kommentierten Russ Bernard, Monika Böck, Michael Bollig, Michael Casimir, Alain Degenne, Michael Houseman, Adam Kuper, Hartmut Lang, Ute Stahl, Doug White und vor allem Polly Wiessner; für das Java-Beispiel erhielt ich wichtige Anregungen von Doug White und A.K. Romney. Lothar Krempel und Michael Schnegg verdanke ich wertvolle Hinweise und gemeinsame Datenanalysen zu beiden Beispielen, deren Ergebnisse ich hier teilweise berichte.

Einleitung

Dieser Beitrag ist einem Thema gewidmet, das die ethnologische Fachdiskussion in neuerer Zeit stark bestimmt hat. Es geht um den Anspruch und die Leistung der interpretativen und der postmodernen Ethnologie.[14] Beide Richtungen, die miteinander verwandt sind, stellen die Auffassungen der Untersuchten ins Zentrum der Betrachtung. Die Vorstellungen der Einheimischen wollen sie wie Texte lesen und deuten. Wegen der Bevorzugung geistiger Phänomene als Kern von Kultur (Schneider 1976; Shweder und LeVine 1984) und der Deutung dieser Phänomene in der Art von Texten, spricht man auch von „Kultur-als-Text". Die interpretative und die postmoderne Sichtweise unterscheiden sich allerdings in der Lesart dieser kulturellen Texte. Ich möchte nun im ersten Teil dieses Kapitels diesen Forschungsansatz von Kultur-als-Text erläutern. Im zweiten Teil werde ich die in dieser Diskussion enthaltenen kritischen Argumente abwägen. Der dritte Teil soll an zwei ethnographischen Beispielen meine eigene Sichtweise veranschaulichen.

Ich schicke zum Verständnis dieses Kapitels voraus, daß ich einen Forschungsansatz, der die einheimischen Bedeutungen ins Zentrum der Betrachtung rückt, für grundlegend und sehr berechtigt halte, da es in einer kulturvergleichenden Disziplin wie der Ethnologie in der Tat darauf ankommt, das Wissen und die Überzeugungen der Akteure, meist aus fremden Kulturen, zu erfassen. Insofern stimme ich dem Grundanliegen der interpretativen und anderer kognitions- oder symbolbezogener Richtungen der Ethnologie zu. Einige Einwände aus der neueren postmodernen Ethnologie gegen die interpretative Ethnologie finde ich zudem stichhaltig. Die postmoderne Ethnologie kritisiert den mitunter

---

[14] Die Haupttexte zur interpretativen Ethnologie sind die methodologischen Schriften von Clifford Geertz (1983a [1973], b, 1990 [1988], 1995). Ortner 1984 nimmt in ihrem Theorieüberblick eine Einordnung dieser Forschungsrichtung vor. Clifford 1988; Clifford und Marcus 1986; Marcus und Fischer 1986 sind die programmatischen Hauptwerke zur postmodernen Ethnologie. Berg und Fuchs 1993 enthält Übersetzungen der wichtigsten Aufsätze hieraus; Abu-Lughod 1989 und Stellrecht 1993 sind Überblicksartikel. Dirks, Eley und Ortner 1994 geben Auskunft zur weiteren und aktuellen Postmoderne-Debatte in den Kultur- und Sozialwissenschaften. Die Arbeiten von Roth 1989; Carrithers 1990; Fox 1991; Sanjek 1991; Ulin 1991; Gellner 1992; Kuper 1994; Marcus 1994a, b, 1995; Keesing 1994b und weitere Beiträge in Borofsky 1994; D'Andrade 1995b sowie Scheper-Hughes 1995 umreißen das Spektrum der Auseinandersetzung innerhalb der Ethnologie.

Kultur als Text? 57

sehr abstrakten, bloß symbolbezogenen und kulturelle Vielfalt vernachlässigenden Charakter der interpretativen Kulturbeschreibungen. Sie rückt demgegenüber die soziale und politische Verankerung dieser Sinnvorstellungen und die Vielfalt der Meinungen in den untersuchten Gemeinschaften in den Vordergrund – und übertreibt dabei. Beiden textbezogenen Forschungsrichtungen werfe ich vor, daß sie die soziale Einbettung der Texte vernachlässigen und das soziale Gefüge, in dem Überzeugungen entstehen, verbreitet werden und ihre soziale Wirkung entfalten, nicht ausreichend analysieren. Die wahre Aufgabe besteht darin, die interpretative Analyse von Kultur als Bedeutungssystem und die postmodernen Einwände kritisch zu sichten, konstruktiv aufzunehmen und schließlich mit der Netzwerkanalyse zu verbinden, da diese als Ergänzung zur Bedeutungsdimension die soziale Dimension von Kultur durchdringt und die sozialen Ordnungsmuster erkennbar macht, die durch das sinnhafte Handeln der Akteure erzeugt werden. Diese soziale oder organisatorische Dimension des sozialen Handelns erhellen weder die interpretative noch die postmoderne Ethnologie. Im dritten Teil des Kapitels stelle ich die von mir skizzierte Synthese an zwei ethnographischen Fällen ansatzweise vor. Das erste Beispiel über den Gabentausch der !Kung in Namibia und Botswana ist einfacher und als Dialog mit der vorhandenen ethnographischen Literatur und der Netzwerkanalyse angelegt. Hierbei analysiere ich Daten, die ich nicht selbst erhoben habe und kann die Auswertung daher nicht durch eigene ethnographische Erfahrungen aus erster Hand vertiefen. Das ist nicht ungewöhnlich, da die ethnologische Erkenntnisgewinnung neben Primärerhebungen auch auf die Auswertung vorhandener Daten angewiesen ist. Das zweite Beispiel über Rituale in einem javanischen Dorf und die durch die Beteiligung der Dorfbewohner an diesen Ereignissen erzeugten sozialen Ordnungsmuster ist komplexer. Hierbei reanalysiere ich mit den Mitteln der Netzwerkanalyse Daten, die ich selbst gesammelt habe, und kann dann bei Bedarf aufgrund zusätzlicher Informationen die Hintergrundbedingungen der analysierten Rituale besser schildern. Dieses Beispiel kommt dem von mir angestrebten methodischen Ideal näher, doch ist die Fallanalyse niemals abgeschlossen, weil theoretische oder methodische Entwicklungen in der Forschung neue Fragen an das empirische Material aufwerfen (vgl. zu weiteren Analysen auch Schweizer 1996c). Außerdem gilt für beide Fallstudien die Einschränkung, daß ich zwar auf der Basis der vorhandenen Daten den ethnographischen Hintergrund und den Sinn der analysierten Institutionen aus der Sicht der Akteure schildern kann. Aber aufgrund fehlender Detaildaten über die „einheimischen Stimmen" in den untersuchten Gemeinschaften kann die Bedeutungsanalyse nicht sehr weit vorangetrieben werden. Der ansonsten vernachlässigte Aspekt der sozialen Ordnung steht im Vordergrund der Fallanalysen.

Wenn ich im Rahmen der Diskussion von interpretativer und postmoderner Ethnologie hier von *Theorie* spreche, dann ist damit lediglich ein Orientierungsrahmen gemeint, der bestimmte Aspekte des Gegenstandsbereichs als besonders wichtig und zentral für die Untersuchung postuliert. Ein strengerer, erklärungsbezogener Theoriebegriff, der von den analytischen Richtungen der Sozialwissenschaften vertreten wird (Esser 1993: 44-63; Schweizer 1993b; Lang 1994: Kap. IX), kommt hier zunächst nicht, sondern erst in der Synthese und in den Fallstudien ins Spiel. Dieser im weitesten Sinne kausal orientierte Theoriebegriff wird von Vertretern der interpretativen und postmodernen Auffassung von Kultur-als-Text, wie ich unten mit einem Zitat von C. Geertz zeigen werde, sogar explizit abgelehnt. Allerdings hat er eine Reihe von Generalisierungen hervorgebracht und Teilbereiche der Ethnologie befruchtet.[15] Angelpunkt jeder ethnologischen Analyse sind in der Sicht der interpretativen und postmodernen Theorie die Sinnvorstellungen der Untersuchten. Sie sind der Schlüssel zum Verständnis aller ethnologisch interessanten Phänomene. Dieses theoretische Leitprinzip wird in empirische Fallstudien umgesetzt, die exemplarisch die tragende Rolle von Weltbild, Religion, Werten und Normen für das soziale Handeln, die materiellen Hervorbringungen und das institutionelle Gefüge der von der Ethnologie untersuchten Gemeinschaften herausstellen (als Beispiele s. Geertz 1980; Keeler 1987; Errington 1989; Hefner 1985, 1990).

Während die Bedeutung der interpretativen Kulturtheorie für die Ethnologie kaum in Frage steht (allerdings deren Leistung sehr unter-

---

[15] Die auf interkulturell vergleichender Basis erkannten Kulturtypen und die in ihnen wirksamen Gesetzmäßigkeiten – Jäger-Sammler-Gesellschaften, Feldbauern, pastorale Gesellschaften, Ackerbau- und städtische Gesellschaften – umfassen z.B. eine Reihe solcher Generalisierungen (vgl. Johnson und Earle 1987, Maryanski und Turner 1992 und die aktuellen Lehrbücher als Kodifizierungen des Forschungsstands). Auch in der Wirtschaftsethnologie (Plattner 1989), Kognitionsethnologie (D'Andrade 1995a) und der Theorie des rationalen Handelns (Görlich 1992a, b, 1993) als Beispielsbereichen wurden interessante Verallgemeinerungen mit Hilfe eines strengen Theoriebegriffs erarbeitet.

schiedlich beurteilt wird), trifft man häufig auf Widerstand gegen die Beschäftigung mit der postmodernen Ethnologie, die sich an deren Schreibstil und ihren weitgehenden, oft nicht begründeten Ansprüchen festmacht. Hierauf gebe ich eine praktische Antwort. Es scheint mir, daß die zunächst interpretative und dann postmoderne Theorie von Kultur-als-Text einen ähnlichen Umschwung in der Ethnologie eingeleitet hat wie in den sechziger Jahren der französische Strukturalismus, der die damalige Ethnologengeneration im deutschsprachigen Raum mehr oder weniger unvorbereitet traf. Ob man diese Forschungsrichtungen nun mag oder nicht, man wird nicht umhin kommen, sie zur Kenntnis zu nehmen, da sie von gewichtigen Teilen der dominierenden nordamerikanischen Ethnologie verbreitet und auch in Europa aufgegriffen werden. Eine rationale Auseinandersetzung sollte daher die Ansprüche und Kritikpunkte dieser Kulturtheorien sichten und sie einem Leistungsvergleich unterziehen. Einige Punkte einer solchen Beurteilung möchte ich hier vorstellen.

Kultur als Text

Ich werde nun zunächst am Beispiel von Clifford Geertz die interpretative Auffassung von Kultur-als-Text erläutern. Manche der Argumente von Geertz, aber auch der Gegenargumente, sind im deutschsprachigen Raum im soziologischen Positivismusstreit der sechziger Jahre über Verstehen und Erklären bereits vorweggenommen und teilweise sogar genauer geklärt worden (dazu aus heutiger Sicht Esser 1991, 1993: Kap. 6, 7; Albert 1994). Die Bedeutung von Geertz für die Ethnologie und einige benachbarte Kulturwissenschaften ist darin begründet, daß er seine Ideen an ethnographischem Material entwickelte und für die ethnologische Deutung von Kultur eine eigene methodologische Perspektive erarbeitet hat. Seine Auffassungen sind auch heute noch interessant als ein Reibungspunkt für die neuere Theorie- und Methodendiskussion.

Kultur als homogener Text: Clifford Geertz

Für Geertz ist zunächst der symbolische Kulturbegriff kennzeichnend. In seinem Aufsatz „Dichte Beschreibung" (1983a: 9 [1973:5]) charakterisiert er ihn wie folgt:

„Ich meine mit Max Weber, daß der Mensch ein Wesen ist, das in selbstgesponnene Bedeutungsgewebe verstrickt ist, wobei ich Kultur als dieses Gewebe ansehe. Ihre Untersuchung ist daher keine experimentelle Wissenschaft, die nach Gesetzen sucht, sondern eine interpretierende, die nach Bedeutungen sucht."

Die Vorstellungen der Untersuchten, das Gewebe von Bedeutungen, gilt es zu erfassen und aufzuzeigen, wie diese sinnhaften Auffassungen das soziale Handeln bestimmen und in einer bestimmten Lebenswelt verwurzelt sind. Die Aussagen der Untersuchten liest Geertz folglich wie einen sozial vermittelten und vom Ethnographen verschriftlichten Text (1983a: 259): „Die Kultur eines Volkes besteht aus einem Ensemble aus Texten ... und der Ethnologe bemüht sich, sie über die Schultern derjenigen, für die sie eigentlich gedacht sind, zu lesen." In diesem sinnhaften Text sucht er Schlüsselsymbole, und er deutet den Text als Ausdruck einer bestimmten Lebensform. Es geht Geertz darum (1983a: 42) „... die Erforschung der symbolischen Formen so eng wie möglich anhand konkreter sozialer Ereignisse und Vorfälle in der Öffentlichkeit des Alltagslebens durchzuführen..." Die Betonung liegt auf dem kulturellen Einzelfall und seinen Besonderheiten. Der Kulturvergleich dient dazu, im Kontrast die Besonderheiten der einzelnen Kulturen-als-Texte zu verdeutlichen (vgl. dazu Geertz' jüngstes, stark autobiographisches Werk, ein historischer Vergleich seiner Feldforschungen in Java und Marokko, 1995). Die Suche nach fallübergreifenden Gesetzen und damit von Erklärungen, deren Hauptbestandteil Gesetze als bewährte Hypothesen sind (Lang 1994: Kap. V, VI), lehnt Geertz, wie das Zitat oben zum symbolischen Kulturbegriff zeigt, explizit ab. Dies trennt Geertz von M. Weber (1972: 1), für den deutendes Verstehen und ursächliches Erklären keinen Gegensatz bildeten, sondern zwei Stufen in einem komplexeren Erklärungsgang darstellten (ebenso Esser 1993: Kap. 6). Der von Geertz entwickelte Begriff der *dichten Beschreibung* besagt, daß man am Beispiel einzelner Ereignisse und bestimmter einheimischer Aussagen einen exemplarischen Aufriß der dominanten Werte und Handlungsweisen gibt, die in der untersuchten Gemeinschaft wie Leitmotive in vielen Lebenssituationen und Aussagen der Akteure zum Ausdruck kommen (ein Beispiel ist die Betonung von Gleichheit und Teilen in der !Kung Buschmann-Gesellschaft, s. Lee 1984: 49-50, 88-90, 101). Die symbolischen Hervorbringungen einer Gemeinschaft in Religion, Weltbild und Ideologie bilden in der Theoriebildung und in den empirischen Anwendungen das Zentrum der interpretativen Auffassung von

Kultur-als-Text. Dagegen werden ökonomische Bedingungen, Ausübung politischer Macht, materielle Phänomene, auch der Einfluß der Außenwelt auf die lokalen Untersuchungseinheiten in den interpretativen Ethnographien nur am Rande betrachtet (s. jedoch Hefner 1990 als eine Ausnahme). Das höfische Zeremoniell, die Legitimation von Herrschaft durch Kosmologien und Rituale und die aristokratischen Sichtweisen stehen im Vordergrund von Geertz' (1980) und Erringtons (1989) Darstellungen der „Theaterstaaten" auf Bali und Südsulawesi, während der reale Umgang mit Macht und Gewalt, ökonomische Interessen und die Lage der „kleinen Leute" im Hintergrund der Berichte bleiben. Die Sichtung zusätzlicher historischer und ethnographischer Quellen belegt etliche Irrtümer in den interpretativen Monographien und kritisiert deren Fehldeutungen, die den symbolischen Aspekt gegenüber den realen „polit-ökonomischen" Ausübungen von Macht überbetonen (Schulte-Nordholt 1981 zum Theaterstaat auf Bali; Caldwell 1991 zu Errington 1989). Ethnographisch überzeugend sind die oft zitierten Geertzschen Beispiele des Theaterstaats und des Hahnenkampfs auf Bali keineswegs (Shankman 1984 als Gesamtkritik). Allerdings ist dies kein grundsätzliches Argument gegen die interpretative Kulturtheorie, sondern betrifft lediglich bestimmte Anwendungen dieser Methodik, auch wenn deren blinde Flecken im materiellen Bereich von Kultur symptomatisch sind und zumindest die Problemzone der interpretativen Theorie anzeigen (s. dagegen als ethnographisch begründete Fallstudien aus der interpretativen Kulturtheorie Hefner 1985, 1990; Keeler 1987).

Kultur als polyphoner Text: die postmoderne Kritik

Die postmoderne Ethnologie entstand in den achtziger Jahren als Kritik und Weiterentwicklung der Geertzschen Ideen. Auch dieser Richtung geht es um ein Verständnis von Kultur-als-Text. Aber im Unterschied zu Geertz schenken J. Clifford (1988), G. Marcus und M. Fischer (1986) und andere (vgl. Fußnote 14) erstens der *Vielfalt* der in jeder Gemeinschaft vorhandenen Stimmen stärkere Beachtung. Zweitens betonen sie die *äußeren,* auch *politischen Umstände* der „Diskurse" im Feld. Mit dem etwas unscharfen Begriff des *Diskurses* sind sowohl die Reden und Gegenreden während der Datenerhebung gemeint als auch die historische und kulturelle Gesamtsituation, die die Gespräche im Feld prägt. Für die postmoderne Ethnologie ist Kultur folglich ein offener Text, der in vielfältige Varianten zerfällt und historisch situiert ist. Niemand besitzt in postmoderner Sicht eine privilegierte Version der Kultur-als-Text und eine den anderen Stimmen überlegene Deutung des in den Diskursen zum Ausdruck kommenden Sinns, auch nicht der Ethnograph. „Kultur" ist demnach eine Erfindung der Ethnographen (Wagner 1981). Jede Deutung ist gleich problematisch, vorläufig und relativ. Das Konzept der *Postmoderne* greift dabei Ideen aus der französischen Philosophie und der nordamerikanischen Literatur- sowie Kulturkritik auf. Es geht der Postmoderne um die Anerkennung der Vielfalt, Relativität und historischen Gebundenheit aller Standpunkte in der Gegenwart – im Gegensatz zum Universalitäts- und Rationalitätsanspruch des abendländischen Denkens, den es in postmoderner Sicht zu überwinden gilt (Frank 1984; Welsch 1988; Engelmann 1990; Eley, Dirks und Ortner 1994 als Überblicke).[16]

In der Ethnologie richteten sich die postmodernen Zweifel zunächst auf die Datensammlung im Feld und die Wiedergabe dieser Erfahrungen in den Feldforschungsmonographien (Clifford und Marcus 1986; Clifford 1988: Kap. 1; Abu-Lughod 1989). Viele ethnographische Beschreibungen bedienen sich eines realistischen Schreibstils, der in der Sicht der postmodernen Kritik die unvollständigen und widersprüchlichen Erlebnisse der Ethnographen im Feld einebnet und zu einem kohärenten, glatten Gesamtbild der „Kultur" der untersuchten Gemeinschaft verzerrt. Im Bericht wird so getan, als sei diese abstrakte Darstellung ein Abbild der Realität. Demgegenüber betonen die postmodernen Autoren die Bruchstückhaftigkeit der ethnographischen Datengewinnung; die konstante Fremdheit des kulturell Anderen; die Bedeutung der einheimischen Informanten als „stummer Mitautoren" an den ethnographischen Texten. Sie kritisieren die mangelnde Wiedergabe der Vielstimmigkeit im Felde in den ethnographischen Berichten und die Ausblendung kolonialer Machtverhältnisse sowie globaler Verflechtungen in den klassischen Monographien (Abu-Lughod 1989). Auch Geertz fällt unter diese Kritik (Crapanzano 1986; Clifford 1988: 37-41, 1990: 59-63). Zwar läßt er in seinen interpretativen Texten die Einheimischen stärker zu Wort kommen als das bei den oben erwähnten „realistischen Erfahrungsberichten" als einem älteren Genre ethno-

---

[16] Eine genauere Rekonstruktion von und tiefere Auseinandersetzung mit diesen sehr weitgehenden Behauptungen und Kritikpunkten, die in der postmodernen Ethnologie nahezu kritiklos übernommen werden, ist in einer anderen Arbeit vorgesehen, Schweizer 1997. Vgl. auch zum Verhältnis Netzwerkanalyse/ Postmoderne Wellmans selbstreflexiven Bericht, 1994.

graphischer Beschreibungen der Fall ist, indem er ausführlich aus seinem Feldtagebuch zitiert und in den Zitaten Einheimische mit bestimmten Meinungen und Handlungen auftreten läßt (Geertz 1960: 14-5 als Beispiel; dazu Clifford 1990: 59-63). Aber Geertz bleibt der monologische Interpret, der die einheimischen Szenen und Reden filtert und in seine dominante Sichtweise einspeist. Er zieht die Fäden hinter der Kulisse seines interpretativen Berichts. In der Folge verlagerten die postmodernen Kritiker der realistischen und interpretativen Ethnographie die Debatte immer mehr von der Datengewinnung zur Datenpräsentation, dem Schreiben ethnographischer Texte (Clifford und Marcus 1986; Berg und Fuchs 1993). Erkennbar ist, daß diese kritische Strömung eine neue Art von „experimentellen Ethnographien" hervorgebracht hat, die sich in den Themen und im Schreibstil von den herkömmlichen Berichten unterscheiden (Marcus und Fischer 1986; Marcus 1995).

Thematisch befassen sich die postmodernen Ethnographien mit Problemen der Identitätsbildung in multiethnischen oder sich rasch verändernden Gesellschaften (Kondo 1990; Steedly 1993); der Prägung aller Diskurse durch offensichtliche und subtile Machtbeziehungen (Lindstrom 1990; Lutz und Collins 1993; Pemberton 1994; Yang 1994) und den Auswirkungen der globalen ökonomischen, politischen sowie kommunikativen Vernetzung auf lokale Gemeinschaften (Gewertz und Errington 1991; Dumont 1992; Tsing 1993). Dies sind nicht unbedingt neue Themen, aber sie erhalten einen viel wichtigeren Stellenwert als zuvor (Hannerz 1992; Kearney 1995).

Für die postmodernen Ethnographen ist weiterhin die Reflexion der Stilmittel sehr entscheidend, mit denen man sich „dem Fremden" oder „dem Anderen" annähert und die Erlebnisse in der Fremde im ethnographischen Bericht wiedergibt. Entsprechend ist die Vielfalt der in diesen neuen Ethnographien entfalteten Schreibstile eines ihrer Schlüsselmerkmale. Zunächst wird den subjektiven Erlebnissen von Fremdheit und Nicht-Verstehen des kulturell Anderen viel Platz eingeräumt (z.B. Kondo 1990: Kap. 1; Dumont 1992; Tsing 1993). Die Orientierung am kulturvergleichenden thematischen Raster älterer Monographien entfällt. Statt dessen gliedert sich der Bericht in eine Vielzahl unterschiedlicher Szenen, in denen verschiedene Personen (einschließlich der Ethnographen) mit ganz unterschiedlichen Absichten und Mitteln ihre Stimmen erheben (z.B. bei Dumont 1992). Die Integration dieser Collagen bleibt häufig den Lesern überlassen. Neben

Passagen, die erfahrungsbezogen oder interpretativ geschrieben sind, ironisieren postmoderne Ethnographen in ihren Texten auch den Stil älterer Reiseberichte und klassischer Monographien; sie lassen sich auf poetische Annäherungen an die fremde Kultur ein und greifen zudem zum Mittel der quasi-journalistischen Reportage. Alle diese Stilmittel finden sich in den hier zitierten Monographien wieder, die auf diese Weise die historischen Bezugspunkte und die Prägung des ethnographischen Wissens durch Fachtraditionen, aber auch den vielschichtigen und unscharfen Charakter von Kultur(en) in der Gegenwart hervorheben möchten.

Diskussion der Standpunkte

Nach dieser kurzen Vorstellung der interpretativen und postmodernen Auffassungen von Kultur-als-Text komme ich nun zu einer Abwägung der Argumente, die in der Debatte zwischen interpretativer und postmoderner Theorie ausgetauscht wurden, und zudem in eine allgemeine Kritik an allen herkömmlichen, d.h. nicht-postmodernen Weisen der Datengewinnung und Datenpräsentation in der Ethnologie und verwandten Fächern münden (zu der dabei oft vertretenen, undifferenzierten Kritik am „Positivismus" s. kritisch Friedrich 1992 und Roscoe 1995). Ich richte den Blick nun vor allem auf die zuvor dargestellten postmodernen Einwände und einige Hauptpunkte der Debatte.

Kritik der Theorie von Kultur-als-Text

Zunächst ist als Positivum festzuhalten, daß die postmoderne Theorierichtung der Ethnologie tatsächlich viele inhaltliche Themen aufgreift, die für die heutige Welt grundlegend sind – das Zusammentreffen unterschiedlicher Lebensweisen und Weltsichten in multiethnischen Kontexten und die Auswirkungen der Globalisierung auf der lokalen Ebene. Diese Themen sind interessant und zukunftsweisend. Auch der Hinweis auf die Zeitumstände und den Entstehungskontext ethnographischer Texte ist quellenkritisch bedeutsam. Manche interpretativen und postmodernen Untersuchungen sind zudem empirisch oder theoretisch anregend, weil sie fremde Überzeugungssysteme zum Inhalt haben und neue Daten und Deutungsvorschläge unterbreiten. Nicht zu verkennen sind jedoch einige problematische Aspekte der Theorie von Kultur-als-Text.

Kultur als Text? 65

(1) Zunächst möchte ich ein *äußeres Charakteristikum* mancher postmoderner Texte nennen: sie sind mit Jargon gespickt und widmen Rückbezügen auf frühere postmoderne Texte breiten Raum. Auch wird der subjektiven Befindlichkeit der Ethnographen im Feld viel Beachtung geschenkt. Über den Gegenstand selbst erfahren wir demgegenüber nicht unbedingt wesentlich Neues.

(2) Bezüglich der *Qualität der Feldarbeit* hat man den Eindruck, daß die postmoderne Betonung des Schreibens dem Datensammeln keine Beachtung mehr schenkt und hinter die älteren Standards der ethnographischen Feldarbeit zurückfällt. Gewiß enthält jede Feldforschung subjektive Momente, die an die Person der Ethnographen, der Gewährsleute und die Erhebungsumstände gebunden sind. Dies ist allerdings kein Freibrief für eine Beliebigkeit der Informationssammlung und für die Aufgabe herkömmlicher Qualitätsstandards![17] Bei Clifford (1988) wird deutlich, daß für ihn nicht die Art der Datensammlung und die Qualität der Daten, sondern lediglich oberflächliche stilistische Ähnlichkeiten ausschlaggebend sind. Sachbericht und realistischer Roman; Bronislaw Malinowski und Joseph Conrad sind ihm dann eins; was über Ähnlichkeiten des Schreibstils (Realismus) und der Lebensumstände (als Polen im britischen Exil) zentrale Unterschiede zwischen Fiktion und wissenschaftlichem Sachbericht, zwischen unsystematischem Erleben und systematischer Datengewinnung in der Feldforschung verwischt. Doch selbst wenn die Einheimischen ihre Stimmen erheben und eigene Texte über ihre Kultur produzieren, was der Ethnologie neue Quellen liefert (Hanson 1989; Bernard und Salinas 1989), werden damit wissenschaftliche Untersuchungen nicht überflüssig. Daher sollten Ethnographen in ihrem Aufgabenbereich auf professionelle Qualität der Erhebungen und Analysen achten. Das schließt z.B. die Aufnahme von Interviews, deren Transkription und das genaue Zitieren der Informantenaussagen, ggf. Einbeziehen einheimischer Ratgeber als Ko-Autoren und ständige Prüfung der Qualität der Daten sowie der Analyseergebnisse ein (Werner und Schoepfle 1987; Bernard 1994). Die Realität sollte möglichst korrekt und reichhaltig in die ethnographische Daten-

---

[17] Sprachbeherrschung, längerer stationärer Feldaufenthalt, systematische Kontrolle der gesammelten Daten, Anwendung strukturierter Verfahren der Datengewinnung, Nachprüfbarkeit der Aussagen, Trennung von Aussagen der Einheimischen und der Ethnographen sind einige dieser Kriterien. Werner und Schoepfle 1987: II, Kap. 11 erörtern Minimalstandards für ethnologische Feldforschungen.

aufnahme eingehen und dadurch die theoretischen Erwartungen korrigieren.

(3) Die postmoderne Kritik an dem interpretativen Versuch, ein ethnographisches *Gesamtbild* einer Kultur zu erstellen, geht zu weit. Zu Recht kritisiert die postmoderne Ethnologie zwar Gesamtdarstellungen von Kultur, die die vorhandene Bandbreite des Denkens, Fühlens, Handelns in den untersuchten Gemeinschaften einebnen. Aber die Behauptung des Gegenteils übersieht, daß es tatsächlich – im Sinne der Geertzschen dichten Beschreibung – kulturell geprägte Gedanken, Emotionen und Handlungsweisen gibt, die wie ein Leitmotiv viele (vermutlich nicht alle) Situationen und Ereignisse in der untersuchten Gemeinschaft übergreifen. In welchem Maße ein solcher kultureller Konsens herrscht (siehe Romney, Weller und Batchelder 1986 und Kapitel 6 zum Test solcher Hypothesen über die Verbreitung kulturellen Wissens), ist primär eine empirische Frage und kann nicht theoretisch vorentschieden werden. Die postmoderne Kritik enthält kein schlüssiges Argument gegen kulturelle Synthesen.

(4) Die postmoderne *Betonung kultureller Andersartigkeit* halte ich für eine Übertreibung. In den postmodernen Texten wird durch die Behauptung der Bruchstückhaftigkeit aller ethnographischen Erfahrung und der Schwierigkeit des Verstehens zwischen fremden Kulturen das kulturell Andere fremder gemacht als es tatsächlich ist. R. Keesing (1994b: 301) schrieb zu dieser in der postmodernen Ethnologie vorherrschenden, aber auch in interpretativen Studien nicht immer vermiedenen Tendenz zur Übertreibung kultureller Andersartigkeit:

> „If radical alterity did not exist, it would be anthropology's project to invent it. Radical alterity – a culturally constructed Other radically different from Us – fills a need in European social thought: what Trouillot (1991) calls, the savage slot.'"

Über der Darstellung kultureller Mißverständnisse und Unterschiede wird nämlich übersehen, daß es Zonen der Verständigung zwischen fremden Kulturen gibt. Das kulturell Besondere wird gegenüber dem für viele Kulturen gültigen Allgemeinen überbetont. Die subjektiv eingefärbten und unsystematisch angeordneten postmodernen Monographien erschweren zudem historische und gegenwartsbezogene Vergleiche zwischen Kulturen. Vergleiche sind notwendig, denn nur auf dem Hintergrund des Allgemeinen ist das Besondere des Einzelfalls erkennbar.

Kultur als Text? 67

(5) Die Theorie von Kultur-als-Text vernachlässigt gewichtige *Teile* des ethnologischen Gegenstandsbereichs. Gewiß ist die symbolische Schaffung der Welt durch die Angehörigen einer Kultur für die menschliche Welterfahrung grundlegend, und kulturell gestiftete Überzeugungen, Normen und Werte prägen das Handeln der Akteure (hierin treffen sich ganz unterschiedliche Auffassungen: Geertz 1983a, b; Schneider 1976; Sahlins 1986, 1988, 1994; D'Andrade 1995a). Aber die im weitesten Sinne materiellen Fakten jenseits der Symbole – die ökologischen, demographischen, ökonomischen, sozialen, politischen und physischen Rahmenbedingungen menschlicher Existenz und die Konsequenzen des absichtsvollen Handelns der Akteure – werden von der interpretativen Theorie kaum und in den postmodernen Untersuchungen lediglich als Randbedingungen der Diskurse zur Kenntnis genommen. Somit lassen diese Theorien von Kultur-als-Text das für die Ethnologie fundamentale *Problem der sozialen Ordnung* unbehandelt. Zwar handeln Akteure im Lichte ihrer Überzeugungen, aber ihr Handeln erzeugt auch unbeabsichtigte Folgen, weil es sich mit dem Handeln der anderen Akteure kreuzt. Zur *Erklärung* dieses Ordnungsproblems – wie nämlich aus dem Handeln der Einzelnen ein soziales Gesamtergebnis entsteht, z.B. in Form einer Institution – dazu liefert die Theorie von Kultur-als-Text keine Einsicht. Auch das im Ordnungsproblem enthaltene Wechselspiel zwischen den ökologischen, demographischen, ökonomischen, politischen und kulturellen Rahmenbedingungen einerseits und dem individuellen, sinnhaften Handeln andererseits bleibt in der Theorie von Kultur-als-Text unbestimmt (vgl. Kap. 2). Selbst wenn in postmodernen Aussagen die „soziale Verankerung der Diskurse" thematisiert wird, enthebt das nicht der Notwendigkeit, die sozialen Strukturen, die das kulturelle Wissen hervorbringen, genau zu erfassen und begrifflich zu benennen. Damit hat die interpretativ/ postmoderne Theorie einen Ergänzungsbedarf von Methoden und Theorien, die das soziale, politische und materielle Gefüge der untersuchten Gemeinschaften durchleuchten und erklären. Diese Blindheit vor dem Problem der sozialen Ordnung ist kein Zufall. Die meisten Ethnographen, die die Ökologie, Wirtschaft, Demographie, Politik und soziale Institutionen beschreiben, entstammen nicht dem Umfeld der interpretativ/ postmodernen Ethnologie. Ihre Beschreibungen sind im Stil des realistischen Sachberichts verfaßt, vielfach unterstützt durch quantitative Belegen. Diese Autoren hängen damit nach interpretativ/ postmoderner Auffassung einem veralteten sowie inadäquaten ethnographischen Schreibstil an. Und des-

wegen werden tendenziell von interpretativ/ postmodernen Autoren auch die in diesen Texten enthaltenen Fakten übersehen — mit der Folge, daß in Kultur-als-Text die Prägung der kulturellen Vorstellungen durch materielle Rahmenbedingungen und das Wechselspiel zwischen beidem vernachlässigt wird. Während in manchen interpretativen und postmodernen Fallstudien die soziale Einbettung des kulturellen Wissens im Ansatz *beschrieben* wird, liegt das Defizit vor allem in der *Erklärung* der aus dem absichtsvollen Handeln der Akteure entstehenden sozialen Ordnungsmuster und des Zusammenhangs zwischen Rahmenbedingungen, Kognitionen und Handlungen (s. Kapitel 4).[18]

(6) Selbst in ihrem eigentlichen Terrain, dem geistigen Bereich von Kultur, ist die interpretativ/ postmoderne Texttheorie *nicht die einzige Perspektive* zur Erfassung und Durchdringung des kulturellen Wissens. Auch wenn man einen Verstehensansatz propagiert, ist damit das Verständnis der geistigen Kultur „der Anderen" keineswegs garantiert. Es fällt auf, wie beliebig und vage manche der „weichen" interpretativen Symbolanalysen im Vergleich zu „harten" philologischen und historischen Textexegesen anmuten. Zudem verfügt die neuere kognitive Ethnologie (Strauss und Quinn 1994; D'Andrade 1995a; Wimmer 1995; Böck 1996) über eine aus der kognitiven Psychologie stammende reiche und präzise Begrifflichkeit zur Bestimmung geistiger Ordnungsmuster (im Rahmen der Schematheorie und der Untersuchung „kultureller Modelle"). Sie analysiert die Verknüpfung dieser Ordnungsmuster mit dem Alltagshandeln (D'Andrade und Strauss 1992). In der Konsensusanalyse untersucht sie sehr differenziert die soziale Verbreitung des kulturellen Wissens (Romney, Weller und Batchelder 1986; Kapitel 6), während sich die postmoderne Ethnologie oft mit der bloßen Unterscheidung dominanter, hegemonialer Ideologien und subversiven Widerstands begnügt (Keesing 1994a). Ich möchte die interpretative Symbolsicht nicht aufgeben und auch die Themen und

---

[18] Am Beispiel eines Rituals in einer politischen Umbruchphase in Java gelingt Geertz (1983a: Kap. 3) eine ethnographisch überzeugende Schilderung der Situationslogik der Akteure mit unterschiedlicher religiöser, sozialer und politischer Orientierung und des aus dem Handeln dieser unterschiedlichen Fraktionen entstehenden Ordnungsmusters. Dieser akteursbezogene Strang wird in späteren Anwendungen der interpretativen Ethnologie zugunsten sehr abstrakter Symbolanalysen aufgegeben (z.B. Geertz 1980). Konkrete Akteure kommen lediglich in Anekdoten vor und sind bloße Ausgangspunkte für interpretative Gesamtanalysen der Kultur.

Kultur als Text? 69

einige der Fallstudien der postmodernen Ethnologie bewahren. Doch selbst auf ihrem eigenen Gebiet von Kultur-als-Text erscheinen diese Forschungsansätze theoretisch und methodisch ergänzungsbedürftig. Sie sollten sich zum eigenen Vorteil einem Dialog mit den analytischen Untersuchungen kulturellen Wissens öffnen.

Zusammengefaßt ist die postmoderne Kritik an der interpretativen Theorie und den herkömmlichen Ethnographien teilweise zutreffend, aber insgesamt übertrieben. Beide Sichtweisen von Kultur-als-Text sind zudem beschränkt, weil sie das Problem der sozialen Ordnung vernachlässigen. Selbst im Bereich der Textdeutung von Kultur gibt es Alternativen, die kognitive Ordnungsmuster und die soziale Verbreitung des kulturellen Wissens genauer erfassen können.

Eine Theorieskizze als Syntheseversuch

Ich werde nun zunächst abstrakt meinen eigenen Forschungsansatz skizzieren, der sowohl den symbolischen Aspekt von Kultur als auch das Problem der sozialen Ordnung untersuchen soll (vgl. die Kapitel 2 und 4 zur Vertiefung, aber auch Coleman 1991 [1990], Görlich 1992a, b, 1993 zum Erklärungsrahmen und Ensminger 1992 als verwandte Fallstudie). Allerdings ist dieser Entwurf keine ausgearbeitete Theorie, sondern benennt lediglich einige wichtige Bestandteile einer ethnologischen Erklärung (s. umfassender die theoretische Synthese in Kapitel 4). Meine Theorie- und Erklärungsskizze umfaßt als Ausgangspunkt (1) die historischen, gesamtgesellschaftlichen, demographischen und ökologischen *Rahmenbedingungen*. Sie rückt ferner (2) auf lokaler oder regionaler Ebene *individuelle Akteure* ins Zentrum, weil diese den Bezugspunkt des Handelns bilden und auch Einheiten höherer Ordnung wie Gruppen und Institutionen letztlich auf sie zurückgeführt werden müssen. Die Akteure sind mit kulturgeprägten Zielen und mit Ressourcen sowie aus beidem erwachsenen Interessen ausgestattet. Zu beachten sind also sowohl ideelle als auch materielle Phänomene und deren soziale Vermittlung. Denn die Akteure befinden sich nicht alleine in der Welt, sondern sind eingebunden in soziale, ökonomische, politische und kommunikative Netzwerke. Diese je nach Lage im Netzwerk unterschiedliche Einbettung der Akteure prägt und schränkt sie einerseits in ihrem Handeln ein, eröffnet ihnen andererseits aber auch Handlungsspielräume. (3) Die Gesellschaft, Wirtschaft, Politik, aber ebenso der geistige Bereich in einer untersuchten Gemeinschaft sind folglich als ein komplexes *Interaktionsgefüge* zu begreifen, das als teils geplante, teils unbeabsichtigte Folge des absichtsvollen Handelns individueller Akteure entstanden ist. (4) Die *Handlungsfolgen* zu einem bestimmten Zeitpunkt verändern wiederum im nächsten Schritt die Rahmenbedingungen. Diese Skizze soll der Dialektik von Rahmenbedingungen einerseits, die das aktuelle Handeln ermöglichen und einschränken, und von Handlungsfolgen andererseits gerecht werden, wobei letztere zumindest das Potential in sich bergen, die Rahmenbedingungen so stark zu verändern, daß das System transformiert wird. P. Kappelhoff (1993: 45) faßt diese komplementären Prozesse als „strukturell individualistische Sicht der *Emergenz von unten*" und „global-systemische der *Konstitution von oben*" (Hervorhebungen im Original) und bemerkt zu ihrem Verhältnis (1995: 60): „Dabei erscheint die Beziehung zwischen Individuum und Gesellschaft als Wechselbeziehung zwischen Emergenz von unten und Konstitution von oben in einem vielfach rückgekoppelten Mehrebenensystem." (s. auch Kapitel 4).

Kultur-als-Text spielt bei der Erfassung und Schilderung der Rahmenbedingungen, aber auch der Werte und Normen der Akteure eine Rolle. Doch richtet meine Theorieskizze zur Erklärung der sozialen Ordnung außerdem den Blick auf die ökonomischen, politischen und sozialen Bedingungen, die in der Textsicht von Kultur eher ausgeblendet werden. Kulturökologie (Casimir 1993), Wirtschafts- und Politikethnologie (Plattner 1989; Ensminger 1992) untersuchen die entsprechenden Bedingungen und Verflechtungen im einzelnen. Die Netzwerkanalyse kommt als übergreifender Forschungsansatz zur Erfassung der Verkettung der handelnden Individuen zum Einsatz, während die neuere kognitive Ethnologie (D'Andrade 1995a; D'Andrade und Strauss 1992; Wassmann 1993; Wimmer 1995; Böck 1996) geistige Ordnungsmuster erkennt und nachprüfbare Verfahren zur Untersuchung des Ausmaßes von kulturellem Konsens bereitstellt (s. Kap. 6). Die interpretative und die postmoderne Ethnologie haben also keineswegs Alleinanspruch auf kulturelles Wissen als Gegenstand in den von der Ethnologie erforschten Untersuchungseinheiten. Eine Orientierung an den Auffassungen der Untersuchten im Sinne eines basalen Verstehens der Logik der Situation, in der sich die Akteure befinden, ist auch für eine tiefergehende Studie der sozialen Ordnungsmuster unverzichtbar.

Nun will ich diese Forschungsperspektive an zwei empirischen Beispielen erläutern. Von Geertz (1983a: Kap. 1) übernehme ich die Idee der dichten Beschreibung. Ich werde eine Schlüsselinstitution aus der

Kultur als Text? 71

jeweils untersuchten Einheit als Einblick in die gesamte Gesellschaft auswählen, um daran aufzuzeigen, wie Normen und Werte, Handlungen und Rahmenbedingungen ineinandergreifen und jenseits der Texte soziale Ordnungsmuster erzeugen. Neben diesem theoretischen Gesichtspunkt verfolge ich mit den beiden Beispielen auch eine methodologische Absicht. Das erste Beispiel, eine Sekundäranalyse vorhandener Daten, greift Hinweise aus der ethnographischen Literatur auf und prüft sie mit Hilfe der Verfahren der Netzwerkanalyse. Dieses Beispiel soll zeigen, daß die Netzwerkanalyse das qualitative ethnographische Wissen präzisieren und korrigieren kann und dadurch ein tieferes Verständnis des Untersuchungsfalls erzielt. Das zweite Beispiel, das auf eigenen Feldforschungserfahrungen beruht und deshalb reicher als das erste ist, soll neben der Hypothesenprüfung auch den mehrfach rückgekoppelten Dialog zwischen qualitativen und quantitativen Daten illustrieren (Lamnek 1993). Denn ein Vorteil der formalen Auswertung und der Visualisierung von Netzwerkdaten besteht darin, daß die Netzwerkanalyse eine dynamische Abfolge und Verbindung von ethnographischem Vor- und Hintergrundwissen, formalen Befunden, visuellen Darstellungen und qualitativen Deutungshypothesen anregt. Am Ende eines solchen zwischen formalen Befunden, Bildern, Hypothesen und ethnographischen Details voranschreitenden Erkenntnisgangs wird im Idealfall eine viel differenziertere und korrektere Sicht der Muster sozialer Beziehungen gewonnen, als dies einerseits eine rein qualitative ethnographische Auswertung oder andererseits eine formale Analyse mit Standardverfahren alleine erreichen würden.

Fallbeispiel I: Der reziproke Gabentausch der !Kung

Bei diesem Fallbeispiel handelt es sich um den reziproken Gabentausch (*hxaro*) der !Kung-Buschleute in Namibia und Botswana (zur Ethnographie der !Kung s. u.a. Barnard 1992; Kent 1995; Lee 1979, 1984; Marshall 1976; Wiessner 1977, 1982, 1994). Ich stütze mich hierbei auf Daten, die die amerikanische Ethnologin Polly Wiessner Mitte der siebziger Jahre bei den !Kung in der nordwestlichen Kalahari in den Gebieten Dobe, /Xai/xai, Tsumkwe und //Gum/geni erhoben hat und die sie mir für die Reanalyse überließ. Die Geschenkbeziehungen der Akteure aus diesen Gebieten hatten einen Radius von ca. 200 km. Die Daten gehen zurück auf die Auskünfte von 73 !Kung-Individuen unterschiedlichen Geschlechts und Alters aus verschiedenen Lagern in diesen Siedlungs- und Schweifgebieten der !Kung. Für sämtliche am Beobachtungstag im Besitz jeden Akteurs befindlichen Güter erfaßte die Ethnographin, woher diese stammten und, falls sie als *hxaro*-Geschenk empfangen wurden, wer der Tauschpartner war und in welcher Beziehung Empfänger und Sender standen. Wiessner hat sehr viel mehr Daten über diesen Gabentausch und die !Kung-Gesellschaft erhoben und publiziert (u.a. 1977, 1982, 1994). In diesem Kapitel werte ich nur die erwähnten Beobachtungsdaten über das *hxaro*-Netz aus (Schweizer 1996b,c als Ergänzung).

Rahmenbedingungen

In den siebziger Jahren lebten die !Kung überwiegend als Jäger/Sammler, standen jedoch gleichzeitig im Austausch mit Herdenhaltern, Regierungsinstitutionen und europäischen Viehfarmen. Jagen/Sammeln bedingt eine nomadische Lebensweise, geringe Gruppengröße und den Verzicht auf größeren Besitz und ist mit einer lediglich nach Alter und Geschlecht differenzierten Arbeitsteilung verknüpft. Entsprechend wird diese Form der Gesellschaft auch als „egalitär" gekennzeichnet (Cashdan 1989; Johnson und Earle 1987: Kap. 2). Zwar bewies der Ethnograph Lee (1979: Kap. 8), daß Sammeln und Jagen den kargen Lebensunterhalt der !Kung in ausreichendem Maße sichern, doch unterliegt ihre Versorgung saisonalen Schwankungen, und Dürre kann einzelne Gruppen empfindlich treffen. In den siebziger Jahren fiel das von Wiessner untersuchte Gebiet in den Herrschaftsbereich des weißen Süd(west)afrika. In dem Ort Tsumkwe gab es einen Armee- und Handelsposten, an dem sich 1978 etwa 900 !Kung niedergelassen hatten (Lee 1984: 147). Sie hatten dort Zugang zu Lohnarbeit und westlichen Gütern. Einzelne !Kung wurden von den südafrikanischen Militärs als Späher in ihrem Kampf gegen die namibische Befreiungsarmee Swapo eingesetzt.

Die Situation der Akteure und der Gabentausch

Bilateral verbundene Kernfamilien bilden Lager von etwa 30 Mitgliedern. Kernfamilien und Lagergemeinschaften sind die bedeutsamen sozialen Einheiten, die bei der Sicherstellung des Lebensunterhalts kooperieren und Nahrung teilen. Individuen können zwischen den Lagern wechseln, und Besuche zwischen den Lagern sind häufig. Innerhalb der bilateralen Verwandtschaft stiften Scherzbeziehungen und Namensgleichheiten engere Verbundenheit. Hier kommt nun zusätzlich der reziproke Gabentausch (*hxaro*) ins Spiel, weil er das Mittel ist, mit dem Akteure bewußt dauerhafte Beziehungen zu anderen Angehörigen ihrer Gesellschaft eingehen können. In den ethnographischen Texten werden vor allem die Regeln genannt, die den Austausch prägen (z.B. Marshall 1976: 308-11): jeder darf mit jedem tauschen; ein Geschenk kann nicht zurückgewiesen werden; eine Gegengabe gleichen Wertes wird in einem Zeitrahmen von wenigen Monaten bis ein oder zwei Jahren erwartet. Die Akteure streuen ihre Tauschpartner offenbar nach Alter, Geschlecht und Lagerzugehörigkeit, um ein weitverzweigtes Netz zu erhalten. Außer Nahrungsmitteln kann jeder Gegenstand von Wert als Tauschobjekt dienen: traditioneller Schmuck mit Applikationen aus Glasperlen, Decken, westliche Kleidung, Werkzeug und Geräte, Haushaltsgegenstände wie z.B. Kochtöpfe und Vieh. Der *hxaro*-Tausch spielt im sozialen Leben eine große Rolle, und der Wert mancher Geschenke ist immens, wenn man den geringen Besitzstand in dieser mobilen Gesellschaft bedenkt. Es besteht starker sozialer Druck, temporären Reichtum (den jemand durch Arbeit auf einer Viehfarm oder bei einer der Regierungsstellen in Tsumkwe erworben hat) durch Abgabe von Geschenken der gesamten Gruppe zugute kommen zu lassen.

In der kulturvergleichend informierten Betrachtung von außen deutet man den *hxaro*-Gabentausch als Versicherungsmechanismus gegen die Risiken der wildbeuterischen Lebensweise (Wiessner 1977; Cashdan 1989). Individuen gehen diese Beziehungen ein, um sich gegen Dürren und Zerwürfnisse innerhalb ihres Lagers abzusichern. Denn *hxaro*-Partner besuchen sich wechselseitig, teilen Nahrung und helfen sich.

In der Sicht von Kultur-als-Text, die ich hier zunächst für eine Kritik am herrschenden Forschungsstand nutzen möchte, sind diese ethnographischen Darlegungen allerdings unzureichend: Kaum je erhalten die einzelnen !Kung in den vorhandenen Ethnographien eine eigene Stimme. Über ihre Absichten und Sinnvorstellungen erfahren wir nur durch die ethnologischen Vermittler. Was Männer im Unterschied zu Frauen, Alte im Gegensatz zu Jungen, Leute im Dobe-Hinterland im Kontrast zu seßhaften !Kung im Armeelager von Tsumkwe sagen, bleibt unbekannt. Der einzige 'authentische' Text einer Einheimischen – „Nisa erzählt" von M. Shostak (1982) – ist zwar spannend zu lesen, aber methodisch fragwürdig. Die autobiographischen Texte sind aus verschiedenen Interviews zusammengefügt; wir wissen nicht, welche

Themen Nisa selbst ansprach und damit als bedeutsam auszeichnete und welche lediglich durch die Fragen der Ethnographin hervorgelockt wurden; es besteht zudem keine Kontrolle der Übersetzung dieser Primärquelle. Und zum *hxaro* enthält das Buch kaum Information. Diese Lücken könnten textbezogene Untersuchungen des *hxaro* grundsätzlich füllen. Doch kann man auch die Grenzen der interpretativ/ postmodernen Untersuchung solcher Phänomene, wenn es sie gäbe, erkennen. Diese an kulturellen Bedeutungen orientierten Untersuchungen würden lediglich das normative Regelwerk erfassen, das dem absichtsvollen Handeln der Individuen unterliegt. Die Konsequenzen der Regeln liegen außerhalb der Texte. Gäbe es eine interpretative/ postmoderne Untersuchung des *hxaro*, so würde diese vermutlich an wenigen, vielleicht nur an einem einzelnen Tauschakt die Bedeutung des Phänomens *hxaro* für die Beteiligten und die untersuchte Kultur hervorheben.[19] Das durch viele Tauschhandlungen erzeugte *System sozialer Ordnung* würde von dieser auf einzelne Ereignisse bezogenen Technik der qualitativen Datenaufnahme und narrativen Beschreibung nicht durchdrungen. Was ich damit sagen will, ist, daß eine interpretativ/ postmoderne Untersuchung des *hxaro* zwar wertvolle Erkenntnisse über den Sinn dieser Institution aus der Sicht der Akteure gewinnen würde. Doch die Konsequenzen des regelhaften Handelns der Akteure blieben damit ungeklärt, und es würde für die Netzwerkanalyse des *hxaro* auch nicht ausreichen, an wenigen exemplarischen Fallbeispielen die kulturelle Bedeutung dieser Institution kennengelernt zu haben. Glücklicherweise hat Wiessner systematische Daten über dieses Tauschsystem gesammelt, so daß eine Netzwerkanalyse des aus dem absichtsvollen Handeln der Individuen erzeugten Tauschnetzes möglich ist.

Eine Netzwerkanalyse des hxaro-Gabentauschs

Es ergibt sich nun die Frage, wie das aus vielen paarweisen Austauschhandlungen erzeugte soziale Ordnungsmuster aussieht und welche Eigenschaften es aufweist. Hier liegt mein analytisches Forschungs-

---

[19] Analog zur Anekdote von Geertz (1983a: 12-4) in „Dichte Beschreibung" in der er ein kommerzielles Mißverständnis zwischen Berbern, der französischen Kolonialverwaltung und einem jüdischen Händler in Marokko erzählt, oder analog zu seiner Deutung des Hahnenkampfs auf Bali in demselben Buch: *hxaro* als Duell zwischen einzelnen Akteuren, zwischen den Geschlechtern oder Altersgruppen.

interesse. Ich kann an dieser Stelle nur einen kurzen Einblick geben (s. jedoch Schweizer 1996b, c). Nach Lektüre der qualitativen Beschreibungen in der älteren ethnographischen Literatur würde man erwarten, daß das aus den einzelnen *hxaro*-Transaktionen gestiftete Gesamtnetz dicht, verbunden, egalitär und symmetrisch ist. Dies sind aus dem qualitativen Vorwissen erwachsene Deutungshypothesen. Wiessners quantitative Daten und deren Auswertung mit graphentheoretischen Verfahren der Netzwerkanalyse (s. Kapitel 5 unten) belegen hingegen, daß das *hxaro*-Netz zwar tatsächlich verbunden, aber dünn, zudem zentralisiert und asymmetrisch ist.

(1) Im einzelnen erweist sich, daß lediglich 10% aller im Prinzip möglichen Verbindungen zwischen den von Polly Wiessner genauer untersuchten 73 Akteuren realisiert sind. Die einzelnen Individuen gehen dem Geschenkaustausch zwar intensiv nach, aber das aus ihren einzelnen Tauschakten erzeugte Gesamtgebilde ist ein unter den Bedingungen des weiträumigen Terrains und der traditionellen Transportmittel *dünnes* Netz.

(2) Trotz dieser geringen Dichte ist es jedoch bemerkenswert, daß alle Akteure einem einzigen *verbundenen* Netz angehören, so daß jeder beliebige Akteur jeden anderen über die durch die Geschenke gestifteten Beziehungen mit durchschnittlich drei Schritten erreichen kann. Dieser Grad der Erreichbarkeit in einer kleinen, aber räumlich verstreuten Menge von Akteuren ist relativ gering, wenn man bedenkt, daß die Experimente von S. Milgram (1967) in einer Massengesellschaft wie den Vereinigten Staaten von Amerika erwiesen haben, daß dort mit durchschnittlich fünf Schritten über persönliche Kontakte jeder jeden kontaktieren kann (zur Deutung dieses Wie-klein-ist-die-Welt-Phänomens auch Krämer 1995: 60-65).

(3) Das *hxaro*-Netz ist keineswegs egalitär, sondern weist auf einer Prozentskala der Zentralisiertheit (genauer: die Maßzahl der Grad-Zentralisiertheit, die ich im Kapitel 5 vorstelle) einen Wert von 45% auf. 0% würde ein Netzwerk kennzeichnen, in dem alle Akteure das gleiche Ausmaß an Beziehungen aufweisen, 100% wäre ein Netz, in dem *ein* Akteur alle Transaktionen auf sich vereint. Das *hxaro*-Netz erreicht folglich einen *mittleren Grad an Ungleichheit* in der Menge des Geschenkaustauschs zwischen den beteiligten Akteuren. Die herausragenden Empfänger sind ältere Leute, während die zentralen Geber jüngere bis mittelalte Leute sind. Eine Deutung dieses Musters liefere ich unten im Zusammenhang mit der Visualisierung des *hxaro*-Netzwerks.

(4) Der Geschenkaustausch ist keineswegs ausgeglichen (symmetrisch: wenn A→B, dann auch B→A), sondern in 42% der Tauschaktionen *nicht-symmetrisch*. Das bedeutet, daß in 42% der Fälle von Geschenkaustausch A dem B ein Geschenk schickt, ohne ein Gegengeschenk zu erhalten. Nun folgt die Symmetrie nicht zwingend aus den Regeln des *hxaro*, weil Gegengeschenke auch zeitverzögert eintreffen können, und die Ethnographin die Daten lediglich zu *einem* Zeitpunkt erhoben hat. Auch gilt die Einsicht, daß es in reziproken Tauschnetzen für die Akteure vorteilhaft ist, Rechnungen offenzuhalten, damit die durch die Gaben gestiftete soziale Beziehung niemals erlischt, sondern durch einen steten Fluß von Geschenken und Gegengeschenken am Leben erhalten wird (in dieser Richtung Sahlins 1963, 1972: 210-5; Strathern 1991: 215-6). Aber der Prozentsatz der unausgeglichenen Austauschbeziehungen im *hxaro*-Netz ist dennoch sehr hoch. Er verschwindet auch nicht, wenn man statt des aktuellen Tauschverhaltens nach den im Rahmen der Lebensgeschichte der Akteure wichtigen Tauschpartnern fragt. Diese kognitive Frage hat Wiessner den 73 Akteuren gestellt und in immerhin 15% der Fälle nennt jemand einen anderen als bedeutsam, der dies nicht erwidert. Eine gewisse Asymmetrie und Instabilität der Erwartungen scheint also dem *hxaro*-Tausch eigen zu sein. Das ist der ethnographischen Literatur entgangen und wurde erst mit Hilfe der Netzwerkanalyse erkannt.[20]

Man kann im Anschluß über die formale Analyse des Netzwerks hinausgehen und das aus den einzelnen Tauschtransaktionen entstandene Gesamtnetzwerk des *hxaro* graphentheoretisch veranschaulichen. Abbildung 3.1 [s. die Farbtafeln] ist eine Darstellung des Netzes, die Lothar Krempel (1995, 1996) mit Hilfe seines Visualisierungsprogramms von Netzwerkdaten erzeugt hat. Grundlage dieses Verfahrens ist zunächst eine geometrische Abbildung der Beziehungen unter den Akteuren nach der Intensität ihres Tausches (je mehr diese tauschen, desto näher werden sie in dem Bild aneinandergerückt). Der entscheidende Vorteil dieser Visualisierung besteht darin, daß deutende Merkmale wie z.B. die

---

[20] Für die Auswertung dieser Daten durch die Netzwerkanalyse spielt es grundsätzlich keine Rolle, ob die Relation symmetrisch oder asymmetrisch ist, denn im einen wie im anderen Fall gibt es formale Verfahren zur Untersuchung des entsprechenden Netzes. Der Vorteil der formalen Auswertung liegt darin, daß man erkennt. ob und in welchem Maße in einem solchen empirischen Netz Asymmetrie herrscht. Die *hxaro*-Daten werden hier im Regelfall als gerichtete und bewertete Beziehungen analysiert (vgl. Kapitel 5).

Kultur als Text?

Lokalität der Akteure zusätzlich in die Abbildung eingebracht werden können. Das Verfahren erzielt dann in einem Bild eine optimierte Darstellung sowohl der Beziehungen als auch der deutenden Merkmale (man vergleiche in Kapitel 5 die Abbildung 5.4, die lediglich die Tauschbeziehungen ohne Lokalität enthält und viel schwerer zu deuten ist). In der Abbildung 3.1 stellen die Punkte die 73 Akteure dar. Je größer die Punkte sind, desto mehr Geschenke erhalten oder schicken die betreffenden Individuen. Je dicker die Pfeile sind, desto mehr Güter fließen in der entsprechenden Richtung. Da sich die Punkte und Pfeile in der Abbildung tatsächlich größenmäßig unterscheiden, ist dies ein visueller Hinweis auf die in diesem Geschenknetz mit formalen Verfahren bereits erkannten Aktivitätsunterschiede.

Die Punkte in dieser Abbildung sind auf Kreisen angeordnet, die die Lager- und Gebietszugehörigkeit der Akteure als zusätzlichem Deutungsmerkmal darstellt (die Abbildung bewahrt die geographische Lage und die Distanzen zwischen den Gebieten). Der große Kreis links im Bild ist der Armee- und Handelsposten Tsumkwe, mit Zugang der dort lebenden !Kung zu Lohnarbeit und importierten Waren. Die drei Kreise auf der rechten Seite repräsentieren traditionellere Gebiete mit jeweils mehreren kleineren Lagern, in denen die !Kung ihre nomadische, wildbeuterische Lebensweise beibehielten (es handelt sich von oben nach unten um die Gebiete Dobe, /Xai/xai und //Gum/geni). 62% der ausgetauschten Geschenke bleiben *innerhalb* der Gebiete und sorgen für gute Beziehungen innerhalb der Lager. 38% der Geschenke fließen *zwischen* den Gebieten und verbinden die einzelnen Lager sowie Gebiete zu einem Gesamtnetz. Man erkennt an der Vielzahl der zwischen den Gebieten verlaufenden Pfeile in der Abbildung, daß Tsumkwe und die traditionellen Gebiete miteinander gut verbunden sind. Die !Kung aus Tsumkwe, dem zentralen Ort in dieser Region, exportieren westliche Güter, vor allem Kleidung, und erhalten im Gegenzug wesentlich mehr, aber nicht ausschließlich, traditionelle Geschenke, vor allem Schmuck, aus dem Hinterland. Die Durchdringung des gesamten Gebiets mit Tauschketten und hin- und herfließenden Geschenkströmen führt dazu, daß kein Akteur ausschließlich von modernem oder traditionellem Besitz umgeben ist. Hier löst sich auch das Rätsel der Zentralisiertheit: die zentralen Geber sind Jugendliche oder mittelalte Personen aus Tsumkwe mit Zugang zu westlichen Gütern, die ihren als Empfängern herausgehobenen Eltern und anderen nahen Verwandten im Hinterland einen Teil ihres Besitzes zukommen lassen. Die Jobs in Tsumkwe sind nämlich nur von kurzer Dauer. Auch ist das Leben dort konfliktreich, weil die !Kung – die in einer Gesellschaft ohne Zentralgewalt und im Normalfall immer nur in kleinen Gruppen leben – keine übergeordneten Schlichtungsinstanzen kennen und daher keine Regeln für das Zusammenleben in größerer Zahl entwickelt haben (s. auch Kent 1995). Für den Fall, daß sie die Arbeit verlieren oder die Siedlung nach einem durch Alkoholkonsum verstärkten Streit verlassen müssen, lohnt es sich für die in Tsumkwe wohnenden !Kung, mit Hilfe von *hxaro* ihre Beziehungen zum Hinterland zu pflegen und sich auf diese Weise eine Rückfallposition zu sichern. Für die Bewohner des Hinterlands eröffnet sich über diese *hxaro*-Beziehungen der Zugang zu westlichen Gütern und die Gelegenheit, einen interessanten Ort zu besuchen, „where the action is" (P. Wiessner).

Man kann nun in der Netzwerkanalyse noch einen Schritt weitergehen, indem man statistisch prüft, wie stark der Zusammenhang zwischen der Zugehörigkeit zu einem Lager und dem Vorhandensein enger Verwandtschaft einerseits und dem Geschenkaustausch andererseits ist. Dies ist ein Test erklärender Hypothesen (genauer: mit Hilfe des Verfahrens der QAP-Korrelation, das ich im Kapitel 6 erläutere). Es zeigt sich, daß intensive Tauschbeziehungen vor allem unter nahen Verwandten (Eltern/ Kinder, Geschwister) praktiziert werden (r=.49, p=.000) und in schwächerem Maße unter Angehörigen desselben Lagers (r=.16, p=.000).[21] Einen alters- oder geschlechtsspezifischen Effekt auf das Muster des *hxaro*-Austauschs gibt es hingegen nicht.

Den Zusammenhang zwischen Tausch, Lokalität und enger Verwandtschaft kann man auch visuell darstellen, wie die ebenfalls von Lothar Krempel und seinem Programm erzeugte komplexe Abbildung 3.2 zeigt [s. die Farbtafeln]. Dies ist eine Transformation des in Abbildung 3.1 dargestellten Ausgangsgraphen der Tauschbeziehungen (in Krempel [1996] kann man diese Transformation schrittweise nach-

---

[21] Die in dem UCINET IV Programmpaket (Borgatti, Everett und Freeman 1992) enthaltene QAP-Prozedur berechnet Pearsons Produkt-Moment-Korrelationskoeffizient r, der eine Obergrenze von ± 1 bei maximal hoher und eine Untergrenze von 0 bei fehlender Korrelation aufweist. Beide im Text berichteten Korrelationen sind statistisch hochsignifikant, d.h. nicht-zufällig (p=.000). Dieser statistische Signifikanzwert bedeutet, daß in keinem von 1000 Versuchen eine solche Korrelation rein zufällig zu erwarten wäre. Man könnte auch in anderen Worten sagen, daß der beobachtete Zusammenhang mit einer Wahrscheinlichkeit von 1:1000 bloßer Zufall ist, was sehr unwahrscheinlich ist.

Kultur als Text?

vollziehen, während ich hier lediglich anhand einer Farbabbildung einen summarischen Überblick vermitteln kann). Zunächst (1) wird in Abbildung 3.2 die starre lokale Fixierung der Punkte gegenüber der Abbildung 3.1 aufgegeben. Dies geschieht in dem Sinne, daß Punkte, die stärkeren Austausch mit Mitgliedern anderer Gebiete haben, aus ihrem Wohngebiet in Richtung der anderen Punkte bewegt werden. Die Stärke des Austauschs ist deshalb in diesem Bild für die Lage der Punkte zueinander entscheidend. Einige Punkte rücken demgemäß tiefer ins Zentrum des Geschehens (in der Mitte der Abbildung 3.2) und bewegen sich an den Rand ihres Herkunftgebietes. Dieser *Kern* des Tauschnetzes ist als Teilmenge der Akteure bestimmt, die nicht nur in ihrem eigenen, sondern auch in anderen Gebieten Austausch unterhalten. Die Punkte (=Akteure) sind nach ihrer Herkunft aus den vier Gebieten unterschiedlich eingefärbt (grün, gelb, blau, rot; Farbwahl wie in Abbildung 3.1). Die Größe der Punkte gibt das Ausmaß ihrer Beteiligung am Geschenktausch wieder. (2) Um die Gebiete besser kenntlich zu machen, sind diese mit derselben Farbe wie die zugehörigen Punkte als konvexe Hüllen schraffiert eingezeichnet worden. Jede Fläche ist der Tauschbereich, den das betreffende Gebiet mit den daraus stammenden Akteuren abdeckt. In der Mitte der Abbildung überschneiden sich die grüne, blaue und gelbe Fläche, nicht jedoch die rote. In diesem Überschneidungsbereich befindet sich nach obiger Definition der Kern des *hxaro*. Die dorthin gerückten Akteure sind die zentralsten Mitglieder des Tauschnetzwerks, weil sie auch mit anderen Gebieten tauschen.[22] Das südlichste Gebiet (die rote Fläche und die roten Punkte; es handelt sich um //Gum/geni) gehört nicht zu diesem Kern des *hxaro*. Seine Mitglieder sind zwar in das Tauschnetz eingebunden, aber bleiben am Rande des Geschehens. Anders hingegen einige grüne, blaue und gelbe Punkte, die mit ihrem Tauschverhalten tief in die anderen Bereiche hin-

---

[22] In der graphentheoretischen Auswertung und auch in der Größe der Punkte in den Abbildungen 3.1 und 3.2 wurde hingegen der Zentralitätsbegriff der Grad-Zentralität benutzt, der sich auf die Menge der Tauschbeziehungen und damit die Aktivität eines Akteurs im Netz bezieht. Der mit der Definition des Kerns verbundene und von der Grad-Zentralität verschiedene Zentralitätsbegriff ist ein anderer, struktureller: er hebt diejenigen Punkte als zentral heraus, die nicht nur mit ihrer eigenen Gegend, sondern auch noch mit Punkten aus anderen Gegenden Austausch pflegen. Diese Zentralität bezieht sich daher auf die vermittelnde Stellung der Punkte im Netz. Formal definiert wird dieser einfache und spezielle Zentralitätsbegriff jedoch nicht (im Gegensatz zu den verschiedenen allgemeinen Zentralitätsbegriffen in Kapitel 5).

einreichen und daher als zentrale Akteure in den Überlappungsbereich der grünen, gelben und blauen Gebiete gerückt wurden. Im letzten Schritt (3) werden in der Abbildung die Tausch- und Verwandtschaftsbeziehungen abgetragen, die von den zentralen Akteuren im Kern ausgehen bzw. zu ihnen gelangen. Weiße Pfeile symbolisieren enge Verwandtschaft ohne Tausch, was selten vorkommt. Graue Linien verdeutlichen bloßen Austausch ohne enge Verwandtschaftsbindung zwischen den Beteiligten, was mittel häufig vorkommt (in der Korrelationsanalyse zwischen Tausch und Verwandtschaft im gesamten Datensatz sind dies neben anderen die Ausnahmen, die die Korrelation schwächen). Orange Linien verbinden eng miteinander verwandte Akteure, die zudem untereinander getauscht haben, was annähernd gleich häufig wie der Tausch ohne enge Verwandtschaft auftritt. Für die zentralen Mitglieder im Überschneidungsbereichs zwischen den Gebieten gilt, daß bei ihnen der Anteil des Tauschs unter engen Verwandten höher ist als bei den weniger zentral eingebundenen Akteuren. Abbildung 3.2 ist zusammengenommen eine Darstellung der Interpenetration von Lokalität, Tausch und Verwandtschaft. Wenn man in einem Bild die Gebiete als Inseln begreift, dann stellen die Akteure im Kern die Verbindung zwischen ihnen her und ihre *hxaro*-Verbindungen sind die Brücken zwischen den Inseln (dieser Brückenbegriff ist metaphorisch gemeint; der graphentheoretische Begriff der Brücke ist enger gefaßt als einzige Verbindung zwischen ansonsten unverbundenen Teilen eines Graphen, s. Kapitel 4 und 5). Für die von den zentralen Akteuren des Kerns ausgehenden Verbindungen gilt, daß sie *zwischen* dem grünen, blauen und gelben Gebiet vielfach über enge Verwandtschaft verlaufen und daß jeder Akteur aus dem Kern Tausch mit engen Verwandten aus seinem eigenen Gebiet unterhält. Der gelbe Punkt 18 unterhält z.B. eine enge, mit Geschenken bedachte Verwandtschaftsverbindung zu dem gelben Punkt 436 und eine bloße Tauschbeziehung in das rote Gebiet. Zwischen dem roten nicht zum Kern gehörenden Gebiet und dem Kern gibt es ganz im Gegensatz zu den drei anderen Gebieten ausschließlich Tauschbeziehungen ohne enge Verwandtschaft. Dies wirft die hier nicht beantwortbare historische Rückfrage an die Ethnographen auf, ob *hxaro* zunächst unter engen Verwandten entsteht und von diesen getragen wird und in einer späteren Entwicklungsphase mit zunehmender räumlicher und sozialer Entfernung schließlich in ein reines, nicht mehr von Verwandtschaft unterstütztes Tauschverhältnis zu entfernteren Gegenden und Partnern mündet. Dieses wäre dann im äußeren Kreis primär vom

Kultur als Text?

Interesse an bestimmten Tauschgütern motiviert und bricht mit zunehmender Distanz ab. Die Visualisierung der Tausch- und Verwandtschaftsverhältnisse beim *hxaro* in Abbildung 3.2 hat insgesamt verdeutlicht, daß die Gebiete zusammenhängen (wenn auch sehr unterschiedlich); daß sie partiell überlappen und daß im Tausch Lokalität überwunden wird. Enge Verwandtschaft ist wichtig, kommt jedoch nicht bei allen Tauschbeziehungen vor. Die Abbildung 3.2 liefert damit die Veranschaulichung der mittleren (Tausch/ Verwandtschaft) und geringeren (Tausch/ Lager) Korrelationswerte, die ich im vorigen Abschnitt berichtet habe.

Man kann die Analyse noch ethnographisch vertiefen, indem man die zentralen Akteure aus dem Kern des Tauschnetzes genauer beschreibt, was ich hier aufgrund fehlender Detailinformation nur im Ansatz vornehmen kann. Polly Wiessners Datensatz enthält zu den Akteuren im Kern des Netzwerks die folgenden Informationen, die ich um ihre Kurzkommentare aus einer Haushaltsliste ergänzt habe (Tabelle 3.1).

TABELLE 3.1: HINTERGRUNDINFORMATIONEN ZU DEN AKTEUREN IM KERN DES HXARO-NETZWERKS (VGL. ABBILDUNG 3.2)

Person Nr.	Gebiet	Geschlecht	Alter	Polly Wiessners Kommentar
18	gelb	m	20-39	018 and 019 are a married couple with ... children
341	gelb	w	20-39	341 and 188 are a married couple with the following children: ...2193 [s. unten]
360	grün	w	60+	360 is an old woman living alone but with many grown children in her camp
361	grün	m	20-39	051 and 361 are a young couple with ... children
423	blau	m	40-60	423 and 426 are a married couple in their 50s
426	blau	w	40-60	[s. 423]
512	blau	m	40-60	512 and 513 are a married couple with mature children living elsewhere
513	blau	w	40-60	[s. 512]
518	blau	m	20-39	518 and 519 are a newly married couple with no children
520	blau	w	unter 20	520 and 521 are a married couple with one adolescent son who was living elsewhere
771	grün	w	20-39	770 and 771 are a married couple whose adolescent daughter 2131 lives with them much of the time
2193	gelb	m	Kind	[s. 341]

Gebiete: gelb= Dobe; grün= Tsumkwe, blau= /Xai/xai

Dieser Tabelle ist kein klares Muster zu entnehmen: die im Überschneidungsbereich des Tauschnetzes anzutreffenden und dadurch zentralen Akteure sind männlich oder weiblich, jünger oder älter, in der Mehrheit etwas älter und verheiratet mit Kindern. In zwei Fällen befinden sich beide Ehepartner (423/ 426; 512/ 513) im Kern des Netzwerks; in einem Fall sind es auch Mutter und Kind (341/ 2193). Typischer scheint jedoch zu sein, daß Ehepartner ganz unterschiedlich zentral bzw. peripher in den *hxaro*-Tausch eingebunden sind, und die Stellung eines Akteurs im Überschneidungsbereich des *hxaro*-Netzes mit den *hxaro*-Aktivitäten des Ehepartners nichts zu tun hat. Wenn man zusätzlich die Grad-Zentralität im Sinne hoher Tauschaktivität berücksichtigt, die an der Größe der Punkte ablesbar ist, dann befindet sich die Mehrzahl dieser aktiven Personen im Kern (aber nicht ausnahmslos).

Die Visualisierung und formale Zerlegung des *hxaro*-Netzwerks hat eine entscheidende Teilstruktur erkannt: den Kern des Netzwerks als verwandtschaftlich organisierten Zwischenbereich, in dem die Verbindungen zwischen ansonsten unverbundenen Tauschgebieten hergestellt werden. Für die regionale Integration des *hxaro*-Netzwerks ist diese Teilstruktur zentral. Mit der ethnographischen Betrachtung einzelner Akteure, wie in Tabelle 3.1 vorgeführt, hätte man ihn nicht entdeckt. Auf individueller Ebene scheint ein klares Muster zu fehlen. Mehr läßt sich zumindest aufgrund der vorhandenen ethnographischen Daten nicht aussagen. Für künftige Feldforschungen zum Geschenkaustausch der !Kung folgt jedoch aus diesem wichtigen strukturellen Befund, daß die Ethnographen diesem Kern und den darin enthaltenen Akteuren mehr Aufmerksamkeit schenken müssen als das bisher der Fall ist. Nachdem man den Kern als zentrale Teilstruktur im Netz erkannt hat, wäre es interessant zu erfahren, ob und wie sich dieser Kern im Zeitablauf verändert und ob die Akteure, die ihm momentan angehören, dort länger verharren oder in stetem Wechsel durch andere Akteure ersetzt werden. Die Entwicklung des Kerns und das Schicksal der zentralen Akteure genauer zu verfolgen, sind die wesentlichen Anregungen,. die die Ethnographie aus dieser formalen und visuellen Betrachtung des Zusammenhangs von Verwandtschaft, Lokalität und Tausch erhält.

Am Beispiel des *hxaro*-Tauschs der !Kung wollte ich vor allem herausarbeiten, daß es nicht hinreicht, lediglich die Regeln und die symbolischen Hintergründe einer solchen Schlüsselinstitution zu untersuchen. Es kommt gleichfalls darauf an, das Muster sozialer Ordnung zu erkennen, das durch die an den Regeln orientierten Tauschhandlungen der

Akteure erzeugt wird. Die formale Analyse und die Visualierung dieses sozialen Gebildes haben einige wichtige Aspekte dieses Ordnungsmusters erhellt (geringe Dichte, Asymmetrie, Zentralisiertheit, den Kern des Netzwerks), die in der qualitativen ethnographischen Literatur – den in der Netzwerkanalyse geprüften Deutungshypothesen – überhaupt nicht oder sogar falsch diagnostiziert wurden.

Fallbeispiel II: Rituale in einem javanischen Dorf

Das zweite Beispiel befaßt sich mit religiösen Ereignissen in einem javanischen Dorf, die ich gemeinsam mit Margarete Schweizer 1979 im Rahmen von Untersuchungen zu den Veränderungen des Reisanbaus, aber auch zur sozialen Organisation des Dorfes erhoben habe (Schweizer 1989c als Hauptergebnis). Diese *slametan* genannten Rituale sind Gemeinschaftsfeste, die von den Bewohnern im Kreise von Nachbarn und Verwandten bei Übergängen im Lebenszyklus (Geburt, Beschneidung, Heirat, Tod) und bei besonderen Ereignissen gefeiert werden. Sie bilden eine Schlüsselinstitution in der javanischen Gesellschaft. In dieser Fallanalyse stelle ich zunächst ethnographische und historische Hintergrundinformationen vor. Im späteren Teil der Fallstudie, der der Netzwerkanalyse gewidmet ist, führe ich einen Dialog zwischen dem vorwiegend qualitativen Hintergrundwissen und den Ergebnissen aus der formalen Auswertung.

Rahmenbedingungen

Die javanische Gesellschaft ist geschichtet und bereits seit vorkolonialer Zeit in einen hierarchisch aufgebauten Staat eingebunden. Auf dem Dorf ist der Besitz von Land, insbesondere von Bewässerungsfeldern, die wichtigste Ressource, die die soziale Schichtung in eine landlose Unterschicht, eine mittlere Schicht von Bauern, Händlern und Handwerkern und eine Oberschicht von Dorfbeamten und Großhändlern mit größerem Landbesitz begründet. Bewässerungsland war schon im 19. Jahrhundert knapp, und soziale Differenzierung unter den Landbewohnern gab es bereits sehr viel früher (Boomgaard 1989). Der Anteil der landlosen Haushalte ist hoch und die Besitzgrößen sind klein. Im Untersuchungsdorf, das 1979 1614 Einwohner und eine Bevölkerungsdichte von 1315 Einwohnern/km^2 aufweist, haben 43% der Haushalte keine Felder. Die mittlere Besitzgröße beträgt kaum einen Viertel Hektar (.22

ha durchschnittlich, Standardabweichung s=.27); der Bürgermeister ist mit 4.3 ha von insgesamt 75 ha Bewässerungsfeldern im Dorf der reichste Landbesitzer. Außeragrarische Tätigkeiten im Handel, Handwerk und in Fabriken, aber auch Lohnarbeit in der Landwirtschaft, haben sich in dieser Situation als Haupt- oder Nebenerwerb herausgebildet. Migration und sehr differenzierte Pachtverhältnisse lindern ebenfalls die Landknappheit. Das Untersuchungsdorf („Sawahan" als Pseudonym) liegt in einem ehemaligen Plantagengebiet, dem heutigen Zentrum des Reisanbaus in Mitteljava (im Regierungsbezirk Klaten zwischen den Städten Yogyakarta und Surakarta). Die Geldwirtschaft und kommerzielles Denken haben das Wirtschaftsleben der Bewohner in dieser Region bereits im 18. Jahrhundert tief durchdrungen. Wollte man dies exemplarisch darstellen, könnte man zur Institution der Reisernte greifen und daran eine dichte Beschreibung der kommerziellen Aspekte des Dorflebens geben (Schweizer 1989c: 297-41, 1995). Die geistige Orientierung der Dorfbewohner wird zum einen von traditionellen javanischen Werten und Normen bestimmt, weiterhin von in der Schule vermittelter westlicher Bildung und dem Islam. Das Fernsehen unterstützt mit sehr populären Unterhaltungsserien über höfisches Leben im Mitteljava der Vergangenheit, mit Nachrichtensendungen und Koranlesewettbewerben alle drei Sparten des heutigen Denkens und Fühlens der Dorfbewohner. Der Islam auf Java ist keineswegs einheitlich, sondern zerfällt in rivalisierende Varianten: einen „modernistischen" Islam, der die Regeln dieser Religion in möglichst reiner Form praktizieren und ihn von der javanischen Tradition reinigen will; eine konservative Variante, die die islamischen Vorschriften beherzigt, aber auch die im Koran nicht explizit verbotenen javanischen Gewohnheiten achten möchte; und schließlich den „javanischen Islam" (*kejawen*), der stärker die javanische Tradition als die Buchstaben der reinen islamischen Lehre betont – was seinen Anhängern von den anderen Richtungen den Vorwurf einbringt, daß sie lediglich nominelle Muslime seien. In den intensiven Auseinandersetzungen nach der Unabhängigkeit Indonesiens (1945), die Geertz' (1960, 1983a: Kap. 4, 1995: 3-11) Feldforschungen in Ostjava in den fünfziger Jahren geprägt haben, waren diese religiösen Richtungen mit politischen Parteien assoziiert, was die Konflikte verstärkte. Seit dem Machtwechsel und den gewalttätigen Auseinandersetzungen von 1965/66, denen viele Indonesier, auch auf dem Lande, zum Opfer fielen, sind die Verhältnisse „entpolitisiert" worden, und es herrscht ein Diskurs von „Fortschritt und Entwicklung". Das gilt besonders seit der Einführung der Hochertragsreissorten in der „grünen Revolution" in den endsiebziger Jahren, der Zeit unserer Feldforschung in Sawahan. In Java überwog in der Vergangenheit die javanische, synkretistische Richtung des Islam. In Sawahan ist die Situation genau umgekehrt, weil die praktizierenden Muslime (*santri*) der ersten beiden Richtungen die Mehrheit bilden. Doch gilt für *alle* Muslime im Dorf, auch für die „modernistisch" eingestellten, daß sie sich an den javanischen Normen des korrekten Verhaltens orientieren und sich an den dörflichen Gewohnheiten beteiligen. Die unterschiedliche religiöse Einstellung zeigt sich im Dorf nicht in der Beteiligung oder in der Ablehnung bestimmter Traditionen, sondern vielmehr in der speziellen Ausgestaltung der javanischen Tradition, die für alle drei religiösen Strömungen verbindlich ist (anders als in der Stadt, in der nach unserer Beobachtung die religiösen Unterschiede auch zur Aufgabe bestimmter Rituale führen).

Die Situation der Akteure

Die aus dem Landbesitz erwachsene soziale Schichtung und die religiöse Differenzierung bilden die Rahmenbedingungen, in denen die Akteure ihr Leben gestalten. Das javanische Verwandtschaftssystem ist bilateral, d.h. jedes Ego rechnet die Verwandtschaft beidseitig nach väterlichen und mütterlichen Vorfahren, jedoch nicht sehr weit zurückreichend (bis zur Großelterngeneration). Das Land und anderer Besitz wird bilateral vererbt. Söhne erhalten einen höheren Anteil als Töchter, und der erstgeborene Sohn wird bevorzugt, doch gehen die anderen nicht leer aus (Hüsken 1991; White und Schweizer 1996 zu Verwandtschaft und Vererbung). Kernfamilien bilden in der javanischen Gesellschaft die wichtigsten sozialen und ökonomischen Einheiten. Zwischen Eltern und Kindern und zwischen Geschwistern bestehen Vertrauensbeziehungen, und hier gibt es besondere ökonomische und soziale Unterstützung. Neben der Verwandtschaft sind die Nachbarn im Alltagsleben bedeutsam. Mit ihnen möchte man freundliche soziale Beziehungen unterhalten. Harmonie unter Nachbarn, *rukun*, ist ein expliziter und zumindest äußerlich von allen angestrebter Wert. An die Nachbarn wendet man sich, wenn man unmittelbare Hilfe benötigt – sei es im Notfall oder bei der Suche nach Rat und Hilfe auf reziproker Basis. Nachbarn reden miteinander, besuchen gemeinsam (nach Geschlecht und Alter getrennte) Gebetskreise und feiern gemeinsam Feste. Bis zu einem gewissen Grad überlappen sich auch Nachbarschaft und Verwandtschaft, weil elterliche Grundstücke bei Bedarf geteilt werden und jedem verheirateten Kind dort ein eigenes Haus errichtet wird. Die Residenz nach der Heirat ist neolokal, und in den javanischen Normen wird zudem die ökonomische Selbständigkeit von erwachsenen Kindern angestrebt, die sich in einem eigenen Hausstand äußert, in dem getrennt eingekauft und gekocht wird. Innerhalb der Nachbarschaften bestehen daher aufgrund von räumlicher Nähe, Verwandtschaft, und geteilter Religion viele Gemeinsamkeiten, die durch gemeinsames Handeln noch unterstützt werden. Administrativ werden große oder mehrere kleine Nachbarschaften als Weiler (*rukun tetangga*) zusammengefaßt. Aber wie weit reicht diese auf räumlicher Nähe beruhende Kohäsion der Nachbarschaften und Weiler? Ökonomisch, sozial und religiös ist kein Weiler des Dorfes homogen, und es stellt sich die Frage, inwieweit die gemeinsamen sozialen und religiösen Aktivitäten unter Nachbarn, Verwandten und religiös Gleichgesinnten die dennoch bestehenden Schichtunterschiede überbrücken. Diese Fragen lassen sich am Beispiel der religiös begründeten Gemeinschaftsfeiern beantworten, die ich nun genauer vorstellen will.

Die Rituale

Mit verschiedenen Schlüsselinformanten haben wir die Hintergründe und die Regeln besprochen, die den *slametan*-Festen unterliegen. Auch nahmen wir als Gäste und gute Nachbarn an solchen Ereignissen teil und konnten so den Vollzug der Regeln in der rituellen Praxis beobachten. Im Rahmen einer Haushaltsuntersuchung ermittelten wir dann mit einer Liste von allen Festen, die im Dorf während zweier besonders aktiver Monate gefeiert wurden (Juli und August 1979, nach erfolgreicher Reisernte), wer von den 98 befragten Haushalten an welchem der 79 Feste teilgenommen hatte (Schweizer 1989d: 297-304 zu den qualitativen Befunden; Schweizer, Klemm und Schweizer 1993 als erste Auswertung dieser Daten). Die Datenmatrix über die Beteiligung der 98 Akteure an den 79 Ereignissen bildet den Grundstock für meine folgende Analyse. In ihr kamen einige Akteure vor, die wenige Rituale besuchten (meist Witwen oder Witwer), und einige Feste mit wenigen Gästen.[23] Für die Auswertung in diesem Kapitel habe ich die sehr kleinen Feste nicht

---

[23] Die Stichprobe der 98 befragten Haushalte ist keine Vollerhebung, sondern eine leicht in Richtung der Dorfelite verzerrte Wahrscheinlichkeitsauswahl der etwa 220 Haushalte im Dorf. An den von uns erhobenen Festen waren im Schnitt etwa zwei Drittel mehr Gäste zugeen als unsere Netzwerkdaten erfaßt haben.

berücksichtigt, damit der Größeneffekt zwischen extrem kleinen und großen Festen in den Daten eliminiert ist, und sich die Auswertung auf das stabile Hauptmuster der sozialen Beziehungen in diesem Datensatz konzentriert.[24] Ich beziehe mich in dieser Auswertung auf 60 häufiger besuchte Rituale aus allen fünf Weilern[25] des Dorfes und interessiere mich für die Ähnlichkeit dieser Feste aufgrund gemeinsamer Gäste (formal gesehen, vgl. Kapitel 5, habe ich aus den Ursprungsdaten über Akteure und Ereignisse eine Ähnlichkeitsmatrix der 60 Ereignisse berechnet, wobei die Ähnlichkeit als die Anzahl der bei zwei beliebigen Festen gemeinsamen Gäste definiert ist). Je mehr gemeinsame Gäste zwei Feste aufweisen, desto ähnlicher sind sich die Feste hinsichtlich ihrer Besucher. Wenn sich die Besucher mehrerer Feste überlappen, bildet sich eine Teilmenge (Cluster) ähnlicher Feste. Bei der späteren Analyse geht es genau darum, solche Teilgruppen ähnlicher Feste aufzufinden und zu entdecken, welche sozialen Merkmale (Lokalität, Schicht, gemeinsame Religion) ihnen zugrunde liegen. Unter den Gästen in einem solchen Cluster entsteht aufgrund ihrer fortlaufenden Beteiligung an den Ereignissen und dem immer wiederkehrenden Zusammentreffen mit denselben Akteuren soziale Kohäsion. Am Rande sei erwähnt, daß der ursprüngliche Akteur-Ereignis-Datensatz drei Informationen enthält: die Ähnlichkeit der Ereignisse hinsichtlich gemeinsamer Gäste; die Ähnlichkeit der Akteure hinsichtlich gemeinsam besuchter Ereignisse und die unmittelbare Verflechtung der Akteure und Ereignisse. Hier behandle ich nur die erste Informationsart. Die Analyse der Ähnlichkeit der Akteure untereinander ist formal analog zur Analyse der Ereignisse. Die gleichzeitige Betrachtung der Akteure und Ereignisse stellt im Rahmen der Korrespondenzanalyse oder der Analyse bipartiter Graphen formal zwar kein Problem dar, wohl aber inhaltlich, weil hierbei sehr viel Information gleichzeitig zu deuten ist. Diese Auswertungen will ich

---

[24] In Schweizer, Klemm und Schweizer (1993: 30-31) ist die vollständige Datenmatrix abgedruckt. Während das in jenem Aufsatz verwendete Programm der multidimensionalen Skalierung über die Größeneffekte hinwegsah, was eine Schwäche ist, wurde diese mögliche Instabilität der Auswertung aufgrund schwach besetzter Zeilen und Spalten von der statistischen Korrespondenzanalyse entdeckt und führte zu der hier praktizierten Lösung.

[25] Das Dorf besteht eigentlich aus acht Weilern (s. die Karte in Schweizer 1989c: 716), doch habe ich drei kleinere und eng beieinanderliegende Weiler zusammengefaßt (die Weiler 5,6,7 aus der Karte) und einen isolierten Weiler einem größeren zugeschlagen (8 zu 4 laut Karte). Dies vereinfacht die spätere Analyse der Weilerzugehörigkeit, ohne die Ergebnisse substantiell zu verändern.

an anderer Stelle vornehmen. Hier beginne ich im ersten Schritt mit der Betrachtung der Ereignisse (was die Analyse in Schweizer, Klemm und Schweizer 1993 fortsetzt). Bevor ich mich jedoch den sozialen Ordnungsmustern zuwende, die die Akteure durch ihre Teilnahme an bestimmten Festen und ihre Abwesenheit bei bestimmten anderen erzeugen, will ich den geistigen Hintergrund dieser religiösen Rituale kurz erläutern und zudem die Regeln beleuchten, die die rituelle Praxis anleiten. Das entspricht dem symbolischen Aspekt der kulturellen Bedeutungen, der die Vertreter der Auffassung von Kultur-als-Text besonders interessiert.[26]

In dem Ausdruck *slametan* für die Feste steckt der javanische Wert *slamet* als ein angestrebter Zustand des Friedens (die Wurzel dieses Wortes ist das arabische *salam*). In der höfischen, städtischen Tradition Javas gibt es Chroniken, aber selbst heutzutage noch Einheimische, die den tieferen Sinn dieser Vorstellungen und der daran geknüpften Rituale erläutern können (Errington 1984). Nach javanischer Sicht hängen der weltliche Mikrokosmos und der übersinnliche Makrokosmos zusammen. Disharmonie in der Gemeinschaft kann größeren Schaden nach sich ziehen, wenn dadurch die harmonische Übereinstimmung im Kosmos gestört wird. Alle Übergänge im Lebenszyklus sind gefährliche Krisensituationen, weil sie dieses grundlegende Gleichgewicht aus dem Lot bringen können. Daher feiert man im Kreise nahestehender Personen ein Fest, um den Betreffenden in der Gemeinschaft Kraft zu verleihen und die Gefährdung zu überwinden. Ein gemeinsames Essen ist Teil des Festes. Die Geister begnügen sich mit dem Duft der Speisen und werden dadurch, aber auch durch die in der Gemeinschaft bewiesene Friedlichkeit, besänftigt. Diesen symbolischen Hintergrund erläutern die Dorfbewohner nur sehr bedingt. Keiner der dörflichen Akteure wäre in der Lage, den tieferen kulturellen „Text" so artikuliert zu äußern, wie dies z.B. Erringtons (1984) städtische Intellektuelle tun. Die dörfliche Begründung für die Feste ist lediglich, daß man dies schon immer so getan habe und damit der „Tradition der Vorfahren" folge, was in der den

---

[26] Hefner 1985: Kap. 5 dokumentiert die *slametan*-Rituale für eine andere, jedoch verwandte Ethnie in Ostjava; Keeler 1987: Kap. 5 beschreibt sie in derselben Region, zu der auch Sawahan gehört; beide Ethnographen gehen neben den symbolischen auch auf die sozialen und ökonomischen Aspekte der Feste ein, wenngleich sie keine Netzwerkstudie durchführen. Man vergleiche auch Geertz' Beschreibung der *slametan* in Ostjava aus seiner religionsethnologischen Dissertation, 1960: Tl. 1.

Kultur als Text?

Respekt vor Höhergestellten und auch Älteren betonenden javanischen Sicht einen Wert an sich darstellt. Die Regeln jedoch, wann und wie man ein solches Ritual ausrichtet, sind demgegenüber weitgehend geteilt und sehr explizit. Ich nenne nur die wichtigsten: (a) Wenn ein Anlaß besteht, muß ein Fest veranstaltet werden: keiner darf sich der Gemeinschaft entziehen.[27] (b) Die Größe des Festes hängt vom Anlaß und dem Vermögen der gastgebenden Familie ab. Reichere Leute sollen größere und aufwendigere Feste ausrichten, während ärmere Leute sich auch mit einem ganz kleinen und einfachen Fest begnügen können; denn man soll sich nicht ruinieren. (c) Die Nachbarn im Umkreis müssen, die Verwandten und andere nahestehende Personen können zu dem Fest eingeladen werden (was wiederum von der Größe des Festes abhängt). Die Begründung hierfür ist, daß die Nachbarn und nicht die entfernt wohnenden Verwandten diejenigen seien, an die man sich im Notfall und mit der Bitte um Hilfe zuerst wende. Bei den Einladungen darf keine Selektion nach Sympathie erfolgen – alle Nachbarn ohne Ausnahme sind einzuladen, früherer Streit ist zu vergessen. An diese Regel halten sich nach unseren Beobachtungen die Gastgeber strikt; bei den Einladungen an Gäste, die entfernt wohnen, spielt hingegen die soziale Verbundenheit eine Rolle. (d) Die Gäste erhalten nachmittags eine explizite Einladung zur Teilnahme an dem meist abendlichen Fest. Diese Einladung ist verpflichtend und kann nur bei gewichtigen Gründen (Krankheit, Abwesenheit vom Dorf, Schichtdienst in der Fabrik) erlassen werden. (e) Die engsten Nachbarn und Verwandten sind mit Arbeitsleistungen an der Vorbereitung des Festes beteiligt. Auch hierbei kann man sich der Bitte um Hilfe durch den Haushalt, der „Arbeit hat" (*punya kerja* als üblicher Ausdruck für die Vorbereitung eines Festes) nicht entziehen und muß sogar wirtschaftliche Nachteile in Kauf nehmen: Händlerinnen verzichten z.B. für ein bis zwei Tage auf den Gang zum Markt, um ihre Nachbarn zu unterstützen. Diese Hilfeleistung geschieht jedoch unter

---

[27] Ein Fall wurde uns bekannt, bei dem ein Haushalt (Kleinhändlerin/ Handwerker) diesen Verpflichtungen nicht nachkam. Diese Familie lebte in Unfrieden mit den Nachbarn: ihre Hühner wurden vergiftet, man kritisierte sie offen als Ärgernis für die Nachbarschaft und drohte damit, daß später niemand zu ihrer Beerdigung und den anschließenden Totenfesten kommen werde, was ewige Ruhelosigkeit der Seelen zur Folge haben kann. Im Nachhinein frage ich mich, ob diese Strafandrohung nicht kurzsichtig ist, denn als ruhelose Seelen könnten diese Außenseiter in der Rolle böser Geister der Gemeinschaft weiterhin schaden.

dem Gesichtspunkt der ausgeglichenen Reziprozität. Bei einem eigenen Fest wird man auf dieselben Personen zurückkommen, die einen selbst um Hilfe ersucht haben. (f) Verwandte geben je nach Enge der Verwandtschaft und Vermögen eine mehr oder weniger großzügige finanzielle Unterstützung oder Lebensmittelspende. Alle eingeladenen Gäste schicken spontan oder spätestens nachmittags (nachdem sie die Einladung zum Fest erhalten haben!) eine Gabe Reis. Die Höhe dieses Standardgeschenks richtet sich nach der allgemeinen Wirtschaftslage. Im Sommer 1979 lag die Gabe nach guten Ernten bei 3 bis 4 kg Reis. Die Frauen bringen dieses Geschenk ins Haus der gastgebenden Familie und werden mit Tee und Snacks bewirtet. (g) Allen denjenigen, die bei der Vorbereitung des Festes geholfen haben, aber auch den Nachbarn im engeren und den Verwandten im entfernteren Kreis des Dorfes schicken die Gastgeber nachmittags gekochte Speisen nach Hause. Wie groß dieser Kreis der Beschenkten ist und wie aufwendig die Gaben sind, hängt wiederum vom Anlaß und Vermögen der Gastgeber ab. (h) Die Männer beherrschen die offizielle Bühne des meist abends veranstalteten Festes – außer bei Hochzeiten, die tagsüber stattfinden und von Männern wie Frauen besucht werden. Als Vertreter ihres Haushalts nehmen der Vater oder, im Fall einer Witwe, ein Sohn oder Schwiegersohn an dem (abendlichen) Ritual teil, das etwa zwei Stunden dauert. Solche Feste stellen im Dorf die wesentliche Abwechslung vom Alltagsleben dar.[28] Man versammelt sich im Haus des Gastgebers und setzt sich auf den Boden oder erhält einen Platz in den vor dem Haus aufgestellten Sitzmöbeln für die Honoratioren des Weilers. Die Frauen aus der Nachbarschaft helfen in der Küche. Es gibt zunächst Ansprachen und Gebete, gleichzeitig oder hinterher folgen bei entspannter Atmosphäre Tee mit Snacks als Vorspeise, ein Hauptgang mit Reis und dem im Dorf rären Fleisch und eine Banane als Nachtisch. Wenn allerdings dieser Nachtisch gereicht und verzehrt wurde, löst sich die Versammlung im allgemeinen unmittelbar und vollständig auf.

Die Größe der Feste schwankt zwischen 10 und 200 Teilnehmern. Feste mit 150 Gästen sind keine Seltenheit und werden organisatorisch

---

[28] Im Sommer 1979 fanden sie so häufig statt, daß an einigen Abenden sogar zwei Einladungen hintereinander zu befolgen waren. Einmal ging ich in dieser Zeit mit einem Nachbarn zu einem Fest, der sagte, es sei schon hart (*payah*, wörtlich bitter), wenn man nach der Arbeit abends immer zu diesen Festen gehen müsse, aber so sei es nun einmal im Dorf, da dürfe man sich nicht ausschließen.

glänzend bewältigt. Teller und Geschirr verleiht der Vorstand des Weilers. Jugendliche aus dem Weiler helfen bei der Überbringung der Einladungen und der Gaben sowie bei der Bewirtung. Der Wohlstand einer Familie zeigt sich in der Süße des Tees, der Vielfalt der teilweise außerhalb des Dorfes gekauften Snacks, der Größe der Fleischportionen, der Anzahl der Gäste und dem speziellen Unterhaltungsangebot. Dieses reicht von Musikkassetten, die vor und nach dem Fest über Lautsprecher abgespielt werden, bis hin zu seltenen Schattenspielaufführungen (*wayang kulit*) oder raren Einladungen eines Schlagerorchesters (*orkes Melayu*). Mit der Auswahl der Musik und dem Ablauf des Festes kann die religiöse Zugehörigkeit des gastgebenden Haushalts zum Ausdruck gebracht werden. Javanische Muslime würden einen Schattenspieler einladen und ebenso wie die orthodoxen Muslime Gamelanmusik spielen, während reformistische Muslime gewiß nicht zu Schattenspielaufführungen und traditioneller javanischer Musik, sondern zu der als islamisch geltenden Musikband und indonesischen Schlagern (*pop Melayu*) tendieren. Die islamischen Gebete nehmen sodann bei den streng muslimischen Festen einen breiteren Raum ein, auch die Rezitation wird besser beherrscht, während bei den javanischen Muslimen die Gebete entfallen können, dafür aber in einem symbolischen Akt Vögel ins Freie entlassen werden, um die Seele eines Verstorbenen ins Jenseits hinübergleiten zu lassen. Javanische Muslime laden zu Totenfesten Muslime der anderen Gruppen explizit ein, damit sie vorbeten; denn Totenfeste benötigen nach der javanischen Tradition notwendigerweise einen islamischen Gebetsteil (das war schon die Pointe in Geertz' [1983a: Kap. 3] Analyse der Konflikte anläßlich eines Beerdigungsfalls in der Kleinstadt Pare/ Ostjava in den fünfziger Jahren).

Die genannten Regeln werden von allen Beteiligten mit einem hohen Grad an Konformität befolgt, so daß die rituelle Praxis – die Durchführung einzelner Feste – mit dem Wissen über die Regeln eindeutig prognostiziert und erklärt werden kann. Die sozialen Ordnungsmuster, die aus der fortlaufenden Beteiligung der Akteure an den Ritualen erzeugt werden, sind jedoch nicht so einfach zu durchdringen. Auch die Akteure selbst haben hierzu keine definitive Idee. Wie genau die rituellen Aktivitäten mit der Lokalität, Religion und sozialen Schicht zusammenhängen, und welche sozialen Muster die rituellen Handlungen der Akteure exakt hervorbringen, sind daher die grundlegenden Forschungsfragen, die sich für die folgende Netzwerkanalyse stellen.

Eine Netzwerkanalyse der slametan- Ordnungsmuster

Nach dieser ethnographischen, überwiegend qualitativen Einbettung des Phänomens der *slametan*-Feste beginne ich die formale Analyse des *slametan*-Netzwerks mit einer graphentheoretischen Charakterisierung. Diese soll grundlegende Eigenschaften des Netzwerks klären. Formal betrachtet (vgl. Kapitel 5) ist der aus der Ähnlichkeitsmatrix der Feste gebildete Graph symmetrisch: Ähnlichkeit ist definiert als die Anzahl der bei zwei Festen gemeinsamen Gäste. Die gemeinsamen Gäste von Fest A verglichen mit Fest B sind bei dieser Betrachtung identisch mit den gemeinsamen Gästen von B verglichen mit A).[29] Außerdem ist der Graph bewertet (erfaßt wird nicht die bloße Tatsache gemeinsamer Gäste, sondern deren Anzahl). Das aus der Teilnahme der Akteure erzeugte Muster der Ähnlichkeitsbeziehungen unter den Festen ist sehr dicht.[30] Im Durchschnitt weisen die Feste 4 gemeinsame Gäste auf, doch ist die Schwankung sehr groß (Standardabweichung 6.7), denn es gibt viele Feste ohne gemeinsame Besucher mit einem Teil der anderen Feste, und daneben einige Rituale, die sogar 41 Gäste mit bestimmten anderen Festen gemeinsam haben. Insgesamt jedoch sind alle Feste direkt oder indirekt durch gemeinsame Besucher miteinander verbunden. Diese Verbundenheit ist so stark, daß man in dem gesamten Graphen keinen einzigen *Cutpoint* genannten Punkt (=Fest) findet, dessen Entfernung den Graphen unverbunden machen würde. Die bloße Eigenschaft der Verbundenheit erzeugt *eine Komponente* in dem Graphen. Da diese Komponente keinen *Cutpoint* enthält, ist das Netz sehr festgefügt (um es unverbunden zu machen, müßte man mindestens zwei Punkte entfernen). Diese Koppelung von Verbundenheit und Fehlen eines Cutpoints faßt man mit dem graphentheoretischen Begriff des *Blocks* (zu diesen Begriffen s. Kapitel 5, als weitere ethnographische Umsetzung des Blockbegriffs auch Brudner-White und White 1997 und Kapitel 6 zum Pgraphen). Wie die Schwankbreite des Dichtewerts bereits erkennen läßt, ist dies kein egalitäres, sondern ein zentralisiertes Netz, das aus

---

[29] Freundschafts- oder Tauschnetze (vgl. das *hxaro*-Beispiel) sind typischerweise nicht-symmetrisch: A nennt B als Freund/Tauschpartner, aber umgekehrt B nicht unbedingt A, und allein durch das Vorkommen eines einzigen solchen Falles wird die Matrix der Beziehungen bereits asymmetrisch.

[30] Wenn man den bewerteten Graphen dichotomisiert, also lediglich die Tatsache betrachtet, ob zwischen beliebigen Festen überhaupt gemeinsame Gäste vorhanden sind, beträgt die Dichte 61% (vgl. oben zum *hxaro* den geringen Dichtewert von 10%).

Kultur als Text?

großen und kleinen Ereignissen besteht. Die Zentralisiertheitswerte liegen im mittleren Bereich (34.2% auf der Skala der Eigenwert-Zentralisiertheit von Bonacich [1972]; im Schnitt ein Wert von 29.5% für das informationstheoretische Zentralisiertheitsmaß von Stephenson und Zelen [1989]).[31] Der herausragende und für die weitere Analyse grundlegende Befund der graphentheoretischen Betrachtung ist, daß *sämtliche* Feste eng zusammenhängen und ein dichtes, robustes, dorfweites Ritualnetz bilden.

Man kann nun im nächsten Analyseschritt versuchen, dieses dichte Netz nach der Weilerzugehörigkeit, der Schichtzugehörigkeit und der religiösen Orientierung als erklärenden Variablen für das Beziehungsmuster zu zerlegen. Drei extreme Deutungshypothesen sind denkbar: (1) *Jeder Weiler feiert unter sich.* Das kann schon deswegen nicht völlig richtig sein, weil das Gesamtnetz verbunden ist und gerade *nicht* in unverbundene Teile zerfällt. Aber vielleicht gilt die Hypothese der Weilersegregation in abgeschwächter Form? Eine QAP-Analyse (s. Kapitel 6) erweist, daß das empirisch beobachtete Muster der gemeinsamen Besucher auf den Festen, also das zu erklärende Netzwerk, sehr schwach, aber statistisch signifikant (r=.14, p=.002) mit einem theoretischen Muster korreliert, bei dem die Feste *innerhalb* jeden Weilers, aber *nicht zwischen* den Weilern gemeinsame Besucher aufweisen. Es gibt also eine schwache Tendenz innerhalb der Weiler, die Binnenbeziehungen zu bevorzugen. (2) Die zweite Hypothese postuliert anstelle segregierter Weiler Schichtsegregation: *die Reichen feiern unter sich und die Ärmeren ebenfalls.* Dies widerspricht zwar den *slametan*-Regeln (keine Selektion der Gäste in der Nachbarschaft), aber auch hier ist es interessant zu untersuchen, ob die Hypothese in der Näherung gilt. Wie das Verfahren der QAP-Korrelation eindeutig ausweist, ist das nicht der Fall, (r=-.06,

---

[31] Die genannten Maßzahlen wurden mit dem UCINET-Programm berechnet (Borgatti, Everett und Freeman 1992), wobei die Diagonalwerte (die Gesamtmenge der Gäste für jedes einzelne Ereignis) unberücksichtigt blieben. Wenn man die schwach besetzten Zeilen und Spalten aus der Ursprungsmatrix hinzunimmt (vgl. Fußnote 24) fällt die Dichte auf 2.4 gemeinsame Gäste (Standardabweichung 5.5). Es entstehen zwei Komponenten, wovon die eine lediglich drei Punkte umfaßt und die andere den Rest, und beide sind graphentheoretische Blöcke. Die Zentralisiertheitswerte für den Bonacich-Index betragen 36.9 und für die informationstheoretische Maßzahl 10.5. Es ist dies immer noch ein dichtes und bemerkenswert verbundenes Netz. Zur Erläuterung dieser speziellen für bewertete Graphen verwendbaren Zentralisiertheitbegriffe s. auch Wasserman und Faust 1994: 175, 192-7, 209.

nicht signifikant). Die Schichtzugehörigkeit der Beteiligten wurde dabei von mehreren Schlüsselinformanten mit einem Kartensortierverfahren für alle Haushalte erfaßt (M. Schweizer 1988). Hier habe ich die verschiedenen Klassifikationen zusammengefaßt und lediglich die grobe Kategorisierung in höhere/niedrigere soziale Schicht beibehalten (die Einstufung der Schicht durch die Schlüsselinformanten korreliert hoch mit der Größe des Landbesitzes). In der QAP-Korrelation wurde die empirische Verteilung der Teilnahme der Gäste an den 60 Ritualen mit der theoretisch erwartbaren Verteilung verglichen, bei der die Angehörigen der beiden Schichten unter sich bleiben. (3) Eine weitere extreme Hypothese postuliert religiöse Segregation: *die verschiedenen Strömungen des Islam meiden sich wechselseitig und feiern unter sich.* Wenn man die Ereignisse nach der religiösen Orientierung der Gastgeber in synkretistische, modernistische und konservative Feste klassifiziert und eine theoretische Matrix aufbaut, bei der lediglich die Ereignisse gleicher religiöser Ausrichtung gemeinsame Gäste aufweisen, dann ist der Befund negativ. Die Korrelation ist mit $r=-.10$ gering und statistisch nicht signifikant.

Durch die schwache Korrelation der Weilerzugehörigkeit und die fehlenden Korrelationen der sozialen Schicht sowie der religiösen Orientierung mit den empirischen Daten über die Festbesuche ist erwiesen, daß man das aus der rituellen Aktivität der Dorfbewohner erzeugte Beziehungsnetz nicht im Sinne einfacher Kategorien wie Nachbarschaft, Religion und Schicht deuten kann. Dieses deutliche Ergebnis war nach den qualitativen ethnographischen Schilderungen des symbolischen Hintergrunds der Rituale, der damit verbundenen Normen und selbst einzelnen Beobachtungen durchgeführter Rituale nicht erwartet worden. Die Netzwerkanalyse erbringt somit den fundierten Hinweis, daß eine differenziertere Analyse des von den Akteuren durch ihre fortlaufenden und regelkonformen rituellen Aktivitäten erzeugten sozialen Ordnungsmusters notwendig ist.

Um das Ordnungsmuster besser zu verstehen wird es nun – wie bei dem ersten Fallbeispiel – mit der Hilfe von Lothar Krempel und seinem Visualisierungsprogramm (1995, 1996) veranschaulicht. Die deutenden Kategorien der Weilerzugehörigkeit, religiösen Orientierung und Schicht werden zwar zur Erläuterung des sichtbar gemachten Musters herangezogen, aber es ist aufgrund der Korrelationsergebnisse von vornherein klar, daß das Beziehungsmuster nicht auf einfache Weise mit diesen Kategorien in möglichst homogene Teilgruppen ähnlicher Feste

Kultur als Text?

zerlegt werden kann. Jedes Fest ist mit jedem anderen in diesem dichten Netz verbunden – das ist der Hauptbefund und deswegen kann auch keine einzelne inhaltliche Kategorie trennscharf wirken. Die Abbildung 3.3 [s. die Farbtafeln] ist der erste Versuch zur Visualisierung des Netzwerks. In diesem Bild sind die Punkte die Feste, und die (symmetrischen) Doppelpfeile verbinden Feste mit gemeinsamen Gästen. Die Größe der Punkte und die Dicke der Pfeile variieren gemäß der Menge der Besucher. Im Uhrzeigersinn sind auf Kreisen und mit unterschiedlicher Einfärbung die fünf Weiler des Dorfes mit den dort stattfindenden Festen dargestellt.

Der gelbe Kreis unten rechts repräsentiert einen bevölkerungsschwachen Weiler (tatsächlich ist dies bereits eine Zusammenfassung dreier kleiner Nachbarschaften, vgl. Fußnote 25), in dem wenige Feste stattfanden und dessen Bewohner entsprechend ihrer geringen Zahl schwach auf den Festen in anderen Weilern vertreten sind. Dieser demographische Umstand ist dafür verantwortlich, daß der Kreis schlecht ausgebildet ist und wenige Beziehungen von diesem Weiler zu den übrigen verlaufen. Doch abgesehen von der Quantität fügt sich auch dieser Weiler in das einheitliche Muster ein. Die Kreise sind in dieser Abbildung fixiert, nicht jedoch die Plazierung der Punkte auf den Kreisen, die je nach der Intensität ihrer Beziehung zu Punkten aus bestimmten anderen Kreisen in Richtung dieser Kreise orientiert werden, während Punkte, die stärker innerhalb des eigenen Kreises interagieren, in den Hintergrund gerückt sind. Die Nähe der Punkte auf einem Kreis hängt wiederum von ihrer Ähnlichkeit ab, also im Beispiel von der Anzahl der gemeinsamen Gäste. Man erkennt in der Abbildung 3.3 ein sehr dichtes und regelmäßiges Muster der Beziehungen. Jeder Weiler ist mit jedem anderen verbunden, was auf die gemeinsamen Gäste auf Feiern außerhalb des eigenen Weilers zurückgeht. Die Regelhaftigkeit der Beziehungen zwischen den Weilern ist nur eine Wiedergabe in gefälliger Form der bereits erkannten fundamentalen Tatsache, daß das Netz sehr dicht ist und die Weilerzugehörigkeit die Gästeströme kaum trennen kann (wie der schwache Korrelationswert in der oben erwähnten QAP-Analyse beweist). Nahezu jede im Prinzip mögliche Kombination der gemeinsamen Besucher dieser Rituale kommt auch zwischen den Weilern vor (in der Begrifflichkeit der Verbandstheorie aus Kapitel 2 würde man dieses Muster deshalb als annähernd Boolesche Ordnung bezeichnen). Doch man sieht noch mehr: in jedem Weiler sind die kleinen Feste auf den rituellen Austausch *innerhalb* der Nachbarschaft beschränkt (deshalb sind sie in den Hintergrund der Kreise gerückt, abgewandt von den anderen Weilern), während überall die den anderen Weilern zugewandten großen Feste die Integration *zwischen* den Weilern und damit die Verbundenheit auf Dorfebene erreichen. Dies entspricht auch der oben genannten Durchführungsregel (c), daß man bei *slametan*-Festen zunächst die Nachbarn und erst in zweiter Linie entfernter wohnende Verwandte und Freunde einladen solle.

Die größeren Feste sind die Veranstaltungen der reicheren Haushalte, denn die Schichtvariable korreliert mit der Größe der Feste ($r=.33$, $p=.01$). Schicht und Weilerzugehörigkeit korrelieren hingegen nicht, was bedeutet, daß die Rituale, die von Angehörigen höherer sozialer Schicht veranstaltet werden, über alle Weiler verstreut sind. Die Feste der Bessergestellten integrieren folglich die Weiler im Gesamtdorf, aber sie grenzen nicht nach innen aus, denn die Widerlegung der Schichtsegregationshypothese besagt im Verein mit diesem Korrelationsbefund, daß auf den Festen der Reichen deren Nachbarn vertreten sind und *zusätzlich* noch Gäste aus den anderen Weilern.

Nun ist aufgrund des niedrigen Korrelationswerts aus der QAP-Analyse bekannt, daß die Weilerzugehörigkeit das Ordnungsmuster nur sehr begrenzt erklären kann. In Abbildung 3.3 ist sie allerdings zum ersten Verständnis des Beziehungsmusters heuristisch nützlich gewesen. In einer zweiten Stufe der Visualisierung verwenden Lothar Krempel und ich ein empirischeres und zugleich analytischeres Verfahren zur Clusterbildung aus der Netzwerkanalyse, mit dem man die aufgrund ihrer Beziehungsstruktur ähnlichen Feste erkennen und gruppieren kann (das *CONCOR*-Verfahren, s. Breiger, Boorman und Arabie 1975; White, Boorman und Breiger 1976). Die Cluster werden in der einschlägigen Literatur auch als „Blöcke" bezeichnet und das Verfahren als „Blockmodellanalyse".[32] Die Zusammenfassung der Punkte zu den Blöcken erfolgt so, daß die Punkte in ihren Beziehungen untereinander

---

[32] Dieser statistische Begriff des Blocks als einer Teilmenge von Punkten mit ähnlicher Lage im Netz ist vom oben erwähnten graphentheoretischen Begriff des Blocks als einer maximal großen Teilmenge von miteinander verbundenen Punkten in einem Graphen ohne Cutpoint strikt zu trennen. S. zu diesen Begriffen und zur Blockmodellanalyse auch genauer Kapitel 5. Ein Blockmodell informiert über die Beziehungen zwischen Blöcken als abstrakten Positionen im Netz. Exemplarische Anwendungen der Blockmodellanalyse enthalten neben den zitierten Aufsätzen die Arbeiten von Bearman 1993; Padgett und Ansell 1993 sowie Mohr 1994.

Kultur als Text? 97

und in ihrem Verhältnis zu den anderen Blöcken möglichst ähnlich sind. Konkret gelangen solche Feste in einen Block, die viele gemeinsame Gäste aufweisen und deren Gästelisten sich von denen der anderen Blöcke unterscheiden. Hinsichtlich ihres Verhältnisses zu den anderen Punkten in demselben Block und zu denen aus den übrigen Blöcken sind die Punkte innerhalb eines Blocks austauschbar (zu dieser *strukturellen Äquivalenz* Kapitel 5). Im Unterschied zur Abbildung 3.3 spielt folglich bei der Blockmodellanalyse das tatsächliche Muster der Beziehungen unter den Punkten und nicht die a priori vorgegebene Weiler-zugehörigkeit eine Rolle; insofern ist das Verfahren empirischer. Es ist zugleich analytischer, weil anders als in Abbildung 3.3 nicht die absoluten Häufigkeiten der Besucher auf den Festen in die Gruppenbildung und Abbildung eingehen, sondern standardisierte Werte verwendet werden (*CONCOR* führt die Berechnungen auf der Grundlage des Korrelationskoeffizienten r durch). Das hat zwar den Nachteil, daß sich die analytische Darstellung von der unmittelbaren Wahrnehmung großer und kleiner Feste in unterschiedlichen Weilern entfernt – dieser ethnographische Augenschein ist in der nahe an den Ausgangsdaten bleibenden „phänomenologischen" Abbildung 3.3 repräsentiert worden. Die Standardisierung hat jedoch den Vorzug, daß sie den Größenunterschied der Feste bei der Berechnung ihrer Ähnlichkeit in Betracht zieht: wenn zwei Gäste auf einem kleinen Fest gemeinsam anzutreffen sind, hat das höhere Aussagekraft für die Ähnlichkeit als wenn die beiden gemeinsam ein großes Fest besuchen, auf dem ein Drittel der Haushalte des Dorfes eingeladen ist. Das visuelle Muster aus der Abbildung 3.3 mit der apriori-Vorgabe der Weiler wird in der empirischeren Blockmodellanalyse dahingehend verändert, daß Feste, die in unterschiedlichen Weilern liegen, jetzt zusammenkommen, wenn sie viele gemeinsame Besucher aufweisen. Bei der Durchführung der Blockmodellanalyse muß man sich allerdings strategisch entscheiden, ob man ein einfaches oder ein komplexeres Modell der Daten gewinnen möchte. *CONCOR* ist ein hierarchisches Zerlegungsverfahren, das zunächst eine Zweiblocklösung der Daten vornimmt und diese groben Blöcke anschließend nach Belieben in feinere Blöcke zerlegt. Welches Ergebnis wird dann berichtet? Unsere Visualisierungsversuche haben gezeigt, daß eine einfache Abbildung vorzuziehen ist. Daß die Verhältnisse komplex sind und das Netz sehr dicht ist, kann man bereits der Abbildung 3.3 entnehmen. Wenn man sehr tiefgehend klassifiziert, machen die aufgefundenen Blöcke zwar immer noch ethnographisch und statistisch Sinn, aber die

Dichte geht nicht verloren, was die Darstellung unübersichtlich macht, und die inhaltliche Deutung der Blöcke ist schwer vermittelbar. Es handelt sich meist um Mischungen von Haushalten, die teilweise benachbart sind, in Teilen ähnliche religiöse Orientierung aufweisen und partiell miteinander verwandt sind. Im Zusammenhang dieses Kapitels kommt es mir nun vornehmlich darauf an, das Hauptmuster in den Daten zu erkennen und zu beschreiben. Dieses Muster wird von unterschiedlichen Rechenverfahren der Blockmodellanalyse entdeckt. Wir haben uns hier für die Abbildung einer Zweiblocklösung entschieden. Dies ist die fundamentale Struktur in den Daten, die auch für weitergehende Zerlegungen maßgeblich ist. Abbildung 3.4 [s. die Farbtafeln] stellt das Ergebnis dieser Visualisierung dar. Man erkennt rechts und links im Bild zwei Blöcke, deren Mitglieder auf Kreisen angeordnet sind. Die Zuweisung der Punkte zu den beiden Kreisen (=Blöcken) ist aus der Blockmodellanalyse übernommen worden, während die Anordnung der Punkte auf jedem Kreis nach der Ähnlichkeit ihrer Beziehungen im Netz mit dem Visualisierungsprogramm optimiert wurde (Krempel 1995). Die Größe der Punkte und Pfeile repräsentiert die Menge der gemeinsamen Gäste und damit die unterschiedliche Größe der Feste. Nahe beieinanderliegende Punkte im Kreis verdeutlichen eine stärkere Überlappung durch gemeinsame Gäste, während die Distanz von Punkten geringere Ähnlichkeit aufgrund gemeinsamer Gäste indiziert. Punkte, die in Richtung des anderen Blocks orientiert sind, weisen neben den Binnenbeziehungen in ihrem eigenen Block mehr Außenbeziehungen zu dem anderen Block auf als Punkte, die am hinteren Rand des Kreises liegen und auf Beziehungen im eigenen Block beschränkt sind. Die Färbung der Punkte und Linien entspricht den Farben der Weiler aus Abbildung 3.3. Der entscheidende Unterschied zu Abbildung 3.3 besteht darin, daß dort die Weilerzugehörigkeit als Kreisstruktur vorgegeben wurde, während in Abbildung 3.4 die Zuordnung der Punkte zu den beiden Kreisen ausschließlich nach der Ähnlichkeit der Feste hinsichtlich gemeinsamer Gäste erfolgte. Die Färbung der Punkte geschah nachträglich und hatte folglich auf die Blockbildung selbst keinen Einfluß. Umso überraschender ist das Ergebnis. Der rechte Block wird überwiegend aus den grauen Punkten mit zwei gelben und einem blauen Punkt als Ausnahmen gebildet. Der linke Block ist aus den roten, grünen und blauen Punkten bunt zusammengesetzt. Drei graue Punkte und drei gelbe bilden in diesem größeren Block die Ausnahmen. Die blauen und grünen Punkte sind besonders stark durchmischt, was bedeutet, daß sich die *slametan* aus diesen beiden Weilern bezüglich ihrer Gäste kaum unterscheiden und sich beide Weiler deswegen sehr ähnlich sind. Die roten Punkte (unten im Bild) weisen hingegen eine stärkere Verdichtung und damit eine von den anderen Weilern verschiedene Gästemischung auf (wenn man eine Dreiblocklösung berechnet, dann wird der Block im linken Kreis so zerlegt, daß die unteren roten Punkte einen weiteren Block bilden, während der rechte Block mit den grauen Punkten unverändert bleibt. Die feineren Klassifikationen spalten also den linken Block aus der Zweiblocklösung in immer kleinere Untergruppen auf). Wie hat man diese beiden Blöcke nun inhaltlich zu deuten? Die grauen Punkte sind die javanischen Muslime des Dorfes, die in einem größeren Weiler zusammen wohnen. Auch die mit ihnen assoziierten gelben Punkte sind javanische Muslime. Der bunte Kreis links hingegen enthält die Vertreter des praktizierenden Islams im Dorfe, also die modernistischen und konservativen Muslime aus dem grünen, blauen und roten Weiler mit einigen Sympathisanten aus dem gelben Weiler. Die striktesten, nämlich modernistischen Muslime leben vor allem im grünen Weiler. Im roten Weiler wohnen viele konservative Muslime, die sowohl die Regeln des Islam als auch die javanische Tradition ehren. 13 Jahre nach den großen politischen und religiösen Auseinandersetzungen zwischen Muslimen, Nationalisten und Kommunisten und dem Umbruch von 1965/66 auf der nationalen und regionalen Ebene finden sich also im lokalen Zusammenhang als soziales Ordnungsmuster eben diese Brüche wieder. Im grauen Weiler, der den einen Block bildet, leben in anderen Rollen und ökonomischen Lagen als damals die Opponenten der muslimischen Parteien und ehemaligen Träger sowie Sympathisanten der kommunistischen und nationalistischen Parteien. Ihnen stehen auf der anderen Seite vor allem die ehemaligen Unterstützer muslimischer Parteien entgegen (grün, blau, die meisten roten Punkte), ergänzt durch einige Anhänger nationalistischer Ausrichtung (aus dem roten Weiler). Dieser Block ist lokal heterogener, aber doch deutlich von dem grauen Block abgesetzt. Zusätzlich bleibt der Befund aus dem vorigen Bild erhalten, daß die großen Feste zwischen den Weilern und Blöcken vermitteln. Die großen Feste stehen in beiden Blöcken im Zentrum der Kreise und es gibt von dort zahlreiche Verbindungen in den anderen Block. Die früheren politischen und religiösen Orientierungsmuster sind also nicht verschwunden, sondern bleiben als religiöse und soziale Ordnungsmuster erhalten. Die vielfachen Verbindungen zwischen den Ereignissen aus beiden Blöcken belegen jedoch, daß es nicht nur Kohäsion innerhalb der Blöcke gibt,

sondern auch eine Integration beider Blöcke in ein dorfübergreifendes soziales und rituelles Netz (was früher so nicht der Fall war).
Zur Vertiefung des Verständnisses für die beiden Blöcke greife ich nun auf mein ethnographisches Hintergrundwissen zurück und versuche damit zu erläutern, inwiefern die Ausnahmen aus den anderen Weilern in die jeweiligen Blöcke passen (oder auch nicht). Für die Interpretation ist bedeutsam, daß in diesem Fallbeispiel die Ereignisse von bestimmten Haushalten durchgeführt werden. So verwende ich in meinen Erläuterungen vor allem Informationen über die Eigenschaften des gastgebenden Haushalts und seiner Mitglieder, um die Stellung eines Ereignisses in diesem Netz zu verstehen.

Im rechten Block gibt es eine enge Geschwisterbeziehung zwischen den Frauen aus C77 (gelb) und C42 (grau, 2 Punkte oberhalb auf dem Kreis).
C23 (blau) ist eine verwitwete Landarbeiterin, deren Kolleginnen aus einem Team von Reispflanzerinnen im grauen Weiler wohnen.
Über C2 (gelb) habe ich keine Hintergrundinformation. Man beachte jedoch, daß zwischen den gelben Punkten im unteren Teil beider Blöcke Verbindungen bestehen. Die Gesamtstruktur der gemeinsamen Gäste auf den Festen trennt die Ereignisse im gelben Weiler und ordnet sie unterschiedlichen Blöcken zu, aber daneben gibt es noch ein lokales Geschehen unter den gelben Punkten aufgrund gemeinsamer Weilerzugehörigkeit, was durch die gelben Pfeile zwischen ihnen zum Ausdruck kommt.
Im linken Block ist der große graue Punkt C54 auffällig. Hier handelt es sich um eine religiös gemischte Familie. Der Mann aus C54 stammt aus dem grauen Weiler und ist dort verwandtschaftlich und nachbarschaftlich gut eingebunden (u.a. haben seine Eltern das Fest C55 ausgerichtet und mit den Gastgebern von C42 ist er verwandt und befreundet; beide Punkte liegen im rechten Block). Gleichzeitig hat er Ambitionen auf ein Amt in der Dorfverwaltung – bereits jetzt ist er Vorstand eines Teils des grauen Weilers und der Bauernbeauftragte des Dorfes. Die einflußreichen Dorfbeamten befinden sich im linken Block, dem er sich mit diesem Einladungsmuster angenähert hat. Seine Frau stammt überdies aus dem Haushalt C32 (grün, 6 Punkte höher auf dem linken Kreis). Ihr Vater ist einer der Führer des Islam im Dorf und als Ratgeber sehr angesehen. Vor der Heirat mußte der Schwiegersohn aus C54, der aus einer javanisch-muslimischen Familie kommt, seine Kenntnisse des Islam durch Unterricht beim Religionsbeamten des Dorfes vertiefen, damit er die Gebote dieser Religion erfüllen konnte. Er findet diese Praktiken und vor allem das Arabische immer noch sehr „schwierig", und man hat den Eindruck, daß er sich im Alltag mit seiner Familie den Traditionen seiner synkretistischen Umgebung im grauen Weiler wieder angepaßt hat. Das mit C54 bezeichnete Ereignis war ein großes Fest, das er, der javanischen Tradition folgend, zur Erinnerung an den Tod seines vor 1000 Tagen verstorbenen Großvaters gefeiert hat (er lud mich zu dessen „letzten Geburtstag" ein). Zwei Tage später nach dem Ereignis C54

Kultur als Text?

richteten die Eltern des Mannes von C54 unter seiner Beteiligung und der seiner Kernfamilie (Frau und sechs Töchter) aus demselben Anlaß ein weiteres *slametan* aus. Dieses Fest ist als Punkt C55 in der Mitte und Rückseite des *rechten* Blocks abgebildet. Dieses Fest war etwas kleiner und blieb eine reine Binnenangelegenheit des grauen Weilers. Die Außenbeziehungen und Ambitionen wurden mit C54 gepflegt, während C55 lediglich lokale Bedeutung hatte. Ich habe an beiden Festen teilgenommen und notierte in meinen Feldnotizen zu C54: „Interessanterweise kam neben den Leuten aus [dem grauen Weiler] eine große Abordnung von Leuten aus [dem grünen Weiler], die ein perfektes tahlilan [islamisches Gebet] absolvierten. Die „echten" [Bewohner des grünen Weilers, genauer: deren Führer] saßen mit uns vor dem Haus und taten so, als ginge sie das alles gar nichts an. Beginn des Festes gegen 8.20 Uhr. 1 Stunde tahlilan. Ende gegen 11.55. Keine Lautsprechermusik. Nach dem Ende verzogen sich die Leute aus [dem grünen und dem roten Weiler], der Rest blieb sitzen." Zum Fest C55 beobachtete ich: „Slametan im Haus von Pak X (Vater von [dem vorigen Gastgeber]), nebenan im Haus. Aus [dem grünen Weiler] kam nur eine kleine Abordnung, sehr viel dominanter der Anteil aus [dem grauen Weiler]. Tahlilan wurde wieder von [dem Religionsbeamten des Dorfes] angeführt, aber da weniger Leute das kannten, war es entsprechend dünn. Pak Y [der andere Vorsteher des grauen Weilers] saß auch drin [im Haus] und klopfte mit der Taschenlampe den Takt. In der Mitte der Zeremonie ließ Pak X [der Gastgeber] zwei Tauben fliegen." Ob der Gastgeber von C54 als strategischer Akteur diese Zweiteilung der Gäste auf beiden Festen bewußt angestrebt hat (was ich nach Kenntnis seiner Person vermute), im welchem Maße sie auf die stärkere Beteiligung seiner Eltern bei dem Fest C55 zurückzuführen ist oder von finanziellen Erwägungen abhängt, weiß ich nicht. Wie deutlich der Unterschied beider Feste ist, erkannte ich erst in dem Netzwerkdiagramm in Abbildung 3.4.

Warum die beiden roten Punkte C3 und C21 mit den grün/blauen Punkten assoziiert sind, läßt sich leicht erklären: Das Haus von C3 liegt am Rande des roten und am Weg zum grünen Weiler. Das Großelternpaar aus C3 hat im Alter die Pilgerreise nach Mekka vollzogen (finanziert von einem erfolgreichen Sohn aus Jakarta), was mit einer Intensivierung der religiösen Praxis einherging. Sie sind wie die meisten praktizierenden Muslime aus dem roten Weiler konservative Muslime. Ihre in demselben Haus lebende Tochter ist als Betreuerin in einem muslimischen Kindergarten tätig, der im grünen Weiler liegt. Auch ihr Mann ist eher mit Mitgliedern des grünen Weilers assoziiert. Auf dem Fest wurde die Beschneidung ihres Sohnes gefeiert, was im muslimischen Stil geschah. Folglich führt die Gästemischung stärker in den grünen als in den roten Weiler.

Beim Ereignis C21 handelt es sich um eine Witwe, die in einer Abfolge mit ihren Geschwistern auf einem Fest den Tod ihres vor 1000 Tagen verstorbenen Schwiegervaters feierte. Die Familie, in die sie hineingeheiratet hat, ist bereits im roten und grünen Weiler vertreten. Sie selbst nimmt wöchentlich an einem Gebetstreffen teil, das ebenfalls aus Mitgliedern dieser beiden Weilern gemischt ist. Ihre jugendlichen Töchter orientieren sich gleichfalls zum grünen Weiler hin (ablesbar an gelegentlichen Besuchern).

Zum grünen Punkt C28 inmitten der roten Punkte (am unteren Rand des linkes Kreises) habe ich keine Hintergrundinformation.
Die gelben Punkte C62 (Mitte links) und C79 (unten links) passen in die Umgebung der roten Punkte, weil beide Familien praktizierende Muslime sind und die Männer an einem strikt islamisch ausgerichteten Gebetstreffen teilnehmen.
Bei dem gelben Punkt C51 (unten links) handelt es sich um ein größeres Fest, das ein am Rande des Dorfes, in unmittelbarer Nachbarschaft des nächsten javanisch-islamisch ausgerichteten Dorfes lebender jüngerer Mann ausrichtete. Dieser besaß ein gewisses Ansehen im Dorf und hatte gute Verbindungen zum Bürgermeister, der im roten Weiler wohnt und auch dieses Fest besuchte. Außerdem liegt der gelbe Weiler auf dem Weg zum Dorfkern, der aus dem roten, grünen, blauen und grauen Weiler (in dieser Abfolge) besteht, so daß die Verbindung zum roten Weiler auch räumlich naheliegt.
zu den grauen Punkten C39 (linke untere Mitte) und C63 (linke obere Mitte) habe ich keine weitere Information.
Der Gastgeber von C75 wohnt am Rande des grauen in enger Nachbarschaft zum blauen Weiler. Dies ist ein jüngerer Mann mit etwas Landbesitz und einem Wasserbüffelgespann. Ein ähnlich gestellter Kollege mit dessen Wasselbüffelgespann stammt aus dem blauen Weiler. Größere Arbeiten erledigen beide gemeinsam. Die Frau der Gastgeberfamilie besitzt einen Lebensmittelladen mit Kundschaft aus dem blauen und grauen Weiler. Es sind daher einige Beziehungen zum blauen Weiler vorhanden, die die Plazierung des Festes C75 in den linken Block erklären können.

Für alle diese Abweichungen vom Hauptmuster der grünen, blauen, roten Punkte im linken Block und der grauen Punkte im rechten Block gilt (mit Ausnahme der wenigen Feste/ Haushalte, über die ich keine weitere Informationen besitze), daß die ethnographische Hintergrundinformation zumindest eine gewisse Plausibilität dafür erbringt, warum ein Ereignis in den betreffenden Block eingeordnet wurde.

Im Vergleich zur apriorischen Anordnung der Daten in Abbildung 3.3 blieb in der Blockmodelldarstellung die Weilerzugehörigkeit partiell erhalten (nämlich im grauen Weiler und rechten Block), während sie in dem anderen Block verlorenging. Der blaue und der grüne Weiler sind aufgrund der Vermischung der Gäste auf den in diesen Weilern veranstalteten *slametan* kaum unterscheidbar. Der rote Weiler bildet eine stabile lokale Verdichtung im dorfweiten Ritualnetz. Würde man anstelle der Zweiblocklösung eine feinere Klassifikation wählen, dann würde die Weilerzugehörigkeit bis zu einem gewissen Grade auch bei den Aufspaltungen des linken Blocks zum Vorschein gelangen. Man begreift die Blöcke am besten als das Ergebnis einer Mischung aus räumlicher Nähe (Nachbarschaft) und religiöser Gemeinsamkeit, die sich in gemeinsamen Festen äußert. Die Blöcke selbst wurden allein aufgrund der Beteiligung von Gästen bei bestimmten Festen aufgefunden. Doch zur Deutung der Blöcke spielen die Lokalität und die gemeinsame religiöse Orientierung der Beteiligten eine wichtige Rolle.

Man kann diese räumlich/ religiöse Deutung der Blöcke explizit überprüfen, indem man die Korrelationen zwischen der Weilerzugehörigkeit und der Blockzugehörigkeit der Punkte berechnet. Der Zusammenhang ist statistisch signifikant (p=.000) und von mittlerer Stärke (Lambda=.61, mit der Zweiblocklösung als abhängiger und der Weilerzugehörigkeit als unabhängiger Variablen). Dies bedeutet, daß man mit Kenntnis des Weilers in 61% der Fälle korrekt die Blockzugehörigkeit eines Falls vorhersagen kann. Hinter den Blöcken verbirgt sich also teilweise die räumliche Zugehörigkeit. Wenn man die Blockzugehörigkeit mit der religiösen Orientierung der Haushalte in Beziehung setzt (hier gemessen durch die Beteiligung der Haushalte an Gebetsreffen in der Nachbarschaft), dann zeigt sich gleichfalls eine statistisch signifikante (p=.001), wenn auch im Vergleich zur Weilerzugehörigkeit halb so große Korrelation von Lambda=.33. Die Schichtzugehörigkeit weist hingegen keinen Zusammenhang mit der empirischen Zusammenfassung der Feste zu den Blöcken auf (r=-.09, nicht signifikant).

Die aufgrund des rituellen Verhaltens der Dorfbewohner gebildeten Blöcke sind sehr viel heterogener als es den Kognitionen der Dorfbewohner entspricht, doch stimmen sie damit überein. Die Bewohner unterscheiden den grünen Weiler als Hort des aktiven (modernistischen) Islam, den grauen Weiler als dessen synkretistischen Gegenpol und manchmal den roten Weiler als ein von konservativen Muslimen geprägtes Gebiet. Daß die Weiler in der religiösen Zusammensetzung heterogen und die Grenzen zwischen ihnen religiös durchlässig sind; daß der grüne und der blaue Weiler ausgesprochene Mischregionen darstellen, entgeht diesen prototypischen Idealisierungen (diese kognitiven Vereinfachungen der Gruppenzugehörigkeit entsprechen den aus der Netzwerkliteratur erwartbaren Befunden, s. Freeman 1992a, b; Webster und Freeman 1995). In den Auskünften der Bewohner wird die frühere politische Konstrastierung zwischen den Weilern vermieden, statt dessen betonen die Führer und übrigen Bewohner der einzelnen Weiler, wie fortschrittlich der eigene Weiler sei (gemessen z.B. am Bildungsgrad der Jugendlichen und den oft von erfolgreichen Migranten finanzierten Bauvorhaben, einschließlich der Straßenpflasterung und des Aufbaus eines dorfeigenen Elektrizitätsnetzes). Vor allem der grüne und der graue Weiler befinden sich hier in einer Wettkampfsituation. Die Bewohner des grünen Weilers kritisieren an den Bewohnern des grauen, daß diese lediglich nominelle Muslime seien und ihre religiösen Pflichten nicht ernst nähmen, während man im grauen Weiler auf den höheren Anteil von Kindern auf weiterführenden Schulen stolz ist.

Einen letzten Blick will ich nun auf die Zusammensetzung der Teilnehmer innerhalb der Blöcke werfen. Will man dies im Detail nachvollziehen, so empfiehlt sich die Betrachtung einer feineren Blocklösung. Hier soll lediglich in groben Zügen auf die Zusammensetzung der beiden großen Blöcke und möglicher Unterblöcke eingegangen werden. Entscheidend ist, daß die *slametan* lediglich eine Form des Zusammentreffens der Haushalte in jeder Nachbarschaft (unterhalb der Weilerebene) sind. Viele Nachbarn sehen sich nämlich nicht nur auf *slametan*, sondern kommen regelmäßig jede Woche Donnerstagabends, vor dem islamischen Freitag als Feiertag, zu gemeinsamen Gebeten zusammen.[33] Diese Gebetstreffen finden reihum in den Haushalten einer Nachbarschaft statt (einige Akteure, vor allem aus dem grünen, strikt islamischen Weiler, partizipieren sogar in mehr als einem solchen Gebetskreis). Diese Treffen haben nicht nur religiösen, sondern auch geselligen Charakter. Auf den Gebetstreffen in den strenger muslimischen Nachbarschaften im grünen, blauen und roten Weiler stehen freilich die Gebete im Vordergrund, während auf den Treffen im grauen Weiler die Geselligkeit dominiert. Für die Zusammensetzung der Blöcke gilt weiterhin, daß manche der Personen enger miteinander verwandt sind, und es bestehen auch wirtschaftliche Verbindungen. Man kann also festhalten, daß sich unterhalb der *slametan*-Feste ein ständiger sozialer Austausch unter Verwandten, Nachbarn und religiös Gleichgesinnten vollzieht, der auch im Ordnungsmuster der Beteiligung an den *slametan* deutlich erkennbar ist. Der religiöse Unterschied zwischen modernistischen und konservativen Muslimen hingegen, der sich in unterschiedlichen Einstellungen zu religiösen Themen widerspiegelt und von den Bewohnern Sawahans mit dem grünen bzw. roten Weiler assoziiert wird, findet in der rituellen Praxis keinen starken Ausdruck. Es ist zudem wichtig festzuhalten, daß die Blöcke (und Nachbarschaften) sozial gemischt sind und aus reichen, mittel gestellten sowie ärmeren Haus-

---

[33] In der javanischen Zeitklassifikation ist der Donnerstagabend bereits Teil des Freitags, weil im Vergleich zu unserer Klassifikation ein bestimmter Tag nicht vom Morgen zum Abend, sondern nach Sonnenuntergang mit dem Abend des vorangegangenen Tages beginnt und, wiederum durch den Sonnenuntergang markiert, bis zum Spatnachmittag des folgenden Tages andauert.

halten bestehen. Die weniger herausgehobenen Mitglieder eines Blocks sind ebenso wie ihre wohlhabenden Nachbarn und Verwandten in dieses religiöse und soziale Handlungsfeld eingebunden. Religiöse Aktivität kompensiert nämlich im rituellen und sozialen Rahmen der Nachbarschaft den geringeren ökonomischen Erfolg und eröffnet den Zugang zur Hilfe der bessergestellten, aber religiös gleichgesinnten Personen hohen Ansehens. In der im *slametan*-Netzwerk enthaltenen Ordnungsstruktur verbergen sich folglich Unterstützungsbeziehungen zwischen Klienten und Patronen, die im Einzelfall auch tatsächlich in Rat und Hilfe münden. So verstärken neben der gemeinsamen Teilnahme an den Festen zusätzliche Verbindungen der sozial gemischten Haushalte durch Verwandtschaft, Nachbarschaft und Gebetstreffen die Kohäsion innerhalb der Blöcke.

Diese Integration im rituellen und sozialen Bereich des Dorflebens bildet einen Gegensatz und Ausgleich zum Marktgeschehen auf den Reisfeldern und anderen dörflichen Produktionsstätten; denn dort agieren die Bewohner nicht primär als Verwandte, Nachbarn und religiös Gleichgesinnte, sondern als interessengeleitete *homines oeconomici*, die nach Maßgabe der historischen und kulturellen Rahmenbedingungen für ihre Produkte und Arbeit einen möglichst günstigen Preis erzielen wollen. Lediglich zwischen nahen Verwandten und engen Nachbarn herrschen beim Reisanbau günstigere Konditionen. Die ökonomisch schwachen Landarbeiter/innen appellieren mit einem moralischen Diskurs über wechselseitige Hilfe zwischen Bauern und Arbeitern an symbolisches Kapital, den guten Ruf der Landbesitzer in der Gemeinschaft, der eine zu große Bewegung in Richtung auf einseitige Vorteilnahme verhindern soll. Doch wissen alle Beteiligten an diesem ökonomischen Verhandlungsspiel, daß ihre Einkommen an die Erträge auf den Feldern und die extern gesteuerten Schwankungen des Reispreises gekoppelt sind und hiervon letztlich ihre Verhandlungsposition abhängt (Schweizer 1989c, d, 1995). Die sozialen und religiösen Aktivitäten in der Nachbarschaft hingegen dämpfen diese ökonomischen Unterschiede. Auch die reicheren Dorfbewohner mit größerem Landbesitz sind sich sehr bewußt, daß sie dieses soziale Umfeld nicht vernachlässigen dürfen, damit ihr guter Ruf nicht leidet. Außerdem fühlen sie sich ihren Verwandten, Nachbarn und religiös Gleichgesinnten verbunden und müssen ihre herausgehobene Stellung durch Rat, gelegentliche Taten sowie große Feste unter Beweis stellen.

Zusammenfassung der Fallstudie

(1) Der symbolische Hintergrund und die rituellen Abläufe der *slametan*-Feste lassen sich aufgrund von textbezogenen Untersuchungen klären. Das von den religiösen Handlungen der Akteure gestiftete soziale Ordnungsmuster bleibt jedoch im Dunkeln, wenn man sich auf Kultur-als-Text beschränkt. Demgegenüber zeigt die Netzwerkanalyse, daß das aus den Beteiligungen der Akteure an Festen erzeugte Ordnungsmuster ein sehr dichtes rituelles Netzwerk begründet, das sich *nicht* auf einfache Weise mit den Kategorien von Lokalität, Schicht und religiöser Ausrichtung erklären läßt. Auf der mittleren Ebene dieses Netzwerks entstehen auf räumlicher Nähe und gemeinsamer religiöser Orientierung fußende sozial gemischte Blöcke (=die Zweiblocklösung von Abbildung 3.4). Deren Mitglieder treffen sich nicht nur reihum auf gemeinsamen *slametan*-Einladungen. Sie sind auf der unteren Ebene der Nachbarschaft (die man mit einer feineren Blockeinteilung erfassen kann) zusätzlich miteinander verwandt, engagieren sich in gemeinsamen Gebetstreffen und unterstützen sich wechselseitig im Alltag. Auf der höheren Ebene des Gesamtdorfes verbinden die von reicheren Haushalten veranstalteten Feste die beiden kohäsiven Blöcke zu einem rituellen Gesamtnetzwerk. Die Schicht spielt also in diesem Fall eine integrative Rolle zwischen den räumlich und religiös getrennten, aber sozial gemischten Blöcken. Die Dorfelite unterhält darüber hinaus auf der überdörflichen Ebene weitere Verbindungen zu anderen Mitgliedern dieser Schicht im Landkreis und Regierungsbezirk, die in gelegentlichen *slametan*-Einladungen offiziell zum Ausdruck kommen.

(2) Es war das Anliegen dieser Fallstudie zu zeigen, daß sich die Kenntnis der symbolischen Hintergründe und der Regeln, die dem rituellen Handeln unterliegen, produktiv mit der netzwerkanalytischen Durchdringung des komplexen Ordnungsmusters verbinden lassen. Aus dem fortlaufenden, sinnhaften Handeln der Akteure entstehen soziale Muster. Das ist die meinen beiden Fallstudien in diesem Kapitel zugrundeliegende Deutungshypothese der „Emergenz von unten", des Entstehens sozialer Ordnungsmuster aus dem Handeln der Akteure. Da sich diese in ihrem Verhalten nach bestimmten kulturellen Regeln und gesamtgesellschaftlichen Rahmenbedingungen richten, ist damit in der Hypothese auch der zur Emergenz komplemenäre Aspekt der „Konstitution von oben" enthalten. Den Emergenzaspekt erläutern L. Brudner-White und D. White (1997: 4) im Zusammenhang mit ihrer

Kultur als Text?

Untersuchung der Vererbung von Besitz in einem dörflichen Verwandtschaftsnetz in Kärnten mit einem plastischen Bild wie folgt:

"Much as rains inscribe riverbeds to carry flows that continually reshape the morphology of river networks, property – in passing hand to hand through a network of people – inscribes in turn changing relations that reshape social networks and social roles. Institutions, like the morphology of class differences, emerge out of networked action."

(3) Weiterhin habe ich an diesem Fallbeispiel dargelegt, daß man die Netzwerkanalyse nicht auf die bloße Analyse sozialer Relationen, also hier des Netzwerks der Beteiligungen an Festen und dessen formale Gestalt beschränken, sondern um Variablenanalysen und qualitative Auswertungen erweitern sollte. Diese Methodenmischung ist darin begründet, daß (a) die Netzwerkanalyse soziale Ordnungsmuster erkennt, die das ethnographische Vorverständnis nur erahnt, aber nicht präzise beschreiben kann (wenn die Effekte nicht sehr durchschlagend sind). Neben der formalen Auswertung liefert die Visualisierung des Netzwerks entscheidende Anregungen für die Wahrnehmung und das wissenschaftliche Verständnis des Beziehungsgeflechts. (b) Die Anreicherung der Relationsanalyse mit zusätzlichen Variablen (wie hier Weiler-, Religions- und Schichtzugehörigkeit) gestattet die strenge Prüfung von Deutungshypothesen und widerlegt vorschnelle Interpretationen. (c) Die weitergehende Deutung der erkannten formalen Muster und auch der dort sichtbaren Ausnahmen mit ethnographischer Detailinformation liefert eine reichere Sicht dessen, was in den unterschiedlichen Teilen des Netzwerks vor sich geht, und kann das Gesamtmuster nach Teilgruppen differenzieren. Diese Mischung von Methoden halte ich für das angemessene Vorgehen, um soziale Ordnungsmuster tiefgehend deuten und systematisch erklären zu können. Zum netzwerkanalytischen Teil der Auswertung sollte abschließend bemerkt werden, daß die methodischen Möglichkeiten der Auswertung bei weitem noch nicht ausgeschöpft sind. Ich habe mich hier auf Analysen der Ähnlichkeit der Ereignisse beschränkt, doch müssen im nächsten Auswertungsschritt auch die Daten über die Akteure und die Akteur/Ereignis-Verflechtung betrachtet werden.

Beim Vergleich beider Fälle, des Gabentauschs der !Kung und der rituellen Aktivitäten in einem javanischen Dorf, erweist sich, daß das dünne Netzwerk des Geschenkaustauschs in einer nomadischen Gesellschaft von Jägern und Sammlerinnen vor allem von Verwandtschaft und schwächer von räumlicher Nähe geprägt wurde, während das dichte Ritualnetzwerk in der javanischen Agrargesellschaft das Ergebnis einer Mischung aus räumlicher Nachbarschaft und gemeinsamer religiöser Zugehörigkeit darstellt. Verwandtschaft ist auf unterer Ebene dieses Netzwerks bedeutsam, integriert jedoch nicht das Gesamtnetz. Beide Netze, auch der Gabentausch in der egalitären Gesellschaft der !Kung, sind zentralisiert und damit nicht-egalitär, wenn man das unterschiedliche Ausmaß der Aktivitäten beim Geschenkaustausch und beim Besuch der Feste in Betracht zieht. Die soziale Schicht spielt in dem javanischen Netzwerk eine besondere Rolle, weil sie in der betrachteten historischen Phase den rituellen Bereich nicht segregiert, sondern dorfweit integriert.

Was kommt nach der Postmoderne?

Dieses Kapitels hat mit sehr grundsätzlichen Fragen der Theoriebildung und Kulturbeschreibung in der Ethnologie begonnen. Ich habe sodann eine aktuelle kulturtheoretische Debatte, nämlich die Auseinandersetzung der postmodernen mit der interpretativen Ethnologie, dargestellt, beurteilt und eine zusätzliche netzwerkanalytische Perspektive angeschlossen. Im dritten Teil mündete das Kapitel in dichte ethnographische Beschreibungen und Syntheseversuche zwischen der Bedeutungs- und der Netzwerkanalyse von Kultur, soweit dies die vorhandenen Daten zuließen. Zum Abschluß des Kapitels will ich nun einen knappen Ausblick auf die theoretischen Weiterentwicklungen des Fachs wagen. Was wird die Phase nach der Postmoderne in der Ethnologie und verwandten Kultur- sowie Sozialwissenschaften kennzeichnen („Post Post", wie dies Marcus 1994a griffig formuliert)? Vermutlich wird die große Ernüchterung einkehren, in der man sich wieder auf die Werte der Aufklärung und die Vorteile des rationalen Diskurses besinnen wird (so die Erwartung von Kuper 1993). Die Begründung von Argumenten, die Nachprüfbarkeit von Daten, die strenge Prüfung theoretischer Vermutungen und der Aufbau kumulativer Theorien werden dann wieder im Vordergrund stehen. Diese Rückbesinnung sollten meine Argumente und Fallstudien einleiten und unterstützen. Ich habe zu zeigen versucht, daß nicht alle Einwände der postmodernen Kritik gegen die interpretative Kulturtheorie berechtigt sind und man aus beiden Richtungen Anregungen für die Untersuchung kultureller Bedeutungen gewinnen und beibehalten kann. Die ethnologische und sozialwissenschaftliche

Kultur als Text?

Grundfrage nach der sozialen Ordnung wird allerdings in keiner der beiden Auffassungen von Kultur-als-Text problematisiert, und das Wechselspiel zwischen Handeln und Strukturen ist ihnen dadurch entgangen. Die symbolische Sicht von Kultur-als-Text hebt zwar mit der Betonung der Sichtweise der Einheimischen einen bedeutsamen und zentralen Aspekt der von der Ethnologie untersuchten Gemeinschaften hervor, aber sie ist theoretisch und empirisch beschränkt, wenn sie das Problem der sozialen Ordnung und damit der nicht intendierten Konsequenzen des absichtsvollen Handelns der Akteure ausklammert. Diese Verengung sollte man überwinden. Das ist das Anliegen des hier skizzierten Forschungsprogramms (mit der Analyse sozialer Netzwerke als allgemeinem Rahmen; der Theorieskizze in diesem Kapitel als vorläufigem Synthesevorschlag und den beiden Fallbeispielen als Anwendung). In diesem Vorhaben soll fallbezogen und vergleichend der Zusammenhang zwischen den kulturgeprägten Vorstellungen der Akteure, ihrem Handeln und den aus dem Handeln erzeugten sozialen Ordnungsmustern untersucht werden. Im nächsten Kapitel stelle ich Hypothesen aus der Netzwerkforschung vor, mit denen man die Wechselbeziehung zwischen Handeln und Netzstruktur genauer durchdringen und erklären kann. Die nachfolgenden Methodenkapitel liefern das methodische Rüstzeug zur Aufarbeitung der von der interpretativen und postmodernen Forschung vernachlässigten sozialen Dimension der kulturellen Texte.

4 Struktur und Handeln:
Die theoretischen Aussagen der Netzwerkanalyse[*]

Dieses Kapitel befaßt sich mit den im Rahmen der Netzwerkanalyse entwickelten Erklärungen zum Zusammenhang von sozialen Netzwerken und dem Handeln der Akteure. Zunächst werden Hypothesen aus der älteren ethnologischen Netzwerkforschung vorgestellt, die die soziale Verbundenheit der Akteure für ausschlaggebend halten. Dann folgt die Erläuterung von M. Granovetters Hypothese zur Stärke schwacher sozialer Beziehungen und der darauf aufbauenden theoretischen Überlegungen von R. Burt zu strukturellen Löchern (dem Fehlen von Beziehungen) zwischen Clustern in Netzwerken und der Position des lachenden Dritten, der diese Löcher überbrückt. Auf dem Hintergrund von H. Whites Gegenüberstellung von Identität und Kontrolle bespreche ich M. Emirbayer und J. Goodwins Rekonstruktionsversuch zum Zusammenhang von Netzstruktur, Kognitionen, Handeln und historischen Rahmenbedingungen. Das Kapitel schließt mit einer theoretischen Synthese und Überlegungen zur Netzwerkdynamik.

[*] Die in diesem Kapitel diskutierten theoretischen Ideen habe ich mit Joachim Görlich intensiv besprochen. Wertvolle Hinweise erhielt ich zudem von Hartmut Lang, Doug White sowie aus einer Diskussion mit Hans-Jochen Hummell, Peter Kappelhoff, Lothar Krempel und Wolfgang Sodeur.

Einleitung

Dieses Kapitel ist dem erklärenden Gehalt der Netzwerkanalyse gewidmet, also ihren theoretischen Aussagen in einem strengen, kausalen Sinn (s. die Einleitung von Kapitel 3). Im Kapitel 2 habe ich die Netzwerkanalyse vor allem als eine Methodik der Sozialstrukturanalyse vorgestellt, während ich für die Erklärungsaufgabe die Theorie des rationalen Handelns herangezogen habe. Im Kapitel 3 versuchte ich zu zeigen, daß die soziale Dimension von Kultur, die die Netzwerkanalyse untersucht, genauso wichtig ist wie die symbolbezogene, die von verschiedenen textorientierten Forschungsrichtungen der Ethnologie erfaßt wird. In den Kapiteln 5 und 6 stelle ich im einzelnen die formalen Begriffe und methodischen Verfahren der Netzwerkanalyse vor. Nun hat sich die Netzwerkanalyse als Methodik nicht losgelöst von erklärungsbezogenen Hypothesen entwickelt. Im Rahmen der Netzwerkanalyse sind einige eigenständige Hypothesen zur Dichte und Multiplexität sozialer Beziehungen und zur Wichtigkeit schwacher Beziehungen erarbeitet worden. In diesem Kapitel möchte ich diese theoretischen Ideen vorstellen. Zudem gibt es in jüngerer Zeit vor allem von Soziologen (Burt 1992; H. White 1992; Emirbayer und Goodwin 1994) neue Systematisierungsversuche, die den theoretischen Gehalt des Netzwerkdenkens herausstellen und deren Kenntnis auch für ethnologische Netzwerkforschungen nützlich ist. Im Kern betrachte ich die Netzwerkanalyse weiterhin als eine Heuristik und Methode der Sozialstrukturanalyse, die theoretisch offen ist und deshalb mit unterschiedlichen Hypothesen verknüpft werden kann. Die älteren und neueren erklärungsbezogenen Beiträge aus der Netzwerkanalyse lenken jedoch zurecht den Blick auf den Vorrang der Theoriebildung. Denn eine Methodenlehre, die lediglich Daten generiert und mechanische Auswertungen anleitet, läuft leer und geht fehl, weil sie nicht zum Aufbau erklärungsorientierter Theorien beiträgt und aus diesen Theorien den Hinweis auf untersuchenswerte Aspekte des Gegenstandsbereichs gewinnt. Das Kapitel beansprucht jedoch keine tiefgehende Systematik der Hypothesen aus der Netzwerkforschung, sondern will lediglich in chronologischer Abfolge der zur Erklärung vorgetragenen Argumente einige zentrale theoretische Überlegungen aus dem Bereich der Netzwerkforschung vorstellen. Alle diese Erklärungsversuche befassen sich mit dem Zusammenhang zwischen der Netzstruktur einerseits und dem Handeln der Akteure andererseits. Eigenschaften des Netzwerks liefern im ersten Schritt die unabhängigen Variablen zur Erklärung bestimmter Handlungsweisen als abhängiger Variablen – im Sinne besonderer sozialer Milieus oder bestimmter Netzwerkumgebungen, die eine Reihe von Handlungen begünstigen bzw. behindern. In einem zweiten Schritt interessieren sich Netzwerktheoretiker jedoch ebenso für das Entstehen von Netzwerkstrukturen aus dem Handeln der Akteure, was die Abhängigkeitsbeziehung umkehrt.

Struktur und Handeln: Die theoretischen Aussagen der Netzwerkanalyse 113

Die frühen ethnologischen Erklärungsversuche (Barnes, Bott, Mitchell, Kapferer) befassen sich vor allem mit den Auswirkungen der Kohäsion, d.h. besonders eng geknüpfter (dichter und multiplexer) Netzwerke auf das Handeln. Nachfolgende Hypothesen (von Granovetter und Burt aus der Soziologie entwickelt) erkannten dann die Bedeutung schwacher Sozialbeziehungen und fehlender Beziehungen („struktureller Löcher") für die Integration des Gesamtnetzes. Die aktuellen Erklärungsversuche (H. White, Emirbayer und Goodwin) analysieren den Zusammenhang zwischen sozialen Beziehungen und Kognitionen und betrachten die Handlungsspielräume, die den Akteuren trotz struktureller Einbettung und kognitiver Konditionierung in der sozialen Praxis verbleiben. Dies ist das Problem der *Agency*, etwas verkürzt übersetzt: der Handlungsfreiheit von Akteuren in sozialen Systemen (Emirbayer und Mische 1995). In neueren theoretischen Integrationsversuchen wird auch versucht, das dynamische Wechselspiel zwischen Strukturen und Handlungen in einem gemeinsamen theoretischen Modell zu fassen.

Den theoretischen Kern der Netzwerkanalyse kann man als Verständnishintergrund für die einzelnen Hypothesen und Systematisierungen wie folgt kennzeichnen: Die Netzwerkanalyse begreift soziale Systeme nicht als Ansammlung isolierter Akteure mit gewissen Eigenschaften und sucht nicht primär Regelhaftigkeiten zwischen diesen Eigenschaften – wie dies variablenzentrierte Forschungsrichtungen in den Sozial- und Verhaltenswissenschaften tun. Vielmehr richtet sie ihr Augenmerk unmittelbar auf die Verflechtung der Akteure in einem sozialen System und versucht dieses Muster zu beschreiben („die Sozialstruktur") und aus dem Muster der Verflechtungen Auskunft über die Handlungen der Akteure zu gewinnen. Regelhaftigkeiten werden also im Beziehungsgeflecht der Akteure und in dessen Auswirkungen auf sowie Hervorbringungen durch das Handeln der Akteure gesucht. Zur Verdeutlichung dieser „strukturellen Perspektive" schreiben J. Galaskiewicz und S. Wasserman (1994: xii):

> „What constitutes the social network perspective? The most distinguishing feature is that social network analysis focuses on relationships among social entities and on the patterns and implications of these relationships (Wasserman & Faust, p. 6). Instead of analyzing individual behaviors, attitudes, and beliefs, social network analysis focuses its attention on social entities or actors in interaction with one another and on how these interactions constitute a framework or structure that can be studied and analyzed in its own right."

S. Wasserman und K. Faust (1994: 4) führen dazu weiter aus:

„In addition to the use of relational concepts, we note the following as being important:

Actors and their actions are viewed as interdependent rather than independent, autonomous units

- Relational ties (linkages) between actors are channels for transfer or 'flow' of resources (either material or nonmaterial)
- Network models focusing on individuals view the network structural environment as providing opportunities for or constraints on individual action
- Network models conceptualize structure (social, economic, political, and so forth) as lasting patterns of relations among actors"

Im Verlauf der theoretischen Entwicklung des Netzwerkdenkens wurde dieser strukturelle Kern beibehalten und differenziert. In neuerer Zeit konzentrieren sich die theoretischen Überlegungen darauf, wie man den Bereich der Einstellungen und Überzeugungen, kurz der Kognitionen – den man in der Netzwerkanalyse zunächst zugunsten der sozialstrukturellen Bedingungen des sozialen Handelns vernachlässigt hatte (wie das im ersten Zitat noch sehr deutlich wird) – in eine reichere und realistischere Netzwerktheorie zusätzlich aufnehmen kann.

Kohäsion und Handeln

Die ersten ethnologischen Fallstudien, die den Begriff des sozialen Netzwerks verwendeten und ausgewählte Aspekte des sozialen Netzwerks zur Erklärung des Handelns von Akteuren heranzogen, richteten den Blick auf die Dichte sozialer Beziehungen und das gleichzeitige Vorkommen mehrerer, inhaltlich verschiedener sozialer Beziehungen (Multiplexität) in Netzwerken. So kontrastierte Barnes (1969: 75) dichte, multiplexe Netzwerke als typisch für Stammesgesellschaften einerseits und lose geknüpfte, uniplexe Beziehungsnetze als charakteristisch für komplexe Industriegesellschaften andererseits. Dichte und Multiplexität sind dabei empirisch verknüpft:

„Relationships between persons in tribal society are typically multiplex, to use Gluckman's term (1955: 18-19), whereas in urban industrial society they are typically sparse... In an urban society, Alpha originates action with his contact Beta for purpose 1, with

Struktur und Handeln: Die theoretischen Aussagen der Netzwerkanalyse 115

Gamma for purpose 2, with Delta for purpose 3, and so on. In a tribal society, Alpha makes contact with Beta sometimes for purpose 1, sometimes for purpose 2, sometimes for purpose 3, and so on. He treats Gamma, Delta and his other contacts in the same way. Hence Beta, Gamma and Delta have more in common with one another in the tribal example than in the urban example."

Diese unterschiedliche Netzstruktur bedeutet also, daß in einem dichten, multiplexen Netz jeder jeden kennt und über eine Vielzahl von Beziehungen verbunden ist, während in einem locker gefügten, uniplexen Netz sich nicht alle Beteiligten untereinander kennen und zwischen Paaren von Akteuren nur eine Art von Beziehung besteht (s. Abbildung 4.1). Gemeinsame Arbeit, Freizeit, Verwandtschaft, religiöse Verbundenheit usw. fallen hier auseinander, während sie im Fall eines dichten, multiplexen Netzes verwoben sind. In einem multiplexen, dichten Netz können sich die Akteure leichter erreichen, sie interagieren intensiv miteinander und als Konsequenz entsteht ein höherer Grad an sozialer Kontrolle und daraus folgender Konformität des Verhaltens. Im Gegensatz dazu bieten die schwach verknüpften und uniplexen Netzwerke in städtischen oder komplexen Gesellschaften den Akteuren Fluchtmöglichkeiten, weil diese sozialen Gebilde weniger transparent sind und die Kontrolle nur einige Akteure und bestimmte Beziehungen erfaßt (etwa im Arbeitsbereich), während andere Lebensbereiche (z.B. der Freizeitbereich) davon unberührt bleiben.

ABBILDUNG 4.1: DICHTE, MULTIPLEXE VERSUS DÜNNE, UNIPLEXE NETZWERKE

(a) dicht und multiplex

(b) dünn und uniplex

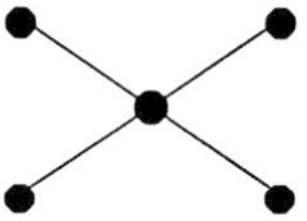

Diese Kontrastierung ist als idealtypisch zu verstehen – die Autoren bestreiten nicht, daß es auch in nicht-indutrialisierten Gesellschaften uniplexe Beziehungen geben kann und daß in komplexen Gesellschaften multiplexe Beziehungen vorkommen. Außerdem gilt: je größer Populationen und Netzwerke sind, desto weniger dicht und uniplexer werden dort die Beziehungen sein (das ethnographische Beispiel aus Kapitel 3 zum Geschenkaustausch der !Kung zeigt ein räumlich ausgedehntes dünnes Netz). Bei dieser Kontrastierung geht es vielmehr um die Feststellung der Haupttendenzen sozialer Beziehungsmuster in bestimmten Typen von Gesellschaft und die Erkenntnis ihrer Handlungskonsequenzen. Die erwähnten Studien münden in die Hypothese: „Wenn ein soziales Netzwerk eine hohe Dichte und/oder multiplexe Beziehungen aufweist, dann herrscht dort ein hoher Grad an Konformität und Kontrolle des Handelns einzelner Akteure". In einer bekannten Fallstudie des Konflikts unter Arbeitern in einer Zinkfabrik in Sambia verwendet B. Kapferer (1969: 230-5) implizit diese Hypothese, um zu erklären, warum ein Akteur den Streit gewinnt und sein Gegner verliert. Die Erklärung besteht darin, daß der siegreiche Akteur mehr multiplexe Beziehungen zu den anderen Mitgliedern der Arbeitseinheit aufweist und auch über indirekte Beziehungen besser in das gesamte Netzwerk eingebunden ist, so daß er seine Kollegen besser zu seiner Unterstützung mobilisieren kann. Die ursprüngliche Hypothese zum Einfluß der Multiplexität auf das Handeln der Akteure geht auf M. Gluckman (1955: 18-21) zurück, der in einer rechtsethnologischen Anwendung erkannt hat, daß im Konfliktfall die Einbettung der Streitenden in multiplexe oder uniplexe Netzwerke unterschiedliche Konsequenzen für den Verlauf und das Ergebnis des Konfliktes nach sich zieht (zur Erläuterung Nader und Todd 1978: 12-14). Wenn die Konfliktparteien in ein multiplexes Netz eingebunden sind, haben sie und die ihnen gleichermaßen verbundenen Dritten ein größeres Interesse an der Aufrechterhaltung der sozialen Beziehung. Verhandlungen und Vermittlung prägen den Konfliktverlauf, mit dem Ziel der Streitschlichtung und Kompromißlösungen als Ergebnis. Im uniplexen Netz prallen die Interessen der Streitenden hingegen unmittelbar aufeinander, und sie sind weniger gehalten, Kompromisse einzugehen. Schiedssprüche und Verurteilungen prägen den Konfliktverlauf und die Beteiligten streben Alles-oder-Nichts-Entscheidungen an und erzielen auch dieses Ergebnis, weil sie das Eigeninteresse und das Streitziel höher einschätzen als die Aufrechterhaltung der sozialen Beziehung zu ihrem Gegner. Außerdem fehlen in einem uniplexen Netz die vermittelnden und streitschlichtenden Dritten.

Auch E. Bott (1971 [1957], 1977 [1955]) in ihrer klassischen Netzwerkstudie der häuslichen Arbeitsteilung in ausgewählten Londoner Familien orientiert sich an der Hypothese vom Einfluß der Dichte des Netzwerks auf das Handeln der Akteure. Sie unterscheidet zwei Grundmuster der häuslichen Arbeitsteilung: einen geringen Grad der Aufteilung der Arbeiten und gemeinsame Erledigung der Aufgaben durch beide Ehepartner einerseits und eine große Spezialisierung der Aufgaben nach Geschlecht und getrennte Zuständigkeit der Eheleute für bestimmte Aufgaben andererseits. Bott (1971: 53-54, 1977: 254) nennt diese Muster „joint" bzw. „segregated conjugal role relationships". Schicht und Wohngebiet erwiesen sich als keine schlüssigen Erklärungen dieses Unterschieds, während die Unterschiede der persönlichen Netzwerke einen Effekt ausübten. Wenn die Eheleute in einem dicht verbundenen Netzwerk leben (Bott 1971: 59, 1977: 256 spricht von „close-knit" und „highly connected" im Unterschied zu „loose-knit" und „dispersed"), in dem also beide viele *gemeinsame* Freunde, Bekannte usf. aufweisen, dann erledigen sie auch die häuslichen Aufgaben gemeinsam. Beispiel wäre eine Familie, die neu in ein Gebiet hinzugezogen ist und sich allmählich einen gemeinsamen Freundes- und Bekanntenkreis aufbaut. Ist das Netzwerk der Eheleute hingegen locker gefügt, was bedeutet, daß jeder eigene Freunde und Bekannte hat und wenige gemeinsam sind, dann herrscht auch Teilung der häuslichen Aufgaben vor. Beispiel wären Ehepartner, die dort wohnen bleiben, wo sie aufgewachsen sind, große Teile ihrer früheren Freundes- und Bekanntenkreises beibehalten und mit diesen Kontakten (einschließlich der Verwandten) eigene Aktivitäten aufrechterhalten. In den Fallstudien von Kapferer und Bott und in Gluckmans Hypothese bilden die Dichte und Multiplexität der Netzwerke die strukturellen Rahmenbedingungen zur Erklärung des unterschiedlichen Verhaltens der Akteure (Bott, Gluckman) bzw. ihres unterschiedlichen Handlungserfolgs (Kapferer).

Schwache Beziehungen, strukturelle Löcher und lachende Dritte

Während die bisher vorgestellten Forscher zur Erklärung des Handelns der Akteure aus der Netzstruktur vor allem auf die *Verdichtung* von sozialen Beziehungen achteten und die besonders kohäsiven Teilbereiche in Netzwerken, die durch intensive, dichte und multiplexe Beziehungen gekennzeichnet sind, als erklärungsmächtig heraushoben, hat sich eine nachfolgende Generation von Theoretikern (Granovetter 1977 [1973], 1982; Burt 1992) den *schwachen* Beziehungen und dem *Fehlen* von Beziehungen in Gesamtnetzwerken als Gründen für das Handeln der Akteure zugewandt. In diesen Erklärungsversuchen geht es um die Einbettung der Akteure in das Gesamtnetz und die daraus erwachsenen Chancen und Hindernisse für ihr Handeln. M. Granovetter (1977) erkannte, daß ein kohäsiver Teilbereich in einem Netz mit einem paradoxen Effekt verknüpft ist. Aufgrund der hohen Dichte und Multiplexität interagieren die Mitglieder einer solchen „Clique" untereinander sehr intensiv – aber gleichzeitig kapseln sie sich durch diese starken Binnenbeziehungen von der Außenwelt ab und sind daher *schlecht* in das Gesamtnetz eingebunden, das im Extrem in miteinander unverbundene kohäsive Inseln zerfällt. Im Kapitel 5 werden die formalen Begriffe eingeführt, mit denen man diese Verhältnisse genauer unterscheiden kann. In diesem Theoriekapitel behelfe ich mich jedoch mit einer nicht-formalen Charakterisierung „schwacher" und „starker" Sozialbeziehungen und der von ihnen erzeugten Beziehungsmuster. Für Granovetters Theorieentwurf ist diese Unterscheidung starker und schwacher Sozialbeziehungen grundlegend. Unter *starken Beziehungen* versteht er solche (Granovetter 1977: 348), in die die Akteure viel Zeit investieren, die emotional intensiv und vertraut sowie mit reziproken Erwartungen versehen sind – die Freundschaftsbeziehung wäre ein Beispiel für eine starke Beziehung. Die genannten begrifflichen Komponenten müssen nicht immer zusammengehen, aber sie sind seiner Ansicht nach oft empirisch verknüpft (S. 348). *Schwache Beziehungen* sind demgegenüber durch das Fehlen dieser Komponenten definiert – Bekanntschaft wäre das Beispiel einer schwachen Beziehung. Die Netzwerke, in die die meisten Akteure eingebunden sind, bestehen aus einem Gemisch von starken und schwachen Beziehungen. So ist ein Akteur zunächst in einen Teilbereich starker Beziehungen zu Freunden und Verwandten eingebunden, die sich ihrerseits untereinander kennen. Darüber hinaus unterhält Ego schwache Beziehungen zu Bekannten, die sich untereinander nicht kennen, aber ihrerseits wiederum jeweils von einem Kreis starker Beziehungen umgeben sind. Die Verbindungen zwischen den kohäsiven Teilbereichen werden nun nicht durch starke, sondern durch schwache Beziehungen hergestellt. Je mehr starke Beziehungen ein Akteur aufweist, desto schwächer ist er in das Gesamtnetz eingebunden, weil die kohäsive Subgruppe viel Zeit und Energie verbraucht. Je mehr schwache Beziehungen hingegen ein Akteur unterhält, desto besser

Struktur und Handeln: Die theoretischen Aussagen der Netzwerkanalyse 119

kann er die Beschränktheit kohäsiver Kreise überwinden, desto mehr unterschiedliche Informationen erhält er und desto besser ist seine Einbindung in das gesamte Netzwerk. Viele schwache Beziehungen zu haben, insbesondere solche, die *Brücken* bilden, d.h. einzige Verbindungen zwischen ansonsten unverbundenen Teilen eines Netzwerks, ist vorteilhaft für die Mobilisierung von Unterstützung und für die Chance eines Akteurs, seine Handlungspläne erfolgreich umsetzen zu können. Warum Kohäsion keine starke Integration im Gesamtnetz schafft, erklärt Granovetter mit Hilfe der psychologischen Balancetheorie (Heider 1977, 1979; Cartwright und Harary 1977, 1979; Davis 1977, 1979; ethnologische Anwendungen in Hage und Harary 1983: 44-53; White und Houseman 1995). Diese postuliert, daß bestimmte Beziehungsmuster (bezogen auf sämtliche Dreiheiten beliebiger Akteure im Netz) gar nicht oder selten vorkommen, weil sie instabil sind.

ABBILDUNG 4.2: DIE „VERBOTENE" UND EINIGE „ERLAUBTE" TRIADEN

(a) die verbotene Triade

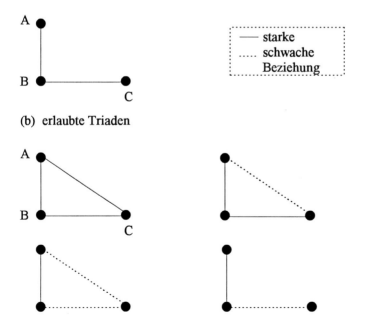

(b) erlaubte Triaden

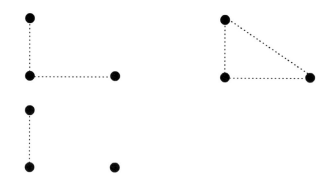

Dies gilt für die sog. *verbotene Triade*, die die drei Akteure A,B,C verknüpft (Abbildung 4.2). Hierin unterhalten A und B sowie A und C starke Beziehungen, während B und C überhaupt nicht verbunden sind. Da A mit B und A mit C viel Zeit verbringt und intensiv verbunden ist, wird es nicht lange dauern, bis C und B ihrerseits zusammentreffen und eine (zumindest schwache) Beziehung aufbauen – oder die Triade zerbricht, indem A eine der beiden starken Beziehungen aufgibt (s. einige der Triaden in Abb. 4.2, die sich im Gleichgewicht befinden und daher „erlaubt" sind; zur Übersicht auch Hummell und Sodeur 1987a: 152). Der entscheidende Punkt ist nun, daß wegen der Grundkonstellation der „verbotenen", instabilen Triade die Verbindungen zwischen den kohäsiven Teilbereichen im Netz über die schwachen Beziehungen verlaufen. Granovetters Argument schließt nicht aus, daß auch starke Beziehungen eine wichtige Rolle im sozialen Leben spielen können. Aber er kann mit einer Reihe von plausiblen Beispielen nachweisen, daß starke Beziehungen ein Gesamtnetz fragmentieren, während schwache Beziehungen Brücken zwischen ansonsten unverbundenen Teilen des Gesamtnetzes bilden und dadurch die Erfolgschancen des Handelns der Akteure erhöhen. Seine Beispiele beziehen sich auf die Suche nach Information über freie Arbeitsstellen, die typischerweise über schwache Beziehungen vermittelt werden (Granovetter 1995 [1974]). Auch die unterschiedlichen Ergebnisse von Maßnahmen der Stadtsanierung in Boston lassen sich mit Granovetters Hypothese erklären (1977: 360-63, 1982). „Little Italy" im Bostoner West End wurde von diesen Ereignissen überrollt, weil die italienischen Migranten zwar dichte, kohäsive Gemeinschaften bildeten, aber die Verbindungen *zwischen* diesen dichtgefügten Freundes- und Verwandtschaftscliquen und auch zur Außenwelt schlecht ausgebildet waren oder fehlten. Die Bewohner

Struktur und Handeln: Die theoretischen Aussagen der Netzwerkanalyse 121

eines anderen Viertels aus derselben Zeit und Stadt konnten sich hingegen erfolgreich gegen dieselben Maßnahmen zur Wehr setzen, weil sie innerhalb des Viertels über schwache Beziehungen in Vereinen und am Arbeitsplatz verbunden waren und dieses organisatorische Gerüst zur Mobilisierung der Bevölkerung nutzen konnten. Dies ist die in Granovetters Aufsatz (1977) angesprochene „Stärke schwacher Beziehungen".

In einer neuen theoretischen Arbeit greift R. Burt (1992) Granovetters Argumente auf und erarbeitet eine neue Systematisierung. Er entwickelt seine Überlegungen im Rahmen einer Theorie des Wettbewerbs von Unternehmen, die mit Finanzkapital und Humankapital (also Kompetenzen, die sich die Angehörigen eines Unternehmens erworben haben) ausgestattet sind und sich wesentlich im sozialen Kapital unterscheiden. Das *soziale Kapital* umfaßt vor allem die geschäftlichen Kontakte, aber auch alle übrigen sozialen Beziehungen, die die Angehörigen einer Firma zur Außenwelt unterhalten, und aus der sie ökonomische Vorteile gewinnen können. Burt versucht nun die Bedingungen zu ermitteln, die die Schöpfung und den Einsatz des sozialen Kapitals begünstigen, so daß ein Unternehmen, das ein gutes Produkt anbietet (wofür die finanzielle Ausstattung und das Humankapital entscheidend sind) im Wettbewerb günstig abschneidet und Kunden findet – was vom sozialen Kapital abhängt. Der in Burts Buch enthaltene Anwendungsbezug hat den Vorteil, daß seine Argumente sehr klar aufgebaut sind und sparsam entwickelt werden. Auch achtet Burt auf unmittelbare empirische Umsetzungen seiner theoretischen Begriffe. Hintergrund seiner Überlegungen ist zunächst einmal, daß die Akteure (von ihm „players" genannt) in ein soziales Netz eingebettet sind und daß dieses Netz eine Ressource im Sinne sozialen Kapitals darstellt (Burt 1992: 13): „... how a player is connected in social structure indicates the volume of resources held by the player and the volume to which the player is connected". Für das Ausmaß der sozialen Beziehungen als Ressource sind nicht allein die direkten („primären") Kontakte eines Akteurs entscheidend, sondern auch die indirekten („sekundären") Beziehungen, die von unmittelbar kontaktierten Dritten ausgehen. Wie gut das soziale Kapital genutzt wird, hängt sehr stark von der Art des vor allem durch die indirekten Beziehungen gebildeten Netzwerks ab (dazu unten). Die wichtigste Ressource, auf die es im Geschäftsleben ankommt, ist Information. Zugang zu Informationen (überhaupt zu wissen, welche Entscheidungen und Projekte anstehen), Schnelligkeit des Informationsflusses (früher davon zu erfahren als Konkurrenten) und Vertrauenswürdigkeit der Information (wie verläßlich ist die Informationsquelle?) bestimmen den Geschäftserfolg. Unter diesem Informationsaspekt sind große und dadurch automatisch weniger dichte sowie heterogene („diverse") Netzwerke vorteilhafter als kleine, dichte und dadurch homogene Netzwerke, weil in letzteren dieselbe Information lediglich multipliziert wird, ohne daß neue Information hinzutritt, wie das in großen und heterogenen Netzwerken der Fall sein wird (Burt 1992: 17):

> „The dense network is a virtually worthless monitoring device. Because the relations between people in that network are strong, each person knows what the other people know and all will discover the same opportunities at the same time."

Nicht die bloße Menge der Beziehungen, die ein Akteur aufbaut, ist also entscheidend, sondern zusätzlich die Unterschiedlichkeit der Beziehungen. Die (direkten) Kontakte sollten daher *nicht-redundant* sein. Redundant sind Beziehungen, die auf indirektem Wege zu denselben Dritten führen und dadurch keinen Informationsgewinn erzielen. Wenn ein Akteur zu einer kohäsiven Teilgruppe im Netz *mehrere* Kontakte unterhält, sind diese redundant und unter dem Aspekt der effizienten Informationsgewinnung überflüssig, denn eine einzige primäre Verbindung erschließt bereits die in dieser Clique enthaltene Information. Den für Burts Theorie zentralen Begriff des *strukturellen Lochs* („structural hole") definiert er nun als die Lücke in einem Gesamtnetz, die durch nicht-redundante Beziehungen geschlossen wird (Burt 1992: 18): „Nonredundant contacts are connected by a structural hole. A structural hole is a relationship of nonredundancy between two contacts". Das Bestehen einer starken Beziehung zwischen Akteuren ist ein Indiz für das Fehlen eines strukturellen Lochs und damit Redundanz, denn man erhält dieselbe Information, wenn man lediglich einen der durch intensive Beziehungen verbundenen Partner kontaktiert. Unter dem Gesichtspunkt der optimalen Informationsgewinnung sollten Akteure ihre Netzwerke so aufbauen, daß die Zahl der nicht-redundanten Kontakte möglichst hoch ist und dadurch ganz unterschiedliche Bereiche des Gesamtnetzwerks erreicht werden. Durch diese Strategie werden viele strukturelle Löcher überbrückt und ganz unterschiedliche Informationsquellen erschlossen. „There is little gain from a new contact redundant with existing contacts. Time and energy would be better spent cultivating a new contact to unreached people" (S.20). Der an Effizienz interessierte

Struktur und Handeln: Die theoretischen Aussagen der Netzwerkanalyse 123

Netzwerkstratege wird also seine Beziehungen im Geschäftsbereich so aufbauen, daß er mit den direkten Kontakten in ganz unterschiedliche Bereiche des Netzwerks gelangt. In jedem Bereich unterhält er nur *eine* solche primäre Beziehung, da weitere Kontakte keine neuen Personen und Informationen erschließen würden.

Abbildung 4.3 (orientiert an Burt 1992: 27 und 41) veranschaulicht ein solches optimiertes Netzwerk, das aus vier, davon drei kohäsiven, Teilgruppen besteht (Burt nennt diese Verdichtungszonen auch „cluster"). In diesem Bild sind starke Beziehungen durch dicke und schwache Beziehungen durch dünne Linien veranschaulicht. Der Akteur mit der Nummer 1 ist ein Netzwerkstratege im Sinne von Burt. Er ist in ein Cluster starker Beziehungen eingebunden (links im Bild) und weist je einen primären Kontakt zu den drei übrigen Clustern auf (wovon das obere sehr hierarchisiert ist, weil Akteur 5 dominiert; das rechte Cluster ist ebenfalls eine kohäsive Subgruppe, während der Teilbereich unten lediglich durch schwache Beziehungen verbunden ist). Zwischen allen vier Teilbereichen des Netzwerks bestehen strukturelle Löcher und die Akteure 1,5,10,15 überbrücken diese Löcher mit nicht-redundanten Beziehungen. Redundanz entstünde beispielsweise, wenn 1 zusätzliche Kontakte zu 7, 13 oder 16 aufnehmen würde, denn die bereits bestehenden Beziehungen von 1 erschließen schon sämtliche weiteren Mitglieder dieser Cluster, so daß zusätzliche Kontakte überflüssig sind. Die drei nicht-redundanten Verbindungen, die 1 zu den anderen Clustern unterhält, sind *Brücken*. An dieser Stelle schlägt Burt (S. 25-30) auch den Bogen zu Granovetters Theorie der schwachen Beziehungen. In Burts Sicht sind es nicht die schwachen Beziehungen an sich, die ein Gesamtnetz integrieren, sondern die *Brückenbeziehungen*, die Verbindungen zwischen ansonsten unverbundenen Bereichen eines Gesamtnetzes herstellen und damit in Burts Begrifflichkeit strukturelle Löcher schließen. Diese Brücken sind identisch mit den nicht-redundanten Kontakten. Es kommt daher nicht so sehr darauf an, ob eine Beziehung stark oder schwach ist, sondern ob sie nicht-redundant ist und damit ein strukturelles Loch überbrückt.

ABBILDUNG 4.3: STRUKTURELLE LÖCHER IN EINEM BEISPIELSNETZWERK

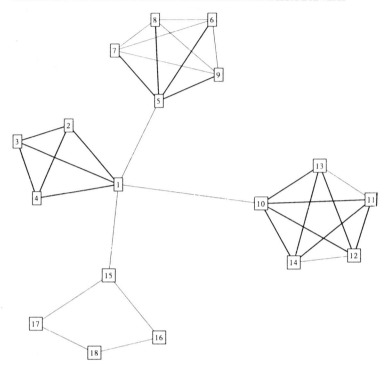

Auch wenn man Granovetter zubilligt, daß schwache Beziehungen eher Brücken bilden als starke, ist Burts Auffassung zuzustimmen, daß sein Theorieentwurf mit den Begriffen der nicht-redundanten Kontakte und der strukturellen Löcher die Verbundenheit des Gesamtnetzes und den kritischen Informationsfluß darin genauer erfaßt als die bloße Unterscheidung der starken oder schwachen Beziehungen, denn nur die Brücken (die nicht-redundanten Kontakte) zählen (Burt 1992: 30):

> „Information benefits are expected to travel over all bridges, strong or weak. Benefits vary between redundant and non-redundant ties ... Thus structural holes capture the condition directly responsible for the information benefits. The task for a strategic player building an efficient-effective network is to focus resources on the maintenance of bridge ties. Otherwise, and this is the correlative substance of the weak ties argument, bridges will fall into their natural state of being weak ties."

Struktur und Handeln: Die theoretischen Aussagen der Netzwerkanalyse 125

An zwei ethnographischen Fallbeispielen möchte ich kurz die Bedeutung der schwachen oder starken Beziehungen und der strukturellen Löcher aufzeigen. Für den Fall der puertoricanischen Crackdealer aus einem Elendsviertel in East Harlem, New York, dokumentiert P. Bourgois (1995: 82, 107-8) einerseits dichte Beziehungen unter den Männern, die mit Drogen handeln und oft selbst drogenabhängig sind. Die engen Beziehungen in diesem räumlich begrenzten Netzwerk stützen sich auf Verwandtschaft, gemeinsame Kindheit und frühere Beteiligung der Akteure in denselben Jugendbanden. Die Beziehungen untereinander werden durch Patenschaften untermauert. Freigebigkeit hilft diese Bindungen im Alltagsleben fortlaufend zu erneuern und zu stabilisieren. Dieses dichte Beziehungsnetz schützt die Händler vor Überfällen durch Kunden und rivalisierende kriminelle Netzwerke und dient als Frühwarnsystem vor polizeilichem Zugriff (S. 107-8). Andererseits ist dieses dichte und auf einen Block beschränkte Cluster von einem strukturellen Loch umgeben. Mangelnde Schulbildung und fehlende Erfahrung mit der legalen Außenwelt, insbesondere mit bürokratischen Abläufen, verhindern nämlich einen mehrfach versuchten Ausstieg aus der kriminellen Schattenwirtschaft (S. 28-29, 135-6). Dieser Fall läßt sich sowohl mit Granovetters Hypothese der Abkapselung des Ghettos aufgrund hoher interner Verdichtung als auch mit Burts Erläuterung strukturelle Löcher erklären. Das von L.A. Lomnitz (1977, 1978) beschriebene Armenviertel in Mexiko-Stadt würde man hingegen eher als ein dünnes Netz bezeichnen. Lediglich auf unterer Ebene, innerhalb von erweiterten Familien, bestehen enge, auf Vertrauen gründende reziproke Verbindungen. Obwohl in diesem Viertel keine Isolation aufgrund dichter Beziehungen herrscht, sind die einfachen Bewohner dennoch von einem strukturellen Loch umgeben, das sie von der Außenwelt und den dort vorhandenen Informationen und Arbeitschancen abschneidet. Einzelne herausragende Akteure, die aus dem Viertel stammen und dort ihre Arbeitskräfte rekrutieren, aber gleichzeitig Beziehungen zu Unternehmen und Behörden außerhalb des Viertels unterhalten, überbrücken als Vermittler und Unternehmer dieses strukturelle Loch. Sie haben die reziproken Sozialbeziehungen in ihrem Umfeld in hierarchische Patronagebeziehungen zu von ihnen abhängigen Klienten umgestaltet. Dieser Fall läßt sich besser mit Burts theoretischen Überlegungen zu den strukturellen Löchern als mit Granovetters Hypothese zur Stärke schwacher Beziehungen erklären. Beide Ethnographien enthalten sehr plastische Schilderungen der untersuchten sozialen Verhältnisse, doch fehlen genaue Daten über die Dichte der erfaßten Netzwerke.

In einer weiteren Stufe seiner Theoriebildung analysiert Burt den Schritt von der Informationsbeschaffung zur Handlung, nämlich der Kontrolle von Ereignissen durch jene Akteure, die aufgrund effizienter Netzwerke Informationsvorteile genießen und diese Gelegenheiten nun nutzen wollen. Akteure, die strukturelle Löcher überbrücken, bringen unterschiedliche soziale Welten in Zusammenhang und können oft die Rolle des „lachenden Dritten" (*tertius gaudens*) einnehmen, weil ihre Position am Schnittpunkt ansonsten unverbundener sozialer Kreise reiche unternehmerische Gelegenheiten erkennen läßt, die sie in Geschäftserfolge ummünzen können. Das ist z.B. bei Akteur 1 aus Abbildung 4.3 der Fall, der zwischen allen vier Clustern steht und die drei anderen wechselseitig gegeneinander ausspielen kann. Mit der Position des lachenden Dritten sind folglich Kontrollvorteile verbunden, weil solche Akteure zwischen unterschiedlichen Interessen vermitteln können, wie Burt (S. 30-34) im Anschluß an Überlegungen von G. Simmel (1958 [1908]: 82-94) über tertius gaudens und divide et impera ausführt. Der Händler, der zwei Kunden gegeneinander ausspielt; das imperiale Prinzip des „Teile und Herrsche" wären Beispiele für die *Tertius*-Strategie. Strukturelle Löcher bieten den lachenden Dritten folglich Gelegenheiten, Informationsvorteile zu nutzen (Burt 1992: 33-4):

„Structural holes are the setting for *tertius* strategies. Information is the substance. Accurate, ambiguous, or distorted information is moved between contacts by the *tertius*. (...) Having access to information means being able to identify where there will be an advantage in bringing contacts together and is the key to understanding the resources and preferences being played against one another."

Ein Netzwerk, das viele strukturelle Löcher aufweist, bietet zwar reiche Möglichkeiten für unternehmerisches Handeln, aber es führt nicht automatisch zum Handeln, sofern zu den strukturellen Bedingungen nicht die unternehmerische Motivation hinzutritt. Diesen Aspekt bespricht Burt (1992: 34-6) zwar, doch geht er in seiner strukturellen Erklärung davon aus, daß die Gelegenheiten und die Motivation für unternehmerisches Handeln empirisch gekoppelt sind und er daher die Motivationen vernachlässigen kann (S. 36):

„... the network is its own explanation of motive. As the volume of structural holes in a player's network increases ... the entrepreneurial behavior of making and negotiating relations between others becomes a way of life."

Diese Vernachlässigung kognitiv-emotiver Bedingungen und die Beschränkung auf die strukturellen Rahmenbedingungen findet sich in vielen netzwerkanalytischen Erklärungsversuchen (so z.B. bei Wellman 1988: 33-35, Einstellungen werden als Schall und Rauch angesehen und das Handeln als einzig oder zumindest letztlich von der Position der Akteure in sozialen Netzwerken abhängig). In den neueren Theorieskizzen, die ich unten darstelle, wird diese extreme Auffassung kritisiert und aufgegeben. Neben den primären Kontakten, die ein im Sinne der Burtschen Theorie struktureller Löcher handelnder rationaler Akteur

Struktur und Handeln: Die theoretischen Aussagen der Netzwerkanalyse

nicht-redundant ausrichtet, können die indirekten Beziehungen ihrerseits strukturelle Löcher zweiter Ordnung („secondary [structural] holes") enthalten. Es ist für den lachenden Dritten vorteilhaft, wenn seine primären Kontakte ihrerseits in strukturelle Löcher zweiter Ordnung verwoben sind, weil er dann mehrere Primärkontakte gegeneinander ausspielen kann. Sind diese hingegen in ein Cluster starker Beziehungen eingewoben, dann können sie schlechter gegeneinander ausgespielt werden und ihrerseits Druck auf den Netzwerk-„Unternehmer" ausüben. Die von dem lachenden Dritten zu beherrschenden Kontakte sollten daher in strukturelle Löcher eingebettet und damit ersetzbar sein, während er selbst von keinem strukturellen Loch, sondern von starken Beziehungen umgeben sein sollte, damit die Verhandlungspartner ihn nicht ihrerseits ersetzen können. In dem in Abbildung 4.3 dargestellten Beispiel hat Akteur 1 ein leichtes Spiel mit dem nur durch schwache Beziehungen integrierten unteren Cluster, weil 1 ohne großen Verlust 15 fallen lassen und Kontakte zu einem der anderen Mitglieder aufnehmen könnte. Anders im oberen und rechten Teilbereich, dessen Mitglieder in ein kohäsives Netz eingebettet sind, so daß jeder von jedem alles weiß und keine Isolierung einzelner Mitglieder möglich ist. In der Abbildung ist auch 1 Teil eines vorteilhaften, weil schützenden kohäsiven Clusters (im Gegensatz zu 15, wie erwähnt). Hier zeigt sich eine Paradoxie, weil einerseits nach Burt schwach verbundene Cluster mit vielen strukturellen Löchern eine schlechtere Verhandlungsposition im Vergleich zu stark verbundenen Clustern mit wenig oder keinen strukturellen Löchern aufweisen. Bezieht man die Argumentation jedoch nicht auf einzelne Cluster, sondern auf das Gesamtnetz, dann sind nach Granovetter die stark verbundenen Cluster wiederum benachteiligt, weil sie schlechter in das Gesamtnetz eingebunden sind. Diese Paradoxie macht vielleicht deutlich, warum im sozialen Leben beide Strategien vorkommen und die meisten Menschen ein aus starken und schwachen Beziehungen gemischtes soziales Umfeld aufweisen. Beide Beziehungstypen besitzen nämlich jeweils einen gewissen, von dem anderen Typ nicht geteilten Vorteil: einerseits die Herausbildung starker sozialer Beziehungen zum unmittelbaren Schutz, zur Vertrauensbildung im intimen Kreis, und andererseits die Strategie zur Anbahnung schwacher Kontakte, um über die Außenwelt Informationen zu erhalten, die im intimen Kreis nicht bekannt sind. Burt führt zum Abschluß seines Erklärungsversuches den Begriff der *strukturellen Autonomie* ein, um damit die Unabhängigkeit eines Akteurs von der Kontrolle anderer zu erfassen. Hohe strukturelle

Autonomie liegt vor, wenn ein Akteur von vielen primären und sekundären strukturellen Löchern zu seinen Kontakten umgeben ist, aber selbst in ein Cluster ohne strukturelle Löcher eingebettet ist. Dies hat zur Folge, daß (Burt 1992: 44) „... a player's network is rich in structural holes, and thus rich in entrepreneurial opportunity, and thus rich in information and control benefits." Das soziale Kapital eines Akteurs steigt folglich mit dem Grad seiner strukturellen Autonomie (Burt 1992: 49):

> „Players with relationships free of structural holes at their own end and rich in structural holes at the other end are structurally autonomous. These are the players best positioned for the information and control benefits that a network can provide. Structural autonomy summarizes the action potential of the *tertius*'s network. (...) The summary conclusion is that players with networks optimized for structural holes – players with networks providing high structural autonomy – enjoy higher rates of return on their investments [Zeit und Energie für bestimmte Kontakte, TS] because they know about, have a hand in, and exercise control over, more rewarding opportunities."

Es ist wichtig zu erkennen, daß Burts Hypothesen zwar auf den Geschäftsbereich als Anwendungsfall bezogen sind, daß jedoch die Reichweite seiner Überlegungen zu strukturellen Löchern, zur Redundanz von Beziehungen und zur strukturellen Autonomie über diesen Bereich hinausgeht und folglich auch auf soziale Netzwerke anderen Inhalts übertragen werden kann.

Ein gutes Beispiel für die weitergehende Relevanz von Burts Überlegungen zum strategischen Vorteil des lachenden Dritten sind die Auseinandersetzungen um den Parteivorsitz und die Kanzlerkandidatur innerhalb der SPD aus der deutschen Politik der Jahre 1993 - 1995 (hier nach Zeitungsberichten aus dem Jahr 1995 rekonstruiert). In der ersten Phase fördert der nordrhein-westfälische Ministerpräsident Johannes Rau als „Königsmacher" – eine typische Drittenposition, bei der der Akteur anderen zwar zu einer Stellung verhelfen kann, aber selbst diese Position nicht anstrebt – die Ambitionen von Rudolf Scharping auf den Parteivorsitz. Beide verhindern Gerhard Schröders Griff nach demselben Amt. In der Zeit danach erweist sich Scharping als sehr schwacher und glückloser Parteivorsitzender, dessen Amtsführung und Politik immer wieder von Gerhard Schröder herausgefordert und von Johannes Rau gestützt wird (noch zuletzt im Oktober 1995 durch Verschiebung des Nordrhein-Westfalen Müntefering von einem Ministerposten auf den vakanten Posten des Bundesgeschäftsführers der SPD zur Stärkung Scharpings). Oskar Lafontaine hält sich bei diesen Konflikten im Hintergrund. Im Vorfeld des Parteitags Mitte November spitzt sich der Konflikt zwischen Scharping und Schröder zu, und die Öffentlichkeit erwartet eine Unterstützung des ersteren und eine Bestrafung des letzteren

Struktur und Handeln: Die theoretischen Aussagen der Netzwerkanalyse 129

wegen Illoyalität. Schröder erhielt in der Tat schlechte Abstimmungsergebnisse. Die Überraschung des Parteitags war jedoch der Coup von Oskar Lafontaine, der mit einer wohlvorbereiteten Rede das Meinungsklima veränderte, Scharping vom Parteivorsitz vertrieb und dieses Amt für sich eroberte. Oskar Lafontaine erwies sich in der Auseinandersetzung zwischen Scharping und Schröder als der lachende Dritte, was gewiß längerfristig geplant war und unter Umständen sogar eine Absprache mit Schröder einschloß. Johannes Rau wiederum, der vorher eine Drittenposition eingenommen hatte, hatte sich im Verlauf der Auseinandersetzung so sehr mit Scharping assoziiert, daß er nicht mehr als Makler gefragt war und ihm mit Scharpings Sturz selbst ein Teil seiner Macht und seines Ansehens in der SPD entglitt. Die Beziehungen zwischen den Kontrahenten in der „Enkelgeneration" würde man als schwach bezeichnen, während sie jeweils mit starken Beziehungen in ihre Landesverbände als unmittelbare Machtbasis eingebunden sind (z.B. deutlich im engen Verhältnis von Lafontaine zu seinem Statthalter R. Klimmt, bei Schröder und Scharping sind mir solche persönlichen Beziehungen zu ihren Gefolgsleuten aus der Presse nicht bekannt. Im anderen Lager kann sich Rau u.a. auf W. Clement als loyale Führungsperson verlassen). Das Verhältnis von Rau und Scharping könnte man als starke Beziehung deuten, die durch die Konkurrenten um die Macht nicht aufgebrochen wurde, aber gleichzeitig die frühere Drittenposition Raus schwächte. Die verschiedentlich in der Presse aufgetauchten (und dementieren) Versuche, Heide Simonis als Ministerpräsidentin Schleswig-Holsteins für eines dieser Führungsämter ins Spiel zu bringen, können gleichfalls als der mittel- und langfristige Aufbau einer Drittenposition zwischen Lafontaine und Schröder begriffen werden (1996 allerdings gedämpft durch einen niedrigen Wahlsieg in Schleswig-Holstein).

In den weiteren Kapiteln seines Buches formalisiert Burt (1992: Kap. 2ff) seine theoretischen Begriffe und zeigt, wie man sie mit Verfahren der Netzwerkanalyse messen und auf ökonomische Gegenstände anwenden kann. Im Kapitel 5 werde ich einige der Begriffe, die Burt und Granovetter verwenden, mit Hilfe der Graphentheorie präzisieren. An dieser Stelle möchte ich nur kurz vermerken, daß der graphentheoretische Begriff der Clique kohäsive Teilgruppen in einem Netzwerk ermittelt und die Begriffe der Closeness- sowie Betweeness-Zentralität und des Cutpoints die strukturelle Autonomie und damit die Position des lachenden Dritten exakt erfassen (wie im Beispiel aus Abbildung 4.3 nicht anders zu erwarten, erweisen sich 1,5,10,15 als solche einflußreichen Dritten).

Granovetter und Burt machen beide darauf aufmerksam, daß strukturelle Erklärungen des Handelns der Akteure mit Hilfe von Netzwerkeigenschaften zu kurz greifen, wenn sie nur die starken sozialen Beziehungen ins Auge fassen. Granovetter lenkt den Blick auf die schwachen Beziehungen, die für die Integration der Akteure in das Gesamtnetz und ihre Handlungschancen wichtiger sind als die starken Beziehungen, in die sie zusätzlich eingebettet sind. Burt stellt die nichtredundanten Beziehungen, die strukturelle Löcher überbrücken, ins Zentrum seiner Erklärung der Informations- und Kontrollvorteile und der dadurch begünstigten Handlungsmöglichkeiten, die die lachenden Dritten an diesen Bruchstellen des Gesamtnetzwerks genießen.

Identität und Kontrolle als Grundmomente des sozialen Lebens

Die Verschiebung der Netzwerktheorie von einer rein strukturellen Perspektive, die sich nur für das Muster sozialer Beziehungen interessiert, zu einer reicheren Sicht, die auch die Kognitionen der Akteure in die Betrachtung einbezieht, wird durch die neueren Arbeiten von Harrison White (1992, 1993, 1995) eingeleitet. Am Beispiel der komplexen Theorieskizzen, die er in seinem Buch „Identity and Control" (1992) entwickelt, möchte ich diese theoretische Wende verdeutlichen. In dieser Arbeit macht White zwei miteinander verbundene Grundmomente des sozialen Lebens zum Gegenstand seiner Theoriebildung: Identität und Kontrolle. Identität entsteht am Schnittpunkt physisch/ biotischer und sozialer Gegebenheiten, wenn ein einzelnes Individuum oder eine Menge von Individuen versuchen, im Fluß des oftmals chaotisch ablaufenden Lebens mit sinnhaften Handlungen Ordnung herzustellen: „... identity is any source of action not explicable from biophysical regularities, and to which observers can attribute meaning." (S. 6). Identität bedeutet also eine gewisse von außen wahrnehmbare Stabilität eines Akteurs im Zeitablauf. Kontrolle ist der Versuch, Ordnung herzustellen und damit Identität zu bewahren: „Control is both anticipation of and response to eruptions in environing process." (S. 9). Da aber allein durch Zufälle und die Kontrollversuche anderer Identitäten immer wieder neue identitätsstörende und identitätsstiftende Situationen entstehen, läßt sich sagen (S. 10): „Control efforts are responses by identities to endless stochastic contingencies, to which others' control efforts should be added." Relative Normalität einerseits, und Improvisationen sowie Chaos andererseits sind beide charakteristisch für den Ablauf des sozialen Lebens (S. 4): „Students are correct when they perceive their social world both as improvisation in the midst of chaos, and as a set of smooth social stories shared with others. Social science should seek principles of social process which account for chaos and normality together." Das Ergebnis der Handlungen vieler Akteure, die durch Kontrolle von Ereignissen und anderer Akteure ihre Identität herstellen und bewahren wollen, ist eine bestimmte soziale Organisation (mit einer gewissen Struktur zu einem gewählten Zeitpunkt). Die Akteure sind von einer soziale Organisation umgeben, die folglich der Rahmen für ihre Handlungen darstellt, aber auch eben Ergebnis der Handlungen sein kann (vgl. zu diesem Zusammenhang die Überlegungen in Kapitel 2 und 3 im Anschluß an die Theorie des rationalen Handelns): „ Social organization is both means and bar to control. The concrete physical and biological settings in which actions occur are crucial. It is thus the outcomes of contentions among identities which is what cumulates into social organization." (S. 16). Die durch das Handeln der Akteure erzeugten Muster sozialer Beziehungen, die „soziale Organisation" in seiner Terminologie, vergleicht White (S. 12, 342-5) in ihrer formalen Struktur mit Polymerverbindungen aus der Chemie und Festkörperphysik. Entsprechend gilt, daß (S. 12) „... levels of social organization, such as cities and organizations and families ... mix and blur into an inhomogeneous gel." In einem solchen Gebilde kann sich die lokale Ordnung von der Gesamtordnung stark unterscheiden, so wie z.B. Glas „lokal" zerbrechlich ist, aber ein insgesamt robustes Material darstellt (S. 345 in Analogie zu einem in Indien beschriebenen Kastensystem). Im Anhang 2B seines Buches verweist White auf diese formalen Modelle, doch ist noch ungeklärt, wie weit die Analogien tragen und welche Art von formaler Struktur genau welchem Muster sozialer Beziehungen entspricht.[34]

In weiteren Schritten seiner Theorieskizze hebt White vor allem auf die Ausbreitung und Zerstreuung (dispersion) von Identitätsmustern in räumlicher und sozialer Hinsicht ab und unterscheidet nach dem Grad ihres zunehmenden Umfangs vier verschiedene Identitätsformen (S. 312-4): (1) Identität als elementares Handlungsmuster in einem bestimmten sozialen Kontext, wie das für ein neues Kind auf dem Spielplatz typisch ist, das dort seinen physischen und sozialen Platz finden möchte: „For example, a new child on a playground has an overriding need to find

---

[34] In einem programmatischen Beitrag zur Modellierung sozialen Verhaltens in Analogie zu chemischen und biologischen Reaktionsmodellen auf der internationalen Netzwerkkonferenz in Charleston, SC, im Februar 1996, hat John Padgett diese Idee weiterentwickelt.

some sort of stable social footing so that he or she can know how to act in an otherwise chaotic world." (S. 312). (2) Identität als Gesichthaben und Gesichtbewahren in einer sozialen Gruppe, deren Handlungsmuster durch soziale Disziplinierung erlernt wird (Extrembeispiel militärischer Drill, aber auch Zugehörigkeit zu einer bestimmten Berufsgruppe oder einer Freizeitvereinigung, etwa einem Fußballclub). (3) Identität, die durch Spannungen und Fehler aufgrund der Zugehörigkeit eines Akteurs zu verschiedenen sozialen Kontexten entsteht und ein typisch menschliches Produkt darstellt (S. 313):

> There is an additional, a third, and distinctively human sense of identity, which builds upon the first two. This is identity from frictions and errors across different social settings and disciplines. This third sense of identity arises from the central fact of human social organization: Whenever and wherever social organization has been observed, each human is in more than one continuing discipline, in more than one social molecule. That is, each human participates in each of several distinct realms, such as family and village, and job and secret society, so that actions and thence selves crosscut these realms."

Diese „Widersprüche" des sozialen Lebens treffen bereits Kinder, wenn die auf dem Spielplatz oder in der Schule erlernten Handlungsmuster (einschließlich der Sprache) nicht den Gepflogenheiten im Elternhaus entsprechen und dieser Unterschied Identität stiftet (S. 314):

> „The child on the playground above may pick up a new way of wearing (or tearing) its clothes as being the proper thing (an aspect of the second meaning of identity). But then the child finds, upon arriving home, that peer-proper is not family-proper. Such contradictions – all the screwups, mistakes, errors, and social noise – in life are just what brings about identity in this third sense, achieved even as a child."

(4) Die letzte von White unterschiedene Bedeutung von Identität entspricht einer Lebensgeschichte, die in einer oder mehreren Erzählungen („stories") in einer sozialen Gemeinschaft verbreitet wird. Innerhalb der Gemeinschaft erzeugen diese biographischen Erzählungen Gemeinsamkeiten und nach außen, zu den nicht der Gemeinschaft Angehörigen, die die Geschichten nicht kennen, werden gleichzeitig Grenzen gezogen (S. 314): „Indeed their [der Geschichten] incidence provides a way to map boundaries within social worlds. These sets of stories are the stuff of daily socializing, they are used in daily reconstruction of interpretations of selves and social organization."

Struktur und Handeln: Die theoretischen Aussagen der Netzwerkanalyse 133

Soziale Netzwerke – vor allem multiple Netzwerke, die mehrere soziale Beziehungen vereinen und dadurch ggf. mehrere soziale Kontexte verknüpfen – spielen eine wichtige Rolle bei der Strukturierung und Ausübung sozialer Kontrolle und werden von White eingehend in seinen Fallschilderungen berücksichtigt. Es dürfte jedoch deutlich geworden sein, daß White neben den sozialen Strukturen gleichberechtigt kulturelle Bedeutungen, d.h. die Sinnvorstellungen der Akteure und Beobachter in Betracht zieht. So schreibt er z.B. zum engen Zusammenhalt von sozialen Beziehungen (*ties*), die sich zu Netzwerken fügen, und den sinnstiftenden Erzählungen (S. 17): „Ties are held together to constitute a *network* through the vehicle of *stories* ..." (Hervorhebungen im Original). (S. 67): „A social network is a network of meanings...". In neueren Arbeiten (White 1995, auch in seinem Vortrag auf der Londoner Konferenz des International Network for Social Network Analysis im Juli 1995) geht er noch viel weiter in diese Richtung, indem er die Diskursanalyse der Linguistik heranzieht, um grundlegend herauszufinden „what's in a social tie"? Der Inhalt der sozialen Beziehungen ist dann eine in einer bestimmten Sprachgemeinschaft verwurzelte kulturelle Bedeutung, die es zunächst zu erfassen gilt und deren Zusammenhang mit sozialen Organisationsmustern sodann zu analysieren ist. An dieser Stelle erkennt man Berührungspunkte zu den Diskussionen zwischen interpretativer/postmoderner Forschung und der Netzwerkanalyse, die ich in Kapitel 3 erörtert habe. In seinen neueren Arbeiten hebt White (1995) auch das „switching" und „zapping" der Akteure zwischen verschiedenen sozialen Situationen mit charakteristischen Diskursen hervor. Für die Akteure in heutigen komplexen Gesellschaften ist in dieser Sicht typisch, daß sie sich im Verlauf ihres Alltagslebens in einer Fülle unterschiedlicher sozialer und diskursiver Gemeinschaften und Situationen hin und her bewegen und daß dieses ständige Wechseln eine Grunderfahrung des modernen Lebens darstellt. In diesem Kapitel habe ich Whites Überlegungen als Hintergrund für die nachfolgenden Theorieversuche von Emirbayer und Goodwin (1994) vorgestellt, die enger als Whites großangelegter Entwurf auf die Netzwerkanalyse bezogen sind. Whites Theorie ist insgesamt sehr abstrakt; sie enthält ein eigenes Vokabular und wird an einer Vielzahl traditioneller und gegenwartsbezogener Fälle aus der Geschichtswissenschaft, Ethnologie, Soziologie und Ökonomie veranschaulicht. Sie sprengt den Rahmen dieses einführenden Theoriekapitels, denn ich sehe mich nicht in der Lage, Whites komplexen Entwurf auf eine einfache Weise zusammenzufassen. Es drängt sich die Vermutung auf, daß White in diesem Buch lediglich einen Orientierungsrahmen vorstellt, der Hinweise auf untersuchenswerte Aspekte des Gegenstandsbereichs, aber keine echten Zusammenhangsbehauptungen enthält. In den einzelnen Kapiteln, die bestimmte soziale Phänomene charakterisieren, werden jedoch Hypothesen entwickelt. Die Arbeit ist zudem vom Anspruch her deutlich theoretisch, weil allgemeine Erklärungsprinzipien entworfen werden, auch wenn die Ausarbeitung über die empirische Veranschaulichung der Prinzipien noch nicht weit hinausgelangt ist. So ist „Identity and Control" vor allem eine Quelle für theoretische Inspirationen, aufgrund deren man eigene zustimmende oder ablehnende Hypothesen entwickeln kann. Die Denkanstöße gehen auch von Einzelkapiteln aus, die ich hier nicht vorstellen kann. Ein Folgebuch (White 1993) gibt eine Anwendung der theoretischen Ideen auf die Entwicklung des Kunstmarkts in New York und kann zur Konkretisierung seiner theoretischen Perspektive herangezogen werden.

Netzstruktur, Kognitionen und Handlungsfreiheit

In einem weitausgreifenden theoretischen Essay bemühen sich M. Emirbayer und J. Goodwin (1994) darum, das Verhältnis zwischen sozialen Netzwerken, kulturellen Bedeutungssystemen und dem Handlungsspielraum der Akteure in historischen Abläufen zu klären. Ein theoretischer Hintergrund, auf den sich die beiden Autoren beziehen, ist die eben besprochene Theorieskizze von H. White (1992). Ihre Absicht ist, die impliziten Erklärungsansätze in der Netzwerkforschung zu rekonstruieren. Zu diesem Zweck befassen sie sich sowohl mit den theoretischen Aussagen der Netzwerkanalyse als auch mit exemplarischen Fallstudien, vor allem aus der historischen Soziologie, die eine Netzwerkperspektive verwenden. Ihre Analyse mündet in eine differenzierte Kritik bestimmter Varianten der Netzwerkforschung. Diese interne Kritik kommt in dem folgenden Zitat gut zum Ausdruck (Emirbayer und Goodwin 1994: 1413):

> „Our argument is that while this new mode of structuralist inquiry [die Netzwerkanalyse] ... offers a more powerful way of describing social interation than do other structural perspectives that focus solely on the categorical attributes of individual and collective actors, it has yet to provide a fully adequate explanatory model for the actual formation, reproduction, and transformation of social networks them-

Struktur und Handeln: Die theoretischen Aussagen der Netzwerkanalyse 135

selves. Network analysis all too often denies in practice the crucial notion that social structure, culture, and human agency presuppose one another; it either neglects or inadequately conceptualizes the crucial dimension of subjective meaning and motivation – including the normative commitments of actors – and thereby fails to show exactly how it is that intentional, creative human action serves in part to constitute those very social networks that so powerfully constrain actors in turn."

In dem Zitat ist zunächst die kritische Haltung der Netzwerkforschung zu kategorialen, d.h. variablenbezogenen Erklärungen des sozialen Handelns enthalten (wie ich dies in der Einleitung des Kapitels anhand des Zitats von Galaskiewicz und Wasserman 1994 zur „strukturellen Perspektive" dargelegt habe). Dieser „anticategorical imperative" (S. 1414) schlägt vor, daß man zur Erklärung des Verhaltens von Akteuren nicht bei Einstellungen und sozialen Kategorien wie Stand, Schicht, Lokalität beginnen soll, sondern statt dessen das tatsächliche Muster sozialer Beziehungen untersucht, in das die Akteure eingebettet sind und das deren Handeln prägt. Die im ersten Abschnitt dieses Kapitels besprochene Fallstudie von E. Bott (1957) begründet diesen Punkt, weil Bott darin nachweist, daß die Struktur des sozialen Netzwerks und nicht die sozialen Kategorien der sozialen Schicht oder bestimmter Nachbarschaften die häusliche Arbeitsteilung in den von ihr untersuchten Familien erklären. Die Netzwerkanalyse konzentriert sich folglich auf die „*constraining and enabling* dimensions of patterned relationships among social actors within a system" (Emirbayer und Goodwin 1994: 1418, Hervorhebung im Original). Dadurch blickt sie hinter diese viel zu groben sozialen Kategorien und kann demgemäß genauere Erklärungen des Verhaltens der Akteure liefern. Auch meine Fallanalysen im Kapitel 3 versuchen, über die lokalen Kategorien der Herkunftsgebiete der !Kung und der javanischen Weiler hinaus die tieferen Beziehungsmuster aufzudecken, die das Handeln der Akteure prägen. Emirbayer und Goodwin bemängeln am Erklärungsansatz der Netzwerkanalyse grundsätzlich, daß die *Herausbildung* einer bestimmten Netzstruktur nicht adäquat erklärt wird und daß auch der *Zusammenhang* zwischen Netzstruktur, Kultur (von ihnen etwas vage gefaßt und sowohl im Sinne von Vorstellungen und Überzeugungen der Akteure gemeint als auch der historischen Gesamtsituation) und den Handlungsspielräumen der Akteure (agency) nicht präzise analysiert wird.

Im ersten Schritt ihrer Untersuchung unterscheiden die beiden Autoren, im Anschluß an die übliche Differenzierung in der Netzwerkliteratur, zwei unterschiedliche Betrachtungsweisen von Netzwerken: einen relationalen und einen positionalen Ansatz (vgl. auch Kapitel 5). Der relationale Ansatz, der im ersten Abschnitt dieses Kapitels vorgestellt wurde, hebt ab auf die Verbundenheit der Akteure in einem Netzwerk und die aus enger Interaktion entstehende *soziale Kohäsion* (Emirbayer und Goodwin 1994: 1419):

> „This approach explains certain behaviors or processes through the fact of social connectivity itself – as well as through the density, strength, symmetry, range, and so on, of the ties that bind. From this perspective, very strong, dense, and relatively isolated social networks facilitate the development of uniform 'subcultures' and of strong collective identities..."

Im Gegensatz dazu blickt der Positionsansatz (den ich implizit im Zusammenhang mit den theoretischen Überlegungen zur Stärke schwacher Beziehungen und zu strukturellen Löchern eingeführt habe) auf das Muster der vorhandenen und fehlenden sozialen Beziehungen in einem sozialen Netzwerk. Verdichtung ist dann lediglich ein (lokaler) Sonderfall in einem Gesamtnetzwerk, das auch schwache und fehlende Beziehungen sowie unverbundene Teile aufweisen kann. Nicht die Kohäsion, sondern die *strukturelle Äquivalenz* der Akteure, nämlich deren gleichartige Lage im Gesamtnetz, ist für den Positionsansatz entscheidend. Solche Akteure, die eine gleiche oder ähnliche Stellung im Netz einnehmen, werden dann zu einer Position zusammengefaßt (Lehrer/ Schüler, Arbeitgeber/ Arbeitnehmer) und es besteht die Erwartung, daß die einer Position angehörenden Akteure aufgrund ihrer Interessengleichheit auch einheitlich handeln werden. Beide netzwerkanalytischen Betrachtungsweisen kommen nun in den drei unterschiedlichen Erklärungsansätzen vor, die Emirbayer und Goodwin aus den programmatischen Schriften und exemplarischen Fallstudien der heutigen Netzwerkforschung rekonstruieren. Dies sind (1) *der strukturelle Determinismus,* (2) *der strukturelle Instrumentalismus* sowie (3) *der strukturelle Konstruktivismus* (meine Übersetzung der von ihnen neu eingeführten Termini und Begriffe). Die erste Position verzichtet gänzlich auf die Überzeugungen der Akteure sowie eine historische Kontextualisierung und versucht deren Handeln ausschließlich mit der Netzstruktur zu erklären (die eingangs zitierten Äußerungen von Galaskiewicz und Wasserman 1994 gehen in diese Richtung). Die zweite Position nimmt Kognitionen hinzu, aber nur am Rande und im Sinne eines einfachen Rationalitätskalküls der Akteure. Die dritte Position schließlich beachtet stärker als die anderen auch die besondere historische Situation, in der sich die Akteure befinden, und die von ihnen im Handeln hervorgebrachten sozialen sowie kognitiven Strukturen. Emirbayer und Goodwin (1994: 1425-6) charakterisieren diese drei Erklärungsweisen wie folgt:

„The first of these implicit models, that of *structuralist determinism*, neglects altogether the potential causal role of actors' beliefs, values, and normative commitments – or, more generally, of the significance of cultural and political discourses in history. It neglects as well those historical configuration of action that shape and transform pregiven social structure in the first place. A second and more satisfactory – but still deeply problematic – approach is that of *structuralist instrumentalism*. Studies within this perspective accept the prominent role of social actors in history, but ultimately conceptualize their activity in narrowly utility-maximizing and instrumental forms. And finally, the most sophisticated network perspective on social change, which we term *structuralist constructionism*, thematizes provocatively certain historical processes of identity conversion and 'robust action.' It is the most successful of all these approaches in adequately conceptualizing human agency and the potentially transformative impact of cultural idioms and normative commitments on social action." (Hervorhebung im Original)

Gegen (1) den *strukturellen Determinismus* (der z.B. von Wellman 1988 vertreten wird) spricht nach Ansicht von Emirbayer und Goodwin einmal, daß er den Wandel der Netzstruktur nicht erklären kann, sondern die historischen Abläufe lediglich in eine Folge statischer Strukturanalysen, nämlicher unverbundener struktureller Schnappschüsse, zerlegt.[35] Im Zusammenhang mit einer von ihnen besprochenen Fallstudie kritisieren sie (S. 1426-7):

„The study provides little systematic explanation as to precisely *why* these changes occured from one historical period to the next, settling instead for a succession of static 'map configurations' or relational

---

[35] Diesen Einwand könnte man auch gegen meine Netzwerkanalyse des Machtkampfs im Dorf der Chen aus Kapitel 2 erheben, weil dort der Gesamtablauf in drei Phasen zerlegt und im Netzwerkmodell selbst nicht erklärt wird, wie eine Phase in eine andere übergeht. Allerdings ist die Phasenzerlegung lediglich heuristisch nützlich, prinzipiell könnte man den gesamten Verlauf in einem einzigen sehr komplexen Modell wiedergeben. Auch versuche ich im Anschluß an dieses Modell der Akteur/Ereignisverflechtung mit Hilfe von Merkmalen, die die Stellung der Akteure im Dorf und zur Außenwelt erfassen, den politischen Erfolg bzw. Mißerfolg der Akteure zu erklären (s. auch Schweizer 1996a).

'snapshots' of network patterns. The individual and social actions that led from one structural configuration of ... activity to the next are left unanalyzed, as are the developments in social structure and cultural and political discourse that underlay and motivated them." (Hervorhebung im Original)

Der zweite Einwand gegen den strukturellen Determinismus ist die Tatsache, daß er die „objektiven" strukturellen Rahmenbedingungen gegenüber den „subjektiven" Motivationen der Akteure überbewertet und die Netzstruktur verdinglicht, während diese in Wirklichkeit sowohl aus sozialen als auch kognitiven Momenten besteht und es darauf ankommt, die Wechselwirkung dieser beiden Momente zu verstehen (S. 1428).

Die Schwäche (2) des *strukturellen Instrumentalismus* ist nach Ansicht von Emirbayer und Goodwin (1994: 1428-30) der eingeschränkte, historisch viel zu allgemeine Rationalitätsbegriff. Er berücksichtigt zwar situationslogisch die Ziele und das Wissen der Akteure im Sinne der Theorie des rationalen Handelns, vernachlässigt ihrer Auffassung nach jedoch die „normative commitments" der Akteure (S. 1430) und setzt damit die historischen Rahmenbedingungen als stabil voraus ohne diese in der Theorie erklären zu können. Wenn man jedoch, wie das in einigen Fallstudien geschieht, erklären will, warum ein Akteur sich an „high risk/ cost activism" beteiligt – Handlungen also wie der Teilnahme an einem Aufstand (Beispiel Pariser Kommune), die das eigene Leben kosten können – dann prägen nicht allein die strukturellen Bedingungen das Handeln, sondern auch die intensiven Überzeugungen der Akteure (Emirbayer und Goodwin 1994: 1431 „an intense attitudinal and personal identification with the movement"). Neben materiellen Zielen seien auch immaterielle handlungsleitend: „... network theory can yield robust explanations of collective action only when synthesized with a modified rational choice model of individual action, one that views collective identities (and not just material resources) as potentially powerful incentives for action", schreiben Emirbayer und Goodwin (1994: 1432) im Anschluß an die Ergebnisse einer Fallstudie. Die Vernachlässigung der historischen Rahmenbedingungen in den Erklärungen des strukturellen Instrumentalismus ist ein berechtigter Einwand. Die Theorie des rationalen Handelns wird jedoch von Emirbayer und Goodwin (1994: 1428-31) etwas zu eng gesehen, denn immaterielle Ziele lassen sich ohne weiteres berücksichtigen (Görlich 1993; Esser 1993: Kap. 7, 14), und der Vorteil dieser Theorie besteht gerade darin, daß sie von historischen Besonderheiten abstrahiert und den Blick auf universell gültige Erklärungsprinzipien lenkt (Lindenberg 1992). Allerdings gehen in die Situationslogik die besonderen kulturellen und historischen Randbedingungen ein, die man ihrerseits im Sinne der Kritik von Emirbayer und Goodwin erklären muß. Im (3) Erklärungsansatz des *strukturellen Konstruktivismus* erfolgt eine solche reichere Theoriebildung, die die Netzstruktur, historische Bedingungen und kulturelle Bedeutungssysteme berücksichtigt. Padgett und Ansells (1993) Studie über den Aufstieg der Medici in Florenz ist das von Emirbayer und Goodwin (1994) zitierte Vorbild für diesen dritten Erklärungsansatz. Doch auch hier erhalten die historischen Rahmenbedingungen und die Kognitionen noch nicht das gleiche kausale Gewicht wie die Netzstruktur. Dies ist auch die Kritik von Emirbayer und Goodwin (1994: 1437-8) an Harrison Whites (1992) theoretischem Entwurf (vgl. den vorigen Abschnitt dieses Kapitels), den sie ansonsten loben. Während der frühe Harrison White und seine Mitarbeiter (White, Boorman und Breiger 1976; Boorman und White 1976) noch dem strukturellen Determinismus verhaftet waren, bedeutet „Identity and Control" für sie einen Schritt in die Richtung des strukturellen Konstruktivismus. Doch bemängeln die beiden Autoren (S. 1437-8), daß White in seinen Fallbeispielen die Variation der historischen Rahmenbedingungen vernachlässigt und die Struktur der kulturellen Bedeutungssysteme nicht genauso differenziert analysiert wie die Struktur der sozialen Netzwerke. Ihre Einwände an den drei Erklärungsansätzen der Netzwerktheorie fassen Emirbayer und Goodwin (1994: 1436) folgendermaßen zusammen:

> „While each of these three models does represent a more nuanced understanding of the complex interrelationships among networks, culture, and agency than the one preceding, none completely succeeds by itself in addressing all of the difficult issues at hand. The model of *structuralist determinism*, for one, features a succession of network 'snapshots' of social structure, while neglecting altogether the potential causal significance of symbolic and discursive formations and offering few insights into the concrete historical mechanisms leading from one such network configuration to another. *Structuralist instrumentalism*, by contrast, clearly acknowledges the explanatory significance of social action, but, on the other hand, conceptualizes the determinants of such action in excessively narrow terms, often relying on unwarranted assumptions about the overriding importance to historical actors of money, status, and power. And finally, *structuralist constructionism* affirms the possibility that actors' goals and aspirations might well be complex, multivalent, and

historically determined; it inquires, for example, into such intricate processes as identity conversion, structural channeling of learning, and flexible opportunism. And yet not even this model, at least as it has been elaborated by network analysts to date, fully recognizes the (potentially) autonomous causal significance of cultural or political discourses in shaping the complex event sequences that it examines." (Hervorhebungen im Original)

Die dann folgende Hauptidee von Emirbayer und Goodwin besteht darin, daß sie den in einer Gemeinschaft – einem sozialen Netzwerk – vorhandenen kulturellen Bedeutungen ein gleiches kausales Gewicht wie der Netzstruktur einräumen. Eine bestimmte Denk- und Gefühlswelt, in die historische Akteure eingebettet sind, schränkt ihre Handlungen ein, ermöglicht aber ebenso wie eine bestimmte Netzstruktur bestimmte Handlungen (S. 1440). Folglich kommt es in einer adäquaten Erklärung sozialen Handelns darauf an, sowohl die Struktur der sozialen Netzwerke als auch die Struktur der kulturellen Bedeutungssysteme in bestimmten historischen Situationen zu analysieren. Kulturelle Bedeutungen und soziale Beziehungsmuster kann man analytisch trennen, aber in der realen Welt sind sie miteinander verwoben. Es kommt nun darauf an, den Bereich der kulturellen Bedeutungen genauso präzise zu entwirren wie das die Netzwerkanalyse für den Bereich der sozialen Organisation bisher getan hat. Hier hat man den Eindruck, daß bei der Analyse kultureller Bedeutungen, die für die Ethnologie als einer mit fremden Gemeinschaften befaßten Disziplin grundlegend wichtig sind (vgl. Kapitel 3 und als auf die Feldforschung bezogene kognitive Gesamtperspektive Werner und Schoepfle 1987), die Soziologie einen Nachholbedarf aufweist (s. jedoch DiMaggio 1994). Interpretative, symbolische und in meiner Sicht vor allem die kognitive Ethnologie (D'Andrade 1995a) können hier auch der Soziologie den Weg weisen. Im Kapitel 3 habe ich genau die umgekehrte Strategie wie Emirbayer und Goodwin (1994) verfolgt, indem ich einer heutzutage vor allem mit der Analyse kultureller Deutungsmuster befaßten ethnologischen Leserschaft die Wichtigkeit des sozialen Aspekts von Kultur und der aus dem sinnhaften Handeln der Akteure erzeugten Ordnungsmuster vor Augen führen und in Erinnerung rufen wollte. Das Endergebnis ist jedoch gleich: eine adäquate Erklärung sozialen Handelns muß sowohl den subjektiven Sinn als auch die objektiven sozialen, materiellen und politischen Rahmenbedingungen in Betracht ziehen – bei welchem Bereich die Untersuchung auch immer beginnt. Damit ist allerdings noch offen (auch bei Emirbayer und Goodwin 1994), *wie genau und wie eng* Kognitionen, Emotionen, soziale Strukturen und das Handeln in bestimmten (historischen) Kontexten zusammenhängen.

Im abschließenden Teil ihres Essays (S. 1442-7) befassen sich die beiden Autoren mit dem Problem der Handlungsmöglichkeiten, des Handlungsspielraums und der Freiheit von Akteuren (dies scheint das von ihnen intendierte Bedeutungsspektrum des zentralen Begriffs der *agency* zu sein; bei Coleman 1991: Kap. 7, besonders 187-91 [1990: 146-9] findet sich ein anderer Begriff der 'Agentschaft' im Sinne intermediärer Instanzen: der Agent, der im Auftrag der Erstinstanz, des Prinzipals, an Dritten Handlungen ausübt). Emirbayer und Goodwin (1994: 1442-3) sehen die Akteure nicht vollständig in ihren Handlungen durch die vorgegebenen sozialen und kognitiven Strukturen eingeschränkt. Es verbleibt immer ein Spielraum, der auch die Möglichkeit zur Transformation der vorgegebenen Strukturen enthält und von diesen nicht determiniert ist (Emirbayer und Goodwin 1994: 1442-3):

„Network analysts ... stress the volitional aspects of social life, the capacity of social actors to transform as well as reproduce longstanding structures, frameworks, and networks of interaction. In this essay, we ourselves hold to such a view. In our understanding, human agency signifies that moment of freedom ... that exists as an analytical dimension of all actual empirical instances of social action. Human agency, as we conceptualize it, entails the capacity of socially embedded actors to appropriate, reproduce, and, potentially, to innovate upon received cultural categories and conditions of action in accordance with their personal and collectice ideals, interest, and commitments..." (S. 1443) „Any empirical instance of action is structured *simultaneously* by the dynamics of societal as well as cultural structures, even though – in principle, at least – it is never *completely* determined and structured by them." (Hervorhebung im Original)

Ich habe bereits auf die Berührungspunkte von Emirbayer und Goodwins Ansatz wegen der Betonung der Kognitionen und der historischen Gesamtsituation zu (1) der Diskussion über die interpretative und postmoderne Ethnologie im 3. Kapitel hingewiesen. (2) Auch zu den Praxistheorien aus der Soziologie (Bourdieu 1976) und Ethnologie (Barth 1992, 1994; Bloch 1994; Strauss und Quinn 1994) gibt es Bezüge, weil diese einmal den Handlungsspielraum der Akteure hervorheben (Bourdieus' Begriff von Praxis als „geregelter Improvisation", 1976: 225) und weiterhin das Erlernen von Wissen im Handlungsvollzug und damit die Verbindung von Kognitionen mit der sozialen Praxis betonen (Strauss 1992; Bloch 1994; Strauss und Quinn 1994; Wimmer 1995), was der hier vorgetragenen Perspektive entspricht. Allerdings fehlt in den Praxistheorien die präzise Zergliederung der sozialen Beziehungsmuster, die die Netzwerkanalyse leistet. (3) Außerdem bestehen Anknüpfungspunkte zur Forschung in einem interdisziplinären Feld zwischen Netzwerk- und Kognitionsanalyse. Diese Studien versuchen auf der einen Seite die soziale Verbreitung des kulturellen Wissens genauer zu durchdringen (Stichwort Konsensusanalyse, s. Romney, Weller und Batchelder 1986; Boster 1986; D'Andrade 1995a: Kap. 8 und die Erläuterung in Kapitel 6). Auf der anderen Seite erforschen sie, wie soziale Beziehungen und Gruppen kognitiv gefaßt werden (Stichwort soziale Kognition, s. Brewer 1995; Freeman 1992a, b, Freeman, Romney und Freeman 1987, Freeman und Webster 1994; Pattison 1994; Webster, Freeman und Aufdemberg 1995). Fest steht allerdings, daß auch in diesen Forschungsfeldern die von Emirbayer und Goodwin (1994) aufgeworfene große Frage nach dem Zusammenhang von Netzstruktur, Kognitionen, Handlungen und Freiheit noch nicht hinreichend beantwortet ist, wenngleich dort partielle Lösungen vorliegen. Gegenwärtig fehlen vor allem reiche ethnographische und historische Fallstudien, anhand derer man das Zusammenspiel dieser verschiedenen Erklärungselemente in zeitlichen Abläufen verfolgen könnte.

In einem neuen, umfassenden Aufsatz analysieren M. Emirbayer und A. Mische (1995) den *Agency-Begriff* und versuchen genauer als im Artikel von Emirbayer und Goodwin (1994) zu klären, wie die Handlungsfreiheit mit der Struktur und dem Handeln zusammenhängt. Sie beginnen ihre Diskussion mit der klassischen Gegenüberstellung von Notwendigkeit und Freiheit, was in ihrer Sicht einem verengten Dualismus („dualism") von Struktur und Agency entspricht. In den Praxistheorien des Sozialen (z.B. bei Bourdieu 1976) wird diese starre Gegenüberstellung zwar zugunsten einer flexibleren Begrifflichkeit überwunden, die die wechselseitige Bedingtheit („duality", S. 6) von Struktur und Agency betont. Aber dies ist nach Ansicht der Autoren keine befriedigende Lösung für die Durchdringung des Zusammenhangs zwischen strukturellen Zwängen einerseits und individuellen Handlungsmöglichkeiten andererseits, weil durch den wechselseitigen Bezug von Struktur und Agency aufeinander beide Aspekte nicht mehr getrennt betrachtet werden können – so wie Faust und Mephisto in ihrem Handeln aufeinander bezogen und untrennbar sind (S. 6/7). Emirbayer und Mische wollen statt dessen den Aspekt der Agency eigenständig bestimmen und dadurch die Zusammenhänge zu Struktur und Handeln genauer charakterisieren. Zunächst einmal stellen sie die drei Bereiche gegenüber: erstens auf der Ebene der Struktur verschiedene Praxisfelder, die die kulturellen, sozialen und psychischen („social psychological" [sic]) Voraussetzungen des Handelns umfassen. Sodann folgt auf der mittleren und vermittelnden Ebene das tatsächliche Handeln der Akteure. Die dritte Ebene schließlich ist der Bereich der *Human Agency*, des *auf die Vergangenheit, Zukunft und Gegenwart gerichteten sozialen Engagements der Akteure*. Emirbayer und Mische sprechen nicht von Dispositionen, doch denke ich, daß man den Begriff der Agency als an bestimmte Zeitrahmen gebundene Tendenzen der Akteure auffassen kann, auf bestimmte Weisen zu handeln. Die Orientierung der Akteure an bestimmten Zeitbegriffen ist ein zentraler Aspekt der Betrachtung der Autoren. Den Begriff der Agency und das Anliegen ihrer Untersuchung charakterisieren Emirbayer und Mische nun wie folgt (S. 2):

> „Theoretically, our central contribution is to begin to reconceptualize human agency as a temporally embedded process of social engagement, informed by the past (in its 'iterational' or habitual aspect), but also oriented toward the future (as a capacity to imagine alternative possibilities) and toward the present (as a capacity to contextualize past habits and future projects within the contingencies of the moment). The agentic dimenson of social action can only be captured in its full complexity, we argue, if it is analytically situated within the 'duree' or flow of temporality."

Den Bezug auf unterschiedliche Zeitabläufe sehen sie auch in den strukturellen Praxisfeldern als gegeben an. Der Vorteil der Ablösung der *Möglichkeiten* des Handelns (Agency als latentes Handeln, als Dispositionsbegriff in meiner Sicht) vom Handeln selbst und seinen strukturellen Voraussetzungen besteht nach Ansicht von Emirbayer und Mische darin, daß auf diese Weise die wechselseitigen Zusammenhänge und die Veränderungen im Zeitablauf besser analysierbar werden (S. 3):

> „The key to grasping the dynamic possibilities of human agency is to view it as composed of variable (and changing) orientations within the flow of time. Only then will it be clear how the structural environments of action are both dynamically sustained by and also altered through human agency – by actors capable of formulating projects for the future and realizing them, even if only in small part, and with unforeseen outcomes, in the present."

Agency als zeitbezogenes soziales Engagement der Akteure kann unterschiedliche Konzepte von Zeit betonen. In der Bevorzugung bestimmter

Zeitbezüge für das mögliche Handeln (Agency) zu bestimmten Epochen und Räumen zeigt sich der historisch und räumlich besondere Aspekt der Agency, die nicht notwendigerweise in allen Zeiten und Orten gleichartig auftritt. Je nach dem dominierenden Zeitbezug unterscheiden Emirbayer und Mische drei Aspekte von Agency: erstens das vergangenheitsorientierte Bemühen um Stabilität des Handelns durch Routine und Wiederholung, das auch in den Praxistheorien erkannt wird (z.b. durch Bourdieus Habitusbegriff, 1976: 165). Doch verweisen Emirbayer und Mische darauf, daß diesem *iterativen Aspekt* der Agency aufgrund der Selektion von Handlungsmustern aus der Vergangenheit auch ein innovatives Element innewohnt. Der zweite, auf die Zukunft bezogene *projektive Aspekt* der Agency umfaßt die Pläne der Akteure für künftiges Handeln, das der Phantasie und der Überwindung der Gegenwart Platz gibt. Der dritte Aspekt der Agency schließlich ist die *praktische Beurteilung* und Umsetzung der zukunftsbezogenen Pläne („Projekte") im Lichte der vergangenen Erfahrungen in der Gegenwart. Bei der vergangenheitsorientierten Iteration spielen Schematisierungen des Handelns eine große Rolle. Für die Umsetzung der Handlungspläne, auch gegen Widerstände, in der Gegenwart spielt die Abstimmung („Kommunikation") mit anderen Akteuren eine wichtige Rolle. Den Kern ihrer Analyse heben Emirbayer und Mische wie folgt hervor, wobei sie auf die verschiedenen Zeitbezüge, die unterschiedlichen Aspekte der Agency und deren historische Einbettung aufmerksam machen (S. 74):

> „Actors are always living simultaneously in the past, present, and future, and adjusting the various temporalities of their empirical existence to one another (and to their empirical circumstances) in more or less imaginative and reflective ways. They are always engaging patterns and repertoires from the past, projecting hypothetical pathways forward in time, and adjusting their actions to the exigencies of emerging situations. Moreover, there are times and places when actors are more reliant upon the past, more directive toward the future, and more evaluative of the present; actors may switch between (and reflexively transform) their orientations toward action, thereby changing their degrees of flexible, inventive, and critical response to structuring contexts."

Die historisch eingebettete und strukturell geprägte Handlungsfreiheit (Agency) der Akteure ist nun das dynamische Element, das im Zeitablauf durch seine Auswirkungen über die Handlungen die Strukturen für den nächsten Zeitpunkt wiederum verändert (S. 12):

Struktur und Handeln: Die theoretischen Aussagen der Netzwerkanalyse 145

„What, then, is human agency? We define it in relational terms as the temporally constructed engagement by actors of different structural environments ... which, through the interplay of habit, imagination, and judgment, both reproduces and transforms those structures in interactive response to the problems posed by changing historical situations." (Hervorhebung i.O.)

In ihrem Aufsatz entwickeln die Autoren weitere theoretische Differenzierungen, und sie benennen empirische Fragenkomplexe, die sich für die Forschung über Agency stellen. Selbst wenn man grundsätzlich skeptisch ist, ob die Netzwerkanalyse einen solchen Dispositionsbegriff der Agency wirklich benötigt, oder wenn man die Beurteilung von Emirbayer und Misches Vorschlag an den noch nicht vorliegenden empirischen Ergebnissen messen will und daher zunächst zurückstellen wird, so enthalten die Ausführungen der Autoren doch zumindest den interessanten Hinweis auf die unterschiedlichen Zeitbegriffe, an denen Akteure ihr Handeln ausrichten. Diesen Gesichtspunkt kann man auch ohne Übernahme des Agency-Begriffs in die Sozialanalyse aufnehmen, ebenso wie Emirbayer und Misches Orientierungshinweise auf interessante Untersuchungsfelder für den Widerstreit von Freiheit und Notwendigkeit bzw. in ihrer Begrifflichkeit für das Zusammenspiel von Struktur, Handeln und Agency in historischen Situationen. Die Betonung des besonderen Charakters bestimmter Zustände eines sozialen Systems, die ein zeit- oder raumspezifisches Muster aus Struktur, Handeln und Agency bilden, bei Emirbayer und Mische (1995, aber auch bei Emirbayer und Goodwin 1994) trifft sich zudem mit anderen, meist historisch ausgerichteten Forschungsprogrammen der Sozial- und Kulturwissenschaften, die (zum Teil neben allgemeinen Gesetzmäßigkeiten) das historisch oder kulturell Besondere eines Falls untersuchen wollen (vgl. z.B. den Begriff und das Programm zur Erforschung des Wirtschaftsstils bei dem Ökonomen B. Schefold, 1994). Die von Emirbayer und Goodwin sowie Mische entwickelten Unterscheidungen, aber auch die Begriffe, Methoden und Theorien der Netzwerkanalyse insgesamt, können sowohl für nomothetische/ erklärungsorientierte Analysen als auch für ideographische/ den Einzelfall beschreibende Betrachtungen genutzt werden.

Synthese und offene Probleme: Netzwerkdynamik

In diesem Abschnitt versuche ich, die verschiedenen in diesem Kapitel vorgestellten theoretischen Ideen zu einem Gesamtmodell zu verbinden. Da es nach den von Emirbayer und Goodwin (1994) sowie Emirbayer und Mische (1995) vorgebrachten Argumenten nicht hinreicht, das Verhältnis Struktur/ Handeln lediglich statisch zu analysieren, beginne ich diese Synthese mit Überlegungen zur Veränderung von Netzwerken.

Das Prozeßdenken und ein „dynamisches" Vokabular münden nicht automatisch in zeitliche Untersuchungen der Veränderung von Netzwerken. Wegen des Aufwands ihrer Feldforschungen, die im Schwerpunkt lokale Querschnittsuntersuchungen während der Dauer etwa eines Jahres bilden, tut sich die gegenwartsbezogene Ethnologie schwerer als vergleichbare Disziplinen, die auf Archivdaten oder Experimente zurückgreifen können, geeignete Daten für Längsschnittuntersuchungen zu gewinnen. Aus dem Bereich der Wirtschaft ist die Fallstudie der wirtschaftlichen und sozialen Veränderungen in der mexikanischen Gemeinde Zinacantan durch F. Cancian (1992) ein gelungenes Beispiel; E. Colson und T. Scudders komparative Längsschnittuntersuchung der demographischen, ökonomischen und sozialen Entwicklung von vier Gemeinden der Tonga im südlichen Sambia über eine Spanne von vierzig Jahren ist gleichfalls so vorbildlich wie selten (Clark, Colson, Lee und Scudder 1995; zum Hintergrund Kottak und Colson 1994). Wenn man präzise nachvollziehen will, wie sich soziale Netzwerke im Zeitablauf verändern, benötigt man entsprechende Daten über mehrere Zeitpunkte. Die formalen Modelle zur Auswertung solcher Daten sind vorhanden (Kappelhoff 1993 als theoretisch orientierte Übersicht): So untersuchen beispielsweise Kappelhoff (1993: 202-13) und K. Nakao und A.K. Romney (1993) in Reanalysen vorhandener Längsschnittdaten von T. Newcomb (1961) die Herausbildung von Freundschaftsgruppen und deren Stabilität unter Collegestudenten. B. Völker (1995) hat im Rahmen einer soziologischen Panelstudie mit Umfragen zu drei Zeitpunkten die Veränderungen persönlicher Netzwerke von Bewohnern Ostdeutschlands nach dem Zusammenbruch der DDR untersucht. L. Brudner-Whites und D.R. Whites (1996) Netzwerkstudie der Stabilität und des Wandels von Verwandtschaft und Besitz in einem Dorf in Kärnten und seinem weiteren Umfeld vom 16. bis 20. Jahrhundert weist der Sozialethnologie einen interessanten und gangbaren Weg: Sie kombinieren in dieser Untersuchung in Feldforschungen gesammelte genealogische

Struktur und Handeln: Die theoretischen Aussagen der Netzwerkanalyse 147

Informationen, die einen dynamischen Aspekt aufweisen (White und Jorion 1996; White spricht auch von „memory culture"), obwohl sie zu einem einzigen Zeitpunkt erhoben wurden, mit ergänzenden historischen Archivdaten. So können sie die großen Veränderungen in Raum und Zeit ebenso wie die Wandlungen einzelner Familien und Höfe in diesem Gesamtnetz nachzeichnen und erklären (vgl. auch meine „strukturelle Nacherzählung" der politischen Veränderungen im Dorf der Chen aus Kapitel 2, die auf einer Monographie basiert, in der die einzelnen historischen Ereignisse mit Hilfe von Schlüsselinformanten rekonstruiert wurden). Der Kernpunkt ist, daß Daten zu mehreren Zeitpunkten oder Aussagen über mehrere Zeitpunkte erhoben werden müssen, und daß dann auch begründete Beschreibungen und Erklärungen der Dynamik von Netzwerken möglich sind. Für die ethnologische Forschungspraxis bedeutet dies, daß Wiederholungsstudien, Langzeituntersuchungen, aber auch historische Forschungen, die an Gegenwartsstudien anknüpfen, ein höheres Gewicht erhalten sollten. Die Daten fehlen, nicht die Modelle; und solange die empirische Grundlage schlecht ist, wird auch die Theoriebildung und Methodenlehre über zeitliche Veränderungen in der Ethnologie nicht vorankommen. Dieser Befund gilt nicht nur für ethnologische Netzwerkstudien, sondern er kennzeichnet die allgemeine Fachsituation. Hier wird zuweilen der kurzlebigen theoretischen Phantasie zuviel Platz gegenüber einer längerfristig angelegten, methodisch versierten und theoriebezogenen Empirie eingeräumt.

Die Abbildung 4.4 versucht die in diesem Kapitel vorgestellten Erklärungsperspektiven aus der Netzwerkforschung zusammenzufassen. Sie orientiert sich im zeitlichen Anordnungsmuster und einigen Bausteinen an Diagrammen und Erläuterungen, die A. Degenne und M. Forsé (1994: 15) sowie L. Leydesdorff (1991: 340-3) zur Theorie der Netzwerkanalyse geben. Doch habe ich die Übersicht zur Netzwerktheorie durch die Hinweise von Emirbayer und Goodwin (1994) und andere in diesem Kapitel besprochene Erklärungsaspekte angereichert. Auch ist die Erläuterung eigenständig.

Die Erklärung besteht aus fünf Bausteinen:
die Umwelt (U) zu einem bestimmten Zeitpunkt. Sie umfaßt die ökologischen, physikalischen, geographischen, aber auch die ökonomischen, politischen, demographischen, sozialen und kulturellen Randbedingungen, u.a. auch die von Emirbayer und Goodwin (1994) erfaßten zeittypischen Formen der sozialen und politischen Diskurse. In den

ethnologischen Lokalstudien spezifizieren diese Randbedingungen zudem den Zustand in der weiteren Region, in die der lokale Fall eingebettet ist.

ABBILDUNG 4.4: NETZWERKTHEORIE IM ÜBERBLICK

Erläuterung: U = Umwelt   S = Struktur des Netzwerks   K = Kognitionen
              I = Interessen   H = Handlungen

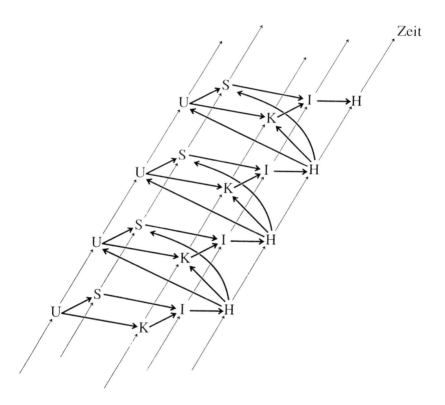

die Struktur (S) *des sozialen Netzwerks.* Hierin sind die starken ebenso wie die schwachen sozialen Beziehungen enthalten; die Kohäsion ebenso wie die strukturelle Äquivalenz von Akteuren. Diese Strukturmerkmale erfassen die Stellung von Akteuren in ihrem sozialen Umfeld und damit die aus einer bestimmten Lage resultierenden Möglichkeiten wie Einschränkungen des sozialen Handelns.

die Kognitionen (K). Diese umfassen die zu einem Zeitpunkt vorhandenen Vorstellungen und Überzeugungen im weitesten Sinne, aber auch die speziellen Handlungspläne, Scripts und weiteren kognitiven Schemata ebenso wie die kulturgeprägten Emotionen, über die die Akteure im untersuchten Wirklichkeitsausschnitt verfügen (D'Andrade 1995a; D'Andrade und Strauss 1992; Böck 1996 zur Übersicht).

die Interessen (I) der Akteure, die von deren sozialer Lage und den Kognitionen abhängen und Dispositionen für Handlungen darstellen, die im Sinne der Kognitionen als Ziele erstrebenswert sind und nach Maßgabe der Netzwerkstruktur den Akteuren auch als realisierbar erscheinen.

die Handlungen (H) der Akteure als Ergebnis der vorgeschalteten Umwelt-, sozialen und kognitiven Bedingungen.

Der Analysegang in diesem theoretischen Modell ist wie folgt: Erklärt werden sollen die Handlungen (H) der Akteure. Zunächst werden die Randbedingungen in der Umwelt (U) des zu betrachtenden sozialen Systems spezifiziert, die die Struktur der sozialen Netzwerke (S) und die Kognitionen (K) prägen. In dem genauer zu analysierenden System formen nun im nächsten Schritt die Netzstruktur (S) und die Kognitionen (K) bestimmte Interessen (I) der Akteure (da diese sich in einer gleichen Lage befinden). Die Interessen (I) wiederum als Koppelung sozialer und kognitiver Bedingungen lösen bestimmte Handlungen (H) aus. Insoweit war die Betrachtungsweise statisch. Der Zeitverlauf ist in dem Modell von unten nach oben dargestellt. Die einzelnen Bausteine der Erklärung wirken im Zeitablauf um eine Zeitebene versetzt zunächst auf sich selbst zurück. So prägen z.B. die Netzstruktur oder die Handlungen zum Zeitpunkt t_0 die Netzstruktur bzw. die Handlungen zum späteren Zeitpunkt t_{0+1}. Diese Verknüpfungen der einzelnen Teile des Systems mit sich selbst stellen die Trägheit oder Traditionsgebundenheit sozialer Verhältnisse dar. Die Erklärung ist jedoch nicht allein „traditionalistisch" (Ziegler 1972: 156-7), weil sie zwischen den einzelnen Teilen des Systems auf einer Zeitebene, aber auch zeitverzögert, zusätzliche Effekte postuliert. So wirken die Handlungen (H) zu einem früheren Zeitpunkt auf die Struktur (S) und die Kognitionen (K) und die Randbedingungen (U) zu dem nächstfolgenden Zeitpunkt ein und verändern durch diese Rückwirkung das Handlungsgefüge in diesem späteren Zeitpunkt. Diese Kausalpfeile enthalten folglich die (intendierten und nicht-intendierten) Konsequenzen des sozialen Handelns. Die Gesamttheorie ist nicht deterministisch, denn sie behauptet nicht, daß das Handeln der Akteure *ohne Ausnahme* unmittelbar von deren Interessen sowie mittelbar der Netzstruktur, den Kognitionen, den Umweltbedingungen und den früheren Erfahrungen abhängt. Diese Zusammenhänge sollen vielmehr *probabilistisch* gelten, also mit relativer Häufigkeit. In jedem der Bausteine können nun unterschiedliche Einzelaspekte beleuchtet werden. Welche Aspekte bei der Erklärung z.b. eines Ereignisses genau herausgegriffen werden und wie weit man die Konkretisierung des Modells in den einzelnen Punkten betreiben wird, hängt beim jetzigen Stand des Wissens vom Einzelfall und der Datenlage und damit von pragmatischen Umständen ab (vgl. auch in den Kapiteln 2 und 3 meine Fallanalysen der politischen Auseinandersetzungen in einem chinesischen Dorf, des Gabentausches der !Kung und der Rituale in einer javanischen Gemeinde). Um die Haupteffekte in diesem Modell zu konkretisieren, möchte ich das Beispiel der Sozialisationspraktiken in unserer eigenen Gesellschaft einführen. Diese hängen von den wirtschaftlichen, sozialen, politischen, aber auch kulturellen Rahmenbedingungen ab (U), die in bestimmte zu einer Zeit vorherrschende „Theorien" über Kindererziehung münden (K). Je nach Schicht, Berufstätigkeit der Eltern, aber auch der Familienkonstellation und anderer sozialer Bedingungen, die unter der Netzstruktur (S) zu erfassen und zu differenzieren sind, bilden sich bestimmte Interessen (I) heraus (z.B. der Wunsch nach Bildung einerseits oder nach früher ökonomischer Selbständigkeit der Kinder andererseits). Alle diese Bedingungen führen dann zu den in komplexen Gesellschaften unterschiedlichen Erziehungsstilen (H). Im Zeitverlauf prägen die elterlichen Sozialisationsmuster auch die später von ihren Kindern praktizierten Erziehungsstile. Gleichzeitig gestalten die zu bestimmten Zeiten geltenden Vorstellungen über die Ziele und Praktiken der Erziehung im Sinne zeittypischer Umweltbedingungen (U) die Handlungen im Erziehungsbereich. Man denke z.B. an die historischen Unterschiede zwischen dem autoritären Erziehungsstil zur Kaiserzeit, der Kinder und Erwachsene in unterschiedliche Lebenswelten trennte; den antiautoritären Versuchen in den sechziger Jahren und den weniger autoritären Erziehungsstil in der Gegenwart, der Eltern und Kinder in gemeinsame Aktivitätsfelder bindet.

Es mag naheliegen, in der vorgeschlagenen Theorie auch eine direkte kausale Verbindung zwischen der Netzstruktur (S) und den Kognitionen (K) einzuführen. Ich will eine solche Verbindung nicht ausschließen,

Struktur und Handeln: Die theoretischen Aussagen der Netzwerkanalyse 151

habe sie aber in diesem Modell offengelassen. Die älteren strukturalen oder kulturmaterialistischen Vorstellungen von einer einfachen Determination und Entsprechung Struktur/ Kognitionen können als widerlegt gelten (s. jedoch als eine revidierte und begründete Fortführung Boudon 1988). Neuere Praxistheorien (Bourdieu 1976; Strauss und Quinn 1994) sehen einen interaktiven Zusammenhang zwischen sozialen Lagen und Vorstellungen, was durch eine wechselseitige Verbindung zwischen S und K zu repräsentieren ist. Da es mir im Zusammenhang der Netzwerktheorie vor allem auf die Erklärung des Handelns und der durch das Handeln erzeugten Ordnungsmuster ankommt, habe ich diese theoretische Spezifikation für die unabhängigen Variablen hier nicht vorgenommen.

Ich will abschließend noch einmal einige der in diesem Kapitel vorgestellten theoretischen Ideen Revue passieren lassen, um aufzuzeigen, wo sie in diesem theoretischen Modell verortet sind. Die Überlegungen zur Kohäsion und zur Stärke schwacher Beziehungen, aber auch zu den strukturellen Löchern und der Position des lachenden Dritten fallen genuin in die Analyse der Netzstruktur (S). H. Whites (1992) Begriff der Kontrolle gehört zur Netzstruktur (S) und den Interessen (I), während sein Identitätsaspekt kognitiv ist (K). Emirbayer und Goodwins (1994) historische Gesamtsituation findet sich unter den Umweltbedingungen (U) wieder. Der von ihnen besprochene Rationalitätskalkül der Akteure beschreibt den Zusammenhang zwischen der Netzstruktur (S) und den Interessen (I) sowie die Umsetzung der Interessen in Handlungen (H). Die von ihnen betonte Gleichwertigkeit von Struktur (S) und Kognitionen (K) ist aus dem Kausaldiagramm ersichtlich. Der Agency-Aspekt bedingt den probabilistischen Charakter der Theorie und läßt erwarten, daß zwischen den Interessen und den Handlungen trotz allem eine Lücke besteht. Auch wird durch die Rückwirkung der Handlungen und die Traditionsbezüge präzise gezeigt, wie ein früherer Zustand in einen späteren übergeht. Der Vorteil dieser Modellierung liegt einmal darin, daß eindeutige kausale Abhängigkeiten postuliert werden, die empirisch überprüft und falsifiziert werden können. Sodann ist das Modell dynamisch, weil es Aussagen über mehrere Zeitpunkte macht und offen läßt, wie die zu einem bestimmten Zeitpunkt durch Umweltbedingungen, eine bestimmte Netzstruktur, Kognitionen, Interessen und Handlungen beschriebene soziale Situation zu einem späteren Zeitpunkt genau aussehen wird. Die Transformation des Systems ist in diesem Schema möglich und die Bausteine sind so allgemein gehalten, daß zu jedem Zeitpunkt die jeweils vorherrschenden, ggf. von Zeitpunkt zu Zeitpunkt verschiedenen Netze, Kognitionen und Interessen gefaßt werden können.[36] Sicherlich ist die Einfachheit der Erklärungen eine anzustrebende methodische Eigenschaft einer guten Theorie. Doch darf die Einfachheit nicht auf Kosten der Korrektheit der Theorie gelten. Die frühen ausschließlich strukturellen Erklärungsversuche aus der Netzwerkforschung, die die Verbundenheit oder die Position der Akteure als alleiniges Erklärungsprinzip verwendeten, sind zwar einfach, aber zu grob. Die theoretischen Überlegungen von Granovetter und Burt haben selbst diesen Bereich durchleuchtet und sind zu differenzierteren Aussagen gelangt. Die neuen theoretischen Synthesen verbinden strukturelle, netzwerkbezogene Bedingungen auf der einen Seite und kognitive, bedeutungsbezogene Gründe auf der anderen zu umfassenderen und damit weniger einfachen, aber das Handeln der Akteure genauer erklärenden Theorien. Auch sollte in diesem Kapitel deutlich geworden sein, daß es diesen Theorieversuchen nicht darum geht, lediglich additiv zu den Netzwerkdaten Information über die Kognitionen der Akteure oder die historisch/ ethnographische Gesamtsituation hinzuzufügen, sondern daß diese verschiedenen Erklärungsmomente Bausteine in einem übergreifenden theoretischen Modell bilden, das ihre Verbindungen zueinander klärt und eine systematische Orientierung in diesem Gegenstandsbereich herstellt. Es versteht sich von selbst, daß eine gute Theorie weitere Rätsel aufwirft und künftig zu präzisieren sein wird, wie die Zusammenhänge in diesem Gegenstandsbereich genauer aussehen und welche weiteren Bedingungen umfassendere Netzwerktheorien aufnehmen müssen, um bessere Erklärungen sozialer Ordnungsmuster erzielen zu können.

---

[36] Als empirisches Beispiel der Transformation eines solchen Systems vergleiche man Sahlins (1986, 1988, 1990, 1992) historische Analyse der Veränderungen auf Hawaii im 18. und 19. Jahrhundert. Sahlins (1986: Kap. 1) betont gleichfalls die kausale Bedeutung von strukturellen und symbolischen Bedingungen für die Erklärung historischer Ereignisse. Allerdings wertet er auf der theoretischen Ebene in der Auseinandersetzung mit kulturmaterialistischen und evolutionistischen Kulturtheorien den Einfluß struktureller Faktoren und praktischer Nützlichkeit zugunsten der symbolischen Aspekte von Kultur ab, was ich zu weitgehend finde. Seine historischen Fallanalysen überwinden diese theoretische Verengung, indem sie beide Aspekte berücksichtigen.

Teil II: Methoden

5 Eine Einführung in die formalen Grundlagen der Netzwerkanalyse*

Dieses Kapitel behandelt grundlegende formale Begriffe und Verfahren der heutigen Netzwerkanalyse. Diese sind in einem interdisziplinären Kontext als Mittel zur präzisen Beschreibung von Netzwerken entstanden und für die heutige Netzwerkforschung unverzichtbar. Zunächst erläutere ich relationale Daten am Beispiel des Kularings und der Akteur/Ereignis-Verflechtung aus einer Gemeindestudie in den USA. Anschließend wird diese Datenart weiter differenziert. Das Beispiel des zeremoniellen Gabentauschs (kula) unter Inselgemeinschaften Melanesiens dient zur Illustration der verschiedenen formalen Begriffe und Analyseverfahren. Ich vermittle zuerst einen Überblick über Grundbegriffe der Graphentheorie, die die basalen Eigenschaften sozialer Netzwerke erfassen (Dichte, Verbundenheit, Vollständigkeit) und Subgruppen sowie kritische Eigenschaften in Graphen erkennen (Komponente; Block; Lambda-set; Cutpoint und Brücken). Ein zweiter Teil gilt der Analyse von Hierarchie und Macht, die in der Netzwerkanalyse punktbezogen als Zentralität und graphenbezogen als Zentralisiertheit besprochen werden. Der Grad als Maßzahl der Aktivität, Closeness als Maß der Autonomie und Betweeness als Indikator der Kontrollmöglichkeit in Netzwerken werden hierbei erläutert. Drittens gehe ich ein auf die Verfahren der Relationsanalyse, die nach Zonen relativer Verdichtung von Beziehungen in Netzwerken suchen (Cliquenanalyse als Beispiel). Abschließend wird im Kontrast dazu das Vorgehen in der Blockmodellanalyse erläutert, bei der man die Akteure nach ähnlicher Lage im Netz (bezüglich vorhandener und fehlender Beziehungen) zu Positionen strukturell ähnlicher Akteure zusammenfaßt. Mit diesen Positionen (=Blöcken) und den Beziehungen zischen ihnen läßt sich dann das Ordnungsmuster in den empirischen Daten („die Sozialstruktur") zusammenfassend charakterisieren.

* Ich danke dem Graduiertenkolleg Köln für Sozialwissenschaften für die Einladung zu einem Intensivkurs Netzwerkanalyse im Jahr 1992, die den Anstoß zu dieser Ausarbeitung gab; den Studierenden der Ethnologie, die im Sommersemester 1993 meiner Vorlesung mit Seminar zur Netzwerkanalyse folgten – dies ist die versprochene Zusammenfassung des Semesters; schließlich den Zuhörern von Vorträgen auf der Tagung der Deutschen Gesellschaft für Völkerkunde in Leipzig 1993 und an der Universität Heidelberg 1994, bei denen ich Teile dieser Einführung in die formalen Verfahren der Netzwerkanalyse vorgetragen habe. Joachim Görlich, Michael Schnegg, Walter Schulze und Ute Stahl verdanke ich wertvolle Verbesserungsvorschläge.

Einleitung

In den vorangegangenen Kapiteln habe ich zu verdeutlichen versucht, daß soziale Ordnungsmuster eine fundamentale Rolle in der Kultur und Gesellschaft spielen. Wie kann man nun das soziale Gefüge genauer charakterisieren, das die Akteure durch ihr absichtsvolles Handeln generieren (Kapitel 2), und in das die von ihnen hervorgebrachten „kulturellen Texte" eingebettet sind, in dem diese verbreitet werden und soziale Konsequenzen entfalten (Kapitel 3)? Wie erfaßt man Kohäsion, schwache Beziehungen oder strukturelle Löcher in sozialen Netzwerken und wie beschreibt man Netzwerke präzise, damit ihre Zusammenhänge mit Kognitionen, Handeln, Handlungsfreiheit usw. (Kapitel 4) geprüft werden können? Ansatzweise habe ich bei der Analyse der Beispiele in den Theoriekapiteln bereits auf die methodischen Erkenntnisse der Netzwerkanalyse zurückgegriffen. Nun sollen in diesem und dem nächsten Kapitel die mit diesen Fragen aufgeworfenen Methodenprobleme im Zusammenhang vorgestellt und geklärt werden. In diesem Kapitel erläutere ich einführend die grundlegenden formalen Begriffe und Verfahrensweisen der Netzwerkanalyse und beziehe mich dabei auf ein ethnographisches Beispiel, an dem ich die verschiedenen formalen Konzepte illustriere. Die in diesem Kapitel behandelten Begriffe und Verfahren sind in allen Anwendungen der Netzwerkanalyse, ungeachtet ihrer disziplinären Ausrichtung, bedeutsam. Das Kapitel 6 stellt demgegenüber speziellere oder stärker auf die Ethnologie bezogene Verfahrensweisen der Netzwerkanalyse vor.

Wie ich in den Kapiteln 1 und 2 dargelegt habe, legten einige britische Ethnologen in den sechziger Jahren den Grundstein für die Entwicklung der Netzwerkanalyse (Mitchell 1969a, b). Doch geriet diese Tradition in der Ethnologie später in Vergessenheit, während sie in an-

Eine Einführung in die formalen Grundlagen der Netzwerkanalyse 157

deren, benachbarten Sozialwissenschaften aufgegriffen, mit zusätzlichen theoretischen Traditionen aus der Sozialpsychologie und Soziologie verbunden und mit neueren Entwicklungen in der formalen, auch computergestützten Analyse sozialwissenschaftlicher Daten verknüpft wurde (s. dazu vor allem Wellman und Berkowitz 1988; Wasserman und Faust 1994 sowie Wasserman und Galaskiewicz 1994; weiterhin Freeman, White und Romney 1989; Scott 1991; Degenne und Forsé 1994; Klovdahl 1994 sowie auf deutscher Seite als Überblick Pappi 1987). Einige nordamerikanische Ethnologen sind am Aufschwung des Netzwerkdenkens in den Sozialwissenschaften, auch an der Entwicklung formaler Verfahren, beteiligt (als Übersicht Johnson 1994; Kapitel 2). Neuere *ethnologische* Anwendungsbeispiele betreffen vor allem die Analyse von Verwandtschaft, Politik und ökonomischem Austausch (Brudner White und White 1997; Hage und Harary 1991, 1996; Schweizer 1996a, b, c; Schweizer, Klemm und Schweizer 1993; Schweizer und White 1996; White und Jorion 1992, 1996; White und Houseman 1995). Doch das Fach insgesamt hat sich dieses methodische und theoretische Potential bisher nicht tiefer erschlossen und sich damit der Chance beraubt, die immer wieder und zu recht behauptete „soziale Einbettung der Diskurse" und das Problem der sozialen Ordnung genauer analytisch zu durchdringen (Johnson 1994). Gemessen an dem nunmehr vorliegenden interdisziplinären Erkenntnisstand reicht es freilich nicht mehr aus, in ethnologischen Untersuchungen „soziale Einbettung", „soziale Ordnung" und „soziales Netzwerk" lediglich als Metaphern einzuführen (z.B. bei Hannerz 1992). Eine Schwierigkeit bei der Übernahme der heutigen Netzwerkanalyse besteht darin, daß in diesem Forschungsgebiet formale Begriffe und Verfahren verwendet werden, die den meisten Ethnologen in ihrem Ausbildungsgang nicht vermittelt wurden. Die formale Ausrichtung der Netzwerkanalyse ist jedoch unverzichtbar, weil erst durch die Verbindung von formalen Analysen mit praktikablen Computerprogrammen die präzise Zergliederung sozialer Ordnungsmuster und die methodische Durchdringung auch komplexer sozialer Netzwerke ermöglicht wird (siehe Kapitel 2). Etliche Programme sind vorhanden.[37] Alle Auswertungen in diesem Kapitel habe ich mit dem benutzerfreundlichen und leistungsfähigen UCINET IV Programmpaket erstellt (Borgatti, Everett und Freeman 1992), das sich besonders für Einsteiger eignet. So bleibt lediglich die Fremdheit der

---

[37] S. die Informationen im Anhang.

formalen Analyse als Schwierigkeit für ethnologische Anwender übrig. In diesem Kapitel habe ich mir nun zum Ziel gesetzt, mit Hilfe eines bekannteren Beispiels in die formalen Grundlagen der heutigen Netzwerkanalyse einzuführen, um auf diese Weise die Lektüre aktueller Beiträge der Netzwerkanalyse zu erleichtern und den Weg von der Lektüre zur eigenen Anwendung netzwerkanalytischer Verfahren zu verkürzen. Es versteht sich, daß ich in diesem Einführungskapitel selbst diese formalen Techniken nur im Ansatz schildern kann und auf Nebenwege verzichten muß (die derzeit umfassendste und gründlichste Darstellung ist das Lehrbuch von Wasserman und Faust 1994; s. zusätzlich zu einigen Verfahren Hage und Harary 1991 sowie Freeman, White und Romney 1989).

Ein großer Vorteil der interdisziplinären und internationalen Ausrichtung der heutigen Netzwerkanalyse besteht darin, daß dieselben Verfahren und ähnliche theoretische Ideen auf ganz unterschiedliche empirische Gegenstände angewendet werden können: Kommunikation in Kleingruppen; Unterstützung und Konflikte im Freundeskreis; Tausch zwischen Verwandtschaftsgruppen; Beteiligung an Ritualen auf Dorfebene; Diffusion von Neuerungen in einer Berufsgruppe oder in einer Region; Austausch von Rohstoffen, Kapitalflüsse, personelle Verflechtungen und politische Dominanz von Staaten im modernen Weltsystem und verwandte Themen aus der Ethnologie, Soziologie, Sozialpsychologie, Kommunikations-, Wirtschafts- und Politikwissenschaft lassen sich alle mit denselben formalen Verfahren und Programmen analysieren (wie die Daten gewonnen und interpretiert werden, folgt hingegen fachspezifischen Traditionen). Eine Verbindung zwischen den Forschungsansätzen der verschiedenen Disziplinen wird über die formalen Begriffe und Verfahren, aber auch durch einige gemeinsame theoretische und methodische Leitideen hergestellt. So ist – wie in den vorangegangenen Kapiteln ausführlich dargelegt wurde – für das Netzwerkdenken typisch, daß soziale Systeme nicht als Ansammlung isolierter Akteure mit gewissen in Variablen zu fassenden *Eigenschaften* begriffen werden und man auch nicht primär nach Regelhaftigkeiten zwischen diesen Eigenschaften sucht – wie dies variablenzentrierte Forschungsrichtungen aus der empirischen Sozialforschung tun. Vielmehr richtet die Netzwerkforschung ihr Augenmerk unmittelbar auf die *Beziehungen* der Akteure in einem sozialen System und versucht dieses Muster zu beschreiben („die Sozialstruktur") und aus dem Muster der Beziehungen Auskunft über die Handlungen der Akteure zu gewinnen.

Eine Einführung in die formalen Grundlagen der Netzwerkanalyse 159

Regelhaftigkeiten werden also im *Beziehungsgeflecht* der Akteure und in dessen Auswirkungen auf sowie Hervorbringungen durch das Handeln der Akteure gesucht (Kap. 3 und 4).

Die kurze Einführung in die formalen Grundlagen der Netzwerkforschung beginne ich mit der Erläuterung der relationalen Daten, auf die die Netzwerkbegriffe und -verfahren anwendbar sind. Anschließend gehe ich auf die netzwerkanalytischen Auswertungsverfahren ein, wobei ich von elementaren zu komplexeren Analyseverfahren voranschreite.

Relationale Daten

Um die Verfahren der Netzwerkanalyse anwenden zu können muß man minimal (1) eine endliche Menge von Akteuren festlegen und (2) für mindestens eine soziale Beziehung erfassen, welche Akteure aus der Menge diese Beziehung aufweisen (zur weitergehenden Bestimmung relationaler Daten, die sich auf mehr als eine Menge von Elementen und mehr als nur eine Art von Beziehungen ausweiten lassen s. Freeman 1989; Wasserman und Faust 1994: Kap. 2 und Scott 1991: Kap. 3). Austausch ökonomischer Ressourcen (Arbeit, Güter, Kapital); politische Machtausübung; Übermittlung von Information; soziale Unterstützung im Alltag und in Krisen; Abstammung, Heirat und Vererbung; Freund- und Feindschaft zwischen Personen oder Personengruppen sind Beispiele solcher (sinnhafter) sozialer Beziehungen. Intuitiv würde man erwarten, daß alle Akteure direkt oder indirekt untereinander durch diese Beziehung verbunden sind, also ein zusammengehöriges (verbundenes) Netz bilden. In der wissenschaftlichen Verwendung des Netzwerkbegriffs ist das nicht so. Man bestimmt zunächst die Menge der Akteure und erhebt minimal eine Beziehung in dieser Menge. Es kann nun empirisch vorkommen, daß einige Elemente der Menge mit keinem der restlichen Elemente eine Beziehung aufweisen. Diese Elemente sind folglich unverbunden, also isoliert. Auch ist es möglich, daß das gesamte Netzwerk, das aus der Menge aller Elemente besteht, in getrennte Segmente zerfällt, zwischen denen keine Beziehungen bestehen. Das Fehlen von Beziehungen ist diagnostisch mindestens so bedeutsam wie das Vorhandensein von Beziehungen. Man denke z.B. an eine Kleingruppe, etwa eine Abteilung in einem Kindergarten oder eine Schulklasse: wer interagiert intensiv untereinander und wer nicht? welche Subgruppen sind feststellbar (vgl. Kapitel 4)? Die Informationen, die man auf diese

Weise über eine soziale Beziehung in einer festgelegten Menge von Akteuren erhält, heißen *relationale Daten*. Solche Daten geben Auskunft darüber, in welcher Beziehung die Elemente der Ausgangsmenge(n) untereinander stehen, und sie beschreiben ein aus den Elementen und ihren Beziehungen bestehendes soziales Netzwerk. Üblicherweise werden relationale Daten in Matrixform festgehalten und/oder in der Form eines Graphen repräsentiert (mit den Akteuren als Punkten und den Beziehungen als Linien, die manchmal in der graphentheoretischen Literatur auch „Kanten" genannt werden, s. die Abbildungen in Kapitel 3 und 4). Die Informationen im Graphen und in der Matrix sind identisch. Die Grundbegriffe des Graphen und der Matrix und die Hauptformen relationaler Daten erläutere ich nun im Zusammenhang zweier empirischer Beispiele. Daran anschließend folgt eine detailliertere Klassifikation relationaler Daten.

Der Kularing als regionales Tauschnetz

Das erste Beispiel relationaler Daten und eines Netzwerks ist der bekannte Kularing, das zuerst von B. Malinowski in den „Argonauts of the Western Pacific" (1922) beschriebene System des zeremoniellen Gabentauschs in Melanesien. Neuere ethnographische Informationen hat ein Sammelband von J. Leach und E. Leach (1983) zusammengetragen. 20 Gemeinden im östlichen Papua Neuguinea kooperieren in diesem Tauschnetz über weite Distanzen, indem sie im Uhrzeigersinn Halsketten und gegenläufig dazu Armbänder tauschen. Dies sind zeremonielle Wertgegenstände und ihr temporärer Besitz sowie Tausch bringt den Tauschpartnern und ihren lokalen Gemeinden hohes Ansehen. Mehrere tausend Wertgegenstände befinden sich in diesem Netz im Umlauf und tausende Personen sind an diesem zeremoniellen Gabentausch beteiligt. Die Güter zirkulieren im Prinzip endlos. Dieses Tauschnetz besitzt beträchtliche Komplexität. Es gibt eine Reihe von Untersuchungen aus der Netzwerkanalyse, die die formalen Eigenschaften dieses Tauschnetzwerks herausarbeiten und auch zu erklären versuchen, wie sich das System vermutlich entwickelt hat und warum es ohne eine steuernde Hand, sprich Zentralgewalt, überdauert hat. Auf diese Erklärungsfragen gehen R. Ziegler (1990) und J. Görlich (1992a, b) ein, auch P. Hage und F. Harary (1991: Kap. 5). Abbildung 5.1 ist eine Darstellung des Netzes, die der Monographie von Hage und Harary (1991: 159) entnommen ist. Hierin ist das Netz als

Eine Einführung in die formalen Grundlagen der Netzwerkanalyse 161

mathematischer *Graph* dargestellt: Punkte repräsentieren Akteure (Inselgemeinden) und Linien zwischen den Punkten bezeichnen Tauschbeziehungen zwischen den Akteuren. Ein Graph ist eine inhaltlich offene, formale Struktur, während ein soziales Netzwerk eine inhaltliche Deutung dieser formalen Struktur darstellt, indem den Punkten Akteure und den Linien soziale Beziehungen zugewiesen werden. Im Prinzip können ganz unterschiedliche empirische Gegenstände mit den Mitteln der Graphentheorie beschrieben werden (z.B. semantische Beziehungen zwischen Symbolen, vgl. zum Spektrum der ethnologischen Anwendungen Hage und Harary 1983).

ABBILDUNG. 5.1: GRAPHENDARSTELLUNG DES KULARINGS

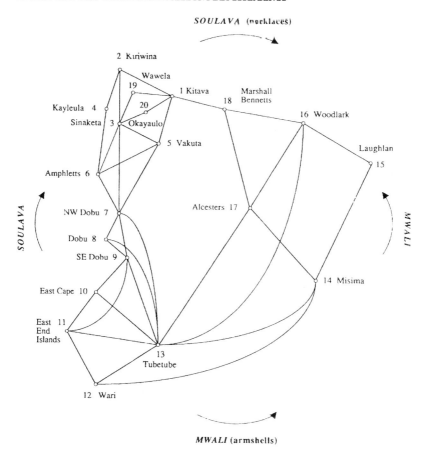

Bei einer Graphendarstellung ist die Anordnung der Punkte und die Länge der Linien im Prinzip beliebig. Hage und Harary haben aus interpretativen Gründen den Graphen des Kularings so gezeichnet, daß die geographische Lage der Inseln in Melanesien in der Graphendarstellung gewahrt bleibt, doch ist diese Zusatzinformation für die Struktur der Beziehungen im Netz, und nur darauf richtet sich der graphentheoretische Blick, unerheblich. Dieselbe Information, die in der Graphendarstellung enthalten ist, läßt sich auch in eine *Matrix* eingeben und wird in dieser Form von Computerprogrammen verarbeitet.[38] Eine Matrix ist eine rechteckige Anordnung von Zahlenwerten in Zeilen und Spalten. Abbildung 5.2 enthält die zu der Graphendarstellung gehörige Matrix des Kularings. Überall dort, wo zwischen Punkten im Graphen des Kularings eine Linie eingezeichnet ist, steht in der Matrix zwischen den betreffenden Tauschpartnern eine 1, sonst 0 (kein Tausch). Wenn – wie im Kula-Beispiel – die Elemente der Zeilen und Spalten identisch sind, erhält man eine *quadratische Matrix*.

ABBILDUNG 5.2: MATRIX DES KULARINGS

	1	2	3	4	5	6	7	8	9	10	11	12	13	14	15	16	17	18	19	20
1	0	1	0	0	1	0	0	0	0	0	0	0	0	0	0	0	0	1	1	1
2	1	0	1	1	0	0	0	0	0	0	0	0	0	0	0	0	0	0	0	0
3	0	1	0	0	1	1	1	0	0	0	0	0	0	0	0	0	0	0	1	1
4	0	1	0	0	0	1	0	0	0	0	0	0	0	0	0	0	0	0	0	0
5	1	0	1	0	0	1	1	0	0	0	0	0	0	0	0	0	0	0	0	0
6	0	0	1	1	1	0	1	0	0	0	0	0	0	0	0	0	0	0	0	0
7	0	0	1	0	1	1	0	1	1	0	0	1	0	0	0	0	0	0	0	0
8	0	0	0	0	0	0	1	0	1	0	0	1	0	0	0	0	0	0	0	0
9	0	0	0	0	0	0	1	1	0	1	1	0	1	0	0	0	0	0	0	0

---

[38] So werden die Daten über den Kularing in Matrixform in das UCINET-Programm eingegeben (Borgatti, Everett und Freeman 1992) und dort analysiert. Daten in Matrixform können aus dem UCINET-Programm z.B. in das benutzerfreundliche KRACKPLOT-Programm (Krackhardt, Blythe und McGrath 1994) eingegeben werden, und es macht keine Mühe, den Kularing mit Hilfe dieses Programms unmittelbar als Graph zu zeichnen. Gegenüber Hage und Hararys Darstellung hätte ein solches Bild lediglich den Nachteil, daß es die geographischen Verhältnisse nicht berücksichtigt und man dem Programm zusätzlich geographische Koordinatenwerte mitteilen müßte, um das Bild aus Hage und Harary (1991: 159) zu erzeugen. Die Abbildungen 4.3, 5.4 und 5.5 in diesem Buch sind ebenfalls mit KRACKPLOT auf der Grundlage einer UCINET-Vorlage erstellt worden.

Eine Einführung in die formalen Grundlagen der Netzwerkanalyse 163

```
10  0 0 0 0 0 0 0 0 1 0 1 0 1 0 0 0 0 0 0 0
11  0 0 0 0 0 0 0 0 1 1 0 1 1 0 0 0 0 0 0 0
12  0 0 0 0 0 0 0 0 0 0 1 0 1 1 0 0 0 0 0 0
13  0 0 0 0 0 0 1 1 1 1 1 1 0 1 0 1 1 0 0 0
14  0 0 0 0 0 0 0 0 0 0 1 1 0 1 0 1 0 0 0 0
15  0 0 0 0 0 0 0 0 0 0 0 0 1 0 1 0 0 0 0 0
16  0 0 0 0 0 0 0 0 0 0 1 0 1 0 1 1 0 0 0 0
17  0 0 0 0 0 0 0 0 0 0 1 1 0 1 0 1 0 0 0 0
18  1 0 0 0 0 0 0 0 0 0 0 0 0 0 1 1 0 0 0 0
19  1 0 1 0 0 0 0 0 0 0 0 0 0 0 0 0 0 0 0 0
20  1 0 1 0 0 0 0 0 0 0 0 0 0 0 0 0 0 0 0 0
```

Anhand des Graphen (und der weniger anschaulichen, aber für systematische Auswertungen besser handhabbaren Matrix) des Kularings kann man unmittelbar netzwerkanalytische Überlegungen zu zentralen und peripheren Orten in diesem Netz anschließen: Im Gesamtnetz ist Punkt 2 (Kiriwina, Malinowskis Feldforschungsgemeinde) gegenüber 13 (Tubetube) nicht sehr wichtig. Wenn 2 ausfiele, wäre der Weg zu 4 zwar eine Sackgasse, die aber sofort durch Anbindung an 19 durchlässig würde, und die Entfernung von 2 hätte keine großen Konsequenzen für das gesamte Netz. Fiele hingegen 13 aus, hätte das dramatischere Effekte. Dieses Kulanetz werde ich im folgenden mit den Verfahren der Netzwerkanalyse analysieren und an seinem Beispiel die verschiedenen formalen Begriffe und Verfahren erläutern. Zuvor gebe ich jedoch noch ein Beispiel einer ganz anderen und ebenso wichtigen Art von Netzwerkdaten.

**Damen der Gesellschaft
und soziale Ereignisse in Old City/ Deep South**

Das zweite Beispiel ist einer klassische Monographie der Chicago-Soziologen A. Davis, B.B. Gardner und M.R. Gardner (1941, „Deep South") entnommen, die in den vierziger Jahren in einer Gemeindestudie das Leben in einer Stadt („Old City") in den Südstaaten der USA zwei Jahre lang mit den Mitteln der teilnehmenden Beobachtung verfolgten. U.a. gibt ihre Arbeit Auskunft über die Beteiligung von 18 Frauen der Oberschicht an 14 wichtigen sozialen Ereignissen des Ortes. Die Angaben zu diesen Akteur/Ereignis-Verflechtungen fußen auf Beobachtungen, Interviews und Zeitungsberichten. In diesem Beispiel sind die relationalen Daten nicht auf eine Menge von Akteuren und deren Beziehungen untereinander beschränkt (wie beim Kulatausch), sondern setzen Elemente zweier Mengen in Beziehung. Die Matrix enthält in den Zeilen die Menge der Akteure (Frauen) und in den Spalten die Menge der Ereignisse. Die soziale Beziehung betrifft die Beteiligung der Akteure an den Ereignissen (anwesend oder nicht). Diese Matrix ist nicht quadratisch, sondern lediglich rechteckig, weil die beiden Mengen nicht identisch sind (das in Kapitel 2 analysierte chinesische Beispiel hat ebenfalls die Form relationaler Daten über Akteure und Ereignisse). Bei welchen Ereignissen diese Frauen gleichzeitig anwesend waren, stiftet soziale Gemeinsamkeiten zwischen ihnen. Das Muster der Beteiligungen an Ereignissen gibt Auskunft über die Stellung von Akteuren in der Gesellschaft und läßt sich folglich als soziales Ordnungsmuster deuten. L. Freeman und D. White (1993) nehmen eine solche Reanalyse der Beispieldaten aus „Old City" mit dem untenstehenden Diagramm vor. Abbildung 5.3 ist eine Darstellung der Akteur/Ereignis-Verflechtung für die Oberschicht-Frauen aus „Old City".

Bei Abbildung 5.3 handelt es sich (wie bei den Abbildungen 2.1 bis 2.3 aus der chinesischen Fallstudie) um das *Ordnungsdiagramm* eines Mengenverbandes, in dem die Richtung der Linien bedeutungsvoll ist und die Verkettung von Ereignissen (mit Großbuchstaben bezeichnet) und Akteuren (mit Zahlen benannt) dargestellt wird. Freeman und White (1993: 137) geben den Lesehinweis:

> „The topmost point represents the set of all 18 women and, at the same time, it represents the null set of events—there was no event that all 18 women attended. The bottommost point [links unten] represents the set of all 14 events and the null set of actors—there was no actor who attended all the events. Labels on intermediate points show where each event and each actor entered the structure."

Folglich wird von unten nach oben eine Ordnungsrelation zwischen den Akteuren und den Ereignissen dargestellt. Ein Akteur ist an allen Ereignissen beteiligt, die auf nach oben verlaufenden Verbindungslinien erreicht werden können (z.B. 6 an C,E,F,H). Untenstehende Ereignisse sind spezieller als die oberen allgemeinen, die von vielen besucht werden (z.B. A im Unterschied zu E). Untenstehende Akteure sind hingegen aktiver (und wichtiger) als obenstehende, weil sie an mehr Ereignissen beteiligt sind (z.B. 1,2,3,4 im Vergleich zu 5 und 6). Die Frauen zerfallen nach ihrer Beteiligung an unterschiedlichen Ereignissen in zwei getrennte Gruppen, (1,2,3,4,5,6,7,9) einerseits und (10,11,12,13,14,15, 17) andererseits mit (8,16) als Außenseitern. Ein solches Ordungsdiagramm enthält noch mehr Strukturinformation, die Freeman und White

Eine Einführung in die formalen Grundlagen der Netzwerkanalyse 165

(1993) an diesem Beispiel weiterführend explizieren, vergleiche auch oben das Fallbeispiel aus Kapitel 2.

ABBILDUNG 5.3: DAMEN DER GESELLSCHAFT UND SOZIALE EREIGNISSE IN „OLD CITY" (nach Freeman und White 1993: 137)

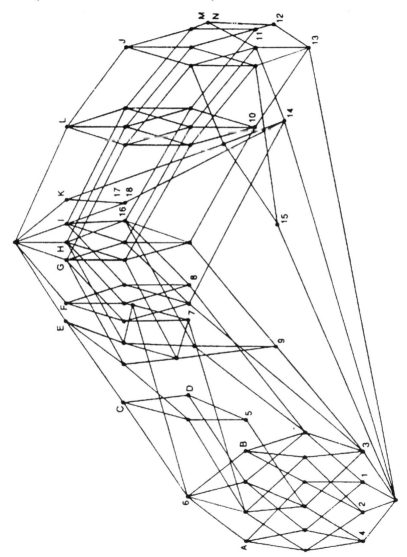

Nun will ich die Überlegungen in diesem Kapitel bis zu diesem Punkt zusammenfassen: Methodisches Ziel der Netzwerkanalyse ist im wesentlichen die Entdeckung und Darstellung der Sozialstruktur für ein gegebenes Netzwerk, das in relationalen Daten erfaßt ist. Darauf aufbauend schließt sich die Erklärung der gefundenen Beziehungsmuster an (wie kommen sie zustanden? warum zerfallen sie? wie prägt die Netzstruktur das Handeln der Akteure? wie hängt das Ordnungsmuster mit anderen sozialen Merkmalen zusammen?). Die Lösung dieser Aufgabe verlangt in der Regel eine Abstrahierung: den Rohdaten aus der Feldforschung über soziale Beziehungen sieht man oft nicht an, welches tiefere Ordnungsmuster sich dahinter verbirgt. Charakteristischerweise bildet die Netzwerkanalyse die empirischen Ausgangsdaten in einem formalen Modell ab, das die strukturellen Zusammenhänge in den empirischen Daten bewahrt, aber formale Ableitungen ermöglicht, die die Struktur in den Daten besser erkennbar machen. Die Umsetzung der empirischen Beobachtungen über ein Netzwerk in relationale Daten, die als Matrizen und Graphen repräsentiert werden, erleichtert diese Strukturanalyse. Im Anschluß an die beiden Beispiele bestimme ich nun zunächst die verschiedenen Eigenschaften relationaler Daten.

Klassifikation relationaler Daten

Die wichtigsten Unterscheidungsmerkmale für relationale Daten sind die folgenden.

(1) Handelt es sich um *eine Art oder zwei Arten von Elementen*, die in eine Beziehung gesetzt werden (*one-mode, two-mode data*)?
- bei Daten über eine Menge von Elementen (one-mode) stehen in den Zeilen und Spalten der Matrix Elemente derselben Menge, so daß sich eine quadratische Matrix ergibt. Typisches Beispiel ist eine Akteur x Akteur Matrix, die paarweise betrachtet über eine soziale Beziehung zwischen den Akteuren in den Zeilen und den Akteuren in den Spalten der Matrix Auskunft gibt.[39] Der Kula-Datensatz, den ich im vorigen Abschnitt vorgestellt habe, hat genau diese Struktur (vgl. die Matrix in Abbildung 5.2). Die im Kapitel 3 analysierten javanischen Netzwerkdaten hatten gleichfalls eine One-mode-Form, denn

---

[39] Bei Matrizen ist es üblich, daß man zunächst die Zeilen und dann die Spalten aufführt und die Matrix als Produkt benennt („Akteur-mal-Akteur Matrix").

es handelte sich um eine Ereignis x Ereignis-Matrix (die aus einer ursprünglichen Two-mode-Matrix von Akteuren und Ereignissen erzeugt wurde).
- wenn sich die Elemente in den Zeilen und Spalten der rechteckigen Matrix unterscheiden, weil sie unterschiedlichen Mengen angehören, erhält man Two-mode-Daten. Informationen über die Mitgliedschaft von Akteuren in Organisationen oder die Beteiligung von Akteuren an Ereignissen erzeugen relationale Daten über zwei Mengen von Elementen. Das zweite Beispiel von oben über die gemeinsame Beteiligung von Damen der Gesellschaft an sozialen Ereignissen in „Old City" ist ein solcher Two-mode-Datensatz (ebenso wie die Daten des Chinabeispiels in Kapitel 2).

(2) Liegen Daten über *gerichtete oder ungerichtete Beziehungen* (directional oder nondirectional relations) vor?
- wird lediglich das Bestehen einer Beziehung zwischen Akteuren festgehalten (z.B. „verheiratet mit"), was eine *symmetrische* Relation erzeugt (wenn A mit B verheiratet ist, ist auch B mit A verheiratet), oder
- wird zusätzlich die Richtung der Beziehung unterschieden (von/nach, Sender/Empfänger), was entsprechend *asymmetrische* Relationen in den Daten zuläßt (Beispiel Freundschaft: A nennt B als Freundin, umgekehrt B nicht A).[40] Im Graphen werden ungerichtete Beziehungen durch Linien, gerichtete durch Pfeile repräsentiert, weil man hierbei die ausgehenden von den eingehenden Beziehungen unterscheiden muß. In einer quadratischen Matrix erkennt man eine symmetrische Relation daran, daß sich die Zahlenwerte über der Diagonalen von links oben nach rechts unten in der unteren Hälfte und in der oberen Hälfte der Matrix spiegeln. Unterscheiden sich die Werte in der unteren und oberen Halbmatrix, so liegt eine asymmetrische Relation vor.

---

[40] Bei empirischen Daten erzeugen gerichtete Beziehungen nicht zwangsläufig asymmetrische Relationen, weil empirisch nicht ausgeschlossen ist, daß die Beziehungen symmetrisch von A zu B und von B zu A verlaufen. Daher erwähne ich bei der Beschreibung empirischer Datensätze für gerichtete Beziehungen auch, ob die Beziehungen (a-)symmetrisch sind. Ungerichtete Beziehungen sind hingegen immer symmetrisch.

(3) Werden die Beziehungen *zwei- oder mehrwertig* erfaßt?
- wird eine Beziehung lediglich (binär) mit den zwei Werten vorhanden/ fehlend klassifiziert oder
- wird sie abgestuft (als mehr oder weniger), vielleicht sogar auf einer quantitativen Skala erfaßt, was zu (polytomen) Skalen mit mehr als zwei Werten führt. Austauschbeziehungen kann man wie im Kula-Beispiel einfach als vorhanden/fehlend kategorisieren; man könnte jedoch auch eine reichere Begrifflichkeit (kein, wenig, mittlerer, intensiver Tausch) entwickeln und sogar das Tauschvolumen mengenmäßig und damit quantitativ erfassen (vgl. Lang 1994: Kap. III zu den verschiedenen Begriffs- und Skalenarten).

Davon, ob eine Relation als gerichtet/ ungerichtet oder zwei- bzw. mehrwertig erfaßt wird, hängt ab, welche formalen Verfahren im einzelnen anwendbar sind, denn viele Kennwerte, etwa aus der mathematischen Graphentheorie oder Statistik, sind nur für Daten eines bestimmten Typs definiert (vgl. Hage und Harary 1983, 1991 für die Graphentheorie und Wasserman und Faust 1994 für die netzwerkanalytischen Verfahren). Allerdings lassen sich die reichhaltigeren Daten immer in Informationen des einfacheren Typs transformieren (so kann man z.B. unter Preisgabe von Information ungerichtete, symmetrische, binäre Daten aus gerichteten, asymmetrischen, mehrwertigen Daten erzeugen). Auch ist das konstruktive Element bei der Begriffsbildung zu betonen: die Wirklichkeit ist nicht einfach binär und symmetrisch, sondern es hängt vom Stand der Theoriebildung und der Beobachtungsverfahren ab, welche Reichhaltigkeit und Genauigkeit die Daten haben sollen.

(4) Für die Analysepraxis kann es zudem wichtig sein, ob *eine* oder *mehrere Beziehungen* über die Menge der Akteure erfaßt wurden und entsprechend mehrfache Matrizen vorliegen. Hieraus kann Aufschluß über die Verkettung mehrerer Beziehungen im betrachteten sozialen System und die daraus erzeugte komplexe Netzwerkstruktur gewonnen werden. Ein Beispiel ist der von Padgett und Ansell (1993) analysierte Datensatz über Heirats- und Geschäftsbeziehungen von 92 Familien im Florenz des 15. Jhdts. (ein Teil dieser Daten sind im UCINET-Programmpaket [Borgatti, Everett und Freeman 1992] und als Beispiel in Wasserman und Faust [1994: 61-2] enthalten). Ob lediglich eine oder mehrere Matrizen vorliegen, schafft kein grundsätzlich neues Auswertungsproblem, kann aber praktische Schwierig-

Eine Einführung in die formalen Grundlagen der Netzwerkanalyse

keiten erzeugen, wenn die Menge der Akteure sehr groß ist. Der Nutzen der formalen Netzwerkanalyseverfahren zeigte sich gerade darin, daß es mit ihrer Hilfe gelang, die Verkettung sozialer Beziehungen zu entwirren, was ohne formale Verfahren zuvor nicht möglich war (Breiger, Boorman und Arabie 1975; White, Boorman und Breiger 1976).

(5) Werden Daten über ein Gesamtnetzwerk oder persönliche Netzwerke erhoben?

- wird eine oder mehrere Beziehungen in der Menge *aller* Akteure erhoben, so daß am Ende das *Gesamtnetzwerk* (complete network, whole network) aller Beteiligten dokumentiert ist, oder
- greift man ein oder mehrere Egos aus dem Gesamtnetzwerk heraus und erfaßt lediglich das soziale Umfeld dieser Schlüsselpersonen? Diese Beschränkung auf einzelne Egos liefert Daten über *persönliche Netzwerke* (auch „ego-zentrierte" Netzwerke genannt).

Bei dieser Unterscheidung wurde in der Literatur oft stark differenziert, ohne daß dies immer notwendig wäre (vgl. Scott 1991: 27-33, 60-65). Solche Feindifferenzierung ist m.E. nur dann erforderlich, wenn das zu untersuchende Netzwerk und die darüber zu erhebenden Daten außerordentlich komplex sind (bei mehreren Arten von Akteuren und mehreren Beziehungen). Auch ist der Begriff des Gesamtnetzwerks nicht absolut, sondern nur relativ zur Abgrenzung der Untersuchungseinheit zu sehen; denn empirische Untersuchungen sind immer endlich und können die Wirklichkeit nicht in ihrer Totalität erfassen. Am Anfang steht die Entscheidung darüber, welchen Ausschnitt der Wirklichkeit man untersuchen will, und dann stellt sich die Frage, ob man innerhalb dieses Wirklichkeitsausschnitts ein Gesamtnetzwerk aller Akteure oder eine Auswahl persönlicher Netzwerke untersuchen will. Die Grundunterscheidung zwischen Gesamtnetzwerken und persönlichen Netzwerken ist allerdings für die Datenerhebung und Auswertung überaus bedeutsam. Denn strenggenommen erfüllen Informationen über persönliche Netzwerke nicht die Definitionsbedingung relationaler Daten, weil die Menge der Akteure nicht erschöpfend erfaßt wird: aus einem Gesamtnetz wählen wir lediglich eine Teilmenge einzelner Akteure aus und erfassen deren Beziehungen zu ihren Interaktionspartnern, ohne allen Akteuren eine vollständige Liste der möglichen Interaktionspartner vorzulegen und damit die Beziehungen aller Akteure untereinander zu erfassen. Das Gesamtnetz wird auf diese Weise ausgesprochen „löchrig" erhoben. Wir können folglich aus Daten über persönliche Netzwerke vergleichende Auskunft über das persönliche Umfeld der Untersuchten gewinnen und diese Information im Sinne typischer persönlicher Netzwerke verallgemeinern, aber die so gewonnene Strukturinformation über das Gesamtnetz ist unsicher (Klovdahl 1989). Deswegen spricht man bei persönlichen Netzwerken auch von Ersatz-Netzwerken („ersatz-networks", Burt 1983; „quasi-relational", Johnson 1994: 117). Warum man zu solchem Ersatz greift, ist evident: in großen Sozialsystemen, etwa einer Großstadt, kann man aus Kosten- und Zeitgründen auf der Personenebene kein Gesamtnetzwerk erheben. Daher gibt es in der Netzwerkforschung eine Reihe von Verfahren zur Untersuchung großer sozialer Netzwerke auf der Basis der Erhebung persönlicher Netzwerke (Bernard et al. 1990; Johnsen et al. 1995; Killworth et al. 1995; Klovdahl 1989; Spreen 1992; Frank und Snijders 1994). Für die Erhebungs- und Auswertungspraxis benennt dieses Kriterium folglich einen wichtigen Unterschied, denn die üblichen Netzwerkverfahren beziehen sich auf die „strukturelle" Untersuchung von Gesamtnetzwerken mit graphentheoretischen und spezielleren statistischen Verfahren (s. die Mehrzahl der in Wasserman und Faust 1994 dargestellten Auswertungsverfahren), während bei der Auswertung von Daten über persönliche Netzwerke eher aus der empirischen Sozialforschung bekannte statistische Standardverfahren zur Anwendung gelangen. Die in diesem Kapitel vorgestellten Verfahren beziehen sich entsprechend auf die Untersuchung von Gesamtnetzwerken (s. als Erweiterung zu den persönlichen Netzwerken Kapitel 6; als Erfahrungsbericht zur Untersuchung eines großen Netzwerks mit Hilfe der Erfassung persönlicher Netzwerke auch Schweizer, Schnegg und Berzborn 1997).

Eine Einführung in die formalen Grundlagen der Netzwerkanalyse 171

ABBILDUNG 5.4: GESAMTNETZ DER TAUSCHBEZIEHUNGEN VON 54 !KUNG

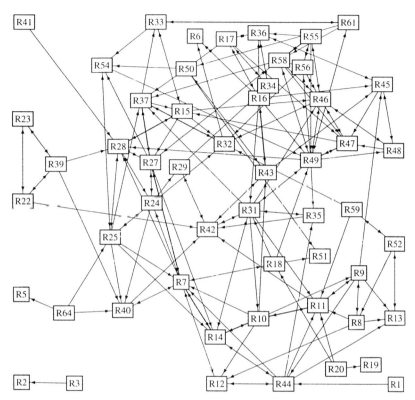

Die Abbildungen 5.4 und 5.5 versuchen den Unterschied zwischen Gesamtnetzwerken und persönlichen Netzwerken zu verdeutlichen (dazu auch Klovdahl 1994). In Abbildung 5.4 sind die reziproken Tauschbeziehungen (*hxaro*) von 54 Angehörigen der !Kung in Botswana und Namibia dargestellt. Diese Daten wurden in der siebziger Jahren von der Ethnologin Polly Wiessner erhoben (zum *hxaro* s. die Fallstudie in Kapitel 3 und weiterführend Wiessner 1982, 1994). Diese 54 Akteure stammen aus dem besser dokumentierten Teil des in Kapitel 3 vorgestellten Netzwerks. Es sind dies die Erwachsenen aus der Stichprobe der 73 Akteure aus Kapitel 3 (über die es auch kognitive Informationen gibt). Jeder Pfeil in Abbildung 5.4 stellt eine oder mehrere Gaben dar, die der jeweilige Empfänger vom entsprechenden Sender geschenkt bekam. Es handelt sich um einen Graphen mit gerichteten und asymmetrischen Beziehungen, weil nicht jeder Beschenkte in der Erhebungszeit ein Gegengeschenk zurückgab. Wenn die reziproke Tauschbeziehung ausgeglichen ist, erscheint in Abbildung 5.4 ein

Doppelpfeil. Für die Zwecke dieses Aufsatzes kann man die 54 x 54 Matrix der Beziehungen als ein Gesamtnetzwerk betrachten, das Auskunft über die Tauschbeziehungen aller 54 Akteure untereinander gibt. In einer weitergehenden Netzwerkperspektive (Schweizer 1996b, c) bilden diese 54 Akteure wiederum eine Verdichtungszone in einem viel größeren Tauschnetz. Obwohl man aus Abbildung 5.4 den optischen Eindruck gewinnt, daß dies ein sehr dichtes Netz ist, ist seine Dichte, gemessen mit dem unten vorgestellten Dichteindex, gering ($\Delta=0.07$ wenn man lediglich zweiwertig das Bestehen, $\Delta=0.17$ wenn man zusätzlich mehrwertig die Menge der getauschten Geschenke in Betracht zieht). Bemerkenswert ist allerdings, daß bis auf ein Punktepaar alle Akteure ein verbundenes Netz bilden und daß einige sehr aktiv tauschen und andere eher passiv sind. Die die unterschiedliche Aktivität erfassende Maßzahl der Grad-Zentralisiertheit (Erläuterung unten) erkennt ein schwächer hierarchisiertes Netz ($C'_D=15.3\%$ für die zweiwertige Matrix, ein beachtlicher mittlerer Zentralisiertheitwert von $C'_D=53.5\%$ ergibt sich für die mehrwertige Tauschmatrix). Wenn man lediglich auf das Bestehen von Tauschbeziehungen blickt, ist dies ein wenig hierarchisiertes Netz. Zieht man jedoch das Volumen des Tauschs in Betracht, dann herrscht Ungleichheit (zur eine weitergehenden Analyse dieser Tauschdaten s. auch Kapitel 3 und die von L. Krempel erzeugte Visualisierung des Tauschgraphen in Abbildung 3.1). In Abbildung 5.5 ist nun im Kontrast die Erhebung persönlicher Netzwerke vorgestellt. Ich habe aus dem Gesamtnetz der 54 Akteure nach dem Zufallsprinzip 15 Akteure ausgewählt und lediglich festgehalten, von wem aus der Gesamtmenge die 15 Ausgewählten Geschenke erhielten (in den Daten zu Abbildung 5.4 wurden hingegen *alle* 54 und nicht nur 15 Akteure nach ihren Tauschpartnern befragt). Auf diese Weise erhält man von den 15 „Schlüsselinformanten" Verbindungen zu 40 Personen (die 15 sind hierbei eingeschlossen). Die Beziehungen zu den 25 restlichen Personen ergeben sich lediglich aus der Tatsache, daß sie mindestens einem der 15 Schlüsselinformanten ein Geschenk gegeben haben und damit dessen persönlichem Netzwerk angehören. Im Gegensatz zur Erhebung des Gesamtnetzes, bei dem die empfangenen Geschenke von allen zu allen übrigen erfaßt wurden, wurden die 25 Genannten selbst nicht zu den von ihnen erhaltenen Geschenken befragt. Das hat zur Folge, daß 14 Sender aus dem Gesamtnetz ungenannt bleiben und auch die 25 die von ihnen erhaltenen Geschenke nicht mitteilen. Die Information über das Gesamtnetz ist folglich dünner, wenn man die Informationen aus den 15 persönlichen Netzwerken über 40 Personen zu einem 40 x 40 Netz zusammenfügt. Immerhin erkennt man durch das Zusammenlegen dieser 15 persönlichen Netzwerke die Verbundenheit des Gesamtnetzes. Aber die übrigen Schlüsselwerte schwanken, denn die Stichprobenwerte aus der zweiwertigen Matrix über das Bestehen oder Fehlen von Geschenkbeziehungen lassen das Gesamtnetz dünner und zugleich hierarchischer erscheinen als dies im Gesamtnetz tatsächlich der Fall ist: eine sehr geringe Dichte von $\Delta=0.03$ und eine relativ höhere, aber insgesamt kleinere Zentralisiertheit von $C'_D=20.11\%$ (im Vergleich zu $\Delta=0.07$ und $C'_D=15.3\%$ für das Gesamtnetz) werden in dieser Stichprobe ausgewiesen. Betrachtet man in

Eine Einführung in die formalen Grundlagen der Netzwerkanalyse

einer mehrwertigen Matrix die Menge der getauschten Geschenke, so ergibt sich eine geringe Dichte von $\Delta=0.07$ (im Vergleich zu 0.17 für das Gesamtnetz) und ein schwacher Hierarchisiertheitswert von $C'_D=35.0\%$ (im Vergleich zu dem mittleren Wert von 53.5% für den gesamten Graphen). Die aus der Zusammenlegung der persönlichen Netzwerke gewonnenen Aussagen über das Gesamtnetz sind folglich instabil, mit Ausnahme der Erkenntnis der Verbundenheit des Netzes. Eine Zufallsauswahl ist für die Generalisierbarkeit der Ergebnisse dennoch günstiger als eine bewußte, nicht-zufällige Auswahl, weil diese je nach dem Einstiegspunkt in das Netz bestimmte „dünne" oder „dichte" Zonen des Netzes überrepräsentiert. Die hier simulierte Auswahl von 15 „Schlüsselinformanten" ist nicht unrealistisch, wenn man die Zerstreutheit einer nomadischen Jäger-Sammler-Population und die Informantenauswahl qualitativer Ethnographien mit der Bevorzugung kleiner Fallzahlen bedenkt (Bernard 1994: Kap. 4, 8).[41]

---

[41] Dies soll kein generelles Argument gegen kleine Fallzahlen sein, sondern lediglich darauf aufmerksam machen, daß bei der Erhebung von Daten über persönliche Netzwerke Generalisierungsprobleme auftreten und daß die Erhebung größerer Datensätze auch Vorteile beinhaltet. Anstatt diese Forschungsstrategien gegeneinander auszuspielen, sollte man sie zur wechselseitigen Stützung verwenden. Zu den diffizilen Generalisierungs-problemen im !Kung-Tauschnetz, dessen gut dokumentierter Bereich in Abbildung 5.4 dargestellt ist, s. auch meine Überlegungen in Schweizer 1996a, c.

174 Muster sozialer Ordnung, Teil 2: Methoden

ABBILDUNG 5.5: DAS AUS 15 PERSÖNLICHEN NETZWERKEN ERSCHLOSSENE TAUSCH-
NETZ

(Lage der Punkte wie in Abbildung 5.4; umrahmte Punkte sind die 15 zufällig ausgewählten 'Informanten', umkreiste Punkte sind die nicht selbst befragten, von den 15 zusätzlich genannten Kontaktpersonen)

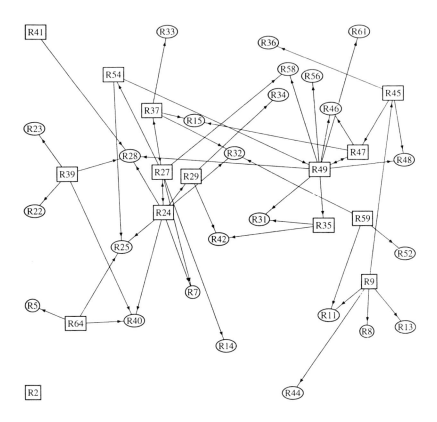

(6) Werden die Beziehungen in sozialen Netzwerken *beobachtet* oder *erfragt*?
Grundsätzlich gilt: die Verfahren der Netzwerkanalyse sind auf alle relationalen Daten anwendbar – mit welchen Datensammlungsverfahren diese auch immer gewonnen werden. Besondere Datenerhebungs-

techniken werden daher nicht benötigt. In Feldforschungen werden sowohl Befragungen als auch Beobachtungen gesamter Netzwerke vorgenommen. Wichtig ist der Hinweis auf Mitgliedschaften/ Beteiligungen an Ereignissen (affiliations) als bedeutsame und früher oft übersehene (two-mode) Datenquelle, auch für historische Netzwerkuntersuchungen. Spezielle Erhebungsverfahren haben sich für den Sonderfall der Erfassung persönlicher Netzwerke herausgebildet (Bernard et al. 1990; Klovdahl 1989). Es gibt in der Netzwerkforschung eine Reihe von aufschlußreichen Experimenten und quantitativen Analysen zum Unterschied von Beobachtungsdaten über Netzwerke, die das *tatsächliche Verhalten* der Akteure erfassen, und kognitiven Befragungsdaten, die die *Vorstellungen* der Akteure über die in einem Netz enthaltenen sozialen Beziehungen ermitteln (Bernard et al. 1984; Freeman, Romney und Freeman 1987; Freeman 1992a, b; Freeman und Webster 1994). Kognitive Daten geben das typische Beziehungsmuster pointiert wieder und sehen im sozialen Fernbereich der Befragten mehr Struktur als dort tatsächlich besteht, während Beobachtungsdaten ein insgesamt schwächer strukturiertes Ordnungsmuster dokumentieren. Da dies gut belegte und im Rahmen kognitionswissenschaftlicher Theorien auch plausibel erklärte Befunde sind (dazu besonders Freeman 1992a, b; Freeman und Webster 1994), erhält man aus diesem Bereich der Netzwerkforschung wertvolle quellenkritische Hinweise auf mögliche Fehlerrichtungen in den Daten, die man bei der Ergebnisinterpretation in Betracht ziehen kann.

Formale Analyseverfahren

Wenn relationale Daten über ein Netzwerk vorliegen, welche netzwerkanalytischen Verfahren gibt es, um das Ordnungsmuster zu erkennen? Zunächst finden sich in der Netzwerkliteratur eine Fülle von grundlegenden Kennwerten und vertiefenden Analysen aus der mathematischen Graphentheorie, die man zur strukturellen Charakterisierung von Netzwerken nutzen kann (s. Hage und Harary 1983, 1991, 1996, die graphentheoretische Begriffe und Verfahren auf ethnographische Beispiele anwenden; ich beziehe meine Darstellung vor allem auf Hage und Harary 1991: Kap. 2 und Wasserman und Faust 1994: Kap. 4). Der Vorteil der Graphentheorie liegt darin, daß hier eine reiche und präzise formale Begrifflichkeit zur Erfassung von Strukturmerkmalen auch *qualitativer* Daten entwickelt wurde, und daß Graphen eine unmittelbare und intuitiv günstige Veranschaulichung von sozialen Netzwerken erzielen (in den Diagrammen mit Punkten für die Akteure und verbindenen Linien oder Pfeilen für die Beziehungen im Fall von One-mode-Daten; komplexere Graphendarstellungen sind möglich). Neben den graphentheoretischen Analyseverfahren gibt es spezielle, auf statistischen Modellen und Computerverfahren beruhende Auswertungen für Netzwerkdaten. Im folgenden stelle ich einige dieser formalen Begriffe und Verfahren vor, indem ich sie auf das Beispiel des Kularings anwende. Beim Kularing handelt es sich um einen „gewöhnlichen" oder *ungerichteten Graphen* (ordinary graph, undirected graph), der aus 20 Punkten und entsprechend ungerichteten (symmetrischen), zweiwertigen Beziehungen besteht.[42] Demgemäß werde ich diejenigen Maßzahlen und Verfahren in einer Auswahl vorstellen, die für einen solchen ungerichteten Graphen definiert sind. Viele dieser Begriffe (und weitere) gelten auch für einen *gerichteten Graphen* (directed graph, digraph), bei dem freilich die eingehenden von den ausgehenden Beziehungen unterschieden werden müssen, was sich auch auf die formalen Begriffe und Verfahren auswirkt. Diese Spezialisierung stelle ich hier nicht vor, doch bereitet sie keine besonderen Schwierigkeiten. Ohnehin kann man bei Verzicht auf die Information über die Richtung der Beziehung durch Symmetrisierung der Beziehungen aus gerichteten immer ungerichtete Graphen erzeugen und die dort definierten formalen Begriffe berechnen.[43]

Graphentheoretische Kennwerte

Ich stelle nun zunächst einige grundlegende graphentheoretische Kennwerte vor. Jede dieser Maßzahlen richtet einen speziellen Blick auf den

---

[42] Zwar könnte man die ethnographischen Daten über den Kularing auch als zwei Graphen mit gerichteten Beziehungen deuten, wobei die Pfeile genau umgekehrt verlaufen, je nachdem ob es sich um die Halsketten oder um die gegenläufig zirkulierenden Armbänder handelt. Da sich diese beiden Beziehungen jedoch ausgleichen und das Muster der Tauschbeziehungen (wer von wem empfängt bzw. gibt) gleichbleibt, erscheint mir die Abbildung des Tauschnetzes in einem ungerichteten Graphen, der lediglich erfaßt, zwischen welchen Inselgemeinschaften eine Tauschbeziehung besteht, angemessen.
[43] Bei den in Abbildung 5.4 und 5.5 analysierten gerichteten Graphen des *hxaro*-Austauschs der !Kung habe ich bei der Berechnung der Zentralisiertheitswerte eine solche Symmetrisierung vorgenommen, um den Vergleich mit dem Kularing zu vereinfachen.

Graphen. Zusammengenommen geben sie Auskunft über die grundlegenden formalen Charakteristika des betrachteten Netzwerks.

Dichte und Vollständigkeit

Die *Dichte* (density, Δ) ist eine Maßzahl, die die Kohäsion (Zusammengehörigkeit) des Gesamtnetzes mißt. Definiert ist die Dichte als die Anzahl der *vorhandenen* Beziehungen im Graphen dividiert durch die Anzahl der *möglichen* Beziehungen. Man standardisiert das Dichtemaß durch die Größe des Graphen, damit der Dichtewert nicht von der aktuellen Zahl der Punkte abhängt und über verschiedene Graphen (Netzwerke) verglichen werden kann. Die Anzahl der möglichen Beziehungen in einem Graphen berechnet sich als $g(g-1)/2$ mit g = Anzahl der Punkte. Die Formel für die *Dichte* lautet (wobei q = Anzahl der vorhandenen Beziehungen):

$$(1)\quad \Delta = \frac{2q}{g(g-1)}$$

Der Dichtewert variiert zwischen 0 und 1, wobei 1 die maximale Dichte angibt, wenn in einem Graphen alle möglichen Beziehungen auch tatsächlich realisiert sind. Ein Beispiel hierfür ist der Graph (b) aus Abbildung 5.6, während der Graph (a) den anderen Extremfall darstellt, Fehlen aller möglichen Beziehungen.

ABBILDUNG 5.6: BEISPIELSGRAPHEN

(a) unverbundener Graph

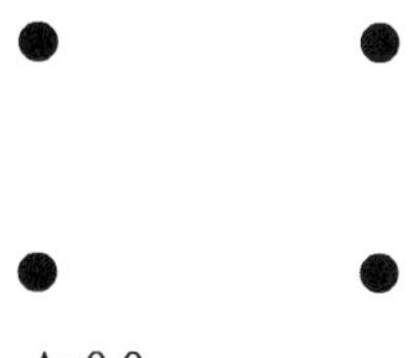

• •

• •

$\Delta=0.0$
4 triviale
Komponenten

(b) vollständiger Graph

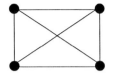

Δ=1.0
1 nicht-triviale
Komponente

(c) verbundener Graph

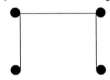

Δ=0.5
1 nicht-triviale
Komponente

(d) unverbundener Graph

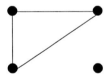

Δ=0.5
1 triviale und
1 nicht-triviale
Komponente

In der frühen ethnologischen Netzwerkforschung war die Dichte (vermutlich wegen der einfachen Berechnung) eine sehr beliebte Maßzahl. Man sollte jedoch berücksichtigen, daß die Dichte zwar global den Zusammenhalt im Netz erfaßt, aber fundamentale strukturelle Unterschiede übersieht. So erzielt der Dichte-Kennwert für die beiden Graphen (c) und (d) in Abbildung 5.6 einen identischen Wert von Δ=0.5, d.h. die Hälfte aller möglichen Beziehungen sind in diesem Graphen realisiert – doch wie unterschiedlich fallen die Beziehungsmuster aus: im

Graphen (c) sind sämtliche Punkte direkt oder indirekt miteinander verbunden, während in (d) ein Punkt vollständig isoliert ist. Der Dichtewert alleine reicht folglich zur strukturellen Charakterisierung eines Netzwerks nicht aus.

Im Kula-Beispiel erhält man mit $\Delta=0.20$ den Hinweis, daß dies kein sehr dichtes Netz ist, weil nur 20% der möglichen Beziehungen vorhanden sind (vgl. für das in Abb. 5.4 oben dargestellte Gesamtnetz der Tauschbeziehungen der !Kung den Dichtewert von 0.07).

Wenn *alle* möglichen Linien zwischen Punkten in einem Graphen tatsächlich vorkommen, ist der Graph *vollständig* (complete). In diesem Fall ist der Dichtewert maximal hoch (auch der unten vorgestellte Kennwert des *Grades* [degree]). Als Beispiel eines vollständigen Graphen siehe den Graphen (b) aus Abbildung 5.6. Das Kulanetz ist weit von Vollständigkeit entfernt (dasselbe gilt auch für das in Abbildung 5.4 oder oben in Abbildung 3.1 vorgestellte Tauschnetz der !Kung).

Komponente

Eine *Komponente* ist ein maximal verbundener Subgraph. Ein *Subgraph* ist eine Teilmenge der Punkte und der dazugehörigen Linien aus einem Graphen. *Maximal* heißt, daß der Graph nach einem bestimmten Kriterium abgesucht wird und möglichst alle Punkte, die das Kriterium erfüllen, in den Subgraphen gelangen. Die *Verbundenheit* ist ein solches Kriterium. *Verbunden* bedeutet, daß es eine Abfolge unterschiedlicher Punkte im Graphen gibt, die ohne Unterbrechung durch Linien verknüpft sind (man spricht in diesem Fall auch von einem *Weg*, path). Eine *Komponente* liegt nun vor, wenn sich alle Punkte in diesem möglichst großen Subgraphen wechselseitig erreichen können und folglich in diesem Subgraphen kein Punkt isoliert bleibt. Isolierte Punkte im Graphen sind *triviale Komponenten*, während zwei und mehr verbundene Punkte *nicht-triviale Komponenten* des Graphen bilden. Der Graph (c) in Abbildung 5.6 besteht aus *einer* nicht-trivialen Komponente, weil sich alle Punkte erreichen können (in diesem Fall ist der maximal verbundene Subgraph mit dem gesamten Graphen identisch). Der Graph (d) aus Abbildung 5.6 besteht demgegenüber aus zwei Komponenten, und zwar zerfällt er in eine triviale Komponente (den isolierten Punkt) und eine nicht-triviale Komponente (die drei durch Linien verbundenen Punkte). Der Graph (a) besteht aus vier trivialen Komponenten. Der Graph (c) entspricht in der Verbundenheit dem Graphen (b), denn beide Graphen bestehen aus *einer* Komponente. Dies liegt daran, daß die Begriffe der *Komponente* und *Verbundenheit* keine *Vollständigkeit* des (Sub-) Graphen implizieren: in einer nicht-trivialen Komponente muß mindestens eine Verbindungslinie zwischen einem beliebigen Punkt und einem anderen bestehen, und der Subgraph insgesamt sollte möglichst viele Punkte des Graphen enthalten, also maximal sein. Doch ist nicht verlangt, daß *mehr* als eine Linie zwischen den Punkten realisiert sein muß. Demzufolge sind sowohl der Graph (b) als auch der Graph (c) *verbunden*, weil sie sich aus einer einzigen (nicht-trivialen) Komponente zusammensetzen. Der Graph (b) ist darüberhinaus *vollständig* (was als hinreichende Bedingung die Verbundenheit einschließt), während (d) lediglich verbunden, aber eben nicht notwendigerweise vollständig ist. Der Begriff der Komponente fragt also nach der Verbundenheit des Graphen und darin befindlicher verbundener Subgraphen, was eine sehr aufschlußreiche Kennzahl ist, weil sie feststellt, in welchem Maße sich die Punkte wechselseitig erreichen können. In empirischen Anwendungsfällen ist Verbundenheit für den Fluß von Informationen, die Weitergabe politischer Macht oder den Tausch ökonomischer Resourcen in einem Netzwerk sehr bedeutsam. Durch die Berechnung der Komponente zusätzlich zur Dichte hätte man z.B. erfahren, daß der Unterschied zwischen den Graphen (c) und (d), bei gleichem Dichtewert, in der vorhandenen bzw. fehlenden Verbundenheit liegt.

Das Kulanetz bildet eine einzige (nicht-triviale) Komponente, d.h. alle Inseln sind miteinander verbunden und entsprechend zerfällt das Netz in keine Teilsegmente, die eigene Komponenten bilden. Je mehr Punkte und Beziehungen in einem Netz enthalten sind, desto unübersichtlicher ist es und desto nützlicher sind Rechenprogramme, die feststellen, aus wievielen Komponenten das Netz besteht und welche Mitglieder in den einzelnen Komponenten enthalten sind.

Cutpoint, Brücke, Block und Lambda-Set

Ein *Cutpoint* ist ein Punkt in einem (Sub-) Graphen, dessen Entfernung mehr Komponenten als vorher entstehen läßt. *Brücken* sind, analog zu den Cutpoints, Linien, deren Entfernung mehr Komponenten als vorher entstehen läßt. Cutpoints weisen Brücken auf. Zur Illustration betrachte man Abbildung 5.7.

Eine Einführung in die formalen Grundlagen der Netzwerkanalyse 181

ABBILDUNG 5.7: GRAPH MIT CUTPOINTS UND BRÜCKEN

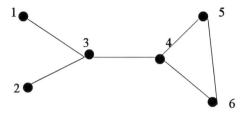

Cutpoints: 3 4
Brücken: 1,3 2,3 3,4

Dieser aus einer Komponente bestehende Beispielsgraph weist zwei Cutpoints auf, nämlich die Punkte 3 und 4. Entfernt man 3, so bilden 1 und 2 jeweils triviale und (4,5,6) eine nicht-triviale Komponente. Fällt 4 weg, so entstehen die Komponenten (1,2,3) und (5,6). Der Graph enthält drei Brücken: die Linien 1,3; 2,3 und 3,4, weil das Entfernen dieser Linien zu neuen Komponenten führt. Werden die Linien 1,3 oder 2,3 weggenommen, so entstehen die trivialen Komponenten 1 bzw. 2. Nach Entfernung der Brücke 3,4 zerfällt das Netz in zwei unverbundene Subgraphen (1,2,3) und (4,5,6). Die Linien 4,5; 4,6 sowie 5,6 sind hingegen keine Brücken und die Endpunkte 1 2 5 6 keine Cutpoints, weil ihre Wegnahme keine Auswirkungen auf die Verbundenheit des Graphen hat; denn die restlichen Punkte bleiben verbunden.

Das Vorhandensein oder Fehlen von Cutpoints liefert eine wichtige diagnostische Information über die Zerbrechlichkeit des Graphen – ein Netz ist nicht sehr robust, wenn es einen oder gar mehrere Punkte enthält, deren Entfernung Unverbundenheit entstehen läßt. Ein Cutpoint ist darüberhinaus ein Punkt, der zwischen getrennten Teilnetzwerken vermittelt und aus dieser Zwischenposition strategische Vorteile beziehen kann. So argumentieren Padgett und Ansell (1993) für die florentinischen Familien des 15. Jhdts., daß sich die Medici am Schnittpunkt unverbundener sozialer Kreise bewegten und sich hieraus ihr Aufstieg und ihre Macht erklären läßt (vgl. auch die in Kapitel 4 vorgestellten Überlegungen von Granovetter [1977] zu den Brücken und vor allem von Burt [1992] zur Position des „lachenden Dritten", der solche strukturellen Löcher in Netzwerken überbrückt und zu seinem Vorteil nutzt). Cutpoints indizieren also nicht nur die Robustheit des Netzes, sondern sind auch für die Deutung einzelner Punkte und ihrer strategischen Lage im Netz interessant.

Ein *Block* ist in der Graphentheorie als ein nicht-trivial verbundener maximaler Subgraph definiert, der keinen Cutpoint enthält. Das bedeutet, daß man in einem Block jeden beliebigen Punkt entfernen kann und der Rest der Punkte dennoch verbunden bleibt. Erweist sich, daß ein empirisches Netz im graphentheoretischen Sinn ein Block ist, dann weiß man, es enthält keinen Cutpoint und ist darum ziemlich robust.

Wie steht es nun mit dem Kularing? Enthält er Cutpoints, weist er eine Blockstruktur auf? Obwohl der Graph des Kularings (Abbildung 5.1) recht übersichtlich ist, dürfte die Beantwortung dieser Frage durch pure Bildbetrachtung schwerfallen. Das UCINET-Programm liefert eine verläßliche Antwort in diesem Fall, aber vor allem auch für größere Graphen: das nicht sehr dichte, aus einer Komponente bestehende Tauschnetzwerk des Kularings ist ein Block und enthält daher keine Cutpoints. Das ist ein sehr interessantes und empirisch seltenes Ergebnis, zeigt es doch, daß trotz der geringeren Dichte das Netz gut verknüpft ist, denn jeder Punkt weist mehr als eine Verbindung zu den anderen Punkten auf, und wenn irgendein Punkt ausfällt, gerät das Netz dennoch nicht in Unordnung (das gesamte Netz des Gabentauschs der !Kung, vgl. die Abbildungen 5.4 und 3.1 oben, ist demgegenüber *kein* Block, wenngleich es größere Blöcke als *Subgraphen* enthält).

Da im Kularing Cutpoints fehlen, gibt es dort auch keine Brücken. In diesem Zusammenhang führt jedoch die Idee der sogenannten *Lambda-Sets* weiter: wieviele Linien muß man zwischen zwei Punkten entfernen, um sie unverbunden zu machen? Wenn man dieses Analyseverfahren auf einen Graphen anwendet, erfährt man, welche Punkte besonders eng und welche eher locker ins Netz eingefügt sind. Bei ersteren muß man entsprechend viele Linien, bei letzteren lediglich wenige Verbindungen kappen. Das Rechenverfahren zerlegt alle Punkte im Graphen in Teilmengen (*Lambda-Sets*) je nach der Menge der Linien, die zwischen ihnen entfernt werden müssen, um sie unverbunden zu machen. Für den Kularing ermittelt UCINET, daß für die Paare (1,3) und (9,13) 5 Beziehungen zu entfernen sind; dies sind die engsten Verbindungen im Netz. Einen Lambda-set aus 4 Beziehungen bilden die Punkte (1,3,5,6,7,11,9,13,14,16,17). Dies wäre der empirisch ermittelte „harte Kern" des Kularings.

Eine Einführung in die formalen Grundlagen der Netzwerkanalyse

Zentralität und Zentralisiertheit

Bei der Frage der *Zentralität*, die ebenfalls graphentheoretisch fundiert ist, geht es um die *Wichtigkeit* von Akteuren im Netz; um das Ausmaß, in dem diese Beziehungen auf sich *konzentrieren* und die Beziehungen anderer durch eine günstige (oder ungünstige) Lage im Netz *stören* können. Auch wird in der Literatur unter dem Stichwort *Zentralisiertheit* die Homogenität oder Heterogenität des Gesamtnetzes behandelt, und mit anderen Worten die Machtverteilung in einem Netzwerk angesprochen. Wasserman und Faust (1994: Kap. 5; Faust und Wasserman 1992a) fassen in diesem Zusammenhang *Prominenz* als Oberbegriff, der die günstige Lage im Netz beinhaltet und unterscheiden bei ungerichteten Graphen *Zentralität* und bei gerichteten Graphen *Prestige* als Unterbegriffe. Quer zu dieser Begrifflichkeit stehen einerseits *punktbezogene* Maßzahlen, die sich auf die einzelnen Akteure beziehen (wie prominent sind die einzelnen Mitglieder des Netzes?), und andererseits *graphenbezogene*, die die Verhältnisse im Gesamtnetz beleuchten und dazu die punktbezogenen Maßzahlen aggregieren (bei der graphenbezogenen Prominenz geht es um die Zentralisiertheit/ Homogenität des Netzwerks insgesamt). Es gibt nun eine Vielzahl von Maßzahlen, die die Prominenz und ihre Spielarten in Graphen messen. Ich beschränke mich hier auf einige wenige und verweise für weitere Indizes und die genauere Begründung der Formeln und Rechenverfahren auf die weiterführende Literatur (in den Benennungen der Kennwerte, in der Notation und Berechnung der Formeln halte ich mich an das Lehrbuch von Wasserman und Faust 1994: Kap. 5 und Faust und Wasserman 1992a; auf die wegweisenden Aufsätze von Freeman 1977, 1979 gehen die grundlegenden Klärungen der Zentralitätsbegriffe zurück). Zunächst stelle ich die *punktbezogenen Zentralitätsmaße* und im zweiten Schritt jeweils die auf das *Gesamtnetz* bezogenen *Zentralisiertheitsmaße* vor.

Grad-Zentralität und -Zentralisiertheit

Die Maßzahl des *Grades* (degree) $C_D(n_i)=d(n_i)$ ist die Summe der Linien, die auf einen beliebigen Punkt n_i des Graphen treffen. Der Grad eines Punktes erfaßt demgemäß die Anzahl der *direkten* Beziehungen, die ein Punkt im Netz unterhält. Der Grad ist folglich eine Maßzahl für die Aktivität eines Akteurs im Netz – hohe Gradwerte erfassen besonders aktive, niedrige Gradwerte zeichnen besonders passive Mitglieder des

Netzes aus. Je mehr Beziehungen im Netz ein Akteur auf sich vereinigt, desto zentraler ist er: „An actor with a high centrality level, as measured by its degree, is 'where the action is' in the network", schreiben Wasserman und Faust (1994: 179). Da der rohe Gradwert von der Größe des Netzwerks abhängt (in kleinen Netzen ist er aufgrund geringer Fallzahl klein, während er in großen hoch sein kann), standardisiert man ihn üblicherweise mit der Größe des Netzwerks:

$$(2) \; C'_D(n_i) = \frac{d(n_i)}{g-1}$$

Dann variiert der Grad zwischen 0 und 1 und kann zwischen Netzwerken unterschiedlicher Größe verglichen werden. Man kann darüberhinaus die standardisierten Zentralitäts- und Zentralisiertheitsmaßzahlen in Prozentzahlen umrechnen, um den Vergleich der Einzelwerte, die dann zwischen 0% und 100% variieren, weiter zu vereinfachen. Es ist wichtig zu beachten, daß die Maßzahl des Grades nur die unmittelbare Nachbarschaft eines Punktes berücksichtigt, während sie auf indirekte Beziehungen nicht eingeht, die für die Umgebung und die Macht eines Punktes bedeutsam sein können. In einer hierarchischen Kette beispielsweise hängt die Wichtigkeit eines Punktes nicht vom Ausmaß seiner Aktivität ab, sondern von seiner auch durch die indirekten Beziehungen gebildeten Stellung in der Kette. Diesen Aspekt erfassen andere Zentralitätsmaße als die auf die Aktivität im Netz ausgerichtete Grad-Zentralität.

TABELLE 5.1: ZENTRALITÄT UND ZENTRALISIERTHEIT IM KULARING

Zentralität der Punkte (standardisierte Maßzahlen)

Punkt	Grad	Closeness	Betweeness
1	26.32	43.18	14.13
2	15.79	38.00	3.31
3	31.58	46.34	17.15
4	10.53	33.33	0.29
5	21.05	45.24	4.34
6	21.05	44.19	6.92
7	31.58	55.88	35.33
8	15.79	45.24	0.00
9	26.32	47.50	5.56
10	15.79	38.00	0.00
11	21.05	38.78	0.58

Eine Einführung in die formalen Grundlagen der Netzwerkanalyse

```
12       15.79      38.78      0.49
13       47.37      55.88     36.50
14       21.05      41.30      4.34
15       10.53      33.33      0.19
16       21.05      45.24      8.72
17       21.05      45.24      5.07
18       15.79      43.18     11.45
19       10.53      36.54      0.29
20       10.53      36.54      0.29
-----  ---------  ---------  ----------
Mean     20.53      42.59      7.75
Std Dev   8.79       6.08     10.57
```

Zentralität des Netzwerks

```
Grad       = 29.82%
Closeness  = 28.77%
Betweeness = 30.27%
```

Tabelle 5.1 enthält die Zentralitäts- und Zentralisiertheitswerte des Kula-Netzwerks für die drei wichtigsten Maßzahlen der Prominenz in ungerichteten Graphen, die ich in dieser Einführung vorstelle. Die linke Spalte gibt Auskunft über den *Grad*. Die Berechnung wurde mit UCINET vorgenommen und in diesem Programm werden die standardisierten Maßzahlen der Zentralität und Zentralisiertheit als Prozentzahlen ausgedrückt. Ich beziehe mich auf die standardisierten Maßzahlen, weil sie für Vergleiche zwischen Netzwerken geeignet sind. Wie Tabelle 5.1 zeigt, erweisen sich im Kularing die Inselgemeinschaften 3 und 7 (Gradwert von 31.5%, d.h. fast ein Drittel der möglichen Beziehungen dieser Punkte sind auch realisiert) und 13 (47.3% der möglichen Verbindungen kommen vor) als besonders zentral, d.h. in diesem Fall als besonders aktiv im Netz. Der Durchschnitt im Kularing liegt bei einem Grad von 20.5% (der durchschnittliche Grad der Punkte in einem Graphen entspricht der Dichte des Graphen).

Die auf den gesamten Graphen, nicht die einzelnen Punkte, bezogene Maßzahl der *Grad-Zentralisiertheit* C_D ist eine Maßzahl der Streuung der Grade im Netz. Sie setzt den größten im Graphen vorkommenden Grad eines Akteurs, $C_D(n^*)$, in Beziehung zu allen anderen Graden. Sie berechnet sich nach der Formel:

$$(3) \ C_D = \frac{\sum_{i=1}^{g}[C_D(n^*) - C_D(n_i)]}{[(g-1)(g-2)]}$$

Wenn alle Akteure denselben Grad aufweisen, liegt die Grad-Zentralisiertheit bei 0; wenn hingegen ein überaus zentraler Akteur alle anderen *g-1* kontaktiert, aber diese keine weiteren Beziehungen aufweisen, wird der Extremwert von 1 für ein maximal zentralisiertes Netz erreicht (man kann diese Werte auch in Prozentzahlen umrechnen). Ein sternförmiges Netzwerk mit einem Akteur in der Mitte, der Beziehungen zu allen anderen Punkten unterhält, die untereinander nicht verbunden sind, würde diese Bedingung erfüllen. Liegen alle Punkte hingegen auf einem geschlossenen Kreis und jeder Punkt ist mit genau zwei Nachbarn verbunden, dann erreicht die Grad-Zentralisiertheit des Netzes 0, weil alle Akteure gleich aktiv sind.

Im Kularing beträgt die graphenbezogene Grad-Zentralisiertheit (für die UCINET eine Prozentuierung vornimmt) 29.8% (s. Tabelle 5.1 oben). Es ist dies also ein schwächer zentralisiertes Tauschnetz in dem es zwar keine großen, aber kleinere Unterschiede im Ausmaß der Tauschtätigkeit seiner Mitglieder gibt. Wären alle Akteure im Netz gleich aktiv, würde die Grad-Zentralisiertheit des Netzwerks 0% betragen; würde ein Akteur alle Beziehungen auf sich ziehen und alle anderen wären darüber hinaus passiv, so träte der Extremfall von 100% Grad-Zentralisiertheit auf. Das Kulanetz liegt deutlich im ersten nicht-hierarchischen Drittel dieser Verteilung.

Closeness-Zentralität und -Zentralisiertheit

Die *Closeness-Zentralität* ist eine Maßzahl der Schnelligkeit der Interaktion im Netz. Solche Akteure werden als zentral angesehen, die auf kurzen Wegen miteinander verbunden sind. Je näher ein Punkt zu allen übrigen steht, desto effektiver und unabhängiger von anderen kann er diese erreichen. Die Closeness-Zentralität ist daher eine Maßzahl der *Autonomie* im Netz - wie nahe ist Ego zu anderen und wie schnell kann er daher mit ihnen interagieren? Die Closeness-Zentralität greift damit den Schwachpunkt der Grad-Zentralität auf und bezieht auch die indirekten Beziehungen eines Punktes im Graphen in die Bestimmung der Zentralität ein. Grundlegend für die Bestimmung der Closeness sind die geodätischen Distanzen zwischen den Punkten im Netz: $d(n_i, n_j)$ ist die

Eine Einführung in die formalen Grundlagen der Netzwerkanalyse

kürzeste Verbindung, die zwischen zwei beliebigen Punkten n_i und n_j des Graphen besteht. In dem Graphen der Abbildung 5.7 betragen die geodätischen Distanzen zwischen verschiedenen Punkten beispielsweise $d(1,2)=2$; $d(3,4)=1$; $d(1,5)=3$; $d(5,6)=3$ usf. In einem vollständigen Graphen (z.B. (b) in Abbildung 5.6) haben alle Punkte zueinander eine geodätische Distanz von 1, sind sich also maximal nahe. In einem unverbundenen Graphen ist die geodätische Distanz zwischen unverbundenen Punkten undefiniert (unendlich). Daher sollte man vor der Berechnung der Closeness-Maßzahlen die Komponenten des Graphen bestimmen und die Closeness-Maßzahlen ggf. getrennt für die verschiedenen nicht-trivialen Komponenten berechnen. Die Nähe von Punkten ist umgekehrt proportional zu ihrer geodätischen Distanz. Daher wird in der Formel zur Berechnung der (standardisierten) Closeness-Zentralität im Nenner die Summe aller geodätischen Distanzen eines Punktes zu allen übrigen Punkten im Graphen berechnet und im Zähler auf die Menge der übrigen Punkte bezogen:

$$(4) \quad C'_C(n_i) = \frac{g-1}{\sum_{j=1}^{g} d(n_i, n_j)}$$

Die Closeness-Zentralität variiert zwischen 0 und 1 (bzw. nach Prozentuierung zwischen 0% und 100%), wobei letzteres anzeigt, daß ein Akteur mit allen übrigen Punkten des Netzes eine direkte Beziehung aufweist. Der untere Wert wird automatisch erreicht, wenn der Graph unverbunden ist – was bereits von einer trivialen Komponente abhängen kann – und ist damit lediglich ein hypothetischer Bezugspunkt; denn man sollte die Closeness-Zentralität, siehe oben, für einen unverbundenen Graphen nicht berechnen.

Die zweite Spalte in der Tabelle 5.1 informiert über die *Closeness-Zentralität* im Kularing. Während es bei den Aktivitäten im Netz, die die Grad-Zentralität erfaßt, deutliche Unterschiede gibt, sind die Punkte im Kularing alle ziemlich autonom. Der niedrigste Wert liegt bei 33.3% Closeness und der höchste – wiederum für den Punkt 13 – bei 55.8%; im Schnitt erzielen die Punkte im Kulanetz einen mittleren Wert von 42.5%. Jeder Punkt im Netz kann folglich jeden beliebigen anderen über direkte und indirekte Beziehungen mittelgut erreichen.

Die *Closeness-Zentralisiertheit* berechnet für den Graphen, in welchem Maße es Unterschiede in der Nähe der Akteure zueinander gibt.

Ähnlich wie in der Formel für die Grad-Zentralisiertheit wird wiederum die Summe der Differenzen aller (standardisierten) Closeness-Werte vom größten beobachteten (standardisierten) Closeness-Wert im Graphen vorgenommen. Dies berechnet sich nach der Formel:

$$(5) \quad C_C = \frac{\sum_{i=1}^{g}\left[C'c(n^*) - C'c(n_i)\right]}{\left[(g-2)(g-1)/(2g-3)\right]}$$

Dieser Index erreicht den maximalen Wert von 1 (bzw. 100% nach Prozentuierung), wenn *ein* Punkt aus dem Netz direkte Beziehungen zu allen übrigen Punkten unterhält und diese lediglich über zwei Schritte mit allen übrigen verbunden sind. Bei dem im vorigen Abschnitt geschilderten Sternnetzwerk ist dies genau der Fall, weil der „Stern" in der Mitte allen übrigen Punkten benachbart ist, aber diese lediglich über den Punkt in der Mitte kommunizieren können. Haben alle Punkte hingegen gleich kurze geodätische Distanzen, nähert sich die Closeness-Zentralisiertheit dem Wert 0 (bzw. 0%).

Der Kularing (s. Tabelle 5.1) weist eine geringere *Closeness-Zentralisiertheit* von 28.7% auf. Das bedeutet, daß der Kularing insgesamt keine ausgeprägt hierarchische Struktur aufweist, wenn man – wie bei der Closeness-Zentralisiertheit – die indirekten Beziehungen in die Betrachtung der Hierarchie im Netz aufnimmt.

Betweeness-Zentralität und -Zentralisiertheit

Betweeness ist eine Maßzahl der Zentralität, die wie die *Closeness-Zentralität* die indirekten Verbindungswege berücksichtigt und die Kontrolle aller Verbindungswege durch Dritte ins Zentrum der Betrachtung stellt. Die Störkapazität von Akteuren als beteiligter Dritter im Beziehungsgeflecht der anderen steht im Vordergrund dieser Maßzahl. Diese Dritten sind umso mächtiger, je mehr kürzeste Verbindungswege (geodesics) zwischen den anderen Punkten sie unterbrechen können. Der "actor in the middle, between others" kann diese Mittlerposition zur Kontrolle des Interaktionsflusses einsetzen, und in diesem Sinne ist er zentral. Der Akteur im Mittelpunkt des Sterngraphen, aber auch die Akteure in der Mitte einer Kette haben eine hohe Betweeness-Zentralität, weil die kürzesten Beziehungen der Außenpunkte über sie verlaufen und daher von ihnen gestört werden können. Auf je mehr geodätischen Wegen zwischen den anderen Akteuren sie vermitteln, desto mächtiger

Eine Einführung in die formalen Grundlagen der Netzwerkanalyse

sind sie. Ein Beispiel für Punkte mit hoher Betweeness sind die beiden Innenglieder 3 und 4 des in Abbildung 5.7 dargestellten Graphen, weil alle kürzesten Wege der Außenglieder 1 2 5 6 über diese verlaufen, während die Außenglieder eine niedrige Betweeness haben, weil die kürzesten Verbindungen zwischen den anderen Punkten nicht auf sie angewiesen sind. In der Berechnung ist nun zu berücksichtigen, wieviele geodätische Verbindungen es zwischen zwei Punkten gibt, auf wievielen ein bestimmter Dritter vorkommt, und wie hoch die Wahrscheinlichkeit ist, daß ein solcher Weg benutzt wird. Außer Betracht bleiben die eigenen geodätischen Verbindungen des Dritten zu anderen. Die Formel der Betweeness-Zentralität $C_B(n_i)$ eines beliebigen Akteurs n_i lautet:

$$(6) \quad C_B(n_i) = \sum_{j<k} g_{jk}(n_i) / g_{jk} \quad \text{für } i \neq j, k$$

wobei g_{jk} die Anzahl der geodätischen Wege zwischen den Akteuren n_j und n_k bezeichnet, $g_{jk}(n_i)$ die Anzahl der geodätischen Wege zwischen n_j und n_k angibt, auf denen n_i vorkommt, und $g_{jk}(n_i)/g_{jk}$ die Wahrscheinlichkeit ist, daß einer dieser Wege mit n_i als Zwischenglied genutzt wird. Die Betweeness-Zentralität ist dann definiert als die Summe aller Wahrscheinlichkeiten, daß ein Akteur n_i auf den geodätischen Wegen aller übrigen Akteure im Netz vorkommt. Da dies ein recht aufwendiger Rechenvorgang ist, sei auf Hage und Harary (1983: 36) verwiesen, die die Bestimmung der Betweeness-Zentralität an einem Beispielsgraphen vorführen. Die Maßzahl nimmt den Wert 0 an, wenn n_i auf keinem der geodätischen Wege der anderen Punkte im Netz vorkommt (das ist z.B. bei den Außengliedern der Kette und des Sterngraphen der Fall, weil sie keine Verbindung der anderen Punkte im Graphen stören können). Damit der Oberwert der Betweeness-Zentralität bei 1 (bzw. 100%) liegt – was für den Mittelpunkt im Sterngraphen der Fall ist –, wird der rohe Betweeness-Wert standardisiert, indem man rechnet:

$$(7) \quad C'_B(n_i) = \frac{C_B(n_i)}{\left[(g-1)(g-2)/2\right]}$$

Im Beispiel des Kularings (Tabelle 5.1, dritte Spalte) erweisen sich die Akteure 7 mit 35.3% Betweeness-Zentralität und wiederum 13 mit 36.5% als die wichtigsten Makler, die allerdings im Vergleich zur maximal möglichen Betweeness lediglich kleinere Zentralitätswerte aufweisen. Die Punkte 1 (14.1%), 3 (17.1%) und 18 (11.4%) haben eine schwächere Störkapazität, während die Betweeness der restlichen Punkte unbedeutend ist. Einige erreichen sogar Werte von oder nahe 0.

Die *Betweeness-Zentralisiertheit* des Graphen erfaßt die Streubreite der unterschiedlichen Betweeness-Zentralitäten im Gesamtnetz. Sie wird analog zu den anderen Zentralisiertheitsmaßzahlen auf den größten beobachteten Betweeness-Zentralitätswert und die Summe der Abweichungen der Einzelwerte hiervon sowie die Größe des Netzwerks bezogen. Die Formel ist

$$(8) \quad C_B = \frac{\sum_{i=1}^{g}[C'_B(n^*) - C'_B(n_i)]}{g-1}$$

Die Werte variieren zwischen 0 im Fall gleicher Betweeness-Zentralitäten aller Punkte im Netz und 1 (bzw. bei Prozentuierung 100%) wenn ein Akteur auf allen geodätischen Wegen der übrigen Akteure vorkommt und diese Betweeness-Zentralitäten von 0 aufweisen. Im Sterngraphen ist letzteres der Fall.

Für das Kula-Tauschnetzwerk ermittelt UCINET eine Betweeness-Zentralisiertheit von 30.3%, was ein mittelschwach zentralisiertes Netz kennzeichnet: einige Inselgemeinden könnten den Güterstrom stören, doch insgesamt ist dies kein Netz, bei dem Dritte auf den Verbindungswegen mit großer Macht vermitteln.

Es ist L. Freemans (1977, 1979) Verdienst, als erster die unterschiedliche Bedeutung dieser verschiedenen Zentralitäts- und Zentralisiertheitsmaßzahlen erkannt und sie begrifflich und rechnerisch vereinheitlicht zu haben. Man sollte folglich alle drei Aspekte von Zentralität in der Netzwerkanalyse berücksichtigen: (1) In welchem Maße unterscheiden sich die Akteure in ihrer Aktivität? (2) Wie unabhängig sind sie vom Zugriff anderer, und (3) welches Potential haben sie zur Kontrolle des Interaktionsflusses in einem Netz? Diese drei Betrachtungsweisen von Zentralität auf der Ebene der Akteure kann man dann gleichermaßen auf die Zentralisiertheit des Gesamtnetzes übertragen und untersuchen, inwiefern das Netz hinsichtlich Aktivität, Autonomie und Kontrolle einheitlich oder uneinheitlich ist.

Die nun folgenden Analyseverfahren zerlegen ein Netz in Teilmengen von Akteuren, die ein gleichartiges Beziehungsmuster aufweisen. Die Verfahren der *Relationsanalyse* suchen nach Zonen der relativen Verdichtung im Netz, d.h. nach Teilgruppen von Akteuren, die *untereinander* eng verbunden sind, während die Verfahren der *Positions-*

Eine Einführung in die formalen Grundlagen der Netzwerkanalyse

analyse solche Akteure zusammenfassen, die eine *ähnliche Lage im Netz hinsichtlich aller anderen Akteure* einnehmen (ohne daß sie notwendigerweise untereinander verbunden sind).

Relationsanalyse

Relationsanalysen gruppieren die Akteure im Netz nach interner Verbundenheit. Gesucht sind eng zusammenhängende Subgruppen im Netz: „Cohesive subgroups are subsets of actors among whom there are relatively strong, direct, intense, frequent, or positive ties" (Wasserman und Faust 1994: 249). Die *Cliquenanalyse* ist ein Beispiel für die Suche nach Zonen der relativen Verdichtung von Beziehungen im Gesamtnetz. In der Graphentheorie ist die *Clique* definiert als ein maximal vollständiger Subgraph bestehend aus drei und mehr Punkten. Gesucht werden im Graphen solche Teilmengen von Punkten, zwischen denen alle möglichen Beziehungen auch tatsächlich vorkommen und dieser gesuchte *vollständige Subgraph* sollte möglichst viele Punkte des Graphen umfassen. Da zwischen Paaren von Punkten in einem ungerichteten Graphen bereits eine einzige Linie Vollständigkeit herstellt, wird dieser triviale Fall eines aus einem Paar bestehenden vollständigen Subgraphen ausgeschlossen. Eine Clique muß sich auf drei und mehr Punkte erstrecken. Je nach den Verhältnissen im Graphen werden mit diesem strengen Kriterium (Vollständigkeit unter mindestens drei Punkten) viele kleinere Cliquen ermittelt, deren Mitglieder sich teilweise überlappen können. Abbildung 5.8 enthält Beispiele für die Bestimmung von Cliquen in Graphen.

ABBILDUNG 5.8: CLIQUEN IN GRAPHEN

(a)

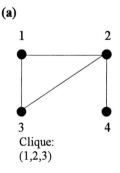

(b)

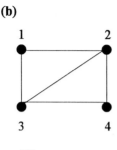

Cliquen:
(1,2,3)
(2,3,4)

Im Graphen (a) aus Abbildung 5.8 wird lediglich eine Clique bestehend aus (1,2,3) ermittelt; mit dem Punkt 4 läßt sich keine Clique etwa mit 1 2 oder mit 2 3 bilden, weil die Beziehung von 4 zu 1 bzw. von 4 zu 3 fehlt und darum kein vollständiger Subgraph gegeben ist. Der Graph (b) wird in zwei Cliquen mit 2 und 3 als überlappenden Punkten zerlegt. Der gesamte Graph ist hingegen keine Clique, weil – anders als beim vollständigen Graphen (b) aus Abbildung 5.6 – die Verbindung zwischen 1 und 4 fehlt.

In der Regel ermittelt die Cliquenanalyse sehr viele Cliquen mit kleiner und überlappender Mitgliederzahl, was dem intuitiven Bild von „Cliquen" als nach außen abgrenzbaren, geschlossenen sozialen Kreisen mit intensiver Verdichtung sozialer Beziehungen nach innen entgegensteht. Es gibt verschiedene Versuche, deswegen das sehr restriktive Kriterium der Vollständigkeit der Beziehungen abzuschwächen (Wasserman und Faust 1994: Kap. 7).[44] Dennoch sind die Ergebnisse der Relationsanalyse mit diesen flexibleren Begriffen den Befunden der strengen Cliquenanalyse verwandt: sie ermitteln viele kleine, nicht einfach zu interpretierende Subgruppen, deren Mitglieder intern verbunden sind. Es macht in diesem Fall Sinn, zusätzlich zu den kohäsiven Subgruppen auch darauf zu achten, welche Punkte des Netzes in vielen Cliquen zusammen auftreten und darum viele Gemeinsamkeiten aufweisen. Von L. Freeman (1996a) gibt es zudem den interessanten Versuch, die mit der strengen Cliquenanalyse ermittelten Cliquen auf einer zwei-

---

[44] Der von Foster und Seidman (1981, 1989) entwickelte und aus verwandtschaftsethnologischen Anwendungen bekannte *k-plex* ist ein solch abgeschwächter Cliquenbegriff, s. Wasserman und Faust 1994: 265-67.

Eine Einführung in die formalen Grundlagen der Netzwerkanalyse 193

ten Untersuchungsstufe als einen Two-mode-Datensatz über Cliquen und darin enthaltene Akteure zu deuten. Er repräsentiert dieses gesamte Beziehungsgeflecht in einem übergreifenden formalen Modell (einem hierarchischen Ordnungsdiagramm, ähnlich wie in Abbildung 5.3 oben), das die Zugehörigkeit von Akteuren und Cliquen zu wenigen größeren sozialen Gruppen nachweist.

TABELLE 5.2: CLIQUEN IM KULARING

Cliquenzugehörigkeit

```
Clique   Mitglied
------   --------
  1:      7  8  9 13
  2:      9 10 11 13
  3:     11 12 13
  4:     12 13 14
  5:     13 14 17
  6:     13 16 17
  7:      3  5  6  7
  8:     16 17 18
```

Clusterdiagramm überlappender Cliquenzugehörigkeit

```
                        1           1  1 1 1 1 1 1 1 2
Level     1 2 4 5 3 5 6 7 8 0 9 2 1 4 3 6 7 8 9 0
-----     - - - - - - - - - - - - - - - - - - - -
  2       . . . . . . . . . . XXXXXXXXXXXX . . .
  1       . . . . XXXXXXXXXXXXXXXXXXXXXXXX . .
  0       XXXXXXXXXXXXXXXXXXXXXXXXXXXXXXXXXXXXXXXX
```

Tabelle 5.2 faßt das Ergebnis der Cliquenanalyse für den Kularing aus dem UCINET-Programm zusammen: acht Cliquen mit drei bis vier Mitgliedern werden ermittelt. Im unteren Teil der Tabelle ist ein hierarchisches Clusterdiagramm der überlappenden Zugehörigkeit zu den Cliquen dargestellt. Der Klassifikationsebene (level) 1 ist zu entnehmen, welche Punkte gar keiner (1,2,4,15,19,20) und welche *einer* Clique angehören (die restlichen mit einem x bezeichneten Punkte aus dieser Zeile). In zwei Cliquen vertreten (Level 2) und darum gut ins Netz eingebunden sind die Punkte (9,12,11,14,13,16,17). Sechs dieser Punkte waren auch oben vom Verfahren der Lambda-Sets als Kern dieses Netzes erkannt worden. Da die Lambda-Sets das Netz lediglich nach Verbundenheit (wieviele Linien muß ich entfernen, um zwei Punkte unverbunden zu machen?), nicht jedoch nach Vollständigkeit absuchen, besprechen Wasserman und Faust (1994: 269-70) diese Gebilde zurecht im Zusammenhang mit der Suche nach kohäsiven Subgruppen nach abgeschwächten Kriterien.

Positionsanalyse

Die relationale Analyse sucht in einem Netz nach Zonen relativer Verdichtung und erfaßt aufgrund der Verbundenheit der Akteure kohäsive Subgruppen, sofern diese in einem Netz empirisch vorkommen. Die Positionsanalyse sucht gleichfalls Teilstrukturen in einem Netz. Sie achtet jedoch nicht (ausschließlich) auf die *Verbundenheit* der Punkte, sondern auf die Ähnlichkeit der gesamten Beziehungsmuster, bestehend aus *vorhandenen und fehlenden* Beziehungen. Gerade das Fehlen von Beziehungen kann im Hinblick auf strukturelle Löcher im Netz interessant sein (vgl. Kapitel 4 und Granovetter 1977; Burt 1992). Solche Punkte werden nun zu einer *Position*, d.h. zu einer Teilmenge von Punkten mit ähnlicher Stellung im Gesamtnetz, zusammengefaßt, die hinsichtlich aller übrigen Punkte im Netz eine ähnliche Lage aufweisen, ungeachtet dessen, ob sie untereinander verbunden sind oder nicht (sie dürfen verbunden sein, doch ist dies für die Positionsbestimmung nicht allein ausschlaggebend). Denn Ähnlichkeit bestimmt sich nicht allein dadurch, daß zwei Akteure zu Dritten Beziehungen aufweisen, sondern auch darin, daß zu bestimmten Dritten Beziehungen *fehlen*.

Es gibt nun unterschiedliche formale Begriffe und Rechenverfahren zur Bestimmung der Positionsähnlichkeit (Wasserman und Faust 1994: Teil IV, vor allem Kap. 10 und 12; Faust und Wasserman 1992b; Kappelhoff 1992b als Überblicke). Hier stelle ich für das Kula-Beispiel die Erfassung *struktureller Äquivalenz/ Ähnlichkeit* mit dem Rechenverfahren CONCOR vor (Breiger, Boorman und Arabie 1975; White, Boorman und Breiger 1976). Die Bestimmung struktureller Äquivalenz ist formal eindeutig und die Rechenverfahren sind ziemlich stabil, weil sie von kleineren Veränderungen in den Daten wenig beeinflußt werden.[45] Ein Verfahren der Positionsanalyse zerlegt das

---

[45] Das ist der wesentliche Vorteil gegenüber dem Verfahren zur Bestimmung regulärer Äquivalenz/ Ähnlichkeit, die ich in früheren Arbeiten präferiert habe (Schweizer 1988) und unten kurz erläutere sowie kritisiere; zur Analyse und Kritik s. vor allem Kappelhoff 1992b.

Netzwerk solchermaßen in Positionen, daß die Mitglieder einer Position untereinander gleichartige Beziehungen unterhalten und zudem ähnliche Außenbeziehungen zu den Angehörigen der anderen Positionen aufweisen. Genauer gesagt werden bei der Analyse struktureller Äquivalenz/ Ähnlichkeit die Positionen so bestimmt, daß die strukturell äquivalenten/ ähnlichen Akteure gleiche Beziehungen zu *identischen* Dritten aufweisen (z.b. bilden die Untergebenen *derselben* Abteilungsleiterin eine Position strukturell äquivalenter Akteure). Man kann hier von *Umgebungsidentität* sprechen, die von Veränderungen der Punkte und Beziehungen in anderen Teilen des Netzes unberührt bleibt, so daß die Suche nach strukturell äquivalenten/ ähnlichen Positionen *lokal* stabile Ordnungsmuster in Netz entdeckt. Eine gänzlich anderer, viel offener Begriff ist der der *regulären Äquivalenz/ Ähnlichkeit*, der im Netz gleichartige Beziehungen zu strukturgleichen Akteuren sucht und damit *global* orientiert ist (die Untergebenen insgesamt versus die Abteilungsleiter insgesamt in einer hierarchischen Organisation wären solche regulär gleichartigen Positionen). Der Nachteil dieses offenen Begriffs ist, daß er nicht immer eindeutige Lösungen, sondern eine Vielzahl formal gleichwertiger Zerlegungen generiert und die Rechenverfahren sehr instabil sind, weil sie schon bei Veränderungen einzelner Punkte und Beziehungen gänzlich andere Positionen im Netz auffinden. Das ist der Grund, warum ich nunmehr dem Verfahren der strukturellen Äquivalenz/ Ähnlichkeit den Vorzug vor der Bestimmung regulärer Ähnlichkeit gebe (die klassischen Expositionen zur strukturellen bzw. regulären Äquivalenz geben Lorrain und White 1977 [1971] einerseits und Sailer 1978 andererseits).

Ziel der Positionsanalyse ist das Auffinden von Lagen ähnlicher Akteure in einem empirischen Netzwerk und eine dadurch ermöglichte reduzierte Strukturbeschreibung des Netzes. Statt über einzelne Akteure und deren Beziehung zu sprechen will man abstrakter Positionen und deren Beziehungen zueinander analysieren und auf diese Weise das Ordnungsmuster in den Daten – die Sozialstruktur – kompakt charakterisieren. Diese Systematisierungsaufgabe stellt sich vor allem für große Netzwerke und solche mit verwickelten Beziehungen, weil dort qualitative Auswertungsverfahren versagen und erst die formalen Analyseverfahren Positionen und deren Zusammenhänge in einem komplexen Ordnungsgefüge zu erkennen vermögen.

Strukturelle Äquivalenz, Blockmodell und Bildstruktur

Strukturell äquivalent in einem Netz sind Akteure, wenn sie gleiche Beziehungen zu *gemeinsamen (identischen) Dritten* unterhalten. Dadurch nehmen sie eine gleiche Lage in diesem Netz ein, sind (strukturell) austauschbar und gehören darum in dieselbe Position. Die 7Schüler derselben Lehrerin, die Anhänger desselben Bigman, die Leser derselben Schriftsteller, die Handelspartner derselben Inseln bzw. die Nicht-Partner bestimmter anderer Inseln sind strukturell äquivalent.[46] Im Graphen aus der Abbildung 5.7 sind die Punkte 1 und 2 strukturell äquivalent, weil sie mit demselben Dritten, nämlich 3, und vermittelt über ihn auch mit 4 5 6 verbunden sind; 5 und 6 sind wegen ihrer gemeinsamen Beziehung zu 4 und seiner weiteren indirekten Verbindungen gleichfalls strukturell äquivalent. In empirischen Daten im strengen Sinne strukturelle *Äquivalenz* zu fordern, ist sehr restriktiv, so daß in den Rechenverfahren die strukturelle *Gleichartigkeit* zur strukturellen *Ähnlichkeit* abgeschwächt wurde. Verlangt ist dann lediglich, daß strukturell ähnliche Akteure möglichst viele Beziehungen zu gemeinsamen Dritten und ein ähnliches Muster zu den übrigen Mitgliedern des Netzes aufweisen sollen. Das CONCOR-Rechenverfahren (CONvergent CORrelations) verwendet Pearson-Korrelationen (r) als Grundlage der Ähnlichkeitsbestimmung (Breiger, Boorman und Arabie 1975; White, Boorman und Breiger 1976; andere Rechenverfahren sind ebenfalls vorhanden, Kappelhoff 1992b).

Umgesetzt auf Matrizen bedeutet die Suche nach struktureller Ähnlichkeit in technischer Hinsicht, daß eine ungeordnete Datenmatrix so durch Vertauschen von Spalten und Zeilen umgeordnet werden soll, daß regelmäßigere „*Blöcke*" von Einsen und Nullen entstehen. Diese *Blöcke* von Akteuren, die untereinander und zu Dritten ein ähnliches Muster aus 1 und 0 unterhalten, sind die gesuchten Positionen (dieser in der netzwerkstatistischen Literatur übliche Blockbegriff ist nicht zu verwechseln

---

[46] Die in Anmerkung 45 erwähnte reguläre Äquivalenz/ Ähnlichkeit schwächt diesen Bezug auf gemeinsame und damit identische Dritte ab, indem lediglich Äquivalenz zu gleichfalls äquivalenten Dritten verlangt wird. So sind in dem Beispielsgraphen 5.7 die beiden Cutpoints 3 und 4 regulär äquivalent, weil sie ein ähnliches Muster von Außenbeziehungen haben, aber nicht zu denselben Punkten; und auch die Endglieder 1 2 5 6 sind wegen ihrer Stellung als Außenpunkte regulär äquivalent. Die rechnerische Bestimmung der regulären Äquivalenz/ Ähnlichkeit kann allerdings zu den im Text erwähnten Schwierigkeiten führen.

Eine Einführung in die formalen Grundlagen der Netzwerkanalyse 197

mit dem graphentheoretischen Begriff des Blocks, der einen ganz anderen Inhalt hat!). Ein *Blockmodell* ist entsprechend die Regruppierung der Zeilen und Spalten der Ursprungsmatrix im Sinne der gefundenen Blöcke. Die *Bildstruktur* („block image", „Rollenmodell") ist eine Matrix, die anstelle der Akteure die Blöcke enthält und die Beziehungen unter den gefundenen Blöcken angibt. Die Bildstruktur ist somit das abstrakte Positionsmodell der in den empirischen Daten gefundenen Sozialstruktur. Wie jede Matrix kann sie auch in einem Graphen dargestellt werden.

Nun tritt bei empirischen Anwendungen (und selbst bei vertrackten Beispielsdaten) das Problem auf, daß mehrere Blockmodelle aus einer Abfolge verwandter Blockmodelle die Daten repräsentieren können. Für welches Blockmodell entscheidet man sich dann? Je differenzierter ein Blockmodell ist, d.h. je mehr Blöcke unterschieden werden, desto besser gibt es zwar die Ausgangsdaten wieder, aber desto komplexer und unhandlicher ist es. Gesucht wird daher ein einfaches Blockmodell, das nicht allzu sehr von den Ausgangsdaten abweicht und dennoch die wichtige Strukturinformation bewahrt. Als Kriterium für die Güte (fit) des Blockmodells verwendet man üblicherweise die erklärte Varianz (r^2) zwischen dem Blockmodell und den Daten, die von 0 (keine Übereinstimmung) bis 1 (maximale Übereinstimmung) variiert. In der Matrix des Blockmodells wird dabei in den einzelnen Zellen der für den Block insgesamt berechnete Durchschnittswert eingesetzt und diese theoretische Matrix wird dann mit der Matrix der Beobachtungswerte verglichen. Damit ist ein verwandtes, zweites methodisches Problem der Blockmodellanalyse bei der Erstellung der Bildstruktur angesprochen: wenn innerhalb eines Blocks kein einheitliches Muster von entweder Einsen oder Nullen vorkommt, welchen Wert erhält dann der Block in der Bildstruktur? Ein Lösungsansatz ist die Berechnung blockspezifischer Dichtewerte, die höher sein sollten als die Dichte des Gesamtnetzes. Dahinter steht die Idee, daß sich Blöcke intern ähnlicher sein sollten als es der Dichte im Gesamtnetz entspricht. Wenn nun die Dichte eines Blocks gleich oder höher als die Durchschnittsdichte des Netzes liegt, dann setzt man ihn auf 1 (Beziehung vorhanden), sonst 0.

Ein Blockmodell des Kularings

Was finden wir für das Kula-Beispiel heraus? Zunächst erscheint eine Struktur mit vier Blöcken den Daten angemessen zu sein. Die erklärte

Varianz dieses Modells beträgt r^2=0.35 und ist akzeptabel im Vergleich zum niedrigen Wert (0.17) eines aus zwei Blöcken bestehenden einfachen Modells und zur Umständlichkeit einer aus acht Blöcken gebildeten Struktur mit einer erklärten Varianz von 0.57. Abbildung 5.9 enthält eine dem UCINET-Programm entnommene Darstellung der Ergebnisse für dieses Viererblockmodell.

ABBILDUNG 5.9: EIN BLOCKMODELL DES KULARINGS

Blockzugehörigkeit:

```
Block   Mitglieder
-----   ----------------
  1:     1  3  4  7
  2:     2  5  6 18 19 20

  3:     8  9 10 11 12 13
  4:    14 15 16 17
```

Blockmodell:

	1	7	3	4	5	6	2	1 8	1 9	2 0	1 1	1 2	1 3	9	1 0	8	1 7	1 6	1 4	1 5
1					1		1	1	1	1										
7			1		1	1						1	1			1				
3		1			1	1	1			1	1									
4					1	1														
5	1	1	1						1											
6		1	1	1					1											
2	1		1	1																
18	1																		1	1
19	1		1																	
20	1		1																	
11												1	1	1	1					
12												1		1						1
13			1									1	1		1	1	1	1	1	
9			1									1		1		1	1			
10												1		1	1					
8			1											1	1					
17						1						1							1	1
16						1								1			1			1
14														1	1		1			1
15																			1	1

R-squared = 0.353

Eine Einführung in die formalen Grundlagen der Netzwerkanalyse

Die Abbildung 5.9 gibt zunächst Auskunft über die Mitgliedschaft in den vier Blöcken. Die Blöcke 1 und 2 einerseits sowie 3 und 4 andererseits hängen zusammen; sie wurden im Verlauf des Rechengangs aus einem umfassenderen/ gröberen Zweierblockmodell in die jeweils zwei Untergruppen aufgespalten. Die anschließende Matrix ist das *Blockmodell*, in dem die Zeilen und Spalten gemäß der Gruppierung in Blöcke so umgruppiert wurden, daß ein regelmäßigeres Muster aus Einsen und Nullen entsteht. Das ist in der Tat der Fall (vgl. die Ursprungsmatrix in Abbildung 5.2). Für die inhaltliche Deutung der Blöcke ist ein Blick auf die geographischen Verhältnisse im Kularing nützlich (s. Abbildung 5.1). Zuächst wird nämlich der obere (nordwestliche) Teil des Netzes mit den Blöcken 1 und 2 vom unteren (südöstlichen) Teil mit den Blöcken 3 und 4 abgetrennt und innerhalb beider Teile findet dann eine Binnendifferenzierung in die zwei entsprechenden Subgruppen statt.

ABBILDUNG 5.10: BILDSTRUKTUR DES KULARINGS

(a) Blockspezifische Dichtewerte für ein Viererblockmodell des Kularings

Blöcke	1	2	3	4
1	0.17	0.58	0.13	0.00
2	0.58	0.07	0.00	0.08
3	0.13	0.00	0.67	0.17
4	0.00	0.08	0.17	0.67

(b) Binäre Matrix und Graphendarstellung der Bildstruktur
(strenges Modell mit Δ≥0.20)

Blöcke	1	2	3	4
1	0	1	0	0
2	1	0	0	0
3	0	0	1	0
4	0	0	0	1

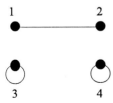

(c) **Graphendarstellung der Bildstruktur eines abgeschwächten Modells** (Δ>0.10)

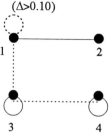

In Abbildung 5.10 folgt die *Bildstruktur* der Beziehungen im Kula-Tauschnetz. Die Zahlen in der ersten (a) 4x4 Matrix sind blockspezifische Dichtewerte, die man mit der Dichte Δ=0.20 des gesamten Graphen in Beziehung setzen kann. Bei der Zerlegung und Zusammenfassung in Blöcke wird angestrebt, wie im vorigen Abschnitt erwähnt, daß die Dichten durch Zusammenfassung ähnlicher Punkte in einzelnen Blöcken höher werden als das im Gesamtnetz der Fall ist. Das ist gelungen. In der zweiten (b) 4x4 Matrix habe ich die Bildstruktur zu Einsen und Nullen vereinfacht gemäß dem obengenannten restriktiven Dichtekriterium: ein Block erhält den Wert von 1, falls Δ≥0.20. Die Matrix (b) und der dazugehörende Graph der Bildstruktur begründen somit ein strenges Modell des Kularings. Für die nordwestlichen Teilnehmer des Kula in den Positionen 1 und 2 gilt, daß sie unter den Mitgliedern des eigenen Blocks gar nicht, aber dafür umso intensiver zwischen den Blöcken austauschen. Im nordwestlichen Teil des Kularings gibt es demzufolge keine kohäsiven Subgruppen, sondern außenorientierte Austauschpositionen. Ganz anders das Muster im südostlichen Teil des Kularings: dort herrschen kohäsive Subgruppen, die nur innerhalb des eigenen Blocks austauschen und keine Außenbeziehungen unterhalten. Auch zwischen dem Norden und Süden findet kein Austausch statt. Dies ist ein abstraktes Strukturmodell des Kularings, das die Verhältnisse schroff beleuchtet. Im Teil (c) von Abbildung 5.10 habe ich das Modell (b) abgeschwächt, indem ich gestrichelte Linien für die von 0 deutlich verschiedenen, aber kleiner als 0.20 ausgefallenen Dichtewerte eingetragen habe. Der Graph (c) veranschaulicht die Bildstruktur dieses abgeschwächten Blockmodells des Kularings. Der Gesamteindruck aus der Bildstruktur (b) bleibt erhalten: Austausch zwischen den Blöcken dominiert im Norden, kohäsive Subgruppen beherrschen den Süden des Kularings. Doch gibt es einen schwächeren internen Austausch im Block 1 und schwächere Verbindungen zwischen den Blöcken 3 und 4 im Süden und eine Anbindung dieser Teile des Kularings an den Block 1. Man muß sich nun nicht zwischen den Modellen (b) und (c) definitiv entscheiden, sondern kann sie beide komplementär als die grobere oder die feinere Sicht der Ordnungsmuster im Kularing verwenden. Typisch für die Struktur des Kularings ist, daß die Blöcke 1 und 2 intern kaum, aber sehr intensiv miteinander austauschen; hingegen tauschen die Mitglieder der Blöcke 3 und 4 sehr intensiv innerhalb des eigenen Blocks, während sie untereinander und mit den übrigen Blöcken nur schwach Kontakt pflegen. Dies ist das mit der Positionsanalyse empirisch aufgefundene Modell der im Kularing verborgenen Sozialstruktur – hier befinden sich vier Gruppen in einem insgesamt sehr robusten, schwach zentralisierten Netz, die miteinander ganz unterschiedliche Tauschintensitäten aufweisen. Diese unterschiedlichen Tauschmuster könnten durch räumliche Distanz der beteiligten Tauschpartner bedingt sein, was eine Erklärung für dieses besondere Ordnungsmuster liefern würde. Klar ist jedenfalls nach dieser Auswertung, daß der Kularing in Subgruppen segmentiert ist, die nach innen und nach außen ganz unterschiedliche Beziehungsmuster unterhalten. Dieses differenzierte Muster der Sozialstruktur ist in den qualitativen Beschreibungen des Kularings nicht erkannt worden, obwohl es in den berichteten Daten verborgen liegt. Auch erzielt die Analyse der graphentheoretischen Kennwerte, der Zentralität und Zentralisiertheit, der Cliquen und Positionen im Kularing eine insgesamt sehr facettenreiche, subtile und präzise Diagnose des Netzwerks. Diese Genauigkeit der Sozialstrukturanalyse mit formalen Mitteln ist nicht nur nützlich zur Charakterisierung des Einzelfalls, sondern erreicht auch eine komparative Einordnung des Falls, weil die entsprechenden formalen Befunde zur vergleichenden Betrachtung von sozialen Netzwerken entwickelt wurden und somit unmittelbar komparativ genutzt werden können (Schweizer 1996b enthält einen kürzeren Vergleich des Kularings mit dem in Abb. 5.4 veranschaulichten *hxaro*-Netzwerk der !Kung und einem weiteren Tauschnetzwerk).

Diskussion und Ausblick

Diese formalen Ergebnisse zum Kularing sollte man nun erstens rückbeziehen auf die Ethnographien über dieses Tauschnetzwerk: Was haben die in den Blöcken zusammengefaßten Mitglieder dieser Teilgruppen gemeinsam? Kann man die formalen Ergebnisse in den Beschreibungen wiederfinden und tiefergehend ethnographisch deuten? Aus den Ordnungsmustern, die die formalen Verfahren in den vorhandenen (qualitativen) Daten über soziale Netzwerke erkannt haben, ergeben sich folglich Anstöße für die vertiefte Interpretation der ethnographischen Daten, aber auch neue Fragen für weitere Feld- und historische Forschungen. Diese ethnographischen und historischen Fragen kann ich hier nicht beantworten. Charakteristisch für formale Analysen ist allgemein, daß sie ein Wechselspiel zwischen Daten und Deutungen einleiten und zur Entdeckung von Mustern in den Daten führen, die vorher und mit anderen Verfahren übersehen wurden; auch daß sie bestimmte Deutungen, von deren Geltung man aufgrund qualitativer Eindrücke überzeugt ist, relativieren und im Einzelfall auch widerlegen (vgl. oben die Befun-de zur Dichte und Hierarchisiertheit des Kula-Netzwerks und die Fallstudien in Kapitel 3, die ebenfalls ein differenziertes Wechselspiel zwischen ethnographischen Befunden und formalen Ergebnissen eröffnet haben).

Zweitens werfen die Ergebnisse der Netzwerkanalyse des Kularings erklärungheischende Rückfragen an die ethnologische Theoriebildung auf: Warum kommt es zur Herausbildung eines solchen Netzes? Warum kann es ohne eine steuernde Zentralinstanz überdauern? Was sind seine typischen Entwicklungsstadien? In den Arbeiten von Ziegler (1990), Görlich (1992a,b) und Hage und Harary (1991: Kap. 5) werden am Beispiel des Kula solche theoretischen Antworten zur Erklärung sozialer Ordnungsmuster entworfen, auf die ich hier allerdings nicht eingehen kann.

Für die Erhebung und Auswertung von Netzwerkdaten gibt dieses Kapitel eine Reihe von grundsätzlichen Hinweisen. Auch skizziert es eine Forschungsstrategie für die Zergliederung von Netzwerken. Es kommt nicht darauf an, mit welchen speziellen Erhebungsverfahren die Daten erhoben werden. Charakteristisch für die Netzwerkanalyse ist vielmehr die Deutung der Daten als relationale Informationen über Akteure und Beziehungen. Akteur x Akteur-Daten sind das eine, Akteur x Ereignis-Daten das andere prototypische Beispiel relationaler Daten. Wenn Beobachtungen in dieser Form vorliegen, lassen sich die formalen Begriffe und Verfahren der Netzwerkanalyse anwenden. Diagnostisch bedeutsam sind zunächst die graphentheoretischen Maßzahlen, die basal die Dichte, Verbundenheit und Vollständigkeit der Beziehungen im Netz erfassen und damit Auskunft über den Fluß der Beziehungen im Netz und seine Zerbrechlichkeit geben (indem sie das Vorhandensein von

Cutpoints, Brücken und Blöcken ermitteln). Auf dieser Grundlage können dann die Konzentration von Beziehungen auf einzelne Akteure (Zentralität) und die Hierarchisiertheit des gesamten Netzes (Zentralisiertheit) betrachtet werden. Aktivität. Autonomie und Kontrolle sind die bedeutsamen Aspekte, auf die es bei der netzwerkanalytischen Durchdringung von Macht und Hierarchie ankommt. Anschließend werden je nach der Kohäsion der Beziehungen (Relationsanalyse) oder der ähnlichen Lage im Netz (Positionsanalyse) Teilgruppen von Akteuren ermittelt. Diese abstraktere Ermittlung von Teilgruppen im Gesamtnetz liefert dann das Sprungbrett für eine Gesamtcharakterisierung der Sozialstruktur des untersuchten Netzwerks als Beziehungsmuster unter diesen Teilgruppen (Blockmodell, Bildstruktur). In diesem Zusammenhang ist noch einmal darauf hinzuweisen, daß man den Begriff des sozialen Ordnungsmusters in heutigen Netzwerkanalysen nicht falsch, nämlich klassisch strukturfunktionalistisch, verstehen sollte. Es geht der Netzwerkforschung um die Erfassung von Ordnungsmustern in empirischen Daten über soziale Beziehungen im weitesten Sinne. Ein solches Muster kann deutlicher oder schwächer ausgeprägt sein, und keineswegs wird behauptet, daß das mit präzisen Verfahren ermittelte Ordnungsmuster (z.B. ein empirisch erkanntes Blockmodell) zeitenthoben gültig ist. Vielmehr möchte die Netzwerkanalyse gerade durch Forschungen über die Veränderung von Netzwerken die (In-)Stabilität sozialer Strukturen zum Gegenstand der Forschung erheben (Kappelhoff 1993; Brudner-White und White 1997; White und Jorion 1996; s. auch die Kapitel 2 und 4). Zeitliche Veränderung von sozialen Ordnungsmustern und die Frage, ob überhaupt ein nicht-zufälliges Ordnungsmuster in den Daten vorhanden ist (dazu u.a. die QAP-Analyse im anschließenden Kapitel) bilden folglich im Programm der Netzwerkanalyse zentrale Forschungsfragen.

Ganz zum Schluß möchte ich auf aktuelle Entwicklungen aufmerksam machen, die zwei „binäre Oppositionen" aus der älteren Methodenlehre der Analyse sozialer Netzwerke, die auch in diesem Kapitel vorkamen, in Zweifel ziehen. Es handelt sich einmal um die Gegenüberstellung von relationalen und nicht-relationalen Daten und weiterhin um die Trennung der Relations- von der Positionsanalyse. Oben habe ich bei den relationalen Daten One-mode-Daten (Akteur x Akteur, Ereignis x Ereignis) von Two-mode-Daten (z.B. Akteur x Ereignis, aber auch Akteur x Organisation, Akteur x Besitz usw.) unterschieden. Von hier ist es aber nur ein kleiner Schritt zu den sozialwissenschaftlichen Standarddaten über Akteure x Variablen, die man problemlos als eine Form relationaler Two-mode-Daten deuten und dann mit netzwerkanalytischen Verfahren auswerten kann. Die Opposition zwischen Relations- und Variablenanalyse gilt also nicht mehr so strikt wie früher, und es eröffnen sich neue Möglichkeiten zur Auswertung sozialwissenschaftlicher Daten mit Hilfe der Graphentheorie und verwandter Analysetechniken aus der Netzwerkanalyse (in dieser Richtung Borgatti 1995, 1996; Everett 1996; vgl. auch die Verbindung aus Netzwerk- und Variablenanalyse in Kapitel 3). Die zweite Unterscheidung aus der älteren Netzwerkmethodik trennt strikt die relationale Suche nach kohäsiven Teilgruppen im Netz von der positionalen Suche nach Teilgruppen von Akteuren, die im Netz eine ähnliche Lage einnehmen. Auch dies scheint mehr ein Kontinuum als eine polare Opposition zu bilden. Kohäsion ist nicht immer vorhanden und die reguläre Äquivalenz auf dem anderen Extrem (die Akteure befinden sich in einer gleichen Lage zu irgendwelchen Dritten, die wiederum eine ähnliche Stellung im Netz einnehmen) ist in der Regel zu weit gefaßt. Die hier in diesem Kapitel (aber auch in Kapitel 3) verwandte Suche nach struktureller Ähnlichkeit ist ein Mischverfahren, das Teilgruppen von Akteuren ermittelt, die hinsichtlich ihrer fehlenden und vorhandenen Beziehungen ein gleichartiges Muster und zudem eine Bindung an dieselben Dritten aufweisen. Das methodische Handwerkszeug der Netzwerkanalyse hat sich im Verlauf der Entwicklung dieser Forschungsrichtung verfeinert. Diese Forschungsgemeinschaft verfügt mittlerweile über eine Menge Erfahrungen in der Handhabung dieser Verfahren, und einige Vereinfachungen aus der älteren Methodenlehre erweisen sich demzufolge als überholt. Dieser fortgeschrittene Entwicklungsstand ist auch der Grund dafür, warum es nicht ausreicht, wenn die Ethnologie in einer Zeit weltweiter Verflechtungen das Netzwerkdenken wiederaufgreift (Hannerz 1992; Barth 1992), aber an die alte Manchesterschule und nicht an den heutigen interdisziplinären Forschungsstand der Netzwerkanalyse anknüpfen will. Wer komplexe Beziehungsmuster entwirren will, kommt um die formale Analyse nicht herum. Dies haben bereits Clyde Mitchell (1969a, 1980, 1987) und John Barnes (1969; Barnes und Harary 1983) als Pioniere der Netzwerkanalyse erkannt und praktiziert, doch haben sich gewichtige Strömungen des Fachs seit den siebziger Jahren von der Sozialethnologie und formalen Verfahren abgewandt (Johnson 1994). Nun gibt es fortgeschrittene Methoden (Wasserman und Faust 1994), praktikable

Computerprogramme (Borgatti, Everett und Freeman 1992) und neue, auch anspruchsvolle Anwendungen (Brudner-White und White 1997; DiMaggio 1994; Hage und Harary 1983, 1991, 1996; Schweizer und White 1996; Wasserman und Galaskiewicz 1994; White und Duquenne 1996; White und Jorion 1992, 1996) und demzufolge keine guten Gründe mehr, auf diese Methoden zu verzichten, die die Erkenntnis auch verwickelter sozialer Ordnungsmuster in der Sozialethnologie überhaupt erst ermöglichen und die Sozialanalyse darüber hinaus entscheidend präzisieren und vertiefen.

6 Spezielle Verfahren der Sozialstrukturanalyse*

Dieses Kapitel befaßt sich mit verschiedenen Auswertungsverfahren, die besondere Fragen der Netzwerkforschung lösen. In der Einleitung des Kapitels illustriere ich als Hintergrund kurz das statistische Standardverfahren der Korrespondenzanalyse, das der geometrischen Veranschaulichung von Daten dient. Als spezielle Verfahren stelle ich (1) QAP für den Vergleich von Netzwerken und die Prüfung von Strukturhypothesen über Netzwerke vor. (2) Den Pgraph bespreche ich als neues Modell der Darstellung und Analyse von Verwandtschaftsnetzwerken. (3) Die Konsensusanalyse wird als Verfahren zur differenzierten Betrachtung der sozialen Verbreitung kulturellen Wissens eingeführt und befindet sich damit an der Schnittstelle von Netzwerkforschung und kulturellen Bedeutungsanalysen. Zum Abschluß (4) gehe ich ein auf die Erhebung von Daten über persönliche Netzwerke. Die Verfahren werden jeweils in ihren Grundlagen charakterisiert und an verschiedenen Beispielen illustriert: Heiraten zwischen Angehörigen indianischer Sprachgemeinschaften; Verwandtschaft in einem javanischen Weiler; die Selbstsicht Anonymer Alkoholiker und im Kontrast von Studenten in Kalifornien; soziale Beziehungen der Bewohner einer kalifornischen Stadt.

* Ich danke den Teilnehmer/innen meiner Vorlesung mit Seminar zu fortgeschrittenen Auswertungsverfahren in der Netzwerkanalyse im Wintersemester 1993/94 für ihre Rückfragen, die meine Ausführungen geklärt und zur Abfassung eines Skripts geführt haben, das den Grundstock für dieses Kapitel bildet. Hilfreiche Beratung zu einzelnen Verfahren erhielt ich zudem von Monika Böck, Devon Brewer, Pat Skyhorse und Doug White. Zum Verständnis der Untersuchungsverfahren von persönlichen Netzwerken verdanke ich den folgenden wichtige Anstöße während der Vorbereitung und Durchführung einer Feldforschungsexkursion: Russ Bernard, Lin Freeman, Ben Jester, Al Klovdahl, Danching Ruan, Doug White und die studentischen Teilnehmer/innen aus Köln und Irvine.

Einleitung

In der Netzwerkanalyse kommen drei Arten von Auswertungsverfahren vor: erstens die im vorigen Kapitel besprochenen grundlegenden graphentheoretischen und netzwerkbezogenen statistischen Verfahren; zweitens statistische Standardverfahren und drittens spezielle, auch fortgeschrittene Techniken, die für besondere Probleme der Netzwerkanalyse entwickelt wurden. Diese will ich in diesem Kapitel vorstellen. Doch zunächst eine Bemerkung zur Anwendung einiger multivariater Standardverfahren (als Überblick Backhaus et al. 1996; Bortz 1993). Während diese Techniken in der Sozialforschung üblicherweise auf rechteckige Datenmatrizen angewandt werden, die in den Zeilen aus Untersuchungseinheiten und in den Spalten aus Variablen bestehen, bedient sich die Netzwerkanalyse dieser Verfahren, um quadratische Akteur x Akteur Matrizen oder rechteckige Akteur x Ereignis Matrizen und andere Arten relationaler Daten auszuwerten. Ich hatte im Kapitel 5 bereits angedeutet, daß es keine prinzipiellen Unterschiede zwischen netzwerkanalytischen und statistischen Verfahren gibt, und es im Gegenteil vorteilhaft ist, beides anzuwenden. Für Netzwerkdaten (und nicht nur diese) stellt sich oft das Problem, daß die in den Rohdaten enthaltenen Ordnungsmuster schwer erkennbar und die Beobachtungen entsprechend unübersichtlich sind. In dieser Situation ist es hilfreich, multivariate Verfahren anzuwenden, die die zufällige Spreu vom strukturellen Weizen trennen und die Daten dadurch reduzieren, daß sie das stabile Muster von der Zufallsvariation abheben. Die Mustererkennung wird durch geometrische Repräsentation der Daten oder hierarchische Klassifikationsdiagramme (aus der Clusteranalyse) unterstützt. Akteure mit ähnlichem Beziehungsmuster werden in den geometrischen Darstellungen durch geringe Distanzen abgebildet, während Akteure mit unterschiedlicher Lage im Netz auch räumlich voneinander getrennt werden. Diese geometrische Abbildung wurde bereits bei den Visualisierungen komplexer Netzwerkdaten in den Kapitel 3 und 5 genutzt (im gewöhnlichen Graphen ist die Lage der Punkte beliebig, doch läßt in komplexen Datensätzen die geometrische Repräsentation der Beziehungen als Basis für die Zeichnung des Graphen das Ordnungsmuster klarer hervortreten als das bei einer zufälligen Verteilung der Punkte der Fall ist).

Die geometrische Repräsentation von Netzwerkdaten will ich eingangs an einem Beispiel erläutern. Tabelle 6.1 enthält Häufigkeitsdaten über die Heiratsbeziehungen zwischen acht indianischen Sprachgemein-

Spezielle Verfahren der Sozialstrukturanalyse

schaften aus dem Vaupés-Gebiet, dem zu Kolumbien gehörenden Teil des nordwestlichen Amazonien. J. Jackson (1976) hat diese Daten erhoben und A.K. Romney (1980) hat sie mit dem Verfahren der multidimensionalen Skalierung (Kruskal und Wish 1978) analysiert. Bei den Sprachgemeinschaften handelt es sich um patrilinear organisierte Stämme, deren Mitglieder nach außerhalb heiraten (Jackson 1976: 74-8). Die Frage ist nun, nach welchem Muster diese Heiraten zwischen den Sprachgemeinschaften/ Stämmen verlaufen. Zur ersten Beantwortung wende ich das neuere Verfahren der Korrespondenzanalyse auf diese Beispielsdaten an (Greenacre 1993; Van de Geer 1993a, b; Weller und Romney 1990). In der Abbildung 6.1 habe ich eine geometrische Veranschaulichung für die Daten aus Tabelle 6.1 vorgenommen, die die Heiratsbeziehungen zwischen den acht Sprachgemeinschaften darstellt. In der Abbildung bezeichnen die Zahlen die Sprachgemeinschaften und M als erster Buchstabe die Männer sowie F als Anfangsbuchstabe die Frauen aus den betreffenden Sprachgruppen.

TABELLE 6.1: HEIRATSBEZIEHUNGEN ZWISCHEN MÄNNERN UND FRAUEN AUS ACHT SPRACHGEMEINSCHAFTEN DES VAUPÉS-GEBIETES IN KOLUMBIEN (nach Jackson 1976: 79 und Romney 1980: 72)

		FRAUEN									Sprachge-
		F1	F2	F3	F4	F5	F6	F7	F8	Summe	meinschaft
M	M1	0	55	0	7	2	12	1	0	77	Bará
Ä	M2	58	0	71	3	0	6	7	0	145	Tuyuka
N	M3	0	47	1	45	4	5	20	5	127	Tukano
N	M4	5	2	36	0	2	0	10	0	55	Desana
E	M5	3	0	6	4	0	10	2	2	27	Carapana
R	M6	10	0	5	1	2	0	0	2	20	Tatuyo
	M7	2	8	27	14	5	1	0	14	71	Siriano
	M8	2	0	2	0	1	1	6	0	12	Yurutí
Summe		80	112	148	74	16	35	46	23	534	

ABBILDUNG 6.1: GEOMETRISCHE DARSTELLUNGEN DER HEIRATSBEZIEHUNGEN AUS TABELLE 6.1 (die ersten zwei Dimensionen einer Korrespondenzanalyse)

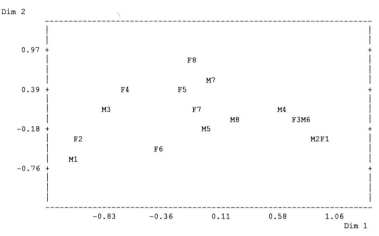

Die zweidimensionale geometrische Abbildung 6.1 umfaßt 51.6% der erklärten Varianz in den Daten, was ein guter Wert ist (die restliche Variation muß durch speziellere Dimensionen dargestellt werden und kann auch auf Zufallsvariation zurückgehen). Nahe beieinander liegende Punkte bedeuten bevorzugte Heiraten zwischen den betreffenden Sprachgruppen. So erkennt man links unten, daß die Männer aus Sprachgruppe 1 gerne Frauen aus Gruppe 2 heiraten; Männer aus 3 Frauen aus 4 bevorzugen (etwas darüber); im Mittelfeld der Darstellung sind die Beziehungen zwischen den Gruppen 5 bis 8 etwas verwickelter. Der Punkt F6 ist in Richtung auf alle anderen Gruppen orientiert. Klarheit herrscht ansonsten wieder am rechten unteren Ende der Abbildung: Die Frauen aus der Sprachgruppe 1 wählen bevorzugt Männer aus 2, wäh-rend die Frauen aus 3 Männer aus 4 und 6 präferieren, was die Heirats-wahl der Männer aus denselben Sprachgemeinschaften auf der linken Seite der Abbildung (mit einer gewissen Abweichung von 6) spiegelt.[47] Insgesamt zeigt diese Verteilung der Heiratsbeziehungen ein

---

[47] Diese Daten sind hintergründiger als man zunächst vielleicht erkennt. Zwar ist die Matrix (Tabelle 6.1) quadratisch, weil in den Zeilen und Spalten dieselben Sprachgemeinschaften stehen, aber die beiden Mengen sind nicht identisch, denn es handelt sich bei den Spaltenelementen um Frauen und bei den Zeilenelementen um Männer, allerdings aus denselben Sprachgemeinschaften. Die Zahlenwerte in der Matrix enthalten Heiratshäufigkeiten, nämlich wieviele

Spezielle Verfahren der Sozialstrukturanalyse 211

regelmäßiges Kurvenmuster, das in der einschlägigen Literatur als „Hufeisen" bezeichnet wird (Kruskal und Wish 1978: 46-7, 88-9; Van de Geer 1993b:42-4 zum „horseshoe pattern"): die Punkte bilden eine abgestufte Folge von links unten über die obere Mitte nach rechts unten. Dieses Muster der Heiratsbeziehungen reflektiert teilweise, aber nicht perfekt, die räumliche Nähe der beteiligten Gruppen (s. die Karte in Jackson 1976: 73 und ihre Bemerkungen S. 85). Wenn man in der geometrischen Abbildung 6.1 zusätzlich die hohen Werte aus der Tabelle 6.1 als Linien zwischen den betreffenden Punkten abträgt, tritt das Muster der Beziehungen (einschließlich der Hufeisenform) noch klarer hervor.

Auf ähnliche Weise wie hier für die Heiratsbeziehungen zwischen Sprachgemeinschaften kann man auch die Beziehungen zwischen Akteuren und Ereignissen oder zwischen zwei Variablen in den Spalten bzw. Zeilen einer Kreuztabelle veranschaulichen, indem man beide Mengen in demselben geometrischen Raum abbildet. Die Nähe der Akteure zu den Ereignissen oder bestimmter Werte der Variablen zueinander stellt dann dar, an welchen Ereignissen die Akteure beteiligt sind bzw. welche Werte der beiden Variablen eng zusammenhängen (Wasserman und Faust 1994: 334-43; für die in Kapitel 2 analysierten chinesischen Akteur/Ereignis-Daten nehme ich in Schweizer 1991 eine solche Analyse vor; auch Besitzmuster lassen sich auf diese Weise darstellen: Weller und Romney 1990: 79-83; Schweizer 1993a, c). Das hier verwendete statistische Verfahren der Korrespondenzanalyse hat sich für diese Zwecke als besonders vorteilhaft erwiesen (Weller und Romney 1990; Greenacre 1993; Van de Geer 1993a, b). Eine Reihe anspruchsvoller ethnologischer Anwendungsbeispiele dieses und anderer multivariater Auswertungsverfahren liegt vor (als Auswahl Welsch, Terrell und Nadolski 1992; Welsch und Terrell 1994; Moore und Romney 1994, 1995; Roberts, Moore und Romney 1995; Burton, Moore, Whiting und Romney 1996). Ich verweise auf die Wichtigkeit dieser

---

Männer aus einer Zeile wieviele Frauen aus den betreffenden Spalten heiraten bzw. spaltenweise betrachtet wieviele Frauen einer bestimmten Sprachgruppe Männer welcher Sprachzugehörigkeit geheiratet haben. Die geometrische Abbildung dieser speziellen Two-mode-Datenmatrix von zwei Akteursmengen nimmt beide Betrachtungsweisen auf, da sowohl die Zeilen als auch die Spalten der Ursprungsmatrix in ihrem Verhältnis zueinander dargestellt werden (was die Stärke der Korrespondenzanalyse gegenüber anderen statistischen Verfahren darstellt).

Standardverfahren, weil ihre Kenntnis für die Auswertung von Netzwerkdaten von Vorteil und teilweise sogar unverzichtbar ist.[48] In diesem Kapitel gehe ich auf diese allgemeinen multivariaten Auswertungsverfahren jedoch nicht weiter ein, sondern wende mich einigen spezielleren Auswertungsverfahren aus dem Bereich der Netzwerkanalyse zu. Es ist dies einmal das Verfahren der *QAP-Korrelation*, das zum Vergleich empirischer Netzwerke, aber auch zum Test von Hypothesen über Netzwerkstrukturen verwandt wird. Sodann bespreche ich das Verfahren der *Pgraph*-Analyse, das neuerdings in der Verwandtschaftsethnologie eingesetzt wird. Schließlich erläutere ich die *Konsensusanalyse* als ein Mittel zur Überprüfung der sozialen Verbreitung kulturellen Wissens, das die Brücke schlägt zwischen Netzwerk- und Kognitionsanalysen. Der letzte Abschnitt führt in die Erhebung und Auswertung von Daten über *persönliche Netzwerke* ein. Das Kapitel soll ein erstes Verständnis für diese Analysetechniken erzielen und eine Illustration des Vorgehens liefern. Die formalen Aspekte der Analyseverfahren klammere ich jedoch aus und verweise dazu auf die Fachliteratur. Ich beziehe mich bei den einzelnen Verfahren auf bestimmte Computerprogramme, doch binde ich den Text nicht zu eng an bestimmte Programme und Programmversionen an, weil sich diese rasch ändern können und die methodischen Vorschläge auf andere Programme und Programmversionen übertragbar sein sollen.

Vergleich von Netzwerken (QAP-Korrelationsanalyse)
Grundlagen

In der Netzwerkanalyse stellt sich häufig das Problem, daß man Netzwerke miteinander vergleichen will. Sei es (1), daß man Verhaltens- und kognitive Daten über dieselben Beziehungen erhoben hat und nun wissen möchte, in welchem Maße diese Informationen übereinstimmen. Im Kapitel 3 habe ich z.B. kurz erwähnt, daß zum Gabentausch der !Kung sowohl Beobachtungsdaten über die zu einem Zeitpunkt vorhandenen Geschenke vorhanden sind als auch kognitive Daten aus einer Befragung

---

[48] Bernard und Handwerker 1995 geben eine benutzerfreundliche Einleitung in statistische Auswertungsverfahren für Ethnologen. Einige multivariate Analysetechniken (u.a. die Korrespondenzanalyse) sind in UCINET (Borgatti, Everett und Freeman 1992) und in dem verwandten, für ethnologische Anwendungen entwickelten ANTHROPAC-Programmpaket (Borgatti 1992) enthalten.

Spezielle Verfahren der Sozialstrukturanalyse 213

der Akteure nach ihren wichtigen *hxaro*-Partnern vorliegen. Sei es (2), daß interessiert, wie eng unterschiedliche soziale Beziehungen miteinander verknüpft sind; z.b. die Heiratsbeziehungen und die Geschäftsbeziehungen der Medici (Padgett und Ansell 1993). Schließlich entsteht (3) das Theorieproblem, daß man überprüfen möchte, in welchem Maße bestimmte erklärende Bedingungen ein vorgefundenes soziales Beziehungsmuster tatsächlich erklären. Sofern es bei diesen drei Fragestellungen um eine identische Menge von Elementen geht (z.b. dieselben Akteure oder dieselben Ereignisse) und die Daten über die verschiedenen Messungen derselben Beziehung, die unterschiedlichen sozialen Beziehungen oder die theoretische Eigenschaft als quadratische Matrizen (mit gleicher Anordnung der Elemente der Ausgangsmenge) vorliegen, läßt sich das Verfahren der QAP-Korrelation einsetzen („Quadratic Assignment Procedure", Hubert und Schulz 1976, Krackhardt 1987; enthalten im UCINET-Programmpaket, Borgatti, Everett und Freeman 1992). Es prüft einmal die *Stärke des Zusammenhangs* zwischen den verschiedenen Messungen; den unterschiedlichen Beziehungen; oder den empirischen Daten und der theoretischen Struktureigenschaft. Außerdem berechnet das Verfahren der QAP-Korrelation *die statistische Signifikanz*: in welchem Maße ist die gemessene Korrelation rein zufällig zu erwarten? Es gibt eine Reihe von Anwendungen des Verfahrens (Boster 1986, 1987; Padgett und Ansell 1993). Ein besonders instruktives Beispiel ist die Untersuchung von L. Freeman, S. Freeman und A.K. Romney (1992) über das Dominanzverhalten von Hirschen. Die zoologische Literatur enthält empirische Daten über die Rangkämpfe dieser Tiere und rivalisierende Hypothesen zu deren Erklärung. Freeman und Kollegen gelingt nun mit Hilfe der QAP-Korrelation die Prüfung der Hypothesen und die Bestätigung einer eigenen, den anderen überlegenen Deutungshypothese, die sie im weiteren theoretisch begründen (es bekämpfen sich nicht die unmittelbar in der Dominanzhierarchie benachbarten Tiere, sondern diejenigen, die zwei Rangschritte voneinander entfernt sind). Im Kapitel 3 habe ich die QAP-Korrelation zur Prüfung des Einflusses von Lokalität, Verwandtschaft und anderer erklärender Variablen auf die empirisch beobachteten Muster des Geschenkaustauschs der !Kung und auf das Gästemuster der javanischen Rituale angewandt.

Das Verfahren läuft so ab, daß zunächst die Korrelation (üblicherweise gemessen mit Pearsons Produkt-Moment-Korrelationskoeffizient r) zwischen den zwei Matrizen berechnet wird. Dieser Wert gibt Auskunft über die Stärke des Zusammenhangs. Danach vertauscht QAP im Verlauf eines aufwendigen Rechenvorgangs nach dem Zufallsprinzip die Zeilen und Spalten der zweiten Matrix und berechnet jedesmal die Korrelation mit der ersten Matrix. Am Ende erhält man aus diesem langen Zufallsprozeß eine Einschätzung darüber, in welchem Maße die beobachtete Korrelation zwischen den beiden Ursprungsmatrizen in derselben Höhe aufgrund reinen Zufalls zu erwarten ist. Je geringer die empirische Korrelation ist und je mehr sie rein zufällig zustande gekommen sein könnte, desto weniger haben die verschiedenen Messungen; die unterschiedlichen sozialen Beziehungen; oder die empirischen Daten und die theoretische Matrix etwas miteinander zu tun. Eine hohe, nicht-zufällige Korrelation *beweist* freilich nicht, daß die vorgeschlagene Hypothese die einzige Erklärung für den empirisch aufgefundenen Zusammenhang ist. Denn rivalisierende Hypothesen sind damit, auch in der Zukunft, als ebenso zutreffende und womöglich überlegene Erklärungen der Korrelation nicht ausgeschlossen. Doch ist die Existenz einer Korrelation zumindest notwendig (wenn auch nicht hinreichend) für das Vorhandensein eines theoretischen Zusammenhangs. Wenn *mehrere* Messungen, Beziehungen oder theoretische Eigenschaften in ihrem Einfluß auf ein bestimmtes Netzwerk zu betrachten sind, gibt es das Verfahren der QAP-Regression, das den Einfluß dieser Bedingungen auf das abhängige Netz prüft (ebenfalls in UCINET enthalten). In diesem Fall muß man sich entscheiden, welches Netz das zu erklärende darstellt (was bei der QAP-Korrelation keine Rolle spielt, weil der Korrelationskoeffizient im Gegensatz zum Regressionskoeffizienten symmetrisch ist, also keinen Unterschied macht, ob Matrix A mit B oder Matrix B mit A verglichen wird). Wie in der „normalen" Regressionsanalyse auch sollten die unabhängigen Variablen, d.h. die zur Erklärung herangezogenen Matrizen, untereinander möglichst nicht (hoch) korreliert sein, weil es sonst zu Schätzfehlern ihres Einflusses auf die abhängige Matrix kommt (ein r bis ± .60 ist nach einer Faustregel gerade noch akzeptabel). Ich hatte eingangs betont, daß die QAP-Korrelation und auch die QAP-Regression nur auf quadratische Matrizen anwendbar sind. Doch lassen sich aus Two-mode-Daten One-mode-Daten generieren (etwa aus Akteur/Ereignis-Daten quadratische Matrizen über die Ähnlichkeit der Ereignisse oder die Ähnlichkeit der Akteure, vgl. Kapitel 3 zu den javanischen Akteur/Ereignis-Daten). Auch kann man aus Variablen, also einzelnen Spalten oder Zeilen einer Datenmatrix über die Eigenschaften von Akteuren (oder Ereignissen) rela-

Spezielle Verfahren der Sozialstrukturanalyse 215

tionale Daten erzeugen, indem in der quadratischen Matrix der Akteure (oder Ereignisse) solche Paare von Akteuren (oder Ereignissen) den Wert 1 erhalten, die für die betreffende Variable identische Werte aufweisen. Im Kapitel 3 wurde beispielsweise eine Klassfikation der javanischen Rituale (=Ereignisse) nach der Zugehörigkeit zu dem Weiler, in dem sie stattfanden, verwendet. Aus dieser Weilerzugehörigkeit der Rituale konnte für die QAP-Analyse eine quadratische Ereignis x Ereignis Matrix der *gemeinsamen* Weilerzugehörigkeit erzeugt werden, die zwei Ritualen den Wert 1 zuwies, wenn diese in demselben Weiler stattfanden. Die Anordnung (=Reihenfolge) der Ereignisse in dieser Matrix entsprach der Anordnung der Ereignisse in der Ähnlichkeitsmatrix, die die Anzahl der gemeinsamen Gäste zwischen den Ereignisse erfaßte. Da die Elemente der beiden Matrizen identisch waren, konnte man in der QAP-Korrelation prüfen, ob das Muster der Einsen und Nullen in der Matrix der gemeinsamen Weilerzugehörigkeit eine Entsprechung zur Anzahl der gemeinsamen Gäste aufwies. Die Befunde zur Hypothese der Weilersegregation in Kapitel 3 erweisen, daß beide Matrizen schwach korreliert sind. Auf solche Weise kann man eine Vielzahl nicht-relationaler und ursprünglich nicht-quadratischer Daten in die QAP-Analyse einbringen.

Beispiel: Heiratsbeziehungen zwischen indianischen Sprachgemeinschaften

Nun wende ich das Verfahren der QAP-Korrelation auf die oben bereits mit der Korrespondenzanalyse ausgewerteten Daten über die Heiratsbeziehungen zwischen den acht Sprachgemeinschaften des Vaupés-Gebietes an (Jackson 1976; Romney 1980; s. Tabelle 6.1). Als Ausgangspunkt für die nun folgende Analyse versuche man einmal das empirische Muster der Beziehungen zwischen den Sprachgruppen, das sich in dieser Tabelle verbirgt, „mit bloßem Auge" zu erkennen (die Visualisierung dieser Informationen in Abbildung 6.1 hat die Strukturerkenntnis freilich erleichtert und verhindert den unvoreingenommenen Ersteindruck!).

In seiner früheren Auswertung der Tabelle 6.1 verweist A.K. Romney (1980: 73-74) zurecht auf ein Problem der Strukturanalyse dieser Daten: die Gruppen sind unterschiedlich groß, und das Muster ihrer Heiratspräferenzen (=die Struktur) wird durch diese unterschiedliche Gruppengröße überdeckt. Um diesen Größeneffekt auszuschalten, nimmt Romney eine Normalisierung aufgrund der Randhäufigkeiten vor, in dem Sinne, daß die Randhäufigkeiten der Zeilen und Spalten und die davon abhängigen Werte im Innern der Matrix so ausgeglichen werden, daß am Schluß dieses Rechenvorgangs alle Randhäufigkeiten der Tabelle gleich sind. Tabelle 6.2 enthält diese aus der empirischen Matrix berechnete normalisierte Matrix (Romney 1980: 75; ich habe sie mit UCINET berechnet). Die Werte in dieser Matrix besagen: wieviele Männer aus einer beliebigen Sprachgemeinschaft (Zeile) würden wieviele Frauen aus einer beliebigen Sprachgemeinschaft (Spalte) heiraten, wenn es jeweils 100 Männer und 100 Frauen in jeder Gruppe gäbe? Tabelle 6.2 ist folglich die um den Größeneffekt bereinigte Matrix der Heiratspräferenzen.

TABELLE 6.2: NORMALISIERTE MATRIX DER HEIRATSPRÄFERENZEN

	F1	F2	F3	F4	F5	F6	F7	F8	Summe
M1	0.00	59.20	0.00	11.34	6.80	21.60	1.06	0.00	100
M2	44.36	0.00	30.85	5.23	0.00	11.62	7.95	0.00	100
M3	0.00	27.34	0.22	39.41	7.35	4.86	11.40	9.42	100
M4	9.45	5.73	38.67	0.00	18.09	0.00	28.06	0.00	100
M5	5.59	0.00	6.36	17.01	0.00	47.22	5.54	18.29	100
M6	28.99	0.00	8.23	6.61	27.74	0.00	0.00	28.43	100
M7	1.28	7.74	9.80	20.40	15.29	1.62	0.00	43.87	100
M8	10.33	0.00	5.87	0.00	24.72	13.08	46.00	0.00	100
Summe	100.00	100.00	100.00	100.00	100.00	100.00	100.00	100.00	800

Romney hat nun aus diesen Daten ein geometrisches Bild gewonnen (mit dem Verfahren der multidimensionalen Skalierung, Kruskal und Wish 1978)[49] und behauptet (S. 74-76), daß sich die Heiratsbeziehungen auf vier Paare von Beziehungen reduzieren lassen, nämlich die Paare der Sprachgemeinschaften (1,2), (3,4), (5,6) und (7,8). Diese bevorzugten Heiratsbeziehungen sollen symmetrisch gelten, d.h. in beiden Richtungen für Männer und Frauen aus beiden Gemeinschaften. Dies ist seine an der räumlichen Nachbarschaft der Gruppen ausgerichtete Deu-

---

[49] Dieses Verfahren hat genau den Nachteil gegenüber der Korrespondenzanalyse, daß es die Randverteilung in den Rohdaten unberücksichtigt läßt und damit die Strukturerkenntnis mit Häufigkeitsinformation vermischt (sofern man diesen Größeneffekt nicht von vornherein eliminiert hat, wie dies Romney 1980 mit der normalisierten Matrix getan hat), s. Weller und Romney 1990: 58-9 zu diesem Vorteil der Korrespondenzanalyse. Die mit der Korrespondenzanalyse rekonstruierte Matrix ist nicht identisch mit der in Tabelle 6.2 dargestellten normalisierten Matrix, doch kommt sie ihr nahe.

Spezielle Verfahren der Sozialstrukturanalyse 217

tungshypothese, die ich in die in Tabelle 6.3 enthaltene Strukturmatrix umgesetzt habe.

TABELLE 6.3: STRUKTURMATRIX DER HEIRATSBEZIEHUNGEN

	F1	F2	F3	F4	F5	F6	F7	F8
M1	0	1	0	0	0	0	0	0
M2	1	0	0	0	0	0	0	0
M3	0	0	0	1	0	0	0	0
M4	0	0	1	0	0	0	0	0
M5	0	0	0	0	0	1	0	0
M6	0	0	0	0	1	0	0	0
M7	0	0	0	0	0	0	0	1
M8	0	0	0	0	0	0	1	0

Romney (1980) hat damals, von dem plausiblen dreidimensionalen Bild aus der multidimensionalen Skalierung abgesehen, keine Überprüfung seiner Hypothese vorgenommen. Hier soll dies mit Hilfe der QAP-Korrelation nachgeholt werden. Wenn man die empirische Matrix der rohen Heiratsbeziehungen (Tabelle 6.1) mit der Strukturmatrix (Tabelle 6.3) korreliert, so ergibt sich ein mittelstarker Zusammenhang von r=.48, der zudem nicht-zufällig ist, weil er nur in einem von 100 Fällen rein zufällig zu erwarten wäre (p=0.01). Bei dieser Prüfung ist der Effekt der unterschiedlichen Gruppengröße noch nicht ausgeschaltet worden. Setzt man dazu die normalisierte Matrix der Heiratsbeziehungen (Tabelle 6.2) mit der theoretischen Matrix (Tabelle 6.3) in Beziehung, so ergibt sich ein beachtlicher und in hohem Maße nicht-zufälliger Zusammenhang von r=.80 und p=.008. Romneys (mit einem anderen Verfahren gewonnene) Deutung des Heiratsmusters ist also sehr zutreffend.[50] Bei den meisten Hypothesentests werden solche hohen Korrelationen nicht erzielt. Das QAP-Verfahren liefert der Netzwerkanalyse ein strenges Verfahren für den Vergleich von Netzwerkdaten und für die Prüfung von Hypothesen. Manch phantasievolle und auf der Grundlage qualitativer Erfahrungen plausibel klingende Hypothese hat diesen Test nicht bestanden (man vergleiche auch oben aus Kapitel 3 einige ethnographisch interessante, aber in der Prüfung schwache Korrelationen). Doch zu

---

[50] Tatsächlich ist sie noch differenzierter, weil er einen nach räumlicher Nähe abgestuften Zusammenhang behauptet (S. 74), den ich hier vernachlässigt habe. Man hätte diesen Effekt in einer bewerteten Strukturmatrix berücksichtigen können. Ich habe hier jedoch die einfachere Hypothese vorgezogen, weil sie bereits sehr gut mit den Daten übereinstimmt.

wissen, daß bestimmte Zusammenhänge *nicht* gelten, ist ebenfalls ein Fortschritt in der Wissenschaft und zudem ein Ansporn, nach besseren Erklärungen sozialer Ordnungsmuster zu suchen.

Verwandtschaftanalyse (Pgraph)

Grundlagen

In allen von der Ethnologie, Geschichtswissenschaft, Soziologie und ähnlichen Disziplinen untersuchten menschlichen Gemeinschaften spielt Verwandtschaft eine bedeutsame Rolle – also die sozialen Beziehungen, die symbolischen Vorstellungen und die sozialen Gruppen, die durch gemeinsame Abstammung und Heirat gestiftet werden (Keesing 1975; Segalen 1986; Robertson 1991; Peletz 1995; Schweizer und White 1996). Der Stellenwert von Verwandtschaft insgesamt variiert je nach Raum und Zeit, und die an bestimmte Verwandtschaftsrollen geknüpften Rechte und Pflichten schwanken interkulturell; auch gibt es Kontroversen über die biologische Fundierung von Verwandtschaft als symbolischem Konstrukt (Schneider 1984; Hauser-Schäublin 1991; Shimizu 1991; Lang 1993, White und Jorion 1996). Doch an der Tatsache, daß gemeinsame Abstammung und eheliche oder eheähnliche Partnerschaften sehr mächtige Prinzipien sozialer Assoziation darstellen, läßt sich nicht ernsthaft empirisch rütteln. Selbst in einem diffusen sozialen Gebilde mit hoher Mobilität wie dem gegenwärtigen, „postindustriellen" Kalifornien zeigt unsere empirische Untersuchung persönlicher Netzwerke, daß nahezu die Hälfte (48.3%) der von den Befragten genannten Mitglieder ihres Kernnetzwerks Verwandte waren (Schweizer, Schnegg und Berzborn 1997: Tabelle 4; s. unten den Abschnitt über persönliche Netzwerke). Auch der Geschenkaustausch der !Kung-Buschleute und die Rituale in einem javanischen Dorf, die ich in Kapitel 3 analysiert habe, wurden unter Verwandten organisiert. Üblicherweise erheben Ethnographen Verwandtschaftsinformationen unter Mithilfe von Schlüsselinformanten durch die genealogische Methode, bei der, ausgehend von bestimmten Egos, deren Abstammungs- und Heiratsbeziehungen in all ihren Verzweigungen und in der Tiefe erfaßt werden. Auch im Rahmen von Zensusuntersuchungen werden Verwandtschaftsinformationen gesammelt, die in der Regel auf genealogische Tiefe verzichten. Es liegt nun nahe, Abstammung und Heirat und auch speziellere Verwandtschaftsbeziehungen in einer Menge von Personen als soziales Netzwerk

Spezielle Verfahren der Sozialstrukturanalyse

aufzufassen, da diese Beziehungen die beteiligten Akteure in ein gemeinsames Verwandtschaftsnetz einbinden. Allerdings erwies sich der Weg vom Verwandtschaftsnetz als Metapher zu seiner präzisen formalen Modellierung als schwierig. Dies liegt einmal daran, daß die zeitliche Ordnung nach Generationen im Verwandtschaftsnetz bedeutsam ist und im formalen Modell nicht verloren gehen sollte. Weiterhin läßt sich ein Verwandtschaftsnetz nicht auf einfache Weise als Graph modellieren. Stellt man die Personen als Punkte dar, dann ist Abstammung eine Relation, die einerseits *Paare* von Punkten (als Eltern) mit einzelnen Punkten (als Kindern) verbindet, was in einem gewöhnlichen Graphen nicht vorgesehen ist. Eine erfolgreiche Richtung der Modellierung von Verwandtschaftsbeziehungen bedient sich daher *algebraischer Verfahren*, die auf eine sehr differenzierte Weise Verwandtschaftsrelationen und die aus ihnen gebildeten einfachen wie komplexen Verknüpfungen formal abbilden. In einem mathematischen Anhang zu dem klassischen Werk von C. Lévi-Strauss (1949) über die Elementarstrukturen der Verwandtschaft hat der französische Mathematiker A. Weil diesen Weg als erster beschritten. H. White (1963) in einem bedeutenden Werk aus der Netzwerkforschung über Verwandtschaftsstrukturen in Stammesgesellschaften und andere Forscher (als älterer Überblick D. White 1973: 426-39), neuerdings vor allem F. Tjon Sie Fat (1990) sowie D.W. Read und C.A. Behrens (1990) sind ihm gefolgt. Der Vorteil dieser algebraischen Modellierung besteht darin, daß man empirisch orientierte und formal streng kontrollierte Gedankenexperimente über die Folgen bestimmter Abstammungs- und Heiratsregeln erzielt. Der Nachteil ist der oft idealisierende und abstrakte Charakter dieser Analysen. Sie weisen in der Regel kein statistisches Fundament auf und setzen deshalb auch nicht bei den empirischen Ausgangsdaten über das Verwandtschaftsverhalten an, sondern betrachten auf einer höheren, von den konkreten sozialen Beziehungen einzelner Akteure losgelösten Abstrahierungsebene kulturelle Regeln und deren Konsequenzen für die Bildung von Verwandtschaftsgruppen. Deshalb befassen sich diese algebraischen Modell-analysen vielfach mit Idealtypen von Verwandtschaft. Doch ist in diesem Zusammenhang H. Whites (1963: 145-9) Kommentar zu bedenken, daß gute empirische Daten über Verwandtschafts*verhalten* in den älteren Ethnographien meist fehlen (zu den heutigen Datenproblemen s. Houseman 1996: 6-9; zu den fortgeschrittenen Möglichkeiten der algebraischen Analyse von Netzwerkdaten im allgemeinen s. Wasserman und Faust 1994: Kap. 11

und vor allem Pattison 1993). Ethnographen, die Detaildaten über Genealogien erhoben haben, behelfen sich gegenüber den abstrakten algebraischen Modellen meist damit, daß sie die empirischen Informationen über Abstammung und Heirat in ein *Verwandtschaftsdiagramm* eintragen. Dies ist eine nach Geschlecht und Generation differenzierte Darstellung aller Heirats- und Abstammungsbeziehungen in einer Menge von Personen. Je mehr Personen und Beziehungen zwischen ihnen jedoch abgebildet werden sollen, desto unübersichtlicher wird dieses genealogische Diagramm. Auch hat es den Nachteil, daß es lediglich eine Zeichnung und kein formales Modell darstellt, so daß es für weitergehende Auswertungen wertlos ist. Es läßt sich nicht auf eine einfache und überzeugende Weise in eine Graphendarstellung umsetzen. Neuerdings haben D. White und P. Jorion unter Anknüpfung an die statistischen Netzwerkstudien und frühere algebraische Modelle von Verwandtschaftsbeziehungen aus der französischen Ethnologie mit dem *Pgraph* (Parental *graph*) ein neues Modell für die Analyse von Verwandtschaftsnetzen entwickelt. Der Vorteil dieser neuen Formalisierung besteht darin, daß sie unmittelbar bei den empirischen Ausgangsdaten über Heirats- und Abstammungsbeziehungen ansetzt, daraus Visualisierungen erzeugt und graphentheoretische Zerlegungen des Netzes erlaubt. Ein didaktischer Nachteil dieses Modells besteht darin, daß man gegenüber dem traditionellen Verwandtschaftsdiagramm umdenken muß. White und Jorion (1992) stellen in ihrem Artikel den Pgraph vor; ihr Aufsatz von 1996 enthält Definitionen und Erläuterungen zu dem formalen Modell und empirische Illustrationen des Vorgehens. Eine Reihe von Anwendungen belegen die Mächtigkeit dieses neuen Analyseverfahrens, das nicht allein auf Verwandtschaftsbeziehungen beschränkt ist, sondern zusätzlich den Fluß ökonomischer Ressourcen auf dem aus Abstammung und Heirat gebildeten Verwandtschaftsgerüst sichtbar machen kann (u.a. Brudner-White und White 1997 als ethnohistorische Analyse von Verwandtschaft und Besitz in Kärnten; Houseman 1996 als vergleichende Analyse des Heiratsverhaltens australischer Aborigenees; Houseman und White 1996a, b über duale Organisationsmuster südamerikanischer Indianer; dieselben 1996c als Reanalyse der klassischen Verwandtschaftsmonographie über Pul Eliya, ein Dorf in Sri Lanka von Leach 1961; Tortorice und White 1995 als ethnohistorische Rekonstruktion der Verwandtschaftsnetzwerke der Omaha, einer nordamerikanischen Indianergruppe; White und Schweizer 1996 zu Verwandtschaftsbeziehungen und Vererbung im

Spezielle Verfahren der Sozialstrukturanalyse 221

ländlichen Java). Entscheidend für die Praktikabilität dieses neuen Modells ist freilich die Tatsache, daß D. White (1992, 1996a) das PGRAPH-Programm entwickelt hat, das mit Beispielsdatensätzen versehen ist und die Veranschaulichungen sowie graphentheoretischen Zerlegungen von Verwandtschaftsnetzen überhaupt erst ermöglicht hat (eine Einführung in dieses Programm ist in Arbeit, White und Skyhorse 1996).

Im folgenden will ich zunächst in die Pgraph-Begrifflichkeit einführen und den Pgraph dann an einem empirischen Beispiel veranschaulichen. Das entscheidende Umdenken bezieht sich darauf, daß im Gegensatz zum Verwandtschaftsdiagramm im Pgraph die *Punkte Ehen* oder eheähnliche Verbindungen darstellen und die *Linien Individuen* repräsentieren, die als Vorfahren oder Nachkommen mit den Ehen verbunden sind. Heirat und Abstammung gehen als basale Information in das Pgraph-Modell ein, das dann über alle Ehen und Abstammungslinien die Generationsfolge berechnet und verschiedene Zerlegungen des Netzwerks vornehmen kann. Die Pgraph-Abbildung ist dem Liniendiagramm aus der Verbandsanalyse (Kap. 2 oben) verwandt, weil die Richtung der Linien und die vertikale Anordnung der Punkte bedeutsam ist. Die Ehen sind nach Generation geordnet und zwar so, daß die älteste Generation oben und die jeweils jüngere Generation darunter abgebildet ist. Nach oben weisende Linien zeigen folglich Elternschaft an, während nach unten verlaufende Linien die Nachkommenschaft repräsentieren. Verbindungen über die väterliche Linie (die Männer aus den Ehen) werden in der Abbildung von Verbindungen über die mütterliche Linie (die Frauen aus den Ehen) getrennt, z.B. durch durchgehende Linien für die patrilinearen und gepunktete Linien für die matrilinearen Verbindungen (oder umgekehrt). Der Pgraph enthält folglich Abstammungsinformation (über die Linien, die die Punkte verbinden) und Heiratsinformation (über die Punkte). Die aus der älteren Verwandtschaftsethnologie bekannte, nützliche Unterscheidung zwischen Herkunftsfamilie (family of orientation) und Fortpflanzungsfamilie (family of procreation) eines Individuums (Murdock 1949: 13) ist im Pgraph bedeutungsvoll, weil man diese doppelte Einbindung der Individuen in zwei Ehen gut erkennen kann. Komplikationen können in diesem formalen System berücksichtigt werden (dazu auch White und Jorion 1992). Polygyne oder polyandrische Ehen werden jeweils durch eigene Punkte repräsentiert. Unverheiratete oder geschiedene Individuen erhalten ebenfalls einen eigenen Punkt. Das formale System ist flexibel genug, um unterschiedliche kulturelle Konzeptionen von Elternschaft und Heirat einzubeziehen. So kann man auch Lebensgemeinschaften im Pgraph betrachten und ist nicht auf Ehen beschränkt.

ABBILDUNG 6.2: PGRAPH-DARSTELLUNG UND VERWANDTSCHAFTSDIAGRAMM IM KONTRAST

(a) Pgraph-Daten im Vektorformat

Ehe Nr.	1	2	3	4	5	6
Herkunft Ehemann	0	0	0	1	3	5
Herkunft Ehefrau	0	0	0	2	2	4

(b) Pgraph-Darstellung der Beispielsdaten

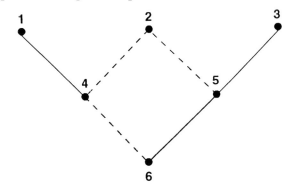

(c) Verwandtschaftsdiagramm für die Beispielsdaten

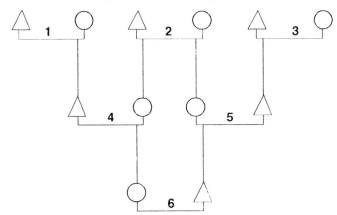

Spezielle Verfahren der Sozialstrukturanalyse 223

In der Abbildung 6.2 habe ich für ein fiktives Beispiel die übliche Art der Datenerfassung im Pgraph und die Abbildung dieser Daten im PGRAPH-Programm dargestellt (nach White und Schweizer 1996: Abb. 1): (a) Man numeriert zunächst fortlaufend in einer Genealogie oder in einem Zensus alle genannten Ehen (oberste Zeile der Tabelle). Dann trägt man in der nächsten Zeile für sämtliche Ehemänner ein, aus welcher Ehe sie entstammen (Nummer der Ehe; falls keine Information vorliegt, eine Null). In der dritten Zeile wird dieselbe Information für die Ehefrauen aller Ehen abgetragen. Dies ist auch die übliche Form der Dateneingabe im PGRAPH-Programm (Vektorformat der Daten). (b) Im Pgraph repräsentieren nun die Punkte die Ehen, durchgezogene Linien die Männer und gestrichelte (oder gepunktete) Linien die Frauen. Man erkennt beispielsweise, daß der Mann aus der Ehe 4 ein Sohn aus Ehe 1 ist, während seine Frau aus der Ehe 2 stammt. Für den Mann ist 1 die Herkunfts- und 4 die Fortpflanzungsfamilie, entsprechend für seine Frau 2 die Herkunfts- und 4 die reproduktive Familie. Auch sieht man, daß die Frauen aus den Ehen 4 und 5 aufgrund ihrer gemeinsamen Abstammung aus der Verbindung 2 Schwestern sind. Die Großelterngeneration bildet die oberste, die Enkelgeneration die unterste Ebene dieses nach Generation geordneten Graphen. Nach unten zusammenlaufende Linien der Form ∨ zeigen Heiraten an, während die umgekehrte Form ∧ im Pgraph die Geschwisterbeziehung erkennen läßt. Der Pgraph enthält genau dieselbe Information wie das (c) traditionelle Verwandtschaftsdiagramm, jedoch in übersichtlicher und vor allem analytisch weiterverwendbarer Form. Man beachte, daß bereits bei diesem einfachen Beispiel die individuenzentrierte Darstellung des Verwandtschaftsdiagramms mehr Platz benötigt als der Pgraph.

Anders als das letztlich egozentrierte Verwandtschaftsdiagramm ist der Pgraph viel stärker gruppen- und netzwerkbezogen, weil die Punkte Ehen darstellen und die Auswertung dieses Graphen strukturell ähnliche Ehen/Familien im Netz auffindet, die aufgrund gemeinsamer Abstammung oder Heirat miteinander verbunden sind und eine gleiche Lage im Netz einnehmen (dazu vor allem White und Jorion 1996). Die Leitidee bei diesen graphentheoretischen Zerlegungen ist dabei, daß in dem Graphen nach verschiedenen Kriterien der Verbundenheit maximale Subgraphen bestimmt werden. Auf diese Weise soll das Zentrum des Netzes identifiziert werden, das aus denjenigen Punkten gebildet wird, die über mehrere Abstammungs- oder Heiratsbeziehungen miteinander verknüpft sind und damit Tendenzen zur Endogamie des Verwandtschaftsnetzes aufweisen. Punkte hingegen, die lediglich eine einzige Verbindungslinie aufweisen, sind nur schwach in das Netz eingebunden sind und haben für dessen Struktur wenig Gewicht. Solche peripheren Punkte bleiben bei diesen Reduktionen außer Betracht, was auch die Zeichnung des reduzierten Pgraph vereinfacht. So wird der *Kern* (core) als maximaler Subgraph aller Punkte definiert, die im Pgraph mit zwei oder mehr anderen Punkten verbunden sind. Auch der im Kapitel 5 vorgestellte graphentheoretische Begriff des *Blocks* (ein maximaler Subgraph ohne Cutpoint; d.h. daß mindestens zwei Punkte entfernt werden müssen, um den Block unverbunden zu machen) erweist sich als äußerst nützliche Reduktion des Pgraph. Der Begriff des Kerns ist schwächer als der des Blocks, weil er das Vorhandensein von Cutpoints zuläßt. Jeder Block ist ein Kern, aber nicht jeder Kern ein Block. Wenn in einem Kern zwei und mehr Blöcke auftreten, dann sind sie über eine *Brücke* verbunden, deren Entfernung den Kern zerfallen läßt. Mit der Blockeigenschaft wird im Verwandtschaftsnetz automatisch das Vorhandensein eines *Heiratszirkels* (marriage circuit) festgestellt, was bedeutet, daß zwei Punkte, die bereits über einen durch Abstammung und/oder Heirat gebildeten Weg verbunden sind, eine weiteren Verbindungsweg aufweisen, der durch eine spätere Heirat gestiftet wird. Für die Betrachtung der Heiratsbeziehungen ist weiterhin der Gesichtspunkt der *Sidedness* bedeutsam, die Frage nämlich, ob es gelingt, den Kern des Pgraph so zu zerlegen, daß alle Heiraten in eine von zwei endogamen Teilklassen fallen und zwischen diesen wechselseitig Heiraten stattfinden. In der Verwandtschaftsethnologie ist dies als Dualstruktur bekannt und beispielsweise für Fälle aus Südamerika und Australien gut dokumentiert (Houseman und White 1996a, b; Houseman 1996). Das oben analysierte Muster der Heiraten im Vaupés-Gebiet deutet in diese Richtung: Die Sprachgemeinschaften sind endogame Einheiten, zwischen denen wechselseitig Heiraten stattfinden (verfügte man über genealogische Daten, könnte man dieser Fragen mit dem PGRAPH-Programm nachgehen). Formal läßt sich die Struktureigenschaft der Sidedness dadurch fassen, daß der Pgraph in einen bipartiten Graphen mit genau zwei Heiratsklassen zerlegt werden kann (D. White 1995: 8): „That is, the total set of marriages can be split into two sides such that a new marriage is between a man and a woman whose parents belong to opposite sides." Die graphentheoretischen Verfahren zur Färbung von Graphen kann man dazu benutzen, um das Vorhandensein oder Fehlen einer solchen bipartiten Struktur zu entdecken (Hage und Harary 1991: 44-5). Es ist in

Spezielle Verfahren der Sozialstrukturanalyse 225

diesem Zusammenhang wichtig zu beachten, daß Sidedness *empirisch* auftreten kann ohne daß in der Verwandtschaftsterminologie und in den Vorstellungen der Akteure eine Dualstruktur explizit vorgesehen ist. Im Fall des bilateralen Verwandtschaftsnetzwerks in Kärnten (Brudner-White und White 1997) liegt z.B. eine solche tendenzielle Zweiteilung in den Heiraten zwischen dem Oberdorf und dem Unterdorf vor (D. White 1995: 8):

„This two-sided pattern tends to hold, loosely, between „upper" and „lower" Feistritz, which were formerly two villages that grew together into the present agglomeration. However, if one colored the two marriage sides differently, there is some spatial dispersion of the colors. The sides are not strictly territorial in this sense, nor are they hereditary through either the male lines or the female lines. They are, however, emergent out of the genealogical structure itself ..., where, in a sense, one tends to repeat marriage with 'clumps' of other families already intermarried with 'clumps' of relations one would not consider marrying because they are residentially-cum-genealogically closer and have more frequent, familiar, interaction."

Weitere Reduktionen von Verwandtschaftsnetzen sind möglich und werden in der Literatur erläutert und illustriert (White 1996b; White und Jorion 1996).

Beispiel: Das Verwandtschaftsnetz in einem javanischen Weiler

Ich kann an dieser Stelle keine sehr tiefgehende Anwendung der Pgraph-Analyse vorführen. Ich beschränke mich auf die Darstellung der Leistung des Pgraph zur Beschreibung eines größeren Verwandtschaftsnetzes und greife auf Befunde über javanische Fälle zurück, die an anderer Stelle ausführlicher analysiert werden (White und Schweizer 1996). Im Kapitel 3 habe ich bei der Darstellung der Rituale in dem von mir untersuchten javanischen Dorf u.a. den „roten" Weiler als eine örtliche Verdichtung sozialer Beziehungen beschrieben (s. die Farbabbildungen 3.3 und 3.4). Im Rahmen der Feldforschung in diesem Dorf Ende der siebziger Jahre konnte ich in diesem (fiktiv) „Dukuh" genannten Weiler alle 87 Kernfamilien, die teilweise in einem Haus und Haushalt lebten, und die Verwandtschaftsbeziehungen zwischen ihnen erfassen. Dies geschah mit der Hilfe von Schlüsselinformanten und eines Zensus. Festgehalten wurden Eltern/Kinder- und Geschwisterbeziehungen zwischen allen Angehörigen dieses Weilers. Diese Informationen habe ich in der Form, wie in Abbildung 6.2 vorgestellt, in das PGRAPH-Programm eingegeben. Wenn man weiß, daß zwei Personen Geschwister sind, muß man das dem Programm auf die Weise mitteilen, daß beide Geschwister dieselben Eltern haben. Wenn diese noch in Dukuh lebten, waren sie unter den 87 Familien vertreten. Waren sie bereits verstorben, so mußte eine zusätzliche Nummer für das verstorbene Elternpaar eingeführt werden. Auf diese Weise enthält der Datensatz auch 23 verstorbene Paare (alle Nummern über 87). Man sollte berücksichtigen, daß dies Erinnerungsdaten sind, denn in den früheren Generationen sind sicherlich einige Beziehungen vergessen worden und auch bei den Lebenden sind Scheidungen, Zweitehen und Halbgeschwister nicht aufgeführt (was man aber erheben könnte und kein spezielles Problem des Pgraph darstellt). Die in den Familien heranwachsenden Kinder und Jugendlichen habe ich nicht eigens in die Darstellung aufgenommen. Trotz dieser Vereinfachungen ist dieser Datenbestand über Abstammung und Heiraten in Dukuh wegen der Menge der beteiligten Personen und Familien sehr unübersichtlich. Deshalb ist es eine große Hilfe, daß man dieses Verwandtschaftsnetz mit dem PGRAPH-Programm veranschaulichen kann (Abbildung 6.3, die mit diesem Programm erstellt wurde).

Spezielle Verfahren der Sozialstrukturanalyse 227

ABBILDUNG 6.3: PGRAPH DER ABSTAMMUNGS- UND HEIRATSBEZIEHUNGEN IN DEM JAVANISCHEN WEILER DUKUH

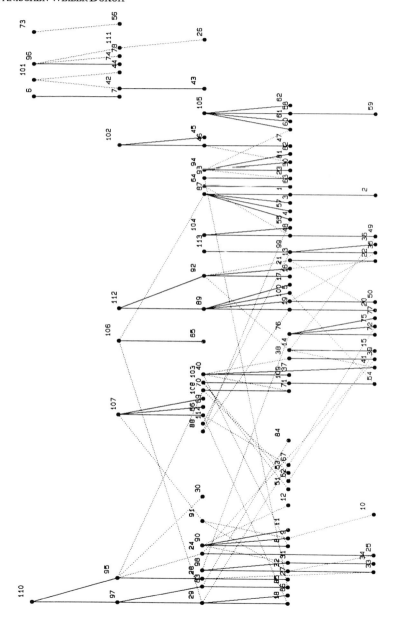

Die Punkte repräsentieren Ehen, Männer sind durch durchgezogene, Frauen durch gepunktete Linien dargestellt. Fünf Generationen werden in diesem Pgraph analytisch erkannt. Es ist erstaunlich, daß der überwiegende Teil der in Dukuh lebenden Familien (101 von 114) über Abstammung und Heirat miteinander in Beziehung stehen und dadurch ein großes verbundenes Netz bilden (die Struktur von links bis halbrechts im Bild). Graphentheoretisch betrachtet (Kapitel 5) bildet dieser Teil eine *Komponente* im Gesamtnetz. Man erkennt in diesem Bild und vor allem in dieser großen Komponente mehrere patrilineare Abstammungsketten (verbundene Linien von oben nach unten) und mehrfach von links nach rechts oder rechts nach links kreuzende matrilineare Heiratsbeziehungen (gepunktete Linien) zwischen diesen Patrilinien.[51] In der rechten oberen Ecke der Abbildung sind vier kleinere Komponenten dargestellt. Die Generationsordnung im Pgraph ist nur eine relative Ordnung. Da diese kleinen Komponenten mit der großen Komponente und untereinander nichts zu tun haben, ist ihre Einordnung in die aus der großen Komponente erzeugte Fünf-Generationen-Ordnung beliebig. Die Mitglieder der fünf kleinen Komponenten stehen nicht nur verwandtschaftlich, sondern auch sozial und ökonomisch am Rande des Dorfes.

Es handelt sich um Haushalte von Witwen (42, 44, 78) oder junge Familien mit geringem Einkommen und mehreren Kindern (7,43,74,56). Der Mann, Mitte 20, aus Haushalt 7 arbeitet als Tagelöhner in einer nahegelegenen Textilfabrik. Auch seine Frau arbeitet dort, pausierte jedoch wegen der drei kleinen Kinder. Der Vater des Mannes aus 7 ist Ziegler, die Mutter Landarbeiterin (Familie 5). Die junge Frau aus 7 stammt aus einem Nachbardorf. Im Haushalt 56 lebt ein fast blinder Mann in den Dreißigern, aus einem anderen Ort kommend, mit einer Frau aus dem Dorf zusammen. Sie haben zwei kleine Kinder. Beide Eheleute arbeiten als Handlanger im Straßenbau und helfen auch sonst beim Hausbau im Dorf. Sie sind so arm, daß sie noch nicht einmal ein eigenes Haus bewohnen.

PGRAPH berechnet, daß unter den Ehen in diesem Weiler über die Generationen hinweg 28% endogame Ehen vorkommen. Man kann nun in einem weiteren Schritt dieses Netz nach strengeren graphentheoretischen Kriterien der Verbundenheit zerlegen (s. vor allem Brudner-White

---

[51] Man könnte den Pgraph auch durch Matrilinien und zwischen ihnen kreuzende Männer darstellen, doch erzielt die patrilineare Abbildung in diesem Fallbeispiel eine klarere Struktur. Ob dies damit zusammenhängt, daß die Bewohner dieses Dorfes und Weilers praktizierende Muslime sind und die patrilineare Ordnung des Islam auch in ihre genealogische Erinnerung hineinspielt, erscheint mir allerdings fraglich.

Spezielle Verfahren der Sozialstrukturanalyse

und White 1997; White 1996b; White und Jorion 1996). Diese Suche wird sich vor allem auf die große Komponente konzentrieren, denn die kleinen Komponenten weisen wenig Struktur auf. Die Suche nach graphentheoretischen Blöcken, also maximal großen Subgraphen (von mehr als drei Punkten, Hage und Harary 1991: 80-1), die keinen Cutpoint aufweisen und damit durch mindestens zwei Linien verbunden sind, erscheint angesichts der vielen kreuzenden Heiratsverbindungen vielversprechend. Bei den Komponenten rechts im Bild handelt es sich um keine Blöcke, weil dort in jeder Komponente mit mehr als drei Punkten sogar zwei Cutpoints enthalten sind (42 und 101; 95 und 111, deren Entfernung gemäß der Definiton des Cutpoints mehr Komponenten als vorher entstehen läßt). Die Prüfung der Blockeigenschaft in der großen Komponente des Verwandtschaftsnetzes erkennt hingegen zwei Blöcke, die in Abbildung 6.4 wiedergegeben sind. Beide Blöcke sind maximal große Teilstrukturen im Verwandtschaftsnetz, in denen man mindestens zwei Punkte entfernen muß, um sie unverbunden zu machen. Dies sind die besonders robusten Strukturen im gesamten Verwandtschaftsnetz des Weilers.

ABBILDUNG 6.4: DIE VERWANDTSCHAFTSBLÖCKE IN DEM JAVANISCHEN WEILER DUKUH

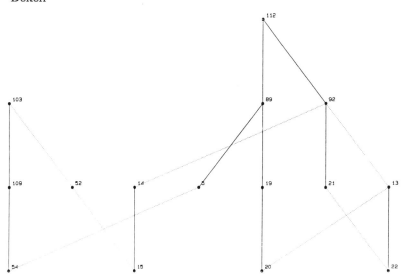

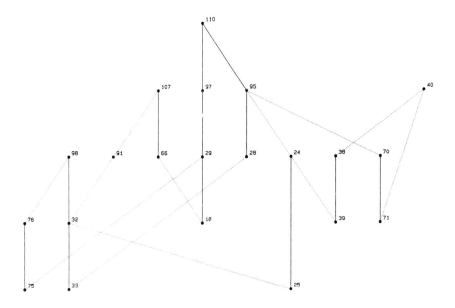

Ich will nun eine ethnographische Deutung der formal erkannten Blöcke geben.

Der erste Block (oberer Teil von Abbildung 6.4) zerlegt den mittleren Teil der großen Komponente, nämlich die Nachfahren von 112 und 103 und deren Abstammungs- sowie Heiratsbeziehungen. Man beachte, daß in dieser Teilstruktur des Netzes alle Nachfahren fehlen, die weniger als zwei Verbindungen zu den Mitgliedern des Blocks aufweisen. So fehlt z.B. in der Blockdarstellung der Punkt 17 (der Bürgermeister des Dorfes und seine Familie) als Nachfahre von 89, während die Witwe seines verstorbenen Bruders (5) dem Block angehört. In diesem Block finden sich einige herausragende Familien des Dorfes: 21 ist die Familie eines sehr beliebten Dorfbeamten und Führers des konservativen Islam; 5 war zu Lebzeiten des Bruders des Bürgermeisters einflußreich; der Mann aus 54 ist als Angestellter in einer Fabrik beschäftigt und als Organisator auf Weilerebene angesehen. Unter den Verstorbenen war der Mann aus 89 Dorfvorsteher und dem Opium verfallen, so daß er Haus und Hof verlor (sein Sohn wurde dennoch Bürgermeister). Die Tochter des beliebten Dorfbeamten (21) und ihr Mann im Haushalt (22) sind Lehrer. Zusammen mit ihrem verwitweten Vater unterhalten sie außerdem eine Hühnerfarm. Alle anderen Mitgliedern dieses Blocks sind jedoch weder sozial noch ökonomisch herausgehoben. Unter ihnen finden sich Kleinbauern ebenso wie Land- und Fabrikarbeiter. In religiöser Hinsicht handelt es sich um praktizierende Muslime, die dem Haushalt 21 verbunden sind und zu diesem ein lockeres Patron/ Klientverhältnis

Spezielle Verfahren der Sozialstrukturanalyse 231

aufweisen. Als die Frau aus dem Haushalt 21 nach langer Krankheit starb, organisierte der Mann aus 54 den äußeren Ablauf der Beerdigung, assistiert von den jüngeren Männern aus den Haushalten derselben Generation im Block und Weiler. Die Frauen aus allen Haushalten des Weilers verrichteten im Haus die Vorbereitungen. Für sämtliche Haushalte in diesem Block gilt, daß sie eng beieinander wohnen und eine Nachbarschaft bilden. Dieser allein aufgrund der Abstammungs- und Heiratsbeziehungen im gesamten Verwandtschaftsnetz aufgefundene Block ist folglich räumlich kompakt, religiös einheitlich und sozial gemischt.

Der zweite Block umfaßt die Nachfahren von 110 (links in der Abbildung 6.3), von 107 (mittlerer Strang in Abbildung 6.3) und die dort eine Generation tiefer durch Heirat angebundenen Ehen 70 und 40 mit ihren Nachkommen. Die horizontale Anordnung der Punkte in der Abbildung 6.4 unterscheidet sich von der Lage der Punkte in Graphen 6.3, doch ist dies graphentheoretisch unerheblich. Der einzige wirklich herausragende Haushalt in diesem zweiten Block ist der Punkt 66. Die Eheleute haben im Alter die Pilgerreise nach Mekka vollzogen, die ihr Sohn aus Jakarta finanziert hat (vgl. meine Ausführungen in Kapitel 3 bei der Erläuterung der javanischen Ritualdaten). Sie genießen ein hohes Ansehen im Dorf, doch ist ihr alltäglicher Lebensstil bescheiden. Pak Haji war früher ein Schneider, was ein gewisses, aber kein außerordentliches Verdienst sicherte. Beim Brennen von Ziegeln für sein Haus hat er wie ein einfacher Dorfbewohner Anteil, um Kosten zu sparen. Sein Schwiegersohn im Haushalt 18 ist zwar der Vorsteher des Weilers, aber lediglich ein mittel gestellter Bauer mit etwas eigenem Land. Alle anderen Mitglieder dieses Blocks sind Bauern, Handwerker, Land- und Gelegenheitsarbeiter. Der junge Mann aus 71 ist vom Fabrikarbeiter zum Fahrer seines Chefs aufgestiegen. Von der Schicht beurteilt sind dies Angehörige der dörflichen Mittel- und Unterschicht. Religiös sind die Bewohner dieses Blocks keineswegs einheitlich. In der Mehrzahl praktizieren sie die Regeln des Islam. Aber es gibt auch Ausnahmen. Der ältere Ehemann aus Haushalt 76 schloß während eines Interviews zur Zeit des Abendgebets einfach die Fenster und dabei blieb es, während sein Schwager und seine Schwester aus dem Haushalt 32 aktive Muslime sind. Wie im ersten Block gilt jedoch auch für diesen, daß die Mitglieder dieses Blocks eng beieinander wohnen und eine eigene Nachbarschaft unterhalb der Weilerebene bilden. Auch unterstützen sich die Mitglieder dieses Blocks im Alltag. Lokalität ist in diesem Fall wichtiger als religiöse Einheitlichkeit, doch ist dieser religiös gemischte Block sozial einheitlicher.

Damit hat die Ermittlung der Blockstruktur im Pgraph Auskunft über stabilere Teilstrukturen im Netz geliefert, die sich mit Hilfe ethnographischer Hintergrunddaten gut und differenziert ausdeuten ließen. Ein Blick zurück auf den Gesamtgraphen der Abstammungs- und Heiratsbeziehungen in Dukuh (Abbildung 6.3) läßt nicht vermuten, daß hier eine Dualstruktur vorliegt, die eine Zerlegung des gesamten Netzes in einen bipartiten Graphen zuläßt. Die formale Prüfung der Sidedness-

Eigenschaft im PGRAPH-Programm erkennt, daß dieses Netz tatsächlich keine duale Struktur aufweist. Doch lassen sich empirisch drei Klassen patrilinearer Abstammungslinien auffinden, zwischen denen regelmäßig Heiratsbeziehungen stattfinden, die allerdings nicht statistische signifikant sind und darum zufällig sein könnten (White 1996b). In unserem weiterführenden Aufsatz zeigen D. White und ich (1996), daß sich die islamische Dorfelite vom Heiratsmuster des Volkes unterscheidet, weil sie einen höheren Grad an struktureller Endogamie aufweist (was auch für andere Dörfer gilt). Interessanterweise sind bei der auf den Weiler beschränkten Sicht des Heiratsnetzes die Mitglieder dieser Elite, die über mehrere Weiler verteilt wohnen, aber untereinander heiraten und vererben, nicht weiter hervorgetreten (Schweizer 1988). Das von ihnen erzeugte abweichende Ordnungsmuster kommt erst dann zum Vorschein, wenn man über die Weilergrenzen blickt. In diesem Beispiel gibt es demgemäß keine „elementare" Struktur des zyklischen Heiratsaustauschs zwischen Abstammungsgruppen, die man mit einer einfachen Heiratsregel fassen könnte (etwa in Form des präferierten Konnubiums zweier durch mehr oder weniger stabile Heiratsbeziehungen verflochtener Gruppen; man vergleiche im vorigen Abschnitt das Vaupés-Beispiel). Dies würde man nach den Heiratsregeln in der javanischen Gesellschaft, die die Heirat unter engeren Verwandten verbieten und fordern, daß man möglichst eine(n) Partner/in desselben Standes ehelichen solle, auch nicht erwarten. Das Beispiel der im vorigen Abschnitt zitierten de facto Tendenz zu einer Dualstruktur in dem von L. Brudner-White und D. White (1997) unter-suchten Heiratsnetz in Kärnten ist jedoch ein skeptischer empirischer Hinweis darauf, daß die Kenntnis der Heiratsregeln nicht hinreicht, um das Ergebnis eines solchen regelgeleiteten, historischen und sozialen Prozesses genau und korrekt vorherzusagen. Die Pgraph-Analyse enthält das präzise Instrument, mit dem man überprüfen kann, ob überhaupt und in welcher Form ein solches Sidedness-Ordnungsmuster oder auch, wie im vorliegenden Fall, eine Blockstruktur, vorhanden ist. In den weitergehenden Analysen des Verwandtschaftsnetzes betrachtet man außerdem den Fluß anderer sozialer Beziehungen, etwa der Vererbung von Land, auf dem Hintergrund der Verwandtschaftsstruktur (in White und Schweizer 1996 nehmen wir solche Vertiefungen für das javanische Beispiel vor). Auch kann man die Stärke und Zufälligkeit des Zusammenhangs bestimmter verwandtschaftlicher und anderer sozialer Beziehungen mit Hilfe statistischer Tests prüfen. Der große Vorteil der

Pgraph-Analyse besteht in der Tatsache, daß sie unmittelbar bei den empirischen Daten über Abstammungs- und Heiratsbeziehungen ansetzt, diese visualisiert und aus den Daten die Netzstrukturen bestimmt. Es ist erwartbar, daß die so ermittelten Ordnungsmuster nicht so eindeutig und klar sind, wie das bei den (algebraischen) Analysen idealisierter kultureller Regeln oder bloßen normativen Darlegungen von Heiratsregeln der Fall ist. Dies ist der Preis, den man für die größere empirische Nähe bezahlen muß. Auch ist beim gegenwärtigen Forschungsstand noch kein abschließendes Urteil über diese Form der Verwandtschaftsanalyse möglich, weil die formalen Strukturen und Deutungsmöglichkeiten noch laufend am empirischen Material erprobt und verfeinert werden und auch die Programme noch nicht in der endgültigen, benutzerfreundlichen Form vorliegen.

Konsensusanalyse

Grundlagen

Die Konsensusanalyse ist ursprünglich in der kognitiven Ethnologie entstanden. Sie setzt bei einem Grundbefund aus ethnographischen Erhebungen an: das kulturelle Wissen, das Feldforscher über einen semantischen Bereich erfragen – als Beispiel denke man an Vorstellungen über Krankheiten und deren Behandlung – ist in der untersuchten Gemeinschaft unterschiedlich verbreitet. Man trifft auf Übereinstimmung, doch ebenso auf Abweichungen in den Informantenaussagen. Häufig entsteht der Eindruck, daß jeder Informant etwas über das Thema weiß, daß jedoch einige Informanten mehr über den Bereich mitteilen können als andere, weil sie neben den von vielen Informanten geteilten Aussagen über ein differenzierteres Zusatzwissen verfügen. Dieser Befund wirft die Frage auf, ob und in welchem Maße unter den Angehörigen der untersuchten Gemeinschaft überhaupt geteiltes Wissen herrscht? Haben diese Ratgeber an einer gemeinsamen Kultur Anteil oder nicht? Wer sind darüber hinaus die kompetenteren Informanten, die den gemeinsamen Wissenskern beherrschen und außerdem noch mehr Wissen über das Thema berichten können als andere? Die Erfinder des statistischen Verfahrens der Konsensusanalyse, die mathematischen Ethnologen A.K. Romney und S. Weller und der mathematische Psychologe W. Batchelder haben erkannt, daß diese Fragen im Grunde verwandt mit den Zielsetzungen der psychologischen Testtheorie sind. Psychologen lassen Probanden eine Reihe von Aufgaben lösen, deren Antworten die Forscher kennen. Anschließend besteht das Ziel der Auswertung darin, die Aufgaben nach ihrer Schwierigkeit zu sortieren und gleichzeitig die Probanden nach ihrer Leistung zu ordnen. In der psychologischen Testtheorie gibt es Skalierungsverfahren (die Reliabilitätsanalyse), die diese Zielsetzung erfüllen. In der ethnologischen Anwendung geht es nun gleichfalls um die Verbreitung von Wissen im weitesten Sinne (d.h. der zu einem Thema gegebenen Antworten) in der Menge der Informanten – allerdings fehlt der Antwortschlüssel (deshalb der treffende Titel von Batchelder und Romneys formalem Artikel: „Test theory without an answer key", 1986). Auch sind Ethnologen vor allem daran interessiert, die Informanten nach ihrer Kompetenz rangzuordnen und die „wahren Antworten", die mehrheitsfähig sind, aufgrund der Gewichtung der Informanten nach ihrer Kompetenz aufzufinden. Die Konsensusanalyse prüft nun für rechteckige Datenmatrizen, die aus einer Menge von Informanten und einer Menge von Antworten bestehen, ob in diesen Daten überhaupt kultureller Konsens gegeben ist. Wenn eine solche Übereinstimmung herrscht, dann werden die Informanten nach ihrer Kompetenz geordnet und die nach der Kompetenz gewichtete, mehrheitsfähige Antwort auf die zur Diskussion stehende Frage wird bestimmt. Die Antworten für die Konsensusanalyse können in dichotomer Form vorliegen, aber auch polytome und bewertete Informationen sind verarbeitbar. Zum Verständnis des Verfahrens sei auf Batchelder und Romney (1986) als formale und auf Romney, Weller und Batchelder (1986) sowie Weller und Romney (1988: 73-8) als stärker inhaltliche Einführungen verwiesen. Es gibt mittlerweile eine stattliche Menge von Anwendungen vor allem aus der kognitiven Ethnologie (Romney, Batchelder und Weller 1987; Brewer 1995 als Übersichten mit weiterführenden Literaturangaben). Zur näheren Erläuterung des Verfahrens bleibe ich bei dem Beispiel der Krankheitskognitionen. In einer Feldforschung hat S. Weller (1984a; auch analysiert in Romney, Weller und Batchelder 1986: 327-30; außerdem Weller 1984b) bei einer größeren Menge von Informanten in Guatemala Angaben zu einer Liste von Krankheiten erhoben. Und zwar bat sie ihre Gewährsleute, die Krankheiten nach deren Ansteckbarkeit und nach heiß/ kalt zu kategorisieren. Beide Aspekte waren in qualitativen, ethnographischen Interviews über das semantische Feld der Krankheiten in Guatemala als gültige Kategorien erkannt worden, mit denen Angehörige dieser Kultur Krankheiten charakterisieren. Es zeigt sich nun, daß unter den Informanten bezüglich des Kriteriums der Ansteckbarkeit eine hohe Übereinstimmung herrscht, während die

Heiß/kalt-Kategorisierung keinen kulturellen Konsens erzeugt. Die Informanten unterscheiden zwar alle „heiße" und „kalte" Krankheiten, aber es besteht keine Einigkeit darüber, welche Krankheiten in die eine und welche in die andere Kategorie fallen. L. Garro (1986) führte diese Ideen fort, indem sie in einer mexikanischen Gemeinde das Wissen über Heilrituale bei Heilern und ihrer Kundschaft untersuchte und damit die Frage nach dem Verhältnis von Expertenwissen und Laienwissen aufwirft. Ihre detaillierte Analysen erweisen, daß ein hohes Maß an kulturellem Konsens zwischen Heilern und Patienten besteht. Heiler und Patienten verfügen also über ein gemeinsames kulturelles Modell von Krankheiten und unterscheiden sich lediglich im Grad der Übereinstimmung (Kompetenz) mit dem in diesem Modell enthaltenen Wissen. Diese Übereinstimmung wächst bei Laien und Heilern mit der Erfahrung (Garro 1986: 366; weiterführend Boster und Johnson 1990; D'Andrade 1995a: 212-6).

Die Konsensusanalyse gestattet es Kognitionsethnologen, aber auch Netzwerkforschern, zu überprüfen, in welchem Maße das erhobene kulturelle Wissen in der untersuchten Gemeinschaft sozial geteilt ist. Damit ist die soziale Dimension der kulturellen Texte angesprochen, die ich im Kapitel 3 ausführlich vorgestellt habe. In speziellen kognitiven Netzwerkuntersuchungen kann man das Wissen der Untersuchten über ihr soziales Umfeld zum Gegenstand der Untersuchung machen („social cognition", Pattison 1994). Hierbei wird jedes Mitglied des Netzwerks als Informant befragt. Jeder gibt Auskunft darüber, wie er selbst und die restlichen Mitglieder des Netzes miteinander verbunden sind (Batchelder, Kumbasar und Boyd 1995). Das Fehlen oder Bestehen sozialer Beziehungen im Netzwerk sind also die „Fragen" für die Konsensusanalyse bei dieser Anwendung. Die Untersuchung sozialer Kognition ist ein eigener, sehr interessanter Zweig der neueren Netzwerkforschung. Ging es anfangs um die Diskrepanz zwischen Verhaltensdaten und kognitiven Daten über Netzwerke (Bernard et al. 1984 als Überblick), so steht mittlerweile die Wahrnehmung sozialer Gruppen, aber auch die Selbsteinschätzung der befragten Individuen hinsichtlich der Stellung zu den anderen Mitgliedern des Netzwerks im Zentrum (Freeman 1992a, b; Freeman, Romney und Freeman 1987; Freeman und Webster 1994; Kumbasar, Romney und Batchelder 1994; Pauli und Schnegg 1996; Pattison 1994). Zur Überprüfung des gemeinsamen Wissens spielt die Konsensusanalyse neben anderen Auswertungsverfahren auch in diesen Anwendungen der Netzwerkanalyse eine bedeutsame Rolle.

Die Konsensusanalyse stützt sich u.a. auf die *Annahmen* (Romney, Weller und Batchelder 1986: 317-8), daß die Antworten der Befragten unabhängig voneinander sind (diese also nicht die Antworten voneinander abschreiben oder anderweitig untereinander austauschen) und daß allen Antworten ein gemeinsames kulturelles Muster unterliegt. Letzteres zeigt sich rechnerisch daran, daß in der Faktorenanalyse, die die Grundlage für die Berechnung der Kompetenz der Informanten und des Antwortschlüssels ist, ein erster Faktor ermittelt wird, der deutlich mehr Information bündelt als alle nachfolgenden, und mit dem alle Informanten positiv korreliert sind. Wenn dieser erste Faktor von den anderen nicht genügend abgesetzt ist oder negative Korrelationen vorkommen, dann ist die Annahme der gemeinsamen Kultur verletzt, und die Rechenverfahren der Konsensusanalyse weisen aus, daß *kein* kultureller Konsens vorliegt.

Beispiel: Kultureller Konsens unter Anonymen Alkoholikern

Nun will ich an einem Beispiel vorführen, welche Ergebnisse die Konsensusanalyse erzielt. Ich benutze dabei die im ANTHROPAC-Programmpaket (Borgatti 1992) enthaltene und damit leicht zugängliche Version der Konsensusanalyse. Die Untersuchung wurde von Pat Skyhorse durchgeführt, die mir ihre Daten zur Verfügung stellte und die Befunde in einem Bericht zusammengefaßt hat (1994), dessen Argumentationsstruktur ich folge. Bei den Daten handelt es sich um Aussagen von Mitgliedern der Anonymen Alkoholiker in Orange County, Kalifornien, und einer Kontrollgruppe von Studienanfängern der University of California, Irvine. Die Informanten wurden gebeten, einen Fragebogen zu beantworten, der 39 ausgewählte Fragen aus einem psychologischen Persönlichkeitstest zu den Themenkomplexen Selbstwert (self esteem), Glück (happiness) und Furcht (anxiety) enthielt. Die Fragen waren mit ja oder nein zu beantworten. Beispielsfragen sind aus dem Selbstwertbereich: „Sind Sie der Meinung, daß es wenig gibt, auf das sie stolz sein können?"; eine Frage zum Glücklichsein heißt „Würden Sie sagen, daß Sie im allgemeinen mit ihrem Leben zufrieden sind?"; zum Furchtkomplex lautet eine Frage: „Machen Sie sich viele Sorgen um geldliche Dinge?". In der Erprobung der Fragebogens achtete die Forscherin darauf, daß die Antworten in der Gruppe der Befragten etwa gleich häufig

Spezielle Verfahren der Sozialstrukturanalyse 237

bejaht oder verneint wurden. Die Informanten mit Alkoholproblemen unterschieden sich in der Länge der Alkoholabstinenz und wurden unterteilt in eine Gruppe mit kurzer Alkoholabstinenz (2 Tage bis 15 Monate; 19 Befragte) und solche mit langer Abstinenz (länger als 4 Jahre; 17 Befragte). 25 Studienanfänger gehörten der Kontrollgruppe an. Konsens heißt in diesem Fall, daß die Befragten ähnliche Ansichten zu den Themenbereichen Selbstwert, Glück und Angst aufweisen. Betrachtet man die unterschiedlichen Kategorien von Befragten, so entsteht folgendes Bild (Tabelle 6.3).

TABELLE 6.3: KONSENSUSANALYSE DER SELBSTSICHT VON ANONYMEN ALKOHOLIKERN UND STUDIENANFÄNGERN IN KALIFORNIEN (DATEN VON PAT SKYHORSE)

Befragten-kategorie*	N	durch-schnittl. Kompetenz	Standard-abweich., Kompetenz	erklärte Varianz, Faktor 1	Ratio Faktor 1/2	negative Korrelationen	Konsens
Alle Befragten	61	.447	.381	75.2	6.8	ja	NEIN
AA kurz	19	.271	.378	52.5	1.6	ja	NEIN
AA lang	17	.670	.113	79.2	6.8	nein	JA
Studenten, insgesamt	25	.513	.337	78.2	6.4	ja	NEIN
Studenten, Englisch	14	.772	.126	88.4	13.0	nein	JA
Studenten, andere Sprachen	11	.161	.306	42.6	1.3	ja	NEIN

* *AA kurz*: Anonyme Alkoholiker kürzer als 1 Jahr trocken; *AA lang*: Anonyme Alkoholiker länger als 4 Jahre trocken; die *Studenten* sind Studienanfänger/innen der University of California in Irvine; *Englisch* bedeutet, daß diese Studenten immer Englisch sprechen, während die übrigen zu Hause *andere Sprachen* verwenden.

Die Tabelle führt in den Zeilen die verschiedenen Teilstichproben auf, innerhalb deren der Konsens für alle 39 Fragen geprüft wurde. Die Spalten der Tabelle informieren über die Anzahl der Informanten; die durchschnittliche Kompetenz (je höher dieser Wert ist, desto stärker ist das gemeinsam geteilte Wissen) und die Standardabweichung derselben (je größer, desto stärker schwanken die Informantenaussagen individuell).

Die erklärte Varianz für den ersten Faktor ist ein Hinweis darauf, welcher Anteil der Variation der Antworten durch das gemeinsame Wissen aller Informanten gebündelt wird. Die nächsten beiden Spalten prüfen, ob die Annahmen der Konsensusanalyse erfüllt sind. Der erste Faktor, der das gemeinsame Wissen repräsentiert, muß sich in der Höhe der erklärten Varianz deutlich von dem nachfolgenden Faktor unterscheiden; als Richtwert gilt ein Verhältnis 3:1. Auch dürfen keine negativen Korrelationen einzelner Informanten mit dem Faktor des gemeinsamen Wissens auftreten, weil sonst die Annahme einer gemeinsamen Kultur unter den Informanten verletzt ist. Erst wenn diese beiden Annahmen erfüllt sind, fällt dann in der letzten Spalte der Tabelle eine positive oder negative Entscheidung über den Konsens. Das Ergebnis der Konsensusanalyse für die Beispielsdaten ist nun wie folgt:

Wenn man die Antworten aller Informanten zusammennimmt, ergibt sich kein Konsens. Diesen hätte man bei diesen Fragen auch nicht unbedingt erwartet. Bei manchen Themen (den „obersten Prinzipien" oder den im Alltagsleben geteilten Elementen einer Kultur) stellt sich hingegen quer zu Alter, Geschlecht, Schicht, Religion usw. ein solcher Konsens ein. Durch die Zusammenfassung aller Informanten kann man dies überprüfen und erkennen. Der beachtliche Anteil der erklärten Varianz von Faktor 1 und seine Trennschärfe vom nächstfolgenden Faktor beweist, daß selbst bei diesem Beispiel unter allen Befragten eine gewisse Übereinstimmung der Antworten vorliegt. Doch gibt es etliche Informanten, deren Negativkorrelation mit dem gemeinsamen Wissen besagt, daß sie abweichender Meinung sind und daher insgesamt kein Konsens vorhanden ist.

Die Gruppe der seit kurzem trockenen Alkoholiker weist Interessanterweise ebenfalls keinen Konsens aus. Diese Menschen haben zwar das Alkoholproblem gemeinsam, aber ansonsten sind sie sehr unterschiedlich und haben (noch?) kein einheitliches Antwortmuster herausgebildet.

Die Gruppe der seit längerer Zeit trockenen Alkoholiker ist hingegen durch hohen Konsens gekennzeichnet (man beachte den hohen Anteil der durch Faktor 1 erklärten Varianz, die beachtliche durchschnittliche Kompetenz mit geringer Schwankbreite und das Fehlen negativer Korrelationen). Diese Befragten haben aufgrund ihres längeren Umgangs mit dem Alkoholproblem, sicher auch aufgrund ihrer dauernden Beteiligung an der Selbsthilfegruppe der Anonymen Alkoholiker ein gemeinsames Antwortmuster entwickelt (das sie unabhängig voneinander mitgeteilt haben).

Spezielle Verfahren der Sozialstrukturanalyse

Unter den Studenten ist gleichfalls kein Konsens erkennbar, obwohl doch alle an der amerikanischen Alltagskultur teilhaben und an derselben Universität eingeschrieben sind (eine geringe durchschnittliche Kompetenz mit hoher Schwankung; viele Negativkorrelationen; doch im Gegensatz dazu eine gewisse Bündelung in Faktor 1). Die negativen Korrelationen mit dem Gruppenwissen sind, wie P. Skyhorse herausfand, darauf zurückzuführen, daß die Studentengruppe in sich heterogen ist. Neben Befragten weißer Herkunft (Anglos) gibt es einige Studenten asiatischen oder lateinamerikanischen Ursprungs, die zu Hause andere Sprachen als Englisch verwenden. Dies sind die Befragten mit den negativen Korrelationen, was ihre Abweichung von der Kultur der englischsprachigen Studenten dokumentiert.

Beschränkt man nun die Konsensusanalyse der Antworten der Studenten allein auf die Teilgruppe der Englischsprechenden, so entsteht ein hoher Konsens (der höchste in der Tabelle bezüglich aller Werte). Was Selbstbewußtsein, Glück und Angst betrifft, verfügen die englischsprechenden Studienanfänger/innen offenbar über viele gemeinsame Ansichten.

Wer nun meint, man könne immer hohe Konsensuswerte erzielen, wenn man nur die Menge der Befragten genügend klein wählt, blicke auf die unterste Zeile der Tabelle 6.3 mit den schlechtesten Konsenswerten der Tabelle. Aus den vorangegangenen Analysen aller und der englischsprachigen Studenten ist bekannt, daß die Studenten, die eine andere Muttersprache als Englisch benutzen, sich von deren Antwortmuster unterscheiden. Zusammengefaßt begründen ihre einzelnen Antworten jedoch *keinen eigenen* Konsens. Ihre Antworten weichen lediglich von der englischsprachigen Gruppensicht ab, sind aber in sich völlig heterogen. Bei größeren Fallzahlen könnte man wiederum eine Untergliederung und Konsensusanalyse in den unterschiedlichen Sprach- und Subkulturen dieser Studenten anschließen.

In einem weiteren Schritt soll nun der Kontrast zwischen den (englischsprachigen) Studenten als der Kontrollgruppe und den seit längerer Zeit trockenen Alkoholikern vertieft werden, indem man die Konsensusanalyse nach Fragenkomplexen getrennt vornimmt. Auch in den einzelnen Fragekomplexen besteht Konsens, wenngleich in unterschiedlicher Höhe. Ein interessantes Ergebnis betrifft nun den aus dem Konsens errechneten Antwortschlüssel, also die geteilten Antworten in den beiden Gruppen. Während die Studienanfänger und die seit langem trockenen Alkoholiker die Fragen zum Glück und zum Selbstwert ähnlich beantworten, gibt es bei den Fragen zur Furcht gegensätzliche Antworten. Insbesondere zwei Fragen besitzen Trennschärfe: „Würden Sie sich als selbstbewußt bezeichnen?" bejahten die Studienanfänger und verneinten die seit langem trockenen Alkoholiker. Der Frage, „Würden Sie sagen, daß Sie manchmal aus Sorge nicht schlafen können", stimmen letztere zu, während die Studenten sie ablehnten. Sicherlich verbirgt sich hinter diesem Antwortmuster nicht nur die unterschiedliche Erfahrung mit dem Alkoholproblem, sondern auch das unterschiedliche Lebensalter der Befragten (die Studenten sind jünger als die Langzeitmitglieder der Anonymen Alkoholiker).

Das Beispiel sollte belegen, daß sich die Konsensusanalyse auf besonders gute Weise dazu eignet, einen differenzierten Dialog mit den erhobenen Daten zu führen, indem man das Bestehen oder Fehlen von Konsens in unterschiedlichen Teilmengen von Befragten prüft und für alle Fragen bzw. Teilmengen daraus getrennt auswerten kann (in dem Aufsatz von 1994 kombiniert Skyhorse die Konsensusanalyse mit der QAP-Analyse zum Test verschiedener Deutungshypothesen). Auch geht es in der Konsensusanalyse nicht um die bloße Feststellung darüber, ob geteiltes Wissen vorliegt oder nicht. Vielmehr wird (1) das Ausmaß des kulturellen Konsens quantitativ bestimmt (wie in Tabelle 6.3 vorgeführt). Man erhält (2) Auskunft über die unterschiedliche Kompetenz der einzelnen Informanten (hier nicht dargestellt), so daß man für vertiefende Interviews Schlüsselinformanten mit hoher Kompetenz auswerten kann (so auch der Vorschlag von Johnson 1990: 83-8). Außerdem (3) wird der Antwortschlüssel für die Fragen bestimmt, der die Grundlage für die Beschreibung der in der untersuchten Gemeinschaft geteilten kulturellen Ansichten liefert (hier nicht ausgeführt). Die in der Konsensusanalyse gewonnenen Information kann man zusätzlich dazu benutzen, um Informanten mit unterschiedlichen Antwortmustern zu kontrastieren und Fragen zu erkennen, die in hohem oder minderem Maße unter den Informanten geteilt sind. Für die Untersuchung der sozialen Verbreitung kulturellen Wissens liefert die Konsensusanalyse folglich ein präzises und sehr subtiles Instrument.

Spezielle Verfahren der Sozialstrukturanalyse

Die Untersuchung persönlicher Netzwerke

Grundlagen

Die Untersuchung persönlicher Netzwerke ist heute vor allem mit der Umfrageforschung verbunden. Während Umfragen üblicherweise Variablen über Eigenschaften individueller Akteure erheben, geht es bei der Untersuchung persönlicher Netzwerke um eine „strukturelle Erweiterung" dieser Forschung durch die Hinzunahme von Variablen über die Eigenschaften der sozialen Umgebung, in die die Individuen eingebettet sind. Die Untersuchung der persönlichen Netzwerke von Stadtbewohnern und die Erforschung der Art, wie Bewohner komplexer Gesellschaften ihr Alltagsleben meistern und dabei von ihren Mitmenschen soziale Unterstützung erhalten, ist ein Schwerpunkt dieser von der Soziologie bestimmten Forschungsrichtung (Fischer 1982b; Wellman, Carrington und Hall 1988; Wellman und Wortley 1990; Walker, Wasserman und Wellman 1994; Schenk 1995). Auch in der Ethnologie gibt es frühe Untersuchungen persönlicher Netzwerke. Bereits A.L. Epsteins (1969) Fallstudie seines Schlüsselinformanten Chanda und dessen Einbettung in das diffuse soziale Feld einer Stadt im Kupfergürtel Zentralafrikas; E. Botts (1971, 1977) Analyse der sozialen Umgebungen von Familien aus London; schließlich J. Boissevains (1973) Kontrastierung der unterschiedlichen persönlichen Netzwerke zweier Schlüsselinformanten aus Malta sind ethnologische Unter-suchungen persönlicher Netzwerke außerhalb der Umfrageforschung. Der Erforschung persönlicher Netzwerke geht es nicht primär um die Erfassung von Gesamtnetzwerken, sondern um die Erhebung egozentrierter Daten über das soziale Umfeld der befragten oder beobachteten Schlüsselpersonen (deswegen auch die Bezeichnung „persönliche" bzw. gleichbedeutend „egozentrierte Netzwerke"). Im Zentrum der Betrachtung stehen jeweils bestimmte Egos, deren Kontaktpersonen und die Art der Beziehung zwischen Ego und Alter. (1) Wie man diese Egos auswählt (zufällig oder nicht); (2) mit welchem Erhebungsinstrument man die Information über die Alter[52] gewinnt; (3) welche Hintergrundinformationen über Ego und Alter gesammelt werden; (4) welche Strukturinformation über die Art der Beziehung

---

[52] Der korrekte lateinische Plural von Alter ist Alteri, doch klingt diese Pluralform sehr künstlich und hat sich im Fachgebrauch nicht durchgesetzt (im Englischen sowieso nicht). Ich belasse es deshalb auch bei Pluralbildungen im Text bei der Bezeichnung Alter.

ermittelt wird; (5) welche Erkenntnisse man letztlich über die Struktur der persönlichen Netzwerke, aber auch abgeleitet aus den persönlichen Netzwerken über das Gesamtnetzwerks gewinnen kann, aus dem die persönlichen Netzwerke ausgewählt wurden, sind die zentralen methodischen Fragen dieser Forschungsrichtung (dazu Burt 1983; Bernard et al. 1990; Bien, Marbach und Neyer 1991; Campbell und Lee 1991; van der Poel 1993; Schenk 1995: 21-40). Ich werde sie nun der Reihe nach besprechen. Grundsätzlich muß man sich jedoch klar darüber sein, daß sich die Analyse von Gesamtnetzwerken (einer Schulklasse; eines Tauschnetzes; einer Gruppe von Verwandten; einer Abteilung in einer Organisation; eines Weilers oder Stadtbezirks), die in diesem Buch und auch in der Netzwerkforschung der Ethnologie sowie anderer Sozial- und Verhaltenswissenschaften im Zentrum stehen, deutlich von der Analyse persönlicher Netzwerke unterscheidet. Bei der Analyse persönlicher Netzwerke will man etwas über die soziale Einbettung und die Prägung der Meinungen und des Handelns von Akteuren durch ihre soziale Umgebung erfahren (Schenk 1995). Doch der Bezugspunkt ist nicht das gesamte soziale System wie bei der Untersuchung von Gesamtnetzwerken, sondern die sozialen Umgebungen der befragten/beobachteten Individuen als „ersatz network" (Burt 1983: 107-8) für das Gesamtnetz, das lediglich als Grundgesamtheit für die Auswahl der einzelnen persönlichen Netzwerke dient. Die Größe des in Betracht kommenden Gesamtnetzwerks (die Einwohner einer Großstadt, einer Massengesellschaft, eines Staates u.ä.) und die davon abhängige große Menge der zwischen diesen individuellen Akteuren abzufragenden Beziehungen lassen eine Gesamterhebung auf der Ebene von Individuen praktisch und finanziell aussichtslos erscheinen. Deshalb will man auf indirektem Wege, durch die Befragung einer Auswahl von Individuen zu deren persönlichem Umfeld, Auskunft über Eigenschaften des Gesamtnetzwerks erhalten. Die Untersuchung persönlicher Netzwerke ist hierbei das Instrument, das in enger Verbindung zur Umfrageforschung entwickelt wurde. Am Rande sei vermerkt, daß eine stärker institutionenbezogene Vorgehensweise (Foster und Seidman 1982) gekoppelt mit einem Mehrebenenansatz; auch die Befragung von Schlüsselinformanten (Burt und Ronchi 1994) alternative Forschungsdesigns zur Untersuchung großer Sozialsysteme eröffnen, die allerdings noch wenig erprobt wurden.

(1) Bei der *Auswahl* der Schlüsselpersonen (Egos) kann man sich grundsätzlich an den üblichen Verfahren der Informantenauswahl orien-

Spezielle Verfahren der Sozialstrukturanalyse 243

tieren, denn die Untersuchung persönlicher Netzwerke unterscheidet sich zunächst nicht von der allgemeinen empirischen Erhebung bei Umfragen oder Beobachtungsstudien, außer, daß neben Eigenschaften von Ego auch dessen persönliches Netz erfragt werden soll. Neben der Wahrscheinlichkeitsauswahl sind in kleineren Gemeinschaften auch die ethnographischen Formen der bewußten Auswahl von Informanten praktikabel (dazu Bernard 1994: Kap. 4; Johnson 1990). Die verschiedenen in der Grundgesamtheit auftretenden sozialen Umgebungen werden auf diese Weise gut erfaßt. Doch liegt der Nachteil dieses Vorgehens darin, daß die Verbindungen zwischen den einzelnen persönlichen Netzwerken und damit die Verbundenheit der Grundgesamtheit, aus der die Auswahl persönlicher Netzwerke entnommen wurde, nur unzureichend oder gar nicht ermittelt wird. Verbundenheit ist ein Schlüsselmerkmal der Sozialstruktur jeden Netzwerks und selbst diese Information ist aus Befragungen persönlicher Netzwerke für das Gesamtnetzwerk kaum zu gewinnen. Aufgrund seiner sehr plausiblen Modellrechnungen gelangt A. Klovdahl (1989: 188) zu der Schlußfolgerung: „In order to be able to observe connected regions of large social networks in an urban area, using an independent random sampling approach, it appeared necessary to use sample sizes in the range 5,000 to about 15,000 in a city of less than 200,000 people." Für größere Städte müßte die Stichprobe sogar noch größer sein, was die Praktikabilität des gesamten Vorgehens in Frage stellt. Denn selbst für die Umfrageforschung sind dies unüblich große Stichproben. Die persönlichen Befragungen aus ethnologischen Feldforschungen bleiben in der Regel weit unter diesen Werten, ebenso die Umfragen über persönliche Netzwerke. Aus diesen Gründen erhält man aus Befragungen persönlicher Netzwerke meist keine Information über die Struktur des Gesamtnetzwerks; es bleibt ungeklärt, ob das Gesamtnetzwerk verbunden ist oder nicht (Klovdahl 1989: 179-87). Um die Beziehungsketten und damit die Struktur des Gesamtnetzwerks besser erfassen zu können, wurden spezielle Auswahlverfahren entwickelt, die die Befragung persönlicher Netzwerke mit einer verbindungsbezogenen Auswahlstrategie koppeln („link-tracing design", Klovdahl 1989; Spreen 1992; Rothenberg 1995). Hierbei hängt die Auswahl der nachfolgenden Befragten von den Angaben der zuvor Befragten ab, indem man die nächsten Befragten unter den genannten Alter auswählt. Der Vorteil besteht darin, daß diese Auswahlstrategie die Verkettungen zwischen den einzelnen persönlichen Netzwerken besser erfaßt. Die *Schneeballauswahl* ist eine erste Form der verbindungsbezogenen Auswahl, wobei nach einem Einstiegspunkt ins Netz ein oder mehrere von Ego genannten Alter als nächstes in die (bewußte) Auswahl gelangen, diese wiederum Namen weiterer Personen nennen und man diese ebenfalls aufsucht. O. Frank und T. Snijders (1994) weisen nach, daß diese Auswahl keine schlechte Approximation der Eigenschaften der Grundgesamtheit liefert, sofern man bei der Auswahl der Startpersonen darauf achtet, daß mehrere voneinander unabhängige Kontaktpersonen als Einstieg in das Netz gewählt und diese unabhängig voneinander befragt werden. Auch sollte die Anzahl der von diesen Personen genannten Alter nicht zu eng begrenzt werden, damit für die nachfolgenden Wahlen genügend Alter aufgesucht werden können. Zentralere Personen im Netz haben bei diesem Vorgehen freilich eine höhere Chance, nominiert zu werden und dadurch in die Stichprobe zu gelangen als weniger zentrale, so daß die gewonnenen Ergebnisse die peripheren Mitglieder der Grundgesamtheit unterrepräsentieren. Eine zweite, vor allem von A. Klovdahl (1989, 1990) entwickelte und praktizierte Form der verbindungsbezogenen Auswahl mit Wahrscheinlichkeitselementen ist das *Random Walk Design* (dazu auch McGrady et al. 1995). Hierbei wählt man im ersten Schritt eine Wahrscheinlichkeitsstichprobe von Einstiegspersonen in das Netz aus, erhebt jeweils deren persönliches Netzwerk einschließlich der Namen und Adressen ihrer Alter. Im zweiten Schritt wird mit Wahrscheinlichkeitsauswahl von jedem Startpunkt aus ein Alter aus dessen Liste von Kontakten als nächster Befragter ausgewählt und nach demselben Verfahren befragt, das wiederum die Informationen über weitere Alter für die nächsten Schritte liefert. Man steht bei diesem Verfahren vor der Alternative, ob man wenige Einstiegspunkte und lange Ketten oder mehrere Einstiegspunkte und kürzere Wege wählen soll; letzteres ist aus systematischen und praktischen Gründen vorzuziehen. Der Random Walk, wenn er funktioniert, liefert in der ersten Stufe Information (in gewissen Fehlergrenzen) über Eigenschaften von Akteuren aus der Grundgesamtheit wie in einer üblichen Wahrscheinlichkeitsstichprobe (um diesen Repräsentationsschluß von der Stichprobe auf die Grundgesamtheit zu ermöglichen, sollte auf der ersten Stufe des Random Walk eine größere Anzahl von Startpersonen gewählt werden). Darüber hinaus erhält man aus den weiteren Schritten Auskunft über die Verkettung von Beziehungen im Gesamtnetzwerk, indem man die Namensüberschneidungen zwischen den einzelnen Walks feststellen kann. Der Nachteil des Verfahrens liegt im praktischen Bereich: man benötigt mehr Zeit als in üblichen Erhebungen, weil die Interviews aufeinander

Spezielle Verfahren der Sozialstrukturanalyse 245

folgen; es ist wegen der Namensinformation und der Abfolge der Interviews große Sorgfalt bei der Aufbewahrung und Bearbeitung der eingehenden Informationen und der daraus folgenden nächsten Erhebungsschritte erforderlich. Die Informanten müssen zudem bereit sein, Namensinformation über ihre Alter zu nennen. In der Untersuchung perönlicher Netzwerke von Bewohnern der südkalifornischen Stadt Costa Mesa, über die ich unten berichte, ließ sich der Random Walk wegen zu kurzer Erhebungszeit nicht realisieren. Die zufällig ausgewählten Befragten waren schwierig zu kontaktieren und nicht immer zu Interviews bereit. Hatte man jedoch diese Schwelle einmal überwunden, gaben sie die Namensinformation preis. Eine parallel angelegte Random Walk-Untersuchung zu den persönlichen Netzwerken der Bewohner der mexikanischen Grenzstadt Ensenada mit etwas längerer Erhebungszeit durch K. Auer war hingegen erfolgreich. Neben Klovdahls Anwendungen der Random Walk Strategie in Canberra/ Australien gibt es eine Reihe von Studien zu den persönlichen Netzwerken jugendlicher Amerikaner, die das Random Walk Design benutzen (McGrady et al. 1995; Liebow et al. 1995). Auch eine in den siebziger Jahren in dem Kölner Stadtteil Nippes durchgeführte Umfrage über persönliche Netzwerke kann aus heutiger Sicht als eine Form des Random Walk Designs rekonstruiert werden (Gräf 1996).

(2) Hat man die Egos ausgewählt, dann ist für die Untersuchung persönlicher Netzwerke charakteristisch, daß mit gleichartigen Fragen – den sogenannten *Namensgeneratoren* – die Kontaktpersonen (Alter) der Egos gewonnen werden.[53] Wichtig ist, daß man diese Alter nicht mit Rollentermini erfragt (Verwandter, Freund, Nachbar, Kollege?), die semantisch mehrdeutig sein können (für das amerikanische „friend" s. Fischer 1982a). Auch schöpfen diese Rollenbegriffe nicht unbedingt das Spektrum der für Ego tatsächlich bedeutsamen Bezugspersonen aus. Statt dessen sollte man eine Auswahl typischer Situationen aus dem Alltagsleben und typischer Interaktionsformen herausgreifen und für

---

[53] Der Ausdruck „Namensgenerator" hat sich in der Literatur eingebürgert, doch eigentlich geht es lediglich um die Generierung der Kontakpersonen von Ego. Anders als beim Random Walk Design benötigen die üblichen Umfragen zu persönlichen Netzwerken die Namensinformation (meist Vornamen oder Initialien) als bloße Erinnerungsstütze während der Befragung. Die Namensinformation wird in der Regel aus Gründen des Datenschutzes nicht dokumentiert und auch nicht für Auswertungen genutzt. Daher ist diese Benennung etwas irreführend.

diese Stimuli ermitteln, wer Ego in der Situation unterstützt bzw. mit ihm in der betreffenden Beziehung steht (McCallister und Fischer 1983; Campbell und Lee 1991; van der Poel 1993). Erst danach erfragt man dann für die so gewonnenen Mitglieder von Egos persönlichen Netzwerk die verschiedenen Rollen. Aus Gründen der Vergleichbarkeit empfiehlt es sich, daß man diese Liste an vorhandenen Erhebungsinstrumenten orientiert. Viel verwendet wurden die Listen von L. McCallister und C. Fischer (1983) und des International Social Survey Program (Zentralarchiv 1986). Bernard et al. (1990), Campbell und Lee (1991) und Schenk (1995: 34-40) untersuchen vergleichend, welchen Teil der Personen im persönlichen Netzwerk verschiedene Instrumente erfassen. Um einen Eindruck von den Namensgeneratoren zu vermitteln, enthält Tabelle 6.4 die aus dem International Social Survey Programm leicht modifiziert übernommenen Fragen (in Übersetzung), die wir bei unserer Kalifornien-Studie in der Stadt Costa Mesa verwendet haben.

TABELLE 6.4: NAMENSGENERATOREN AUS DER COSTA MESA-STUDIE

1. Nehmen wir an, Sie bräuchten *Zucker* oder etwas in dieser Art und die Läden sind geschlossen, oder Sie bräuchten ein Werkzeug. Wen würden Sie fragen, um diese Dinge auszuleihen?
2. Nehmen wir an, Sie bräuchten Hilfe bei *Arbeiten im oder am Haus*, z.B. eine Leiter halten oder Möbel verschieben. Wen würden Sie um diese Art von Hilfe bitten?
3. Nehmen wir an, Sie hätten Probleme damit, ein *Formular* auszufüllen, z.B. die Steuererklärung. Wen würden Sie bei dieser Art von Problemen um Hilfe bitten?
4. Die meisten Menschen *besprechen* von Zeit zu Zeit *wichtige Dinge* mit anderen. Im Rückblick auf die letzten sechs Monate, wer sind die Leute, mit denen Sie wichtige Dinge besprochen haben?
5. Nehmen wir an, Sie bräuchten Rat vor einer *größeren Veränderung* in Ihrem Leben, z.B. beim Wechsel des Arbeitsplatzes oder bei einem Umzug in einen anderen Ort. Wenn würden Sie um Rat fragen, wenn eine solche Entscheidung ansteht?
6. Nehmen wir an, Sie hätten *Grippe* und müßten ein paar Tage das Bett hüten. Wen würden Sie darum bitten, Sie zu versorgen oder etwas einzukaufen?
7. Nehmen wir an, Sie müßten eine *größere Summe Geld* leihen. Wen würden Sie fragen?
8. Nehmen wir an, Sie hätten *ernste Probleme* mit Ihrem/r Partner/in, die sie nicht mit ihm oder ihr besprechen können. Mit wem würden Sie über diese Probleme sprechen?

Spezielle Verfahren der Sozialstrukturanalyse 247

9. Nehmen wir an, Sie fühlen sich *niedergeschlagen* („depressed") und Sie möchten mit jemandem darüber reden. Mit wem würden Sie über diese Probleme sprechen?
10. Mit wem *gehen* Sie hin und wieder *aus*, zum Beispiel zum Einkaufen, Spazierengehen, ins Restaurant oder ins Kino?
11. Mit wem haben Sie mindestens einmal im Monat *Kontakt*, indem Sie sich gegenseitig besuchen, um zu reden, eine Tasse Kaffee oder etwas anderes zu trinken oder Karten zu spielen?
12. Gibt es *sonst* noch jemanden, der für Sie *wichtig* ist, aber den Sie noch nicht erwähnt haben? Angeheiratete oder andere Verwandte oder Arbeitskollegen, die wichtig für Sie sind?

Die meisten Listen von Namensgeneratoren (so auch diese) zielen darauf ab, die Mitglieder des *Kernnetzwerks* von Ego zu erfassen, also diejenigen Alter, die der Akteur intensiver kennt, mit denen er häufiger interagiert und die nach Vertrautheit und emotionaler Nähe zu seinem engsten Beziehungskreis gehören. Die Fragen sind zwar selektiv, aber insgesamt so umfassend, daß sie diesen Personenkreis „einfangen" können. Mit dem Blick auf das Kernnetzwerk geht es hier also wesentlich um die Erfassung der *starken Beziehungen* im Sinne Granovetters (1977). Man könnte zwar zusätzlich Fragen aufnehmen, die die schwachen Beziehungen abfragen, doch würde dies eine sehr große Zahl von Personen generieren, die im nächsten Schritt alle identifiziert werden müßten, was den Umfang der Befragung im Regelfall sprengen würde. Zur Erhebung der *Größe* persönlicher Netzwerke – was selbstverständlich die über schwache Beziehungen verbundenen Alter einbezieht – gibt es spezielle Techniken, auf die ich unten kurz eingehe. Hat man sich für eine Fragenliste entschieden, so ist zu bedenken, ob die Fragen tatsächliche oder hypothetische Situationen erfassen sollen. Die meisten Fragen in Tabelle 6.4 sind hypothetisch, während die Fragen aus der Liste von McCallister und Fischer (1983) beide Deutungen zulassen (die realistische Deutung ist üblicher, Völker 1995: 136-7). Auch ist zu überlegen, ob man die Menge der pro Frage genannten Namen beschränken soll. Dies verwischt zwar den Größenunterschied der Kernnetzwerke zwischen den Befragten, vereinfacht jedoch die Erhebung. Werden die Nennungen eingeschränkt, so sollte man nicht zu restriktiv verfahren, weil sonst wichtige Mitglieder des Kernnetzwerks übersehen werden.

(3) Unabhängig von den speziell interessierenden Forschungsfragen muß ein Kernbestand gleichartiger *Hintergrundinformation* über Ego und jeden genannten Alter erhoben werden. Alter, Geschlecht, Familienstand, Beruf, ethnische und religiöse Zugehörigkeit sind solche Hinter-

grundmerkmale, die kultur- und projektspezifisch zu ergänzen und zu modifizieren sind. Die Gleichartigkeit der über Ego und Alter erhobenen Informationen ist deswegen wichtig, weil ein wesentlicher Deutungsaspekt bei der Analyse persönlicher Netzwerke die Übereinstimmung (Homogenität/ Heterogenität) von Ego und Alter in solchen Hintergrundmerkmalen ist: gleich und gleich gesellt sich gern – was zu überprüfen wäre. Folglich müssen für jede mit den Namensgeneratoren gewonne Kontaktperson von Ego solche Daten erhoben werden (man spricht in diesem Zusammenhang auch von *Namensidentifikatoren*, Schenk 1995: 33). Hier ist dann noch einmal die praktische Grenze dieser Erhebungsform erkennbar: je mehr Namen generiert werden, desto aufwendiger wird deren Identifikation. Um die Aufmerksamkeit der Befragten nicht überzustrapazieren und die Qualität der Antworten zu sichern, sollte daher eine Begrenzung bei der Namensgenerierung erfolgen, was z.B. durch die Schwerpunktlegung auf die starken Beziehungen und damit das Kernnetzwerk der Befragten erzielt wird.

(4) Eine weitere Informationsart bezieht sich auf die *Beziehung* zwischen Ego und Alter. Zwar erhält man bereits eine erste Auskunft über die Verbindung von Ego und Alter dadurch, daß man weiß, bei welchen Fragen aus der Liste ein Alter genannt wurde. Aber meist werden sich zusätzliche Fragen zur Häufigkeit und Intensität der Beziehung und zur Rolle der Alter gegenüber Ego anschließen. An die Auskünfte über die Beziehung zwischen Ego und Alter schließen sich Fragen zu *strukturellen Eigenschaften* des persönlichen Netzwerks an. Die Größe des egozentrierten Kernnetzwerks ergibt sich implizit aus der Zahl der genannten Alter. Interessant ist zusätzlich eine Angabe zur Dichte des persönlichen Umfelds. Dies läßt sich dadurch ermitteln, daß man Ego um Auskunft darüber bittet, wer wen unter den genannten Alter (gut) kennt. Dies kann je nach Zahl der generierten Namen bereits sehr aufwendig sein, da diese Information paarweise erfragt werden sollte (Schenk 1995: 100). Für den Nahbereich eines persönlichen Netzwerks (= das Kernnetzwerk), der mit diesem Instrument erfaßt wird, ist zu erwarten, daß diese Informationen gute Qualität haben, weil es erst im Fernbereich sozialer Beziehungsnetze zu größeren kognitiven Vereinfachungen und Verzerrungen kommt (Freeman 1992a). Es ist nach diesen Ausführungen sicher deutlich geworden, daß die Erhebung von Daten über persönliche Netzwerke ein subtiles Vorgehen verlangt, bei dem eine Reihe kniffliger methodischer Entscheidungen zu treffen sind. Auch sind Überlegungen zur Praktikabilität des Vorgehens unabdingbar.

Spezielle Verfahren der Sozialstrukturanalyse 249

Ein Pretest ist in jedem Fall notwendig, um mögliche Schwierigkeiten des Fragebogens erkennen und beheben zu können. In ethnologischen Feldforschungen, auch zu persönlichen Netzwerken, werden die Daten in der Regel von den Forschern selbst im persönlichen Gespräch mit den Untersuchten erhoben. Dies erzeugt im Normalfall kleinere Datenmengen verläßlicher Datenqualität (man vergleiche die unterschiedlichen Schwerpunktsetzungen bei den ethnographischen Beiträgen in Trotter 1995 mit den Umfragestudien in Klovdahl 1995; beides auf einem guten Stand). Wird die empirische Erhebung hingegen, wie in der Praxis der Umfrageforschung üblich, an Dritte abgegeben, so entsteht bei Netzwerkumfragen mit unbeschränkter Namensgenerierung ein Problem der Datenqualität, das W. Sodeur (1996) beobachtet und analysiert hat: die Interviewer werden von solchen Instituten meist nach der Stückzahl der geleisteten Interviews bezahlt. Ein Interview, das viele Namen und davon abhängig viele identifizierende Fragen generiert, erzielt folglich trotz höheren Aufwands dieselbe Bezahlung wie ein wegen geringer Namensnennung kürzeres Interview. Interviewer tendieren deshalb als rationale Akteure mit zunehmender Erfahrung dazu, immer kürzere Interviews abzuliefern. Eine andere oder zumindest bessere Bezahlung und Interviewerkontrolle können hier Abhilfe schaffen.

(5) Welche *Erkenntnisse* gewinnt man über persönliche Netzwerke, wenn man die hier skizzierte Forschungsstrategie befolgt? Zunächst erhält man beschreibende Information über die Größe, Zusammensetzung und soziale Interaktionen (Unterstützung) in den persönlichen Netzwerken der untersuchten Personen, die man zusätzlich nach den Hintergrundmerkmalen der Egos untergliedern kann (z.B. nach Alter, Geschlecht, Schicht, ethnischer Zugehörigkeit usf.). Wie erwähnt ist die Homogenität/ Heterogenität von Ego und Alter ein weiterer wertvoller Ansatzpunkt für die Deutung dieser Daten über unterschiedliche sozialen Umwelten. Die Informationen über die persönlichen Netzwerke geben insgesamt Auskunft über charakteristische soziale Umgebungen in der untersuchten Gesamtheit (Burt 1983: „ersatz network positions"). Wie Frank und Snijders (1994) und Klovdahl (1989, 1990) für Schneeballuntersuchungen und Random Walks gezeigt haben, kann man aus diesen speziellen Stichprobenuntersuchungen darüber hinaus auf die Verbreitung bestimmter Netzwerkmerkmale im Gesamtnetzwerk schließen.

Zusätzlich gibt es für besondere Fragestellungen spezielle Erhebungs- und Auswertungsverfahren. Zur Abschätzung der Häufigkeit seltener oder versteckter Gruppen in der Population (Beispiel Opfer von Naturkatastrophen, Heroinabhängige, Aidsinfizierte) wurden spezielle Rechenverfahren entwickelt, die auf den Daten aus Untersuchungen persönlicher Netzwerke aufbauen (Bernard et al. 1990; Johnsen et al. 1995; Killworth et al. 1995; Shelley et al. 1995; weiterführend auch Klovdahl 1995; Trotter 1995). Geht es lediglich darum, die *Größe* persönlicher Netzwerke zu erfassen, so haben L. Freeman und C. Thompson (1989) sowie in einer Verbesserung des Verfahrens P. Killworth et al. (1990) ein Erhebungsinstrument entwickelt, das im ersten Schritt mit einer Wahrscheinlichkeitsauswahl Namen aus dem Telefonbuch ermittelt und diese Namen als Stimuli für die Erinnerung der Befragten verwendet. Die Menge der durch die genannten Namen ins Gedächtnis gerufenen Personen aus dem persönlichen Netzwerk des Befragten wird dann hochgerechnet, um eine Einschätzung der Größe seines persönlichen Netzwerks zu erhalten. Für die Vereinigten Staaten erhält man eine Größe des persönlichen Netzwerks von im Durchschnitt 1700 Personen mit einer Streuung um 400 (Killworth et al. 1990: 310); in Südkalifornien (Orange County) lag der Durchschnittswert nach dieser Quelle (S. 306) sogar bei 2025 Kontakten.

Beispiel: Soziale Beziehungen in Costa Mesa, Kalifornien

Das Beispiel für die Erhebung persönlicher Netzwerke, das ich nun vorstelle, bleibt in dieser Region. Es handelt sich um die Stadt Costa Mesa in Orange County, südöstlich von Los Angeles. Sie gehört zum weiteren Einzugsgebiet von Los Angeles und gilt in der städtischen Agglomeration, im Gegensatz zu den am Meer gelegenen Orten mit hohem Freizeitwert, als „working site". Im Rahmen eines Feldforschungspraktikums haben 11 Ethnologiestudenten der Kölner Universität und etwa dieselbe Zahl aus der University of California in Irvine unter Anleitung von D. White und mir während fünf Wochen eine Untersuchung zu den persönlichen Netzwerken der Bewohner in dieser multiethnischen Stadt durchgeführt (Schweizer, Schnegg und Berzborn 1997, und die in Arbeit befindliche Magisterarbeit von S. Berzborn als Ergebnisse). Nach Angaben der amtlichen Statistik sind 72% der 102000 Einwohner Costa Mesas Weiße (Anglos), 20% lateinamerikanischer Herkunft (Hispanics), 6% asiatischen Ursprungs (Asians) und 2% Schwarze (Blacks) oder

Spezielle Verfahren der Sozialstrukturanalyse

Angehörige anderer Ethnien. Aus logistischen Gründen mußten wir unsere *Erhebung* auf die Stadt begrenzen, doch haben wir in den egozentrierten Interviews mit den Fragen aus Tabelle 6.4 sämtliche Alter aufgenommen, ungeachtet dessen, wo diese wohnten. Die Zahl der pro Interview generierten Namen wurde nicht beschränkt. Wie erwähnt, wollten wir einen Random Walk durchführen, was aber an der beschränkten Erhebungszeit scheiterte. Wir begannen mit 57 zufällig ausgewählten Startpersonen und vollzogen einige zweite und wenige dritte Schritte in diesen Random Walks. 91 Egos wurden insgesamt interviewt und gaben Auskunft über ihre Beziehungen zu 941 Alter. Von diesen wohnten 48.1% in Costa Mesa, weitere 24.1% in Orange County und zusätzliche 14.9% in Kalifornien. Lediglich 12.9% der Alter lebten in diesem bemerkenswert lokalisierten Netz außerhalb Kaliforniens. Im Schnitt nannten die Befragten 10 Namen auf unsere Stimuli. Unter den Kontaktpartnern überwogen die Verwandten (48.3% in der Gesamtstichprobe, gefolgt von 39.0% Freunden, 8.2% Nachbarn und 4.5% anderen Rollen). Doch zeigt sich hier ein interessanter ethnischer Unterschied. Während in den persönlichen Netzwerken der Anglos Verwandte und Freunde nahezu gleichbedeutend sind (42.6% zu 42.4%; gefolgt von 9.6% Nachbarn), überwiegen bei den Hispanics die Verwandten mit 73.3%. Freunde spielen bei ihnen eine geringere (21.7%) und Nachbarn als besondere Kategorie kaum eine Rolle (2.3%). Man sieht, daß die Anglos ein stärker rollengemischtes persönliches Netzwerk aufweisen und im Gegensatz dazu die persönlichen Netzwerke der Hispanics sehr viel stärker von Verwandten bestimmt werden. Da diese Verwandten meist in demselben Block wohnen, enthält die Kategorie Verwandter bei den Hispanics auch einige Nachbarn. Diese bilden hingegen bei den Anglos eine separate Kategorie von Personen, die nicht in den Nennungen der Verwandten oder Freunde enthalten ist. Auffallend ist die ethnische Homogenität der persönlichen Netzwerke. Bei den Anglos sind 93.5% der Alter ebenfalls Anglos, bei den Hispanics sogar 97.1%. Nun sollte man aus diesem Ergebnis nicht schließen, daß beide Gruppen in völlig getrennten ethnischen Welten leben, denn dieser Befund gilt nur für das aus den starken sozialen Beziehungen zusammengesetzte *Kernnetzwerk*. Nicht ausgeschlossen ist, daß die Kontakte am Arbeitsplatz und bei Alltagsgelegenheiten ethnisch heterogener sind. Schaut man sich nun an, welche Rollen mit welchen Beziehungsarten assoziiert sind, so werden Verwandte vor allem in ökonomischen und persönlichen Krisensituationen konsultiert. Freunde spielen bei der Geselligkeit und im Alltag eine große Rolle, während Nachbarn unbedeutend sind. Dieses Muster ist bei Anglos und Hispanics ähnlich. Doch sind bei den Hispanics die Verwandten insgesamt bedeutsamer und man muß das Bild nach Verwandtschaftskategorien differenzieren (dazu Schweizer, Schnegg und Berzborn 1997; zu Beziehungen und Rollen in persönlichen Netzwerken im allgemeinen auch Wellman und Wortley 1990). L. Freeman und D. Ruan (1996) kommen in einer vergleichenden Analyse von Umfragedaten zur sozialen Unterstützung und sozialen Rollen zu dem sehr interessanten komparativen Befund, daß in den euroamerikanischen Gesellschaften die Verwandtschaftsrollen eng beieinanderliegen, während im Fall Chinas die Verwandtschaftsrollen sehr spezifisch und mit ganz unterschiedlichen Aufgaben im persönlichen Netzwerk verknüpft sind. Sicherlich könnte diese Fallstudie persönlicher Netzwerke in Costa Mesa durch ethnographische Erhebungstechniken in der Beschreibung konkretisiert werden. Auch würde eine Dokumentenanalyse der Besitzmuster, vor allem des Hausbesitzes, sie historisch vertiefen. Diese Befragung hat aber zumindest die Richtung angedeutet, wie man im Rahmen einer Erhebung persönlicher Netzwerke den lokalen Bezug der ethnologischen Feldforschung bewahren und dennoch die aus dem lokalen Ausschnitt herausführenden Außenbeziehungen der Bewohner miterfassen kann. Damit läßt sich eine erkenntnishemmende Kontrastierung und lähmende Debatte in der Stadtethnologie über Forschung *in* der Stadt und Forschung *über* die Stadt (Stadt als Ort oder als Fokus der Forschung als sich ausschließende Alternativen, dazu Kokot 1991; Weltz 1991) produktiv überwinden. Beide Forschungsperspektiven sind anwendbar und lassen sich gerade in einer Netzwerkstudie besonders gut miteinander vereinbaren. Aus dem Blickwinkel der Netzwerkanalyse hat bereits J.C. Mitchell (1987: Kap. 1) die unfruchtbare Gegenüberstellung von ethnographischen Mikrostudien und gesamtgesellschaftlich/ historischen Makrostudien in der Stadtforschung erkannt und durch ein besseres, integratives Modell überwunden.

7 Fazit: Das Forschungsprogramm der Netzwerkanalyse

In diesem Buch habe ich erstens theoretische Argumente zur Prägung des sozialen Handelns durch Netzstrukturen und zur Entstehung sozialer Ordnungsmuster erörtert. Zweitens wurden methodische Verfahren zur Erhebung, formalen Charakterisierung und analytischen Durchdringung von Netzwerkdaten vorgestellt. Drittens habe ich die Erklärungen und die formalen Verfahren der aktuellen Netzwerkforschung an exemplarischen Anwendungen erläutert. Dahinter steht die Auffassung, daß die Analyse sozialer Netzwerke mit den darin enthaltenen formalen Begriffen und theoretischen Ideen eine Neubelebung der Sozialethnologie einleiten kann, so wie das auch in verwandten Disziplinen geschehen ist, die sich dem Netzwerkdenken geöffnet haben. Auch bin ich der Ansicht, daß ethnographische, qualitative Untersuchungen und formale Netzwerkanalysen zum beidseitigen Vorteil miteinander verbunden werden sollten. Netzwerkstudien erzielen dadurch eine bessere Einbettung der im Detail untersuchten sozialen Beziehungen und Ordnungsmuster in die kulturellen und historischen Hintergründe, während Ethnographien und Vergleiche einen Zuwachs an Genauigkeit und Systematik bei der Beschreibung und Erklärung sozialer Phänomene gewinnen.

Damit hoffe ich gezeigt zu haben, daß die Netzwerkanalyse den Forschungen über soziale Strukturen aus der Ethnologie, Soziologie, Geschichtswissenschaft und verwandten Fächern eine Menge interessanter theoretischer Ideen anbietet und grundlegende ebenso wie spezielle Techniken zur Erfassung und Zergliederung sozialer Organisationsmuster zur Verfügung stellt. Der große Vorteil und Reiz der heutigen Netzwerkanalyse besteht darin, daß sie in ihrem Forschungsgebiet verschiedene Disziplinen verbindet. Außerdem ist die Netzwerkanalyse nicht auf Gesellschaften eines bestimmten Typs oder bestimmter Zeiten beschränkt, sondern universell einsetzbar (ähnlich übrigens wie die Erkenntnisse der neueren Kognitionsethnologie, D'Andrade 1995a). Der berühmte „*other*" (d.h. der Angehörige einer fremden Kultur) aus den postmodernen Texten und „die andere Kultur" insgesamt werden in der Netzwerkanalyse nicht fremder gemacht als sie tatsächlich sind, und die Beschreibungen und Erklärungen des sozialen Handelns benutzen zur Untersuchung der eigenen wie der fremden Kultur einen einheitlichen Forschungsansatz. Netzwerkstudien über inhaltlich, räumlich und zeitlich ganz unterschiedliche Fälle aus den verschiedenen Disziplinen bedienen sich deshalb alle derselben formalen Begriffe und Verfahren und stützen sich auf ähnliche Hypothesen zur Erklärung der aufgefundenen Ordnungsmuster. Diese Einheit von Methode und Theorie trotz inhaltlicher Verschiedenheit gilt auch für die in diesem Buch analysierten ethnologischen Beispiele: die politischen Machtkämpfe in einer chinesischen Gemeinde, der Geschenkaustausch der !Kung, das rituelle Netzwerk und die Verwandtschaftsbeziehungen in einem Dorf auf Java. Man kann sie ebenfalls an den Beiträgen in dem informativen Sammelband von S. Wasserman und J. Galaskiewicz (1994) nachvollziehen, das die Sichtweise unterschiedlicher Fächer vereint. In der folgenden Liste habe ich einige weitere exemplarische Anwendungsfälle der Netzwerkanalyse zusammengestellt, die die große Spannweite dieser Forschungsrichtung, aber auch die wissenschaftliche Tragweite und praktische Bedeutung ihrer Fallstudien verdeutlichen soll:

- das Kommunikationsnetz des römischen Autors Cicero, gewonnen aus einer Inhaltsanalyse seiner Korrespondenz (Alexander und Danowski 1990)
- der Aufstieg und die Strategien des Machterhalts der Medici in Florenz im 15. Jhdt. (Padgett und Ansell 1993)
- die Entstehung des französischen Impressionismus und die beständige Neuordnung der Kunstszene in New York (White und White 1965; H. White 1993)
- die Ausbreitung wissenschaftlicher Revolutionen (White und McCann 1988)
- die Entwicklung und Struktur von Protestbewegungen (Bearman und Everett 1993)
- die Transformation persönlicher Netzwerke in Zeiten großer Umbrüche (Völker 1995)
- die Kontinuität von Familien und Höfen in Kärnten (Brudner-White und White 1997)
- die Diffusion von Krankheiten in sozialen Netzwerken (Klovdahl 1985, 1995; Klovdahl et al. 1994; Trotter 1995)
- die Beziehungs- und Beeinflussungsmuster in Kleingruppen wie z.B. (multiethnischen) Schulklassen (Coleman 1961; Braun und Gautschi 1996; Schnegg und Pauli 1996), studentischen Freundschaftscliquen (Newcomb 1961; Nakao und Romney 1993) und Organisationen (Boster, Johnson und

Fazit: Das Programm der Netzwerkanalyse

Weller 1987; Brajkovich 1994; Lazega und Lebeaux 1995; Nohria und Eccles 1992)
- der Handel mit der Droge Crack und die Schattenwirtschaft in einer Nachbarschaft von East Harlem, New York (Bourgois 1995)
- die Sozialstruktur von Städten und die persönlichen Netzwerke von Stadtbewohnern (Klovdahl 1989; Wellman, Carrington und Hall 1988; Wellman und Wortley 1990)
- die personelle und finanzielle Verflechtung von Industrien und Banken (Ziegler 1976; Berkowitz und Fitzgerald 1995)
- die politischen Beziehungen und Handelsströme in der heutigen Welt (Knoke 1990: Kap. 7; Wasserman und Galaskiewicz 1994: Tl. III)
- die sozialen Netzwerke von Primaten (Sade und Dow 1994)

Gewiß sind bei allen diesen unterschiedlichen Fällen die Daten und Forschungsfragen unterschiedlich. Die Auswahl der einzelnen Analyseverfahren und Erklärungen muß außerdem nach ihrer Aussagekraft für das empirische Material getroffen werden. Weiterhin sind die besonderen historischen und kulturellen Bedingungen fallspezifisch in Betracht zu ziehen. Aber man erkennt aus dieser Zusammenstellung dennoch das breite Spektrum der Anwendungsfälle eines einheitlichen strukturalen Forschungsprogramms. Diese Anwendungen können sehr speziell und abstrakt/ wissenschaftlich, aber auch allgemein und praxisbezogen sein.[54] In diese Kooperation unterschiedlicher Fächer können Ethnologen ihre dichten ethnographischen Fälle und ihre komparative Perspektive einbringen, was neue Auswertungsverfahren und neue theoretische Erklärungsversuche in der Netzwerkforschung initiieren kann. Die Feldforscher gewinnen im Gegenzug einen schärferen Blick auf die Muster sozialer (Un-) Ordnung, die in ihren ethnographischen Materialien verborgen sind, und erhalten theoretische Anregungen für die Erklärung dieser Ordnungsmuster. Gegenwärtig befindet sich die interkulturell vergleichende Forschung der Ethnologie in einer Umbruch-

---

[54] So scheint z.B. der Niedergang des 1. FC Köln, des örtlichen Fußballclubs in der ersten Bundesliga, und dessen drohender Abstieg in die zweite Liga, nach einer langen Phase der Agonie auch unter Verwendung von Netzwerkideen abgewandt worden zu sein (Frühjahr 1996). Der neue Trainer, P. Neururer, führte zum Einstieg eine von ihm „Soziometrie" genannte Befragung der Spieler durch, in der diese ihre Idealmannschaft und ihre präferierten Spielpartner nennen konnten. Dies war offenbar Grundlage einer Neuorientierung der Mannschaft, die danach mehr Spiele gewonnen oder zumindest unentschieden gespielt hat als zuvor und so den Klassenerhalt sicherte. Wie weitgehend die Anwendung von Netzwerkideen in diesem Fall allerdings war, entzieht sich meiner Kenntnis.

phase. Diese führt weg vom abstrakten statistischen interkulturellen Vergleich weltweiter Stichproben auf der Basis von Zustandsbeschreibungen einzelner Kulturen. Diese älteren Vergleiche müssen sich zwangsläufig in der Hypothesen- und Begriffsbildung an der mittleren Datendichte der gesichteten ethnographischen Querschnittsstudien ausrichten. Die neueren Vergleiche sind hingegen thematisch spezialisierter und auf wenige Kulturen fokussiert. Sie können deswegen das über die Einzelfälle vorhandene Datenmaterial besser ausnutzen. Diese inhaltlich reicheren, kontrastiven Fallstudien sind im Idealfall auch Längsschnittstudien, die Prozeßanalysen ermöglichen (ein Beispiel sind die mit der *Pgraph*-Analyse entstandenen Untersuchungen von Verwandtschaftsnetzwerken, Brudner-White und White 1997; Houseman 1996; Houseman und White 1996a, b, c; White und Jorion 1992, 1996; White und Houseman 1995; White 1996b). H. Fischer (1996: 228) hat diesen auch für ethnographische Fallstudien gültigen Trend wie folgt zusammengefaßt: „Es scheint wichtiger, mehr und intensiver über wenige Gesellschaften zu wissen, als wenig über tausende. Und schließlich geht es um eine Langzeituntersuchung über Jahrzehnte ... die das 'ethnographische Präsens' überwinden und Feldforschung wie untersuchte Kultur als Prozeß darstellen soll." Diese kontextbewußteren Vergleiche und prozeßbezogenen Ethnographien benötigen feinere und flexiblere Auswertungsverfahren und einheitliche Begriffe, so wie sie die moderne Netzwerkanalyse zur Verfügung stellt. Auf diese Weise wird in den Fallstudien ein tieferer Einblick in soziale Zusammenhänge und Prozesse ermöglicht und gleichzeitig die Vergleichbarkeit von Strukturen zwischen den Fällen und über Verläufe mit Hilfe der netzwerkanalytischen Begrifflichkeit und Theorie hergestellt. Die jüngste Entwicklung in diesem Feld (Freeman 1996b) ist die Verwendung von Filmen zur Darstellung der zeitlichen Veränderung sozialer Beziehungen und zum Vergleich von Daten über den Zusammenhang von Verhalten und Kognitionen in sozialen Netzwerken. Auf diese Weise kann man die Entfaltung sozialer Ordnungsmuster im Zeitablauf verfolgen und erkennen, wie Verhaltensmuster in Netzwerken kognitiv vereinfacht werden. Diese dynamische Analyse eröffnet völlig neue und bessere Möglichkeiten, soziale Strukturen und Prozesse zu begreifen und zu modellieren.

Man kann angesichts dieser Erkenntnislage Clyde Mitchells unbekanntem Kollegen, dessen Bemerkung Clyde in der Einleitung zu seinem Netzwerkbuch ironisch, aber zustimmend zitiert hat (1969a: 1) nicht ganz widersprechen: „And these three things abideth – class, role, and network – and the greatest of these is network". Soziale Netzwerke sind sicher nicht alles, aber ziemlich viel für ein Fach, das die Aufgabe und Chance hat, nach einer langen Phase des Datensammelns und Beschreibens und wagemutiger, aber empirisch oft unzureichender theoretischer Entwürfe in die ernsthafte Phase der Modellbildung einzutreten. Dabei werden die Daten genauer analysiert und die Theorien systematischer entwickelt und strenger geprüft als das zuvor der Fall war. Für die Neuorientierung der Untersuchung sozialer Organisation und deren Ordnungsmuster liefert die Netzwerkanalyse die methodischen Instrumente und theoretischen Ideen.

An dieser Stelle will ich noch einmal einige Themen und Probleme nennen, deren Bearbeitung unmittelbar ansteht: (1) Die strenge Trennung von netzwerkgeprägten Strukturanalysen und Untersuchungen kultureller Bedeutungen erscheint obsolet. Aber wie genau Netzwerke und Kognitionen in natürlichen Situationen, besonders in Zeiten kultureller Umbrüche, zusammenhängen und sich wechselseitig beeinflussen, harrt der Erklärung. In diesem Untersuchungsfeld kann auch der von postmodernen Autoren (Dirks, Eley und Ortner 1994; Keesing 1994a) hervorgehobene Zusammenhang zwischen hegemonialen Ideologien, kultureller Heterogenität und der sozialen sowie politischen Einbettung des kulturellen Wissens netzwerkanalytisch aufgegriffen und möglicherweise genaueren Antworten zugeführt werden. (2) Die im Zuge der weltweiten ökonomischen, sozialen, politischen und kulturellen Globalisierung erfolgte Einbeziehung lokaler Gemeinschaften in übergeordnete Instanzen; die im Migrations- und Kommunikationsprozeß herausgebildeten transnationalen Identitäten und Organisationsmuster eröffnen ein weites Feld für Netzwerkstudien. Die Analyse der in diesem Prozeß entstehenden diffusen Machtbeziehungen mit netzwerkanalytischen Mitteln ist eine lohnende Aufgabe. Leider wurden die heutigen Netzwerkmethoden zur Erforschung dieser Themen bisher nicht eingesetzt, obwohl es offensichtlich möglich ist, wie auch Hannerz (1992) erkannt hat.

Wie man sieht, ist keineswegs an eine Abschottung der Netzwerkforschung von anderen Sozial- und Kulturtheorien gedacht. Ganz im Gegenteil sollten die Suche nach Berührungspunkten, das Finden gemeinsamer und das Aufspüren neuer Themen, und auch der Leistungsvergleich mit anderen Forschungsrichtungen im Mittelpunkt der Auseinandersetzungen stehen. Diese methoden- und theorievergleichende

Absicht unterliegt auch diesem Buch, das damit sowohl ein kritisches als auch ein konstruktives Anliegen verfolgt. Ein erster kritischer Anknüpfungspunkt ist zunächst der Strukturalismus. Die älteren Strukturalismen aus der britischen (A.R. Radcliffe-Brown, S. Nadel, M. Fortes) und französischen Ethnologie (C. Lévi-Strauss) haben aus heutiger Sicht versagt, weil sie die Ordnungsmuster zu starr und zu abstrakt fassen wollten und häufig bei bloßen Typologien sozialer Strukturen verharrten, anstatt diese zu erklären (dies war bereits E. Leachs Kritik, 1966 [1961]: 2-7). In der Hinwendung zur heutigen Netzwerkanalyse eröffnet sich der Sozialethnologie die Chance für einen neuen, besseren Strukturalismus. Dieser übernimmt aus dem französischen Strukturalismus und dem britischen Strukturfunktionalismus die Suche nach sozialen Ordnungsmustern, untersucht jedoch in einer Prozeßsicht mit präzisen Mitteln auch das Entstehen, den Verfall und die Transformation sozialer Ordnungen und will die Ordnungsmuster und deren Wandel erklären. Dementsprechend sind die heutigen Methoden empirischer und zugleich differenzierter als das früher der Fall war. Die Erklärungsaufgabe steht im Vordergrund. So setzt die heutige Netzwerkanalyse bei Daten über das Handeln der Akteure an und erkennt mit begründbaren und kontrollierten Verfahren (z.B. der Blockmodellanalyse) Ordnungsmuster in diesen Daten. Diese können ja nach Gegenstand mehr oder weniger deutlich ausgeprägt sein und müssen dann im nächsten Schritt erklärt werden. Ein zweiter theoretischer Reibungspunkt für die Netzwerkanalyse sind die an kulturellen Bedeutungen interessierten Symboltheorien der Kultur. Diese vernachlässigen aus netzwerkanalytischer Sicht das Problem der sozialen Ordnung. Zwar ist ein Verstehen der Auffassungen von Angehörigen fremder Kulturen in der heutigen global vernetzten Welt für das friedliche Zusammenleben von Kulturen wichtig, und dieses Verständnis zwischen Kulturen wird durch ethnographische Beschreibungen unterstützt. In diesem Nutzen der Ethnographie als Aufklärung über Fremdes, aber nur in diesem Aspekt, stimme ich der von K.H. Kohl (1993: 164-6) propagierten hermeneutischen Wende des Fachs zu. Aus demselben Grund schließe ich mich auch dem Interesse des postmodernen Ethnologen J. Clifford (1988: 23) an der Erzeugung zutreffender Bilder über andere Kulturen an. Aber kritisch möchte ich demgegenüber hervorheben, daß noch mehr zu tun bleibt und das Verstehen lediglich einen ersten Schritt in einem umfassenderen Erkenntnisgang und einer weitergespannten Erklärungsaufgabe darstellt. Zur Beantwortung dieser nachgeordneten, aber fundamentalen Warumfragen

Fazit: Das Programm der Netzwerkanalyse

zur Erkenntnis von Zusammenhängen und der Dynamik im untersuchten Gegenstandsbereich, finde ich wenig Hilfe bei der interpretativen oder postmodernen Ethnologie. In der Ursachenforschung nützen eben doch nur die „szientistischen" (Kohl 1993: 164; in meiner Terminologie: die „analytischen") Forschungsansätze aus der Netzwerkanalyse, kognitiven Ethnologie, Kulturökologie, Ethnodemographie, Wirtschaftsethnologie usw. Die Notwendigkeit der Kausalanalyse stellt sich nicht nur für wissenschaftliche, sondern auch für praktische Zwecke. Wenn es z.B. darum geht (man vergleiche die obenstehende Liste der Anwendungen der Netzwerkanalyse), die Struktur multiethnischer Schulklassen zu durchdringen, den Aufbau von Organisationen einschließlich der darin enthaltenen Kommunikations- und Machtstrukturen zu durchschauen, die Umsetzung von Sozial- und Wohlfahrtsprojekten, die Prävention von AIDS, die soziale und politische Struktur einer Stadt oder gar das Gefüge des modernen Weltsystems zu erkennen, dann vermitteln interpretative und postmoderne Ansätze zwar einen ersten und interessanten, im guten Fall auch informativen Eindruck dieser Phänomene, aber die in diesen Gegenständen wirksamen Ursachen-Wirkungsverknüpfungen durchleuchten sie nicht auf präzise und begründbare Weise. In wissenschaftlichen und praktischen Kontexten kommt es nicht nur darauf an, sich über die verschiedenen Absichten und Überzeugungen der an den Diskursen Beteiligten zu verständigen, sondern auch die Funktionsweise komplexer sozialer Systeme zu erkennen. Dieses Ursachenwissen über soziale Zusammenhänge und Verläufe ist außerdem notwendig, um wichtige, evtl. existenzielle praktische Probleme in Gesellschaften und Kulturen ganz unterschiedlicher Art lösen zu können. Die Erkenntnisse der Netzwerkanalyse ebenso wie das weitere Ursachenwissen aus den analytisch orientierten Sozial- und Verhaltenswissenschaften können folglich zur Beschreibung und Erklärung sozialer und kultureller Phänomene; bei Bedarf auch zur Lösung praktischer Probleme eingesetzt werden. Keineswegs ist der analytische Forschungsansatz auf die Untersuchung von Industriegesellschaften und westliche Forscher begrenzt (entgegen K.H. Kohl [1993: 165-6], der die hermeneutischen Ansätze von vornherein für kulturell offen und die analytischen für kulturgebunden und von westlichem Dominanzdenken geprägt hält).[55] Die von der

---

[55] Die tief in der europäischen Geistesgeschichte verwurzelten hermeneutischen Ideen sind meines Erachtens nicht weniger kulturgebunden als die auch am praktischen Handeln gewonnenen Netzwerkideen. Beide müssen sich dem Test der interkulturellen Übertragbarkeit und Praktikabilität stellen. Die Debatte

Netzwerkanalyse entwickelten Methoden und Theorien sind jedenfalls in ihrer Aussagekraft nicht beschränkt, sonder auf ganz verschiedene soziale Systeme anwendbar. Wenn man auf die unterschiedlichen Aufgaben blickt, die verstehens- und erklärungsbezogene Forschungsansätze in der Sozial- und Wirtschaftsethnologie erfüllen – Schilderung der Situationslogik der Akteure und ihres sinnhaften Handelns einerseits; Ursachenanalyse der Handlungsfolgen und besonders der aus dem Handeln entstehenden Ordnungsmuster unter Einbeziehung des Entscheidungskalküls der Akteure andererseits –, dann erscheint die scharfe Grenzziehung zwischen Verstehen und Erklären in manchen interpretativen und postmodernen Texten und die pauschale Ablehnung des sog. „naturwissenschaftlichen" Erklärungsmodells erkenntnishemmend.[56] Diese Trennung sollte zugunsten einer umfassenderen Forschungsperspektive aufgegeben werden, in dem beide ihre Berechtigung an unterschiedlicher Stelle im Forschungsgang erhalten. Es ist vielleicht aufschlußreich, eine frühe Aussage von Clifford Geertz über die Sozialstruktur javanischer Dörfer mit den in Kapiteln 3 und 6 vorgelegten formalen Detailanalysen ihrer sozialen Ordnungsmuster zu vergleichen. Geertz schreibt auf der Grundlage seiner qualitativen Daten (1959: 34-5):

> „If one stays for any length of time in a contemporary Javanese village what comes to strike one most forcibly ... is the general formlessness of the life there, the essential vagueness of social structure, the looseness of ties between individuals ..."

Der erste, von Geertz mit dem (frühen) interpretativen Blick gewonnene und beobachtungsnahe Eindruck einer diffusen sozialen Ordnung ist sicher richtig. Aber durch die Brille der Netzwerkanalyse betrachtet, kann man im zweiten, analytischen Blick genauer und differenzierter erkennen, daß bei den Eliten des dörflichen Verwandtschaftsnetzes

---

zwischen den hermeneutischen und analytischen Forschungsrichtungen ist allerdings umfassender als die hier geführte Diskussion der Netzwerkanalyse und muß an anderer Stelle fortgesetzt werden (s. z.B. Schweizer 1993b; Stellrecht 1993).

[56] Man beachte, daß in dem Erklärungsmodell von Kapitel 4, das eine Synthese verschiedener Hypothesen aus der Netzwerkforschung darstellt, die Akteure auch mit Interessen und Wissen ausgestattet sind und sich die Erklärung keineswegs auf beobachtbares Verhalten oder materielle Bedingungen beschränkt. Gleiches gilt für die am rationalen Handeln ausgerichteten Erklärungsmodelle von Coleman 1990, 1991 und Esser 1991, 1993: Kap. 4, 14, 15.

Fazit: Das Programm der Netzwerkanalyse 261

strukturelle Endogamie herrscht, die beim Volk fehlt (White und Schweizer 1996). Auch wird genau geprüft, welches kausale Gewicht Lokalität, Schicht und Religion in dieser Sozialordnung tatsächlich haben und wie diese Bedingungen zusammenspielen. Den Standpunkt der Einheimischen zu erfassen, ist sicher ein erster nützlicher und in den meisten ethnologischen Untersuchungen unumgänglicher Schritt. Aber wenn es heute wie früher in der Ethnologie darauf ankommt, das aus den Worten und Handlungen folgende Muster sozialer Beziehungen zu beschreiben und zu erklären, was eine untersuchte Gemeinschaft im Innersten zusammenhält oder sprengt, dann ist mehr vonnöten. Hierzu leistet die Netzwerkanalyse einen wertvollen Beitrag. In „Rethinking Anthropology", einer Auseinandersetzung mit Malinowski und Radcliffe-Brown als Begründern der britischen Social Anthropology, hat Edmund Leach, mittlerweile selbst ein klassischer Vertreter des Fachs, diese immer noch gültige Aufgabe der Ethnologie, wenn auch mit Hinweis auf einfache Rechenregeln, wie folgt beschrieben (1966 [1961]: 6-7):

„Our task is to understand and explain what goes on in society, how societies work. If an engineer tries to explain to you how a digital computer works he doesn't spend his time classifying different kinds of nuts and bolts. He concerns himself with principles, not with things. He writes out his argument as a mathematical equation of the utmost simplicity, somewhat on the lines of: 0+1=1; 1+1=10. ... I don't want to turn anthropology into a branch of mathematics but I believe we can learn a lot by starting to think about society in a mathematical way."

VISUALISIERUNGEN KOMPLEXER NETZWERKE (ABBILDUNGEN ERSTELLT VON L. KREMPEL)

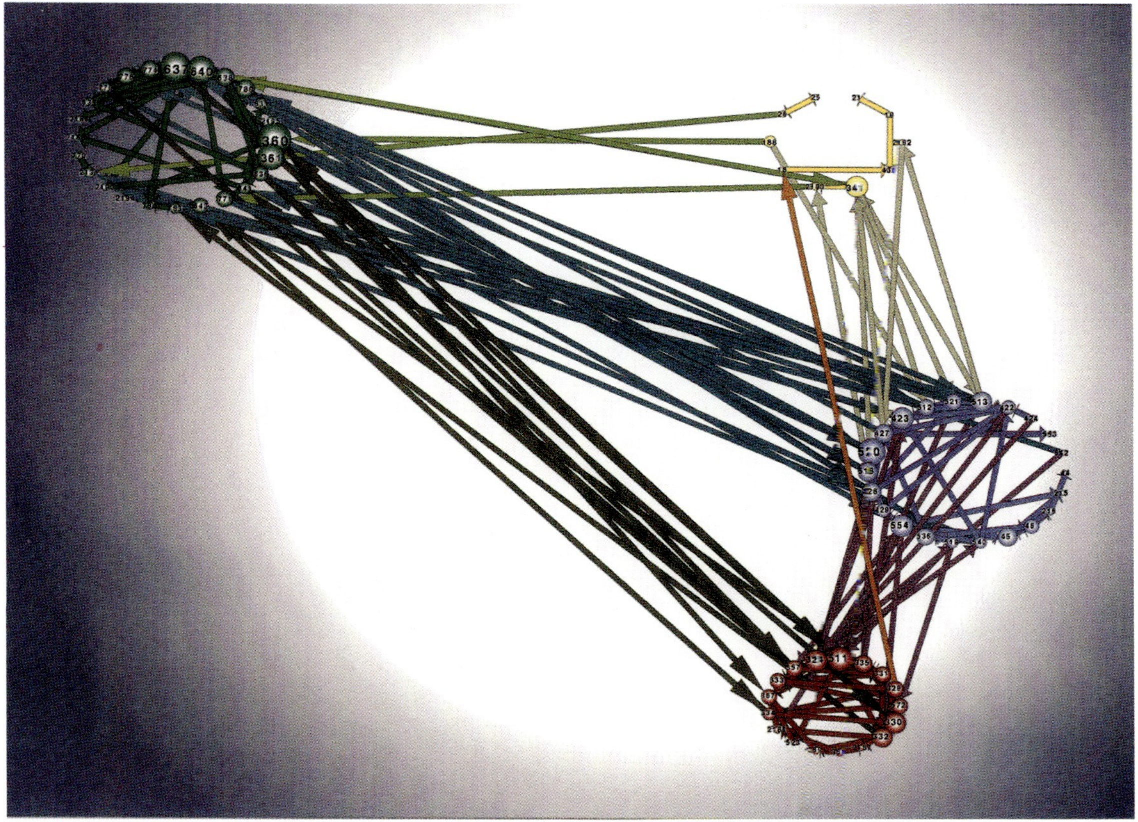

Abbildung 3.1: Der *hxaro*-Austausch der !Kung und die räumliche Zugehörigkeit von 73 Akteuren

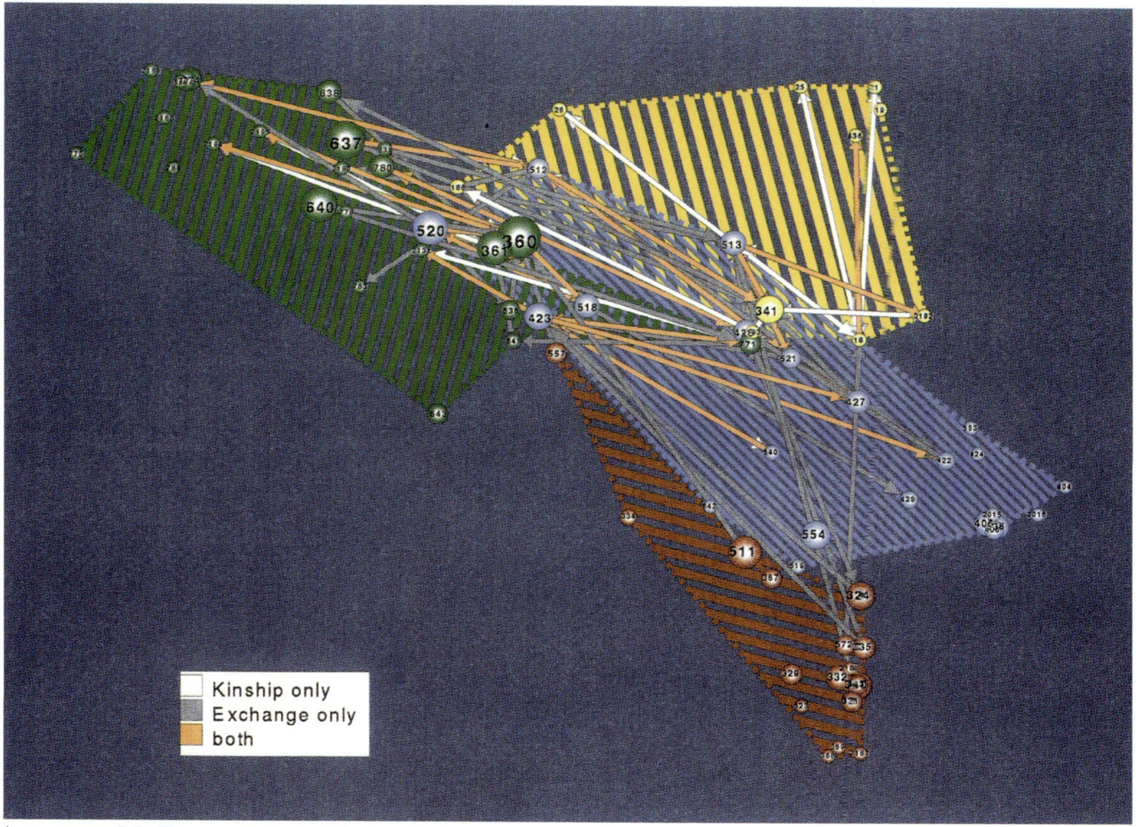

ABBILDUNG 3.2: TAUSCHGEBIETE, VERWANDTSCHAFT UND DER KERN DES HXARO

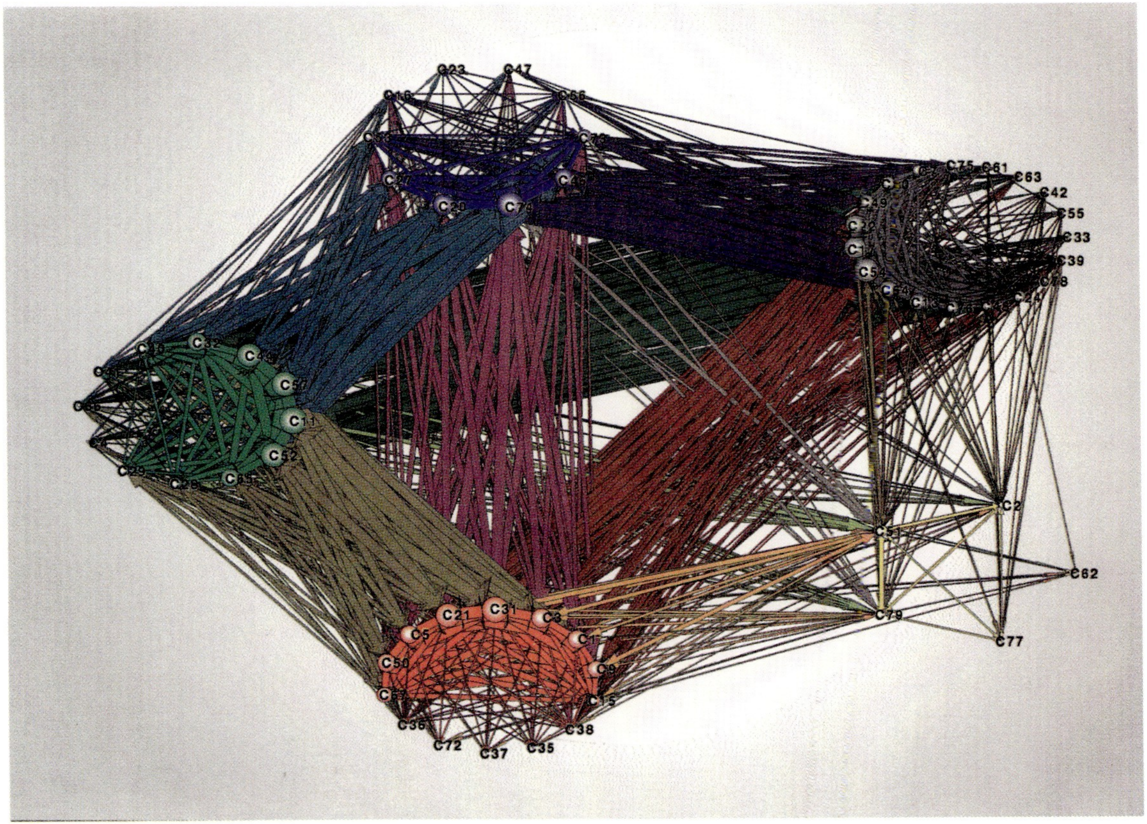

ABBILDUNG 3.3: DAS *SLAMETAN*-NETZWERK UND DIE WEILERZUGEHÖRIGKEIT DER FESTE

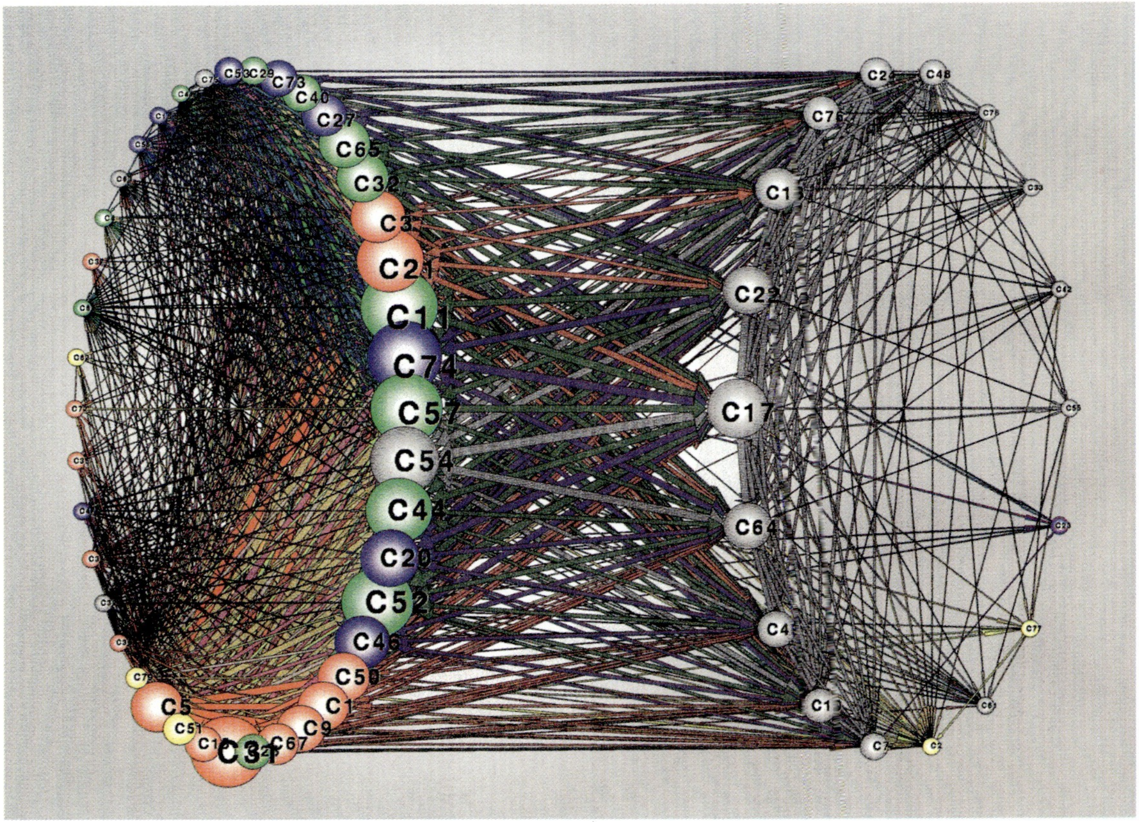

ABBILDUNG 3.4: EIN BLOCKMODELL DES *SLAMETAN*-NETZWERKS

Anhang: Weiterführende Informationen

A. Nachrichten und Zeitschriften

Aktuelle Informationen zu anstehenden Tagungen und anderen Aktivitäten auf dem Gebiet der Analyse sozialer Netzwerke erhält man über das *International Network for Social Network Analysis* (INSNA, Koordinator: Stephen P. Borgatti), Dept. of Organization Studies, Carroll School of Management, Boston College, Chestnut Hill, MA 02167, USA, fax: (617) 552 2097, email: steve_borgatti@msn.com. INSNA richtet eine Jahrestagung zur Netzwerkanalyse aus, stellt in einer INSNALIB genannten elektronischen Bibliothek Software und Daten zur Verfügung (über die Homepage von INSNA im *Internet* erreichbar unter: http://thecore.socy.scarolina.edu/insna.html) und gibt die Zeitschrift *Connections* heraus. INSNA-Mitglieder können außerdem an einem Diskussionsforum zur Netzwerkanalyse (SOCNET) teilnehmen.

Connections (John V. Skvoretz und Katherine Faust, Hg., 19. Jg., 1996) erscheint dreimal jährlich und kostet mit einer Mitgliedschaft in INSNA $ 40 (Studenten $ 20; Adresse wie oben).[57] Die Zeitschrift enthält neben Tagungshinweisen kürzere Forschungsberichte und ausführliche Literaturhinweise einschließlich Abstracts.

Social Networks: An International Journal of Structural Analysis (Linton C. Freeman, Hg., 18. Jg., 1996) erscheint viermal jährlich bei Elsevier Science, Amsterdam, und ist die wesentliche Quelle für die Publikation von Beiträgen zur Analyse sozialer Netzwerke aus unterschiedlichen Disziplinen (INSNA-Mitglieder erhalten einen vergünstigten Subskriptionspreis).

---

[57] Alle Preisangaben ohne Gewähr, Stand: Mai 1996.

B. Elektronische Informationsquellen

Neben den Informationsseiten von INSNA vermitteln die folgenden Adressen im *Internet* einschlägige Informationen (gebührenfreie Nutzung):
Die Homepage von Lin Freeman (http://eclectic.ss.uci.edu/~lin/lin.html) enthält Abstracts, Hinweise auf frei erhältliche Computerprogramme sowie Literatur zur Netzwerkanalyse (http://eclectic.ss.uci.edu/~lin/gateway.html) und Zugang zu einer *NetWeb* genannten Galerie von Netzwerkabbildungen: http://eclectic.ss.uci.edu/~lin/gallery.html

Auf der Hompage des Max-Planck-Instituts für Gesellschaftsforschung, Köln, gibt Lothar Krempel Einblick in die Visualisierung von Netzwerkdaten und präsentiert seine *Gallery of Social Structures*: http://www.mpi-fg-koeln.mpg.de/~lk/netvis.html

Networks in Society and History ist eine neugegründete elektronische Zeitschrift (Peter Bearman, Linton C. Freeman, Mauricio Gribaudi, Thomas Schweizer und Douglas R. White, Hg., erscheint erstmals 1996) mit netzwerkbezogenen Beiträgen aus Ethnologie, historischer Demographie und Soziologie. Über diese Zeitschrift und ein damit verbundenes Diskussionsforum ist auch das PGRAPH-Programm inklusive Handbuch und Tutorium für die Analyse von Verwandtschaftsdaten erhältlich. Adresse im *Internet*: http://eclectic.ss.uci.edu/nsh/nsh.html und weitere Informationen über http://eclectic.ss.uci.edu/~drwhite/doug.html

C. Software

Es gibt eine Reihe von Computerprogrammen für die Auswertung von Netzwerkdaten. Die meisten laufen auf Rechnern mit DOS- oder UNIX-Betriebsystemen. Ich nenne hier nur die wichtigsten und besonders für Anfänger geeigneten Programme (weitere Informationen auf den oben erwähnten Homepages erhältlich). UCINET IV ist ein besonders einsteiger- und benutzerfreundliches Programmpaket, das die Hauptverfahren der Netzwerkanalyse und auch einige statistische Standardverfahren enthält. Es ist erhältlich bei Analytic Technologies, 104 Pond Street, Natick, MA 01760, USA (fax: (617) 552 2097; email-Anschrift siehe oben unter Steve Borgatti) und kostet $ 75 ($ 29 für Studierende) inklusive Handbüchern zuzüglich Versandkosten. Das mit UCINET verwandte Programmpaket ANTHROPAC ist ähnlich aufgebaut und gleichermaßen benutzerfreundlich. Es umfaßt neben einigen statistischen Standardverfahren formale Hilfsmittel für die Erhebung und Auswertung von Kognitionsdaten, u.a. die Konsensusanalyse. Es wird ebenfalls von Analytic Technologies vertrieben und kostet mit Handbüchern $ 125 (Studierende $ 39) plus Versandkosten. Das KRACKPLOT 3.0 Programm zur Visualisierung von Netzwerkdaten ist mit einer Beschreibung gleichfalls bei Analytic Technologies erhältlich (zum Preis von $ 50, Studenten $ 25). Im *Internet* finden sich Informationen über KRACKPLOT bei der Adresse: http://www.contrib.andrew.cmu.edu/~krack

Das Programmpaket SONIS 3.0 (*SO*cial *N*etwork *I*nvestigation *S*ystem) ist zwar weniger einstiegsfreundlich als UCINET, umfaßt aber ebenfalls eine große Palette von Verfahren, darunter einige, die in keinem anderen Programmpaket zur Netzwerkanalyse vorhanden sind. Die Verfahren können vom Benutzer flexibel an seine spezielle Auswertungssituation angepaßt werden. SONIS wird von der EDV-Abteilung des Mannheimer Zentrum für Europäische Sozialforschung, Universität Mannheim, D-68131 Mannheim, vertrieben und kostet DM 400 (DM 250 Studentenversion).

GRADAP Version 2.10 (*GRA*ph *D*efinition and *A*nalysis *P*ackage) ist ein umfassendes Programm zur Graphenanalyse, das mit einem informativen Handbuch einhergeht, in dem die Verfahren ausführlich erläutert werden. GRADAP wird von der niederländischen universitären Softwarefirma iec ProGAMMA, P.O. Box 841, NL-9700 AV Groningen vertrieben und kostet $ 535 (Information im *Internet* bei: http://www.gamma.rug.nl/files/p315.html).

Literaturverzeichnis

[Erstes Erscheinungsjahr bei einigen älteren Werken in eckigen Klammern]

Abu-Lughod, L.
  1989 Zones of theory in the anthropology of the Arab world. *Annual Review of Anthropology* 18, 267-306.
Albert, H.
  1994 *Kritik der reinen Hermeneutik*. Tübingen: Mohr.
Alexander, M.C. und J.A. Danowski
  1990 Analysis of an ancient network: Personal communication and the study of social structure in a past society. *Social Networks* 12, 313-35.
Batchelder, W.H., E. Kumbasar und J.P. Boyd
  1995 Consensus analysis of three-way social network data. Ms., School of Social Sciences, University of California, Irvine.
Batchelder, W.H. und A.K. Romney
  1988 Test theory without an answer key. *Psychometrika* 53, 193-224.
Backhaus, K., B. Erichson, W. Pinke, C. Schuchard-Ficher und R. Weiber
  1996 *Multivariate Analysemethoden. Eine anwendungsorientierte Einführung.* 8. Aufl. Heidelberg: Springer.
Banton, M. (Hg.)
  1966 *The social anthropology of complex societies*. London: Tavistock.
Barnard, A.
  1992 *Hunters and herders of Southern Africa*. Cambridge: Cambridge U.P.
Barnes, J.A.
  1954 Class and committees in a Norwegian island parish. *Human Relations* 7, 39-58 (auch in Leinhardt 1977).
  1969 Networks and political process. In: Mitchell 1969b.
Barnes, J.A. und F. Harary
  1985 Graph theory in network analysis. *Social Networks* 5, 235-44.
Barth, F.
  1981 *Process and form in social life: Selected essays of Fredrik Barth*. Bd. 1. London. Routledge & Kegan Paul.
  1992 Towards greater naturalism in conceptualizing society. In: Kuper 1992.
  1994 A personal view of present tasks and priorities in cultural and social anthropology. In: Borofsky 1994.
Bearman, P.S.
  1993 *Relations into rhetorics: Local elite social structure in Norfolk, England, 1540-1640*. New Brunswick: Rutgers U.P.
Bearman, P.S. und K.D. Everett
  1993 The structure of social protest, 1961-1983. *Social Networks* 15, 171-200.

Berg, E. und M. Fuchs. (Hg.)
1993 *Kultur, soziale Praxis, Text: Die Krise der ethnographischen Repräsentation.* Frankfurt: Suhrkamp.

Berkowitz, S.D. und W. Fitzgerald.
1995 Corporate control and enterprise structure in the Canadian economy: 1972-1987. *Social Networks* 17, 111-27.

Bernard, H.R.
1994 *Research methods in anthropology: Qualitative and quantitative approaches.* 2. Aufl. Thousand Oaks: Sage.

Bernard, H.R. und W.P. Handwerker
1995 *User's manual for data analysis with MYSTAT (for use with McGraw-Hill Textbooks).* New York: McGraw-Hill.

Bernard, H.R., E.C. Johnson, P.D. Killworth, C. McCarty, G.A. Shelley und S. Robinson
1990 Comparing four different methods for measuring personal social networks. *Social Networks* 12, 179-215.

Bernard, H.R., P.D. Killworth, D. Kronenfeld und L. Sailer
1984 On the validity of retrospective data: The problem of informant accuracy. *Annual Review of Anthropology* 13, 495-517.

Bernard, H.R. und J. Salinas Pedraza
1989 *Native ethnography: A Mexican Indian describes his culture.* Newbury Park: Sage.

Bien, W., J. Marbach und F. Neyer
1991 Using egocentered networks in survey research. A methodological preview on an application of social network analysis in the area of family research. *Social Networks* 13, 75-90.

Bloch, M.
1994 Language, anthropology, and cognitive science. In: Borofsky 1994.

Böck, M.
1996 Individual flexibility of cultural models: Matrilineal kinship among the Khasi/ Meghalaya, North East India. In: Schweizer und White 1996.

Boissevain, J.
1993 An exploration of two first-order zones. In: *Network analysis: Studies in human interaction* (Hg.) J. Boissevain und J.C. Mitchell. Den Haag: Mouton.

Bollig, M. und M.J. Casimir
1993 Pastorale Nomaden. In: *Handbuch der Ethnologie* (Hg.) T. Schweizer, W. Kokot und M. Schweizer. Berlin: Reimer.

Bonacich, P.
1972 Factoring and weighting approaches to status scores and clique identification. *Journal of Mathematical Sociology* 2, 113-20.

Boomgaard, P.
1989 *Children of the colonial state. Population growth and economic development in Java, 1795-1880.* Amsterdam: Free University Press.

Boorman, S.A. und H.C. White
1976 Social structure from multiple networks II. Role structures. *American Journal of Sociology* 81, 1384-1446.

Borgatti, S.P.
1992 *ANTHROPAC 4.0.* Columbia, SC: Analytic Technologies.
1995 Treating 2-mode data as a network. *Connections* 18(2), 53-55.

1996 Network analysis of 2-mode data: Part II. Vortrag, International Social Networks Conference, Charleston, SC, Februar 1996.
Borgatti, S.P., M.G. Everett und L. Freeman
1992 *UCINET IV.* Columbia, SC: Analytic Technologies.
Borofsky, R. (Hg.)
1994 *Assessing cultural anthropology.* New York: McGraw-Hill.
Borz, J.
1993 *Lehrbuch der Statistik: für Sozialwissenschaftler.* 4. Aufl. Heidelberg: Springer.
Boster, J.S.
1986 Exchange of varieties and information between Aguaruna manioc cultivators. *American Anthropologist* 88, 428-36.
1987 Agreement between biological classification systems is not dependent on cultural transmission. *American Anthropologist* 89, 914-20.
Boster, J.S. und J.C. Johnson
1989 Form or function: A comparison of expert and novice judgements of similarity among fish. *American Anthropologist* 91, 866-89.
Boster, J.S., J.C. Johnson und S.C. Weller
1987 Social position and shared knowledge: Actors' perceptions of status, role, and social structure. *Social Networks* 9, 375-87.
Bott, E.
1971 [1957] *Family and social network.* 2. Aufl. London: Tavistock Publications.
1977 [1955] Urban families: Conjugal roles and social networks. In: Leinhardt 1977 (Original in *Human Relations* 8, 345-83).
Boudon, R.
1988 *Ideologie.* Reinbek: Rowohlt.
Bourdieu, P.
1976 *Entwurf einer Theorie der Praxis auf der ethnologischen Grundlage der kabylischen Gesellschaft.* Frankfurt: Suhrkamp.
Bourgois, P.
1995 *In search of respect: Selling crack in El Barrio.* New York: Cambridge U.P.
Brajkovich, L.F.
1994 Sources of social structure in a start-up organization: work networks, work activities, and job status. *Social Networks* 16, 191-212.
Braun, N. und T. Gautschi
1996 Zentralität und der Anteil positiv verbundener Netzwerkbeziehungen. Ms., Institut für Soziologie, Universität Bern.
Breiger, R.L, S.A. Boorman und P. Arabie
1975 An Algorithm for clustering relational data with applications to social network analysis and comparison with multidimensional scaling. *Journal of Mathematical Psychology* 12, 328-83.
Brewer, D.
1995 Cognitive indicators of knowledge in semantic domains. *Journal of Quanitative Anthropology* 5, 107-28.
Brudner-White, L.A. und D.R. White
1997 Class, property and structural endogamy: Visualizing networked histories. *Theory and Society,* im Druck.

Burmeister, P.
 1991 *Begriffsanalyse auf dem IBM-PC. Version 3.02S.* Fachbereich Mathematik, Technische Hochschule Darmstadt. Darmstadt.
Burt, R.S.
 1983 Network data from informant interviews. In: *Applied network analysis* (Hg.) R.S. Burt und M.J. Minor. Beverly Hills: Sage.
 1990 Detecting role equivalence. *Social Networks* 12, 83-97.
 1992 *Structural holes: The social structure of competition.* Cambridge, MA: Harvard U.P.
Burt, R.S. und D. Ronchi
 1994 Measuring a large network quickly. *Social Networks* 16, 91-135.
Burton, M.L., C.C. Moore, J.W.M. Whiting und A.K. Romney
 1996 Regions based on social structure. *Current Anthropology* 37, 87-123.
Caldwell, I.
 1991 The myth of the exemplary center: Shelly Errington's *Meaning and Power in a Southeast Asian Realm.* Journal of Southeast Asian Studies 22, 109-18.
Campbell, K.E. und B.A. Lee
 1991 Name generators in surveys of personal networks. *Social Networks* 13, 203-21.
Cancian, F.
 1992 *The decline of community in Zinacantan.* Stranford: Stanford U.P.
Carrithers, M.
 1990 Is anthropology art or science? *Current Anthropology* 31, 263-282.
Cartwright, D. und F. Harary
 1977 Structural balance: A generalization of Heider's theory. In: Leinhardt 1977.
 1979 Balance and clusterability: An overview. In: Holland und Leinhardt 1979.
Cashdan, E.
 1989 Hunters and gatherers: economic behavior in bands. In: Plattner 1989.
Casimir, M.J.
 1992 The determinants of rights to pasture: Territorial organisation and ecological constraints. In: *Mobility and territoriality.* (Hg.) M.J. Casimir und A. Rao. Oxford: Berg.
 1993 Gegenstandsbereiche der Kulturökologie. In: *Handbuch der Ethnologie* (Hg.) T. Schweizer, M. Schweizer und W. Kokot. Berlin: Reimer.
Chan, Anita, R. Madsen und J. Unger
 1984 *Chen Village. The recent history of a peasant community in Mao's China.* Berkeley: University of California Press.
Clark, S., E. Colson, J. Lee und T. Scudder
 1995 Ten thousand Tonga: A longitudinal anthropological study from Southern Zambia, 1956-1991. *Population Studies* 49, 91-109.
Clifford, J.
 1988 *The predicament of culture.* Cambridge, MA: Harvard U.P.
Clifford, J., and G.E. Marcus (Hg.)
 1986 *Writing culture.* Berkeley: Univ. of California Press.
Coleman, J.S.
 1961 *The adolescent society.* New York: Free Press.
 1990 *Foundations of social theory.* Cambridge, MA: Belknap Press.

Literaturverzeichnis

   1991 *Grundlagen der Sozialtheorie.* 3 Bände. München: Oldenbourg (Übs. von 1990).
Coleman, J. und T.J. Fararo (Hg.)
   1992 *Rational choice theory: Advocacy and critique.* Newbury Park: Sage.
Crapanzano, V.
   1986 Hermes' dilemma: The masking of subversion in ethnographic description. In: Clifford und Marcus 1986.
D'Andrade, R.G.
   1995a *The development of cognitive anthropology.* Cambridge: Cambridge U.P.
   1995b Moral models in anthropology. *Current Anthropology* 36, 399-408, 433-6.
D'Andrade, R.G. und C. Strauss (Hg.)
   1992 *Human motives and cultural models.* Cambridge: Cambridge U.P.
Davidson, Donald
   1990 *Wahrheit und Interpretation.* Frankfurt: Suhrkamp.
   1993 *Der Mythos des Subjektiven: Philosophische Essays.* Stuttgart: Reclam.
Davis, A., B.B Gardner und M.R Gardner
   1941 *Deep South.* Chicago: University of Chicago Press.
Davis, J.A.
   1977 Clustering and structural balance in graphs. In: Leinhardt 1977.
   1979 The Davis/ Holland/ Leinhardt studies: An overview. In: Holland und Leinhardt 1979.
Degenne, A. und M. Forsé
   1994 *Les réseaux sociaux: une analyse structurale en sociologie.* Paris: Armand Colin.
Degenne, A. und M.O. Lebeaux
   1992 *Analyse booléene des questionnaires. Programme BOOLEEN. Version 01/09/92.* Paris: LASMAS-IRESCO.
DiMaggio, P.
   1992 Nadel's paradox revisited: relational and cultural aspects of organizational structure. In: Nohria und Eccles 1992.
   1994 (Hg.) Meaning and measurement in the sociology of culture. Special issue. *Poetics,* 22.
Dirks, N.B., G. Eley und S.B. Ortner. (Hg.)
   1994 *Culture/ power/ history: A reader in contemporary social theory.* Princeton: Princeton U.P.
Dolgin, J.L., D.S. Kemnitzer und D.M. Schneider (Hg.)
   1977 *Symbolic anthropology: A reader in the study of symbols and meanings.* New York: Columbia University Press.
Dumont, J.P.
   1992 *Visayan Vignettes: Ethnographic Traces of a Philippine Island.* Chicago: University of Chicago Press.
Duquenne, V.
   1992 *General lattice analysis and design program* (GLAD). CRNS und Maison des Sciences de l'Homme. Paris.
   1995 Models of possessions and lattice analysis. *Social Science Information* 34, 253-67.

Emirbayer, M. und J. Goodwin
  1994   Network analysis, culture, and the problem of agency. *American Journal of Sociology* 99, 1411-54.
Emirbayer, M. und A. Mische
  1995   What is agency? Ms., Dept. of Sociology, New School of Social Research. New York, NY.
Engelmann, P. (Hg.)
  1990   *Postmoderne und Dekonstruktion: Texte französischer Philosophen der Gegenwart*. Stuttgart: Reclam.
Ensminger, J.
  1990   Co-Opting the elders: The political economy of state incorporation in Africa. *American Anthropologist* 92, 662-675.
  1992   *Making a market: The institutional transformation of an African society*. New York: Cambridge U.P.
Ensminger, J. und A. Rutten
  1991   The political economy of of changing property rights: Dismantling a pastoral commons. *American Ethnologist* 18, 683-699.
Epstein, A.L.
  1969   The network and urban social organization. In: Mitchell 1969b.
Errington, I.J.
  1984   Self and self-conduct among the Javanese priyayi elite. *American Ethnologist* 11, 275-90.
Errington, S.
  1989   *Meaning and power in a Southeast Asian realm*. Princeton: Princeton U.P.
Esser, H.
  1991   *Alltagshandeln und Verstehen. Zum Verhältnis erklärender und verstehender Soziologie am Beispiel von Alfred Schütz und 'Rational Choice'*. Tübingen: Mohr.
  1993   *Soziologie: Allgemeine Grundlagen*. Frankfurt: Campus.
Evans-Pritchard, E.E.
  1940   *The Nuer: A description of the modes of livelihood and political institution of a Nilotic people*. Oxford: Clarendon Press.
Everett, M.G.
  1996   Network analysis of 2-mode data: Part I. Vortrag, International Social Networks Conference, Charleston, SC, Februar 1996.
Faust, K. und S. Wasserman
  1992a   Centrality and prestige: A review and synthesis. *Journal of Quantitative Anthropology* 4, 23-78.
  1992b   Blockmodels: Interpretation and evaluation. *Social Networks* 14, 5-61.
Firth, R.
  1936   *We, the Tikopia*. London: Allen and Unwin.
  1964   *Essays on social organization and values*. London. Athlone Press.
  1966 [1946]   *Malay fishermen: Their peasant economy*. London: Routledge & Kegan Paul.
Fischer, C.S.
  1982a What do we mean by 'friend'? An inductive study. *Social Networks* 3, 278-306.
  1982b *To dwell among friends: Personal networks in town and city*. Chicago: University of Chicago Press.

Fischer, H.
1996 *Der Haushalt des Darius. Über die Ethnographie von Haushalten.* Materialien zur Kultur der Wampar, 3. Berlin: Reimer

Fortes, M.
1945 *The dynamics of clanship among the Tallensi.* London: Oxford U.P.
1949 *The web of kinship among the Tallensi.* London: Oxford U.P.

Fortes, M. und E. Evans-Pritchard (Hg.)
1940 *African political systems.* London: Oxford U.P.

Foster, B.L.
1978/79 Formal network studies and the anthropological perspective. *Social Networks* 1, 241-55.

Foster, B.L. und S.D. Seidman
1981 Network structure and the kinship perspective. *American Ethnologist* 8, 329-55.
1982 Urban structures derived from collections of overlapping subjects. *Urban Anthropology* 11, 177-92.
1989 A formal unification of anthropological kinship and social network methods. In: Freeman, White und Romney 1989.

Fox, R.G. (Hg.)
1991 *Recapturing anthropology.* Santa Fe: School of American Research Press.

Frake, C.O.
1980 *Language and cultural description: Essays by Charles O. Frake* (Hg.) A.S. Dil. Stanford: Stanford U.P.

Frank, M.
1984 *Was ist Neostrukturalismus?* Frankfurt: Suhrkamp.

Frank, O. und T. Snijders
1994 Estimating the size of hidden populations using snowball sampling. *Journal of Official Statistics* 10, 53-67.

Freeman, L.C.
1977 A set of measures of centrality based on betweeness. *Sociometry* 40, 35-41.
1979 Centrality in social networks: I. Conceptual clarification. *Social Networks* 1, 215-39.
1989 Social networks and the structure experiment. In: Freeman, White und Romney 1989.
1992a Filling in the blanks: A theory of cognitive categories and the structure of social affiliation. *Social Psychology Quarterly* 55, 118-27.
1992b On the sociological concept of 'group': An empirical test of two models. *American Journal of Sociology* 98, 152-66.
1996a Cliques, Galois lattices, and the structure of human groups. Special issue on Discrete Structure Analysis, *Social Networks* 18, 173-87.
1996b Visualizing social networks. Vortrag, Institut für Völkerkunde, Universität zu Köln, Mai 1996.

Freeman, L.C., S. Freeman und A.K. Romney
1992 The implications of social structure for dominance hierarchies in red deer, Cervus elaphus L. *Animal Behavior* 44, 239-45.

Freeman, L.C., A.K. Romney und S.C. Freeman
1987 Cognitive structure and informant accuracy. *American Anthropologist* 89, 310-25.

Freeman, L.C. und D. Ruan
   1996 An international comparative study of interpersonal behavior and role relationships. Ms., School of Social Sciences, University of California, Irvine.
Freeman, L.C. und C.R. Thompson
   1989 Estimating acquaintanceship volume. In: *The small world* (Hg.) M. Kochen. Norwood, NJ: Ablex.
Freeman, L.C. und C.M. Webster
   1994 Interpersonal proximity in social and cognitive space. *Social Cognition* 12, 223-47.
Freeman, L.C. und B. Wellman
   1995 A note on the ancestral Toronto home of social network analysis. *Connections* 18(2), 15-9.
Freeman, L.C. und D.R. White
   1993 Using Gallois lattices to represent network data. In: *Sociological methodology 1993* (Hg.) P.V. Marsden. Cambridge, MA: Blackwell.
Freeman, L.C., D.R. White und A.K. Romney (Hg.)
   1989 *Research methods in social network analysis.* Fairfax, VA: George Mason U.P.
Friedrich, P.
   1992 Interpretation and vision: A critique of cryptopositivism. *Cultural Anthropolog* 7, 211-31.
Galaskiewicz, J. und S. Wasserman
   1994 Introduction: Advances in the social and behavioral sciences from social network analysis. In: Wasserman und Galaskiewicz 1994.
Garro, L.C.
   1986 Intracultural variation in folk medical knowledge: A comparison between curers and noncurers. *American Anthropologist* 88, 351-70.
Geertz, C.
   1959 The Javanese village. In: *Local, ethnic and national loyalities in Indonesia* (Hg.) G.W. Skinner. New Haven: Yale University cultural report series, Southeast Asia studies.
   1960 *The religion of Java.* Glencoe: Free Press.
   1973 *The interpretation of cultures.* New York: Basic.
   1980 *Negara: The theatre state in nineteenth-century Bali.* Princeton: Princeton U.P.
   1983a *Dichte Beschreibung: Beiträge zum Verstehen kultureller Systeme.* Frankfurt: Suhrkamp. (Teilübs. von 1973)
   1983b *Local knowledge. Further essays in interpretive anthropology.* New York: Basic.
   1990 [1988] *Die künstlichen Wilden: Der Anthropologe als Schriftsteller.* München: Hanser.
   1995 *After the fact: Two countries, four decades, one anthropologist.* Cambridge, MA: Harvard U.P.
Gellner, E.
   1992 *Postmodernism, reason and religion.* London: Routledge.
Gewertz, D.B. und F.K. Errington
   1991 *Twisted histories, altered contexts: Representing the Chambri in a world system.* Cambridge: Cambridge U.P.

Gluckman, M.
1955 *The judicial process among the Barotse of Northern Rhodesia.* Manchester: Manchester U.P.
Godelier, M. und T. Trautman (Hg.)
1996 *Dravidian, Iroquois and Crow-Omaha.* Washington, DC: Smithsonian Institution Press.
Görlich, J.
1989 Austauschorientierte Netzwerkanalyse als Alternative zum strukturfunktionalen Deszendenzmodell im Hochland von Papua-Neuguinea. In: Schweizer 1989b.
1992a Gabentausch und Tauschhandel in Melanesien als strategische Interaktion. *Sociologus* 42, 24-42.
1992b *Tausch als rationales Handeln: Zeremonieller Gabentausch und Tauschhandel im Hochland von Papua-Neuguinea.* Berlin: Reimer.
1993 Die Theorie rationalen Handelns in der Wirtschaftsethnologie. In: *Handbuch der Ethnologie* (Hg.) T. Schweizer, W. Kokot und M. Schweizer. Berlin: Reimer.
1996 Between war and peace: Gift exchange and barter in the Central and Northern Fringe Highlands of Papua New Guinea. In: Schweizer und White 1996.
Goodenough, W.H.
1965 Rethinking 'status' and 'role': Toward a general model of the cultural organizations of relationships. In: *The relevance of models for social anthopology.* Michael Banton (Hg.). London. Tavistock.
Goody, J.
1995 *The expansive moment: Anthropology in Britain and Africa, 1918-1970.* Cambridge: Cambridge U.P.
Gräf, L.
1996 Probleme mehrstufiger Netzwerkerhebungen - Empirische Ergebnisse einer Erhebung von Freundesketten in Köln-Nippes. Vortrag, Tagung Netzwerkanalyse, Sektionen „Methoden" und „Modellbildung und Simulation" der Deutschen Gesellschaft für Soziologie, Köln.
Granovetter, M.
1977 [1973] The strength of weak ties. In: Leinhardt 1977 (Original in *American Journal of Sociology* 78, 1360-80).
1982 The strength of weak ties: A network theory revisited. In: *Social structure and network analysis* (Hg.) Marsden, P.V. und N. Lin. Beverly Hills: Sage.
1995 [1974] *Getting a job.* 2. Aufl. Chicago: University of Chicago Press.
Greenacre, M.J.
1993 *Correspondence analysis in practice.* London: Academic Press.
Hage, P. und F. Harary
1983 *Structural models in anthropology.* Cambridge: Cambridge U.P.
1991 *Exchange in Oceania: A graph theoretic analysis.* Oxford: Clarendon Press.
1996 *Island networks: Communication, kinship and classification structures in island Oceania.* Cambridge: Cambridge U.P., im Druck.
Hannerz, U.
1992 The global ecumene as a network of networks. In: Kuper 1992.

Hanson, A.
1989 The making of the Maori: Culture invention and its logic. *American Anthropologist* 91, 890-902.
Hauser-Schäublin, B.
1991 „Verwandtschaft" und ihre „Reproduktion". Vaterschaft, die Entleiblichung der Frau und die Entseelung des Menschen. In: *Ethnologische Frauenforschung* (Hg.) B. Hauser-Schäublin. Berlin: Reimer.
Hechter, M., K.-D. Opp und R. Wippler (Hg.)
1990 *Social institutions: Their emergence, maintenance and effects.* New York: De Gruyter.
Hefner, R.W.
1985 *Hindu Javanese: Tengger tradition and islam.* Princeton: Princeton U.P.
1990 *The political economy of mountain Java: An interpretive history.* Berkeley: University of California Press.
Heider, F.
1977 Attitudes and cognitive organization. In: Leinhardt 1977.
1979 On balance and attribution. In: Holland und Leinhardt 1979
Hinton, W.D.
1966 *Fanshen. A documentary of revolution in a Chinese village.* New York: Vintage.
Holland, P.W. und S. Leinhardt (Hg.)
1979 *Perspectives on social network research.* New York: Academic.
Houseman, M.
1996 Marriage networks among Australian aboriginal populations. Ms., CNRS - Université Paris X (Nanterre), Paris.
Houseman, M. und D.R. White
1996a Taking sides: Marriage networks and Dravidian kinship in lowland South America. In: *Dravidian, Iroquois and Crow-Omaha* (Hg.) M. Godelier und T. Trautman. Washington: Smithsonian Institution Press.
1996b Structures réticulaires de la pratique matrimoniale. *L'Homme* 132, im Druck.
1996c Ambilateral sidedness and property flows among the Sinhalese. In: Schweizer und White 1996.
Hubert, L.J. und L. Schultz
1976 Quadratic assignment as a general data analysis strategy. *British Journal of Mathematical and Statistical Psychology* 29, 190-241.
Hummell, H.J. und W. Sodeur
1987a Triaden- und Triplettzensus als Mittel der Strukturbeschreibung. In: *Pappi* 1987.
1987b Strukturbeschreibung von Positionen in sozialen Beziehungsnetzen. In: *Pappi* 1987.
1992 Multivariate Analyse von Struktureigenschaften auf mehreren Ebenen — Netzwerkanalyse als 'meßtheoretisches' Konzept. In: *Theorie, Daten, Methoden* (Hg.) H.J. Andreß et al. München: Oldenbourg.
Hummon, N.P. und K. Carley
1993 Social networks as normal science. *Social Networks* 15, 71-106.
Hüsken, F.
1991 Power, property and parentage in a Central Javanese village. In: *Cognation and social organization in Southeast Asia* (Hg.) F. Hüsken und J. Kemp. Leiden: KITLV Press.

Jackson, J.E.
1976 Vaupés marriage: A network system in the northwest Amazon. In: *Regional Analysis*, II (Hg.) C.A. Smith. New York: Academic.
Johnson, A.W. und T. Earle
1987 *The evolution of human societies: From foraging group to agrarian state*. Stanford: Stanford University Press.
Johnsen, E.C., H.R. Bernard, P.D. Killworth, G.A. Shelley und C. McCarty
1995 A social network approach to corroborating the number of AIDS/ HIV+ victims in the US. *Social Networks* 17, 167-187.
Johnson, J.C.
1990 *Selecting ethnographic informants*. Qualitative research methods series. Newbury Park: Sage.
1994 Anthropological contributions to the study of social networks: a review. In: Wasserman und Galaskiewicz 1994.
Kapferer, B.
1969 Norms and the manipulation of relationships in a work context. In: Mitchell 1969b.
Kappelhoff, P.
1992a Die Auflösung des Sozialen. *Analyse und Kritik* 14, 221-238.
1992b Strukturmodelle von Position und Rolle. In: *Theorie, Daten, Methoden* (Hg.) H.J. Andreß et al. München: Oldenbourg.
1993 *Soziale Tauschsysteme: Strukturelle und dynamische Erweiterungen des Marktmodells*. München: Oldenbourg.
1995 Soziale Interaktion als Tausch: Tauschhandlung, Tauschbeziehung, Tauschsystem, Tauschmoralität. *Ethik und Sozialwissenschaften* 6, 3-13, 57-67.
Kearney, M.
1992 The local and the global: The anthropology of globalization and transnationalism. *Annual Review of Anthropology* 24, 547-65.
Keeler, W.
1987 *Javanese shadow plays, Javanese selves*. Princeton: Princeton U.P.
Keesing, R.M.
1970 Toward a model of role analysis. In: *A handbook of method in cultural anthropology* (Hg.) R. Naroll und R. Cohen. Garden City: Natural History Press.
1975 *Kin groups and social structure*. New York: Holt, Rinehart and Winston.
1994a Colonial and counter-colonial discourse in Melanesia. *Critique of Anthropology* 14, 41-58.
1994b Theories of culture revisited. In: Borofsky 1994.
Kent, S.
1995 Unstable households in a stable Kalahari community in Botswana. *American Anthropologist* 97, 297-312.
Killworth, P.D., E.C. Johnsen, H.R. Bernard, G.A. Shelley und C. McCarty
1990 Estimating the size of personal networks. *Social Networks* 12, 289-312.
Killworth, P.D., C. McCarty, H.R. Bernard, G.A. Shelley und E.C. Johnsen
1995 Estimation of seroprevalence, rape and homelessness in the U.S. using a social network approach. Ms, NERC Oceanography Unit, Clarendon Laboratory, Oxford.

Klovdahl, A.S.
1985 Social networks and the spread of infectious diseases: The AIDS example. *Social Science and Medicine* 21, 1203-16.
1989 Urban social networks: some methodological problems and possibilities. In: *The small world* (Hg.) M. Kochen. Norwood, NJ: Ablex.
1990 Large urban social networks: A new method of observation. Ms., Dept. of Sociology, Australian National University, Canberra.
1994 Social network analysis. In: *International Encyclopedia of Education* (Hg.) T. Husen and T.N. Postlethwaite. London: Pergamon.
1995 (Hg.) Special issue: Social networks and infectious disease: HIV/AIDS. *Social Networks* 17(3-4).

Klovdahl, A.S., J.J. Potterat, D.E. Woodhouse, J.B. Muth, S.Q. Muth und W.W. Darrow
1994 Social networks and infectious disease: The Colorado Springs study. *Social Science and Medicine* 38, 79-88.

Knoke, D.
1990 *Political networks: The structural perspective*. New York: Cambridge U.P.

Kohl, K.H.
1993 *Ethnologie - die Wissenschaft vom kulturell Fremden. Eine Einführung*. München: Beck.

Köhler, U. und S. Seitz
1993 Agrargesellschaften. In: *Handbuch der Ethnologie* (Hg.) T. Schweizer, W. Kokot und M. Schweizer. Berlin: Reimer.

Kokot, W.
1991 Ethnologische Forschung in Städten. Gegenstände und Probleme. In: *Ethnologische Stadtforschung* (Hg.) W. Kokot und B.C. Bommer. Berlin: Reimer.

Kondo, D.K.
1990 *Crafting selves: Power, gender, and discourses of identity in a Japanese workplace*. Chicago: University of Chicago Press.

Kottak, C. und E. Colson
1994 Multilevel linkages: Longitudinal and comparative studies. In: Borofsky 1994.

Krackhardt, D.
1987 QAP partialing as a test of spuriosness. *Social Networks* 9, 171-86.

Krackhardt, D., J. Blythe und C. McGrath
1994 KrackPlot 3.0: An improved network drawing program. *Connections* 17, 53-55.

Krämer, W.
1995 *Denkste! Trugschlüsse aus der Welt des Zufalls und der Zahlen*. Frankfurt: Campus.

Krempel, L.
1995 Simple representations of complex networks: strategies for visualizing network structure. Ms., Max-Planck-Institut für Gesellschaftsforschung, Köln (auch enthalten in http://www.mpi-fg-koeln.mpg.de/~lk/netvis.html
1996 *A gallery of social structures*. http://www.mpi-fg-koeln.mpg.de/~lk/netvis.html

Kroeber, A.L.
   1963 [1948] *Anthropology: Culture patterns and processes*. San Diego: Harcourt Brace Jovanovich.
Kruskal, J.B. und M. Wish
   1978 *Multidimensional scaling*. Quantitative applications in the social sciences series. Beverly Hills: Sage.
Kumbasar, E.
   1995 Methods for analyzing three-way cognitive network data. Ms, School of Social Sciences, University of California, Irvine.
Kumbasar, E., A.K. Romney und W.H. Batchelder
   1994 Systematic biases in social perception. *American Journal of Sociology* 100, 477-505.
Kuper, A.
   1983 *Anthropology and anthropologists: The modern British school*. London: Routledge & Kegan Paul.
   1992 (Hg.) *Conceptualizing society*. London: Routledge.
   1993 Post-modernism, Cambridge and the great Kalahari debate. *Social Anthropology* 1, 57-71.
   1994 Einheimische Ethnographie, politische Korrektheit und das Projekt einer kosmopolitischen Anthropologie. *Anthropos* 89, 529-41.
Lamnek, S.
   1992 *Qualitative Sozialforschung*. 2. Aufl. Weinheim: Beltz.
Lang, H.
   1989 Was ist der Gegenstand der Verwandtschaftsethnologie? *Zeitschrift für Ethnologie* 114, 39-54.
   1993 Dowry and female competition: A Boolean reanalysis. *Current Anthropology* 34, 775-8.
   1994 *Wissenschaftstheorie für die ethnologische Praxis*. Berlin: Reimer.
Lazega, E. und M.O. Lebeaux
   1995 Converting social capital into lateral control among partners in a New England law firm. Vortrag, International Conference on Social Networks, London, Juli 1995.
Laumann, E.O. und F.U. Pappi
   1976 *Networks of collective action: A perspective on community influence systems*. New York: Academic.
Leach, E.R.
   1961 *Pul Eliya*. Cambridge: Cambridge U.P.
   1964 [1954] *Political systems of highland Burma: A study of Kachin social structure*. London: Athlone Press.
   1966 [1961] *Rethinking anthropology*. London: Athlone Press.
Leach, J.W. und E.R. Leach (Hg.)
   1973 *The kula: New perspectives on Massim exchange*. Cambridge: Cambridge U.P.
Lee, R.B.
   1979 *The !Kung San*. Cambridge: Cambridge U.P.
   1984 *The Dobe !Kung*. New York: Holt, Rinehart and Winston.
Leinhardt, S. (Hg.)
   1977 *Social networks: A developing paradigm*. New York: Academic.
Lévi-Strauss, C.
   1949 *Les structures élémentaires de la parenté*. Paris: Presses Universitaires de France.

1953 Social structure. In: *Anthropology today* (Hg.) A.L. Kroeber. Chicago: University of Chicago Press.
1967 *Strukturale Anthropologie*. Frankfurt: Suhrkamp.
1968 *Das wilde Denken*. Frankfurt: Suhrkamp.
1975 *Strukturale Anthropologie II*. Frankfurt: Suhrkamp.

Leydesdorf, L.
1991 The static and dynamic analysis of network data using information theory. *Social Networks* 13, 301-45.

Liebow, E., G. McGrady, K. Branch, M. Vera, A. Klovdahl, R. Lovely, C. Mueller und E. Mann
1995 Eliciting social network data and ecological model-building: Focus on choice of name generators and administration of random-walk procedures. *Social Networks* 17, 257-72.

Lindenberg, S.
1992 The method of decreasing abstraction. In: Coleman und Fararo 1992.

Lindstrom, L.
1990 *Knowledge and power in a South Pacific society*. Washington, DC: Smithsonian Institution Press.

Linton, R.
1936 *The study of man*. New York: Appleton-Century-Crofts.

Lomnitz, L.A.
1977 *Networks and marginality: Life in a Mexican shantytown*. New York: Academic Press.
1978 Mechanisms of articulation between shantytown settlers and the urban system. *Urban Anthropology* 7, 185-205.

Lorrain, F. und H.C. White
1977 [1971] Structural equivalence of individuals in social networks. In: Leinhardt 1977 (Original in *Journal of Mathematical Sociology* 1, 49-80.)

Lutz, C.A. und J.L. Collins
1993 *Reading National Geographic*. Chicago: University of Chicago Press.

Mair, L.
1965 *An introduction to social anthropology*. Oxford: Clarendon Press.

McCay, B.M. und J.M. Acheson (Hg.)
1990 The questions of the commons: The culture and ecology of communal resources. Tuscon: University of Arizona Press.

McCallister, L. und C.S. Fischer
1983 A procedure for surveying personal networks. In: *Applied network analysis* (Hg.) R.S. Burt und M.J. Minor. Beverly Hills: Sage.

McGrady, G.A., C. Marrow, G. Myers, M. Daniels, M. Vera, C. Mueller, E. Liebow, A. Klovdahl und R. Lovely
1995 A note on implementation of a random-walk design to study adolescent social networks. *Social Networks* 17, 251-5.

Malinowski, B.
1922 *Argonauts of the western Pacific*. London: Routledge and Kegan Paul.

Marcus, G.E.
1994a What comes (just) after "post"? The case of ethnography. In: *Handbook of Qualitative Research* (Hg.) N.K. Denzin und Y.S. Lincoln. Thousand Oaks: Sage.
1994b After the critique of ethnography: Faith, hope, and charity, but the greatest of these is charity. In: Borofsky 1994.

1995 Ethnography in/of the world system: The emergence of multi-sited ethnography. *Annual Review of Anthropology* 24, 95-117.
Marcus, G.E. und M.M.J. Fischer
1986 *Anthropology as cultural critique: An experimental moment in the human sciences.* Chicago: University of Chicago Press.
Marshall, L.
1976 *The !Kung of Nyae Nyae.* Cambridge, MA: Harvard U.P.
Maryanski, A. und J.H. Turner
1992 *The social cage: Human nature and the evolution of society.* Stanford: Stanford University Press.
Middleton, J. und D. Tait (Hg.)
1958 *Tribes without rulers: Studies in African segmentary systems.* London: Routledge & Kegan Paul.
Milgram, S.
1967 The small world problem. *Psychology Today* 22, 61-67.
Mitchell, J.C. (Hg.)
1956 *The Yao village.* Manchester: Manchester University Press.
1969a The concept and use of social networks. In: Mitchell 1969b
1969b (Hg.) *Social networks in urban settings.* Manchester: Manchester U.P.
1974 Social networks. *Annual Review of Anthropology* 3, 279-99.
1980 (Hg.) *Numerical techniques in social anthropology.* Philadelphia: ISHI.
1987 *Cities, society, and social perception: A Central African perspective.* Oxford: Clarendon Press.
Mohr, J.W.
1994 Soldiers, mothers, tramps and others: Discourse roles in the 1907 New York City charity directory. *Poetics* 22, 327-57.
Moore, C.C. und A.K. Romney
1994 Material culture, geographic propinquity, and linguistic affiliation on the North Coast of New Guinea: A reanalysis of Welsch, Terrell and Nadolski (1992). *American Anthropologist* 96, 370-96.
1995 Commentary on Welsch and Terrell's (1994) reply to Moore and Romney (1994). *Journal of Quantitative Anthropology* 5, 75-84.
Murdock, G.P.
1949 *Social structure.* New York: Free Press.
Nadel, S.F.
1957 *The theory of social structure.* London: Cohen and West.
Nader, L. und H.F. Todd Jr.
1978 Introduction. In: *The disputing process: Law in ten societies* (Hg.) L. Nader und H.F. Todd Jr. New York: Columbia U.P.
Nakao, K. und A.K. Romney
1993 Longitudinal approach to subgroup formation: re-analysis of Newcomb's fraternity data. *Social Networks* 15, 109-31.
Newcomb, T.M.
1961 *The acquaintance process.* New York: Holt, Rinehart & Winston.
Nohria, N. und R.G. Eccles (Hg.)
1992 *Networks and organizations: Structure, form and action.* Cambridge, MA: Harvard Business School Press.

Ortner, S.B.
  1984 Theory in anthropology since the sixties. *Comparative Studies in Society and History* 26, 126-66 (auch in Dirks, Eley und Ortner 1994).
Padgett, J.F.
  1996 The emergence of simple ecologies of skill: A hypercycle approach to economic organization. Vortrag, International Social Networks Conference, Charleston, SC, Februar 1996.
Padgett, J.F. und C.K. Ansell
  1993 Robust action and the rise of the Medici, 1400-1434. *American Journal of Sociology* 98, 1259-1319.
Pappi, F.U. (Hg.)
  1987 *Methoden der Netzwerkanalyse*. Techniken der empirischen Sozialforschung, vol. 1. München: Oldenbourg.
Pattison, P.
  1993 *Algebraic models for social networks*. New York: Cambridge U.P..
  1994 Social cognition in context: some applications of social network analysis. In: Wasserman und Galaskiewicz 1994.
Pauli, J. und M. Schnegg
  1996 A bias and its explanation: Different views of a social structure in a multiethnic classroom. Ms., Institut für Völkerkunde, Universität zu Köln.
Peletz, M.G.
  1995 Kinship studies in late twentieth-century anthropology. *Annual Review of Anthropology* 24, 343-72.
Pemberton, J.
  1994 *On the subject of „Java"*. Ithaca: Cornell U.P.
Plattner, S. (Hg.)
  1989 *Economic anthropology*. Stanford: Stanford U.P.
Poel, M.G.M. van der
  1993 Delineating personal support networks. *Social Networks* 15, 49-70.
Popkin, S.L.
  1979 *The rational peasant. The political economy of rural society in Vietnam*. Berkeley: University of California Press.
Potter, S. H. und J.M. Potter
  1990 *China's peasants. The anthropology of a revolution*. Cambridge: Cambridge University Press.
Radcliffe-Brown, A.R.
  1940 On social structure. *Journal of the Royal Anthropological Society of Great Britain and Ireland* 70, 1-12 (auch in Radcliffe-Brown 1952 und Leinhardt 1977).
  1952 *Structure and function in primitive society*. London: Cohen and West.
Rao, A.
  1993 Zur Problematik der Wildbeuterkategorie. In: *Handbuch der Ethnologie* (Hg.) T. Schweizer, W. Kokot und M. Schweizer. Berlin: Reimer.
Read, D.W. und C.A. Behrens
  1990 KAES: An expert system for the algebraic analysis of kinship terminologies. *Journal of Quantitative Anthropology* 2, 353-93.
Reitz, K.P. und D.R. White
  1989 Rethinking the role concept: Homomorphisms on social networks. In: Freeman, White und Romney 1989.

Roberts, J.M. Jr., C.C. Moore und A.K. Romney
1995 Predicting similarity in material culture among New Guinea villages from propinquity and language: A log-linear approach. *Current Anthropology* 36, 769-88.

Robertson, A.F.
1991 *Beyond the family: The social organization of human reproduction.* Oxford: Polity Press.

Romney, A.K.
1980 Multidimensional scaling applications in anthropology. In: Mitchell 1980.
1989 Quantitative models, science and cumulative knowledge. *Journal of Quantitative Anthropology* 1, 153-223.

Romney, A.K., W.H. Batchelder und S.C. Weller
1987 Recent applications of cultural consensus theory. *American Behavioral Scientist* 31, 163-77.

Romney, A.K., S.C. Weller und W.H. Batchelder
1986 Culture as consensus: A theory of culture and informant accuracy. American Anthropologist 88, 313-38.

Roscoe, P.B.
1995 The perils of 'positivism' in cultural anthropology. *American Anthropologist* 97, 492-504.

Roth, P.A.
1989 Ethnography without tears. *Current Anthropology* 30, 555-69

Rothenberg, R.B.
1995 Commentary: Sampling in social networks. *Connections* 18(1), 105-11.

Röpke, J.
1986 Landwirtschaftliche Entwicklung und Wandel der Ernterechte in Südostasien: Am Beispiel des Reisanbaus in Java und Luzon. *Internationales Asienforum* 17: 255-71

Sade, D.S. und M.M. Dow
1994 Primate social networks. In: Wasserman und Galaskiewicz 1994.

Sahlins, M.D.
1963 Poor man, rich man, big-man, chief: Political types in Melanesia and Polynesia. *Comparative Studies in Society and History* 5, 285-303.
1972 *Stone age economics.* London: Tavistock.
1976 *Culture and practical reason.* Chicago: University of Chicago Press.
1986 *Der Tod des Kapitän Cook.* Berlin: Wagenbach.
1988 Cosmologies of capitalism: The trans-pacific sector of 'the world system'. *Proceedings of the British Academy* 74, 1-51 (auch in Dirks, Eley und Ortner 1994).
1990 The political economy of grandeur in Hawaii from 1810 to 1830. In: *Culture through time: Anthropological approaches* (Hg.) E. Ohnuki-Tierney. Stanford: Stanford U.P.
1992 *Historical ethnography.* Bd. I von P.V. Kirch und M.D. Sahlins, Anahulu: The anthropology of history in the kingdom of Hawaii. Chicago: University of Chicago Press.
1994 Goodbye to tristes tropes: Ethnography in the context of modern world history. In: Borofsky 1994.

Sailer, L.D.
   1978   Structural equivalence: Menaing and definition, computation and application. *Social Networks* 1, 73-90.
Sanjek, R.
   1991 The ethnographic present. *Man* 26, 609-28.
Schefold, B.
   1994 *Wirtschaftsstile*. Band 1. Frankfurt: Fischer.
Schenk, M.
   1995 *Soziale Netzwerke und Massenmedien*. Tübingen: Mohr.
Scheper-Hughes, N.
   1995 The primacy of the ethical: Propositions for a militant anthropology. *Current Anthropology* 36, 409-33, 436-8.
Schneider, D.M.
   1976 Notes toward a theory of culture. In: *Meaning in anthropology* (Hg.) K. Basso und H.A. Selby. Albuquerque: University of New Mexico Press.
   1984 *A critique of the study of kinship*. Ann Arbor: University of Michigan Press.
Schulte Nordholt, H.
   1981 Negara: A theatre state? *Bijdragen* 137, 470-6.
Schweizer, T.
   1988   Detecting positions in networks: A formal analysis of loose social structure in rural Java. *American Anthropologist* 90, 944-951
   1989a Netzwerkanalyse als moderne Strukturanalyse. In: Schweizer 1989b.
   1989b (Hg.) *Netzwerkanalyse: Ethnologische Perspektiven*. Berlin: Reimer-Verlag.
   1989c *Reisanbau in einem javanischen Dorf*. Köln: Böhlau.
   1989d   Economic individualism and the community spirit: Divergent orientation patterns of Javanese villagers in rice production and the ritual sphere. *Modern Asian Studies* 23, 277-312.
   1991   The power struggle in a Chinese community, 1950-1980: A social network analysis of the duality of actors and events. *Journal of Quantitative Anthropology* 3, 19-44.
   1993a The dual ordering of actors and possessions. *Current Anthropology* 34, 469-83.
   1993b   Perspektiven der analytischen Ethnologie. In: *Handbuch der Ethnologie* (Hg.) T. Schweizer, M. Schweizer und W. Kokot. Berlin: Reimer.
   1993c The cultural use of things: Consumption in rural Java. *Indonesia Circle* 61:3-20.
   1996a Actor and event orderings across time: Lattice representation and Boolean analysis of the political disputes in Chen village/ China. Special issue on Discrete Structure Analysis, *Social Networks* 18, 247-66.
   1996b Reconsidering social networks: Reciprocal gift exchange among the !Kung.. *Journal of Quantitative Anthropology* 6, im Druck.
   1996c The social organization of gift giving and ritual: Integrating social network analysis and ethnography. Ms., zum Druck eingereicht.
   1997   *Kulturelle Texte: Für und Wider die postmoderne Ethnologie*. [Arbeitstitel] Ms., in Vorbereitung.
Schweizer, T., E. Klemm und M. Schweizer
   1993 Ritual as action in a Javanese community: A network perspective on ritual and social structure. *Social Networks* 15, 19-48.

Schweizer, T., M. Schnegg und S. Berzborn
   1997 Personal networks and social support in a multiethnic community of Southern California. *Social Networks* 19, zum Druck angenommen.

Schweizer, T. und D.R. White (Hg.)
   1996 *Kinship, networks and exchange*. New York: Cambridge U.P., im Druck.

Scott, J.
   1991 *Social network analysis: A handbook*. Newbury Park: Sage.

Segalen, M.
   1986 *Historical anthropology of the family*. Cambridge: Cambridge U.P.

Shankman, P.
   1984 The thick and the thin: On the interpretive theoretical program of Clifford Geertz. *Current Anthropology* 25, 261-79.

Shelley, G.A., H.R. Bernard, P. Killworth, E. Johnsen und C. McCarty
   1995 Who knows your HIV status? What HIV+ patients and their network members know about each other. *Social Networks* 17, 189-217.

Shimizu, A.
   1991 On the notion of kinship. *Man* 26, 377-403.

Shweder, R.A. und R.A. LeVine (Hg.)
   1984 *Culture theory: Essays on mind, self, and emotion*. Cambridge: Cambridge U.P.

Shostak, M.
   1982 *Nisa erzählt*. Reinbek: Rororo.

Sik, E.
   1993 Networking in capitalist, communist and post-communist societies. Vortrag Sunbelt Social Network Conference, Tampa, Fl., Februar 1993.

Simmel, G.
   1958 [1908] *Soziologie*. 4. Aufl. Berlin: Duncker & Humblot.

Siu, H.F.
   1989 *Agents and victims in South China. Accomplices in rural revolution*. New Haven: Yale University Press.

Skyhorse, P.
   1994 Alcoholics and depression: Have we got the facts or the artifacts? Ms., Dept. of Anthropology, University of California, Irvine.

Sodeur, W.
   1996 Regionale Unterschiede in Größe und Zusammensetzung der Verkehrskreise von Kindern. Vortrag, Tagung Netzwerkanalyse, Sektionen „Methoden" und „Modellbildung und Simulation" der Deutschen Gesellschaft für Soziologie, Köln.

Solway, J. und R.B. Lee
   1990 Foragers, genuine or spurious: Situating the Kalahari San in history. *Current Anthropology* 31, 106-46.

Spreen, M.
   1992 Rare populations, hidden populations, and link-tracing designs: What and why? *Bulletin de Méthodologie Sociologique* 36, 34-58.

Steedly, M.M.
   1993 *Hanging without a rope: Narrative experience in colonial and postcolonial Karoland*. Princeton: Princeton U.P.

Stellrecht, I.
1993 Interpretative Ethnologie: Eine Orientierung. In: *Handbuch der Ethnologie* (Hg.) T. Schweizer, M. Schweizer und W. Kokot. Berlin: Reimer.

Stephenson, K. und M. Zelen
1989 Rethinking centrality: Methods and applications. *Social Networks* 11, 1-37.

Strathern, A.
1971 *The rope of moka: Big-men and ceremonial exchange in Mount Hagen, New Guinea*. Cambridge: Cambridge U.P.

Strauss, C.
1992 Models and motives. In: D'Andrade und Strauss 1992.

Strauss, C. und N. Quinn
1994 A cognitive/ cultural anthropology. In: Borofsky 1994.

Tjon Sie Fat, F.E.
1990 *Representing kinship: Simple models of elementary structures*. Diss., Department of Anthropology, University of Leiden. Leiden.

Tortorice, J. und D.R. White
1995 Omaha/ 'omaha': Networks and alliance. Ms, Dept. of Anthropology, University of California, Irvine.

Trotter, R.T. II (Hg.)
1995 Special issue on AIDS. *Connections* 18(1).

Tsing, A.L.
1993 *In: the realm of the diamond queen: Marginality in an out-of-the-way place*. Princeton: Princeton U.P.

Ulin, R.C.
1991 Critical anthropology twenty years later: Modernism and postmodernism in anthropology. *Critique of Anthropology* 11, 63-89.

Van de Geer, J.P.
1993a *Multivariate analysis of categorial data: Theory*. Newbury Park: Sage.
1993b *Multivariate analysis of categorial data: Applications*. Newbury Park: Sage.

Vogt, F. und J. Bliesener
1991 *Diagram Programm. Version 2.04*. Fachbereich Mathematik, Technische Hochschule Darmstadt. Darmstadt.

Völker, B.
1995 *'Should auld aquaintance be forgot...?' Institutions of communism, the transition to capitalism and personal networks: The case of East Germany*. Diss., Universität Utrecht. Amsterdam: Dissertationsreihe des ICS (Interuniversity Center for Social Science Theory and Methodology).

Wagner, R.
1981 *The Invention of Culture*. Chicago: University of Chicago Press..

Walker, M.E., S. Wasserman und B. Wellman
1994 Statistical models for social support networks. In: Wasserman und Galaskiewicz 1994.

Wasserman, S. und K. Faust
1994 *Social network analysis: Methods and applications*. New York: Cambridge U.P.

Wasserman, S. und J. Galaskiewicz (Hg.)
  1994   *Advances in social network analysis: Research in the social and behavioral sciences.* Thousand Oaks: Sage.
Wassman, J.
  1993   *Das Ideal des leicht gebeugten Menschen. Eine ethno-kognitive Analyse der Yupno in Papua New Guinea.* Berlin: Reimer.
Weber, M.
  1972 [1922]   *Wirtschaft und Gesellschaft.* 5. Aufl. Tübingen: Mohr.
Webster, C.M., L.C. Freeman und C.G. Aufdemberg
  1995   The impact of social context on interaction patterns. Ms, School of Social Sciences, University of California, Irvine.
Weller, S.C.
  1984a   Cross-cultural concepts of illness: Variation and validation. *American Anthropologist* 86, 341-51.
  1984b   Consistency and consensus among informants: Disease concepts in a rural Mexican village. *American Anthropologist* 86, 966-75.
Weller, S.C. und A.K. Romney
  1988   *Systematic data collection.* Qualitative research methods series Newbury Park: Sage.
  1990   *Metric scaling: Correspondence analysis.* Quantitative applications in the social sciences series. Newbury Park: Sage.
Wellman, B.
  1988   Structural analysis: From method and metaphor to theory and substance. In: Wellman und Berkowitz 1988.
  1994   I was a teenage network analyst: The route from the Bronx to the information highway. *Connections* 17, 28-45.
Wellman, B. und S.D. Berkowitz (Hg.)
  1988   *Social structures: A network approach.* Cambridge: Cambridge U.P.
Wellman, B., P.J. Carrington und A. Hall
  1988   Networks as personal communities. In: Wellman und Berkowitz 1988.
Wellman, B. und S. Wortley
  1990   Different strokes from different folks: Community ties and social support. *American Journal of Sociology* 96, 558-588.
Welsch, W. (Hg.)
  1988   *Wege aus der Moderne: Schlüsseltexte der Postmoderne-Diskussion.* Weinheim: VCH.
Welsch, R.L., J. Terrell und J.A. Nadolski
  1992   Language and culture on the north coast of New Guinea. *American Anthropologist* 94, 568-600.
Welsch, R.L. und J. Terrell
  1994   Reply to Moore and Romney. *American Anthropologist* 96, 392-96.
Weltz, G.
  1991   Sozial interpretierte Räume, räumlich definierte Gruppen. Die Abgrenzung von Untersuchungseinheiten in der amerikanischen Stadtforschung. In: *Ethnologische Stadtforschung* (Hg.) W. Kokot und B.C. Bommer. Berlin: Reimer.
Werner, O. und M.J. Schoepfle
  1987   *Systematic fieldwork.* 2 Bände. Newbury Park: Sage.
White, D.R.
  1973   Mathematical anthropology. In: *Handbook of Social and Cultural Anthropology* (Hg.) J.J. Honigmann. Chicago: Rand McNally.

1991a *Statistical entailment analysis program.* Department of Anthropology, University of California, Irvine.
1991b *Discrete structures and partial orderings in social systems: The elementary structures of kin avoidance.* Ms., Department of Anthropology, University of California, Irvine.
1992 PGRAPH: Kinship network analysis software and user's guide. Dept. of Anthropology, University of California, Irvine.
1995 Visualizing kinship networks as interlaced social biographies through time. Ms., Dept. of Anthropology, University of California, Irvine (Vortrag, Social Science History Association, Atlanta).
1996a PGRAPH software: Matrimonial graphs and kinship network analysis. *Networks in Society and History* 1(1) (http://ecelctic.ss.uci.edu/nsh/nsh.html).
1996b Structural endogamy: A primer. *Networks in Society and History* 1(1) (http://ecelctic.ss.uci.edu/nsh/nsh.html).
1996c Statistical entailments and the Galois lattice. Social Networks 18, 201-15.

White, D.R. und V. Duquenne (Hg.)
1996 Discrete structure analysis in the social sciences. *Social Networks* 18, special issue, im Druck.

White, D.R. und M. Houseman.
1995 *Kinship networks and the balance principle: Dual organizations in cognatic societies.* Ms., Dept. of Anthropology, University of California, Irvine.

White, D.R. und P. Jorion
1992 Representing and analyzing kinship: A new approach. *Current Anthropology* 33, 454-63.
1996 Kinship networks and discrete structure theory: Applications and implications. Special issue on Discrete Structure Analysis, *Social Networks* 18, 267-314.

White, D.R. und H.G. McCann
1988 Cites and fights: Material entailment analysis of the eighteenth-century chemical revolution. In: Wellman und Berkowitz 1988.

White, D.R. und T. Schweizer
1996 Kinship, property transmission and stratification in rural Java. In: Schweizer und White 1996.

White, D.R. und P. Skyhorse
1996 PGRAPH manual. *Networks in Society and History* 1(1) (http://ecelctic.ss.uci.edu/nsh/nsh.html).

White, D.R., J. Stern, L. Brudner-White und H.F. Nutini
1992 *Conflicts of consensus in social cognition: Belief systems in a Tlaxcalan village.* Ms., Department of Anthropology, University of California, Irvine.

White, H.C.
1963 *An anatomy of kinship: Mathematical models for structures of cumulated roles.* Englewood Cliffs, NJ: Prentice-Hall.
1992 *Identity and control. A structural theory of action.* Princeton: Princeton U.P.
1993 *Careers and creativity: Social forces in the arts.* Boulder: Westview Press.

1995 Where do languages come from? I. Switching talk. II. When is speech? Preprints, Center for the Social Sciences, Columbia University, New York.

White, H.C., S.A. Boorman und R.A. Breiger
1976 Social structure from multiple networks, I. Blockmodels of roles and positions. *American Journal of Sociology* 81, 730-79.

White, H.C. und C.A. White
1965 *Canvases and careers: Institutional change in the French painting world.* New York: Wiley.

Wiessner, P.
1977 *Hxaro: A regional system of reciprocity for reducing risk among the !Kung San.* Ann Arbor: University Microfilms.
1982 Risk, reciprocity and social influences on !Kung San economies. In: *Politics and history in band societies* (Hg.) E. Leacock und R.B. Lee. Cambridge: Cambridge U.P.
1994 The pathways of the past: !Kung San hxaro exchange and history. In: *Überlebensstrategien in Afrika* (Hg.) M. Bollig und F. Klees. Köln: Heinrich-Barth-Institut.

Wille, R.
1990 Concept lattices and conceptual knowledge systems. Preprint 1340. Fachbereich Mathematik. Technische Hochschule Darmstadt.

Wimmer, A.
1995 Variationen über ein Schema. Zur Infrapolitik des Denkens am Beispiel eines Mythos der Mixe. *Zeitschrift für Ethnologie* 120, 51-71.

Yang, M.M.
1994 *Gifts, favors and banquets: The art of social relationships in China.* Ithaca: Cornell U.P.

Zentralarchiv für empirische Sozialforschung
1986 *International Social Survey Program 1986: Social networks and support systems.* Köln: Zentralarchiv für empirische Sozialforschung an der Universität zu Köln.

Ziegler, R.
1972 *Theorie und Modell.* München: Oldenbourg.
1984 Das Netz der Personen- und Kapitalverflechtungen deutscher und österreichischer Wirtschaftsunternehmen. *Kölner Zeitschrift für Soziologie und Sozialpsychologie* 36, 585-614.
1990 The kula: Social order, barter, and ceremonial exchange. In: Hechter, Opp und Wippler 1990.

Register

Abstammung 15; 159; 218; 224; 226
Abstrahierung 166
Abweichung 102; 210; 233
Acheson, J.M. 40
Agency 113; 134; 142; 143; 144; 145; 151; 156
Agrarische Gesellschaft 32

Ähnlichkeitsmatrix 87; 92; 215

Akteur 14
Akteur x Akteur-Daten, Matrizen 208
Akteur x Ereignis-Daten, Matrizen 44; 47; 48; 50; 87; 164; 167; 208
Akteur x Variablen-Daten, Matrizen 204
Akteur-Ereignis-Verflechung 164
Aktivität 79; 94; 105; 155; 172; 183; 184; 190; 203
Albert, H. 59
Alexander, M.C. 254
algebraisches Modell 219
Alkoholiker 207; 236; 237; 238; 239
Alter (Kontaktperson) 14; 69; 72; 73; 85; 101; 231; 238; 241; 243; 245; 247; 248; 249; 251

Analyse persönlicher Netzwerke 242; 248
Anglos, USA 239; 250
Anknüpfung 257
Annahme 236; 238
Ansell, C.K. 97; 168; 181; 213; 254
ANTHROPAC-Programm 212; 236; 265
Antwortschlüssel 239; 240
Anzahl Beziehungen 169
Arabie, P. 96; 169; 194; 196
Asians, USA 250
asymmetrische Relation 167
Auer, K. 245
Aufdemberg, C.G. 142
Außenglied e. Kette 189
Auswahl 242

Backhaus, K. 208
Balancetheorie 119
Bank 255
Banton, M. 16; 32
Barnard, A. 71
Barnes, J.A. 16; 17; 18; 33; 113; 114; 204
Barth, F. 19; 34; 141; 204
Bearman, P.S. 97; 254; 264
Befragung 174
Begriff d. sozialen Netzwerks 16; 37; 114
Behrens, C.A. 219
Beobachtung 72; 174; 175; 212
Berg, E. 19; 56; 63

Berkowitz, S.D. 18; 19; 24; 37; 157; 255
Bernard, H.R. 14; 25; 65; 170; 173; 175; 212; 235; 242; 243; 246; 250
Berzborn, S. 170; 218; 250
Beschreibung 13; 19; 33; 42; 44; 51; 59; 60; 66; 70; 74; 84; 88; 155; 167; 225; 240; 252; 253; 259
Besitz 72; 83; 85; 107; 146; 160; 203; 220
Betweeness 129; 155; 184; 185; 188; 189; 190
Bien, W. 242
bilateral 85
Bildstruktur 197; 199; 200
binäre Daten 168; 234
bipartiter Graph 87; 224; 231
Blacks, USA 250
Bliesener, J. 46
Bloch, M. 141
Block 92; 93; 96; 100; 102; 103; 104; 106; 125; 155; 182; 196; 197; 198; 199; 200; 224; 229; 230; 231; 232; 251
Blockmodell 96; 155; 197; 198; 203; 258
Blockstruktur 182; 231
Blythe, J. 162
Böck, M. 19; 68; 70; 149
Boissevain, J. 18; 241
Bollig, M. 32
Bonacich, P. 93
Boolesche Algebra 45
Boolesche Ordnung 96
Boomgaard, P. 83
Boorman, S.A. 96; 139; 169; 194; 196

Borgatti, S.P. 21; 37; 78; 93; 157; 162; 168; 204; 212; 213; 236; 263; 264
Borofsky, R. 13; 17; 56
Boster, J.S. 142; 213; 235; 254
Boston, USA 120; 263
Botswana 57; 71; 171
Bott, E. 16; 17; 113; 117; 135; 241
Boudon, R. 151
Bourdieu, P. 19; 41; 141; 142; 151
Bourgois, P. 125; 255
Boyd, J.P. 235
Brajkovich, L.F. 255
Braun, N. 254
Breiger, R.L. 96; 139; 169; 194; 196
Brewer, D. 142; 234
Brücke 80; 123; 181; 212; 224
Burmeister, P. 46
Burt, R.S. 20; 111; 112; 118; 121; 122; 123; 124; 125; 126; 127; 129; 152; 170; 181; 194; 242; 249
Burton, M.L. 211

Caldwell, I. 61
Campbell, K.E. 242; 246
Cancian, F. 146
Carrington, P.J. 241; 255
Carrithers, M. 56
Cartwright, D. 119
Cashdan, E. 32; 72; 73
Casimir, M.J. 32; 40; 70
Chan, A. 42; 44; 51; 52
Chemie 131
Chen, Südchina 29; 42; 43; 44; 51; 52; 53; 137; 147
China 252
Cicero 254

Clark, S. 146
Clifford, J. 19; 56; 59; 61; 62; 63; 65; 258
Clique 118; 122; 129; 155; 191; 192; 193; 201
Cluster 87; 96; 123; 125; 127
Coleman, J. 36; 38; 40; 69; 141; 254; 260
Collins, J.L. 63
Colson, E. 146
Computerprogramm 20; 212; 264
Costa Mesa, Stadt in Kalifornien 245; 246; 250
Coxon, A.P.M. 25
Crapanzano, V. 62
Cultural Anthropology 24; 30
Cutpoint 92; 96; 129; 155; 180; 181; 182; 196; 203; 224; 229

D'Andrade, R.G. 17; 19; 56; 58; 67; 68; 70; 140; 142; 149; 235; 253
Danowski, J.A. 254
Daten 9; 14; 18; 21; 25; 29; 36; 37; 41; 42; 45; 47; 51; 52; 53; 54; 57; 63; 64; 65; 71; 74; 75; 76; 82; 86; 94; 97; 102; 108; 112; 125; 146; 150; 155; 157; 158; 159; 160; 162; 163; 166; 167; 168; 169; 171; 173; 174; 175; 176; 194; 195; 196; 197; 201; 202; 203; 207; 208; 209; 210; 211; 212; 214; 215; 216; 217; 219; 222; 223; 224; 226; 233; 234; 235; 236; 237; 240; 241; 248; 249; 250; 255; 257; 258; 263

Datenmatrix 87; 196; 211
Datenqualität 249
Davidson, D. 39
Davis, A. 163
Davis, J.A. 119
Degenne, A. 19; 37; 45; 147; 157
der Andere (the Other) 66; 254
deterministisch 150
Dichte 14; 33; 37; 59; 74; 75; 83; 92; 93; 95; 98; 112; 114; 115; 116; 117; 118; 120; 125; 155; 172; 177; 178; 180; 182; 185; 191; 197; 200; 202; 248
dichte Beschreibung 60; 66; 70; 84
Diffusion 158; 254
DiMaggio, P. 140; 205
direkte Beziehung 121; 127; 188
Dirks, N.B. 19; 56; 62; 257
Diskurs 61; 108
Disziplinen 54; 146; 158; 218; 253; 263
Dolgin, J.L. 17
Dominanzverhalten 213
Dow, M.M. 255
Dualstruktur 224; 231
Dumont, J.P. 63
Duquenne, V. 45; 205
Dynamik, s.a. Statik 147; 259

Earle, T. 32; 58; 72
East Harlem, Stadtteil v. New York 125; 255
Eccles, R.G. 255
Effizienz 122
egalitär 72; 75; 108
Ego 14; 85; 118; 186; 241; 243; 245; 247; 248; 249

Eigenschaft 23; 92; 100; 113; 155; 158; 160; 166; 214; 241; 243; 248
Einfachheit v. Erklärungen 152
einheimischer Standpunkt 261
Einstellung 105; 114; 126; 135
Eley, G. 19; 56; 62; 257
Elite 86; 106; 232
Elternschaft 221
Emergenz 70; 106
Emirbayer, M. 20; 111; 112; 133; 134; 135; 136; 137; 138; 140; 141; 142; 143; 144; 145; 146; 147; 151
Engagement 143; 144
Engelmann, P. 62
Ensenada, Stadt in Mexiko 245
Ensminger, J. 40; 69; 70
Entstehung sozialer Ordnung 253; 256
Epstein, A.L. 241
Ereignis 37; 39; 42; 44; 45; 47; 48; 49; 50; 51; 57; 60; 66; 74; 83; 86; 93; 94; 100; 120; 125; 147; 152; 163; 164; 165; 167; 175; 211; 213; 214
erklärte Varianz 197; 198; 237; 238
Erklärung 13; 16; 19; 21; 29; 40; 44; 52; 53; 67; 69; 70; 112; 114; 116; 117; 126; 130; 135; 140; 147; 149; 151; 152; 166; 202; 214; 253; 254; 255; 257; 259; 260
Errington, F.K. 63
Errington, J. 88
Errington, S. 58; 61
Erzählung 132
Esser, H. 36; 38; 40; 58; 59; 60; 138; 260

Ethnie 251
ethnische Homogenität, Heterog. 251
Evans-Pritchard, E.E. 15
Everett, K.D. 254
Everett, M.G. 21; 37; 78; 93; 157; 162; 168; 204; 205; 213

Faktor 236; 237; 238; 239
Fallstudie 69; 83; 106; 135; 137; 138; 146; 164; 171; 241; 252
Fararo, T.J. 36; 38; 41
Faust, K. 19; 23; 37; 93; 113; 114; 143; 157; 159; 168; 170; 175; 183; 184; 191; 192; 194; 204; 211; 220; 263
FC Köln 255
Fehlen sozialer Beziehung 118; 159; 194
Feldforschung 13; 24; 65; 82; 84; 140; 146; 175; 225; 234; 243; 249; 252; 256
Fest, s.a. Ritual 85; 86; 88; 90; 91; 92; 93; 95; 96; 100; 101; 102; 103; 104; 106; 107; 108
Film 256
Firth, R. 15; 32; 33
Fischer, C.S. 37; 241; 245; 246; 247
Fischer, H. 256
Fischer, M.M.J. 19; 56; 61; 63
Fitzgerald, W. 255
Florenz 139; 254
formale Analyse 10; 35; 51; 71; 76; 83; 92; 146; 157; 195; 202; 204
Forsé, M. 19; 37; 147; 157
Fortes, M. 15; 32; 258
Fortpflanzungsfamilie 221; 223

Index

Foster, B.L. 18; 20; 192; 242
Fox, R.G. 56
Frake, C.O. 34
Frank, M. 62
Frank, O. 170; 244; 249
Freeman, L.C. 16; 19; 21; 24; 37; 45; 46; 78; 93; 103; 142; 157; 159; 162; 164; 165; 168; 175; 183; 192; 205; 212; 213; 235; 248; 250; 252; 256; 263; 264
Freeman, S. 142; 175; 213; 235
Freiheit, s.a. Agency 141; 142; 145
Freund, Freundschaft 37; 96; 117; 146; 167; 251
Friedrich, P. 64
Fuchs, M. 19; 56; 63
Furcht 236; 240

Gabentausch 22; 39; 55; 57; 71; 73; 74; 75; 76; 78; 79; 81; 82; 92; 108; 171; 176; 201; 212
Galaskiewicz, J. 18; 19; 37; 113; 135; 136; 157; 205; 254; 255
Gardner, B.B. 163
Gardner, M.R. 163
Garro, L.C. 235
Gautschi, T. 254
Gebetstreffen 102; 104; 106
Geertz, C. 17; 55; 56; 58; 59; 60; 61; 62; 67; 68; 70; 74; 84; 88; 91; 260
Gellner, E. 56
genealogische Methode 218
geodätische Distanz 186
geometrische Abbildung 76; 208; 210; 211

gerichtete Beziehung 167
gerichteter Graph 176; 183
Gesamtnetzwerk 37; 76; 106; 136; 169; 170; 172; 243; 249
Geschlecht 72; 73; 85; 117; 220; 238; 249
Gesellschaftstypen 253
geteiltes Wissen 233; 240
Gewertz, D.B. 63
Globalisierung 64; 257
Glück 236; 239
Gluckman, M. 114; 116; 117
Godelier, M. 19
Goodenough, W.H. 34
Goodwin, J. 20; 111; 112; 133; 134; 135; 136; 137; 138; 140; 141; 142; 145; 146; 147
Goody, J. 15
Görlich, J. 39; 41; 53; 58; 69; 138; 160; 202
Grad 179; 183; 184
GRADAP-Programm 265
Gräf, L. 245
Granovetter, M. 113; 118; 120; 124; 127; 129; 152; 181; 194
Graph 92; 160; 162; 177; 178; 179; 181; 182; 187; 192; 200; 219
Graphentheorie 18; 20; 23; 129; 155; 161; 168; 175; 182; 183; 186; 191; 204
Greenacre, M.J. 209; 211
Gribaudi, M. 264
Größe 32; 37; 79; 82; 89; 91; 94; 95; 96; 98; 177; 184; 190; 242; 247; 248; 249; 250
Größe persönl. Netzwerke 247
Größeneffekt 87; 215; 216
Großstadt 170; 242
Gruppe 14; 15; 41; 51; 69; 72; 73; 78; 91; 132; 142; 164;

193; 201; 210; 215; 216;
217; 218; 232; 235; 236;
238; 239; 242; 250; 251
Guatemala 234

Hage, P. 20; 37; 53; 119; 157;
160; 162; 168; 175; 189;
202; 205; 224; 229
Hall, A. 241; 255
Handel 255
Handlungsfolge 70; 74; 116;
150; 156; 163; 219; 260
Handlungsmöglichkeit 113;
130; 141; 143
Handwerker, W.P. 212; 231
Hannerz, U. 19; 63; 157; 204; 257
Hanson, A. 65
Harary, F. 37; 53; 119; 157;
160; 162; 168; 175; 189;
202; 204; 224; 229
Haushalt 86; 89; 100; 104;
228; 230; 231
häusliche Arbeitsteilung 117
Hechter, M. 40
Hefner, R.W. 58; 61; 88
Heider, F. 119
Heirat 15; 37; 83; 86; 100;
159; 207; 209; 210; 211;
213; 215; 216; 217; 218;
221; 223; 226; 227; 228;
230; 231; 232
Heiratspräferenz 215; 216
Heiratsregel 219; 232
Heiratszirkel 224
Herkunftsfamilie 221
Hermeneutik 259
Hierarchie 43; 53; 75; 155;
172; 188; 203
Hintergrundinformation 247
Hintergrundwissen 100

Hinton, W.D. 42
Hispanics, USA 250
Homepage (im Internet) 263; 264
homogenes, heterog. Netzwerk 122
Houseman, M. 19; 45; 119;
157; 219; 224; 256
Hubert, L.J. 213
Hummell, H.J. 120
Hummon, N.P. 24
Hüsken, F. 85
hxaro, Gabentausch d. !Kung
22; 55; 71; 73; 74; 75; 76;
78; 79; 81; 82; 92; 171; 176;
201; 213
Hypothese 13; 21; 22; 29; 52;
54; 66; 71; 78; 93; 107; 111;
112; 113; 116; 117; 120;
125; 128; 134; 212; 213;
214; 217; 256; 260

Identität 111; 130; 131; 132; 257
Impressionismus 254
indirekte Beziehung 116; 187
individueller Akteur 69
Industrie 255
Industriegesellschaft 114; 259
Informant 173; 233; 237; 242
Information 74; 102; 120; 121;
122; 124; 126; 152; 159;
168; 170; 176; 181; 223;
241; 243; 248; 249; 265
informelle Ökonomie 125; 255
Innenglied e. Kette 189
INSNA 24; 263; 264
Institution 14; 16; 31; 32; 33;
36; 39; 40; 67; 69; 74; 84
Integration 82; 96; 100; 105;
113; 119; 130

Interessen 39; 40; 41; 43; 61;
  69; 126; 136; 148; 149; 151;
  260
Internet 263; 264; 265
Interpretation, interpret.
  Ethnol. 16; 22; 56; 58; 60;
  63; 64; 66; 67; 68; 69; 70;
  74; 100; 108; 141; 202; 260
Islam 84; 91; 99; 100; 101;
  102; 103; 228; 230; 231
Isolation 127
Iteration 144

Jackson, J.E. 209; 211; 215
Java 25; 60; 68; 84; 221; 254
javanisches Dorf 260
Johansen, U. 24
Johnsen, E.C. 170; 250
Johnson, A.W. 32; 58; 72
Johnson, J.C. 20; 157; 170;
  204; 235; 240; 243; 254
Jorion, P. 17; 19; 35; 45; 53;
  147; 157; 203; 205; 218;
  221; 223; 225; 229; 256

Kalifornien 207; 218; 237;
  246; 251
Kanzlerkandidatur 128
Kapferer, B. 113; 116; 117
Kappelhoff, P. 41; 70; 146;
  194; 203
Kärnten 107; 220; 225; 232;
  254
Kategorie 94; 106; 135; 234
Kausalanalyse 259
Kearney, M. 63
Keeler, W. 58; 61; 88
Keesing, R.M. 15; 32; 34; 56;
  66; 68; 218; 257
Kemnitzer, D.S. 17
Kent, S. 71; 78

Kern e. Netzwerks 23; 24; 56;
  79; 81; 82; 83; 112; 113;
  114; 144; 193; 218; 224;
  247; 248; 251
Kernfamilie 72; 85; 225
Killworth, P.D. 170; 250
Klaten, Gebiet in Mitteljava 84
Kleingruppe 158; 254
Klemm, E. 53; 86; 87; 157
Klient, s.a. Patron 105; 125
Klovdahl, A.S. 53; 157; 170;
  171; 175; 243; 249; 250;
  254; 255
Knoke, D. 255
Kognition 9; 68; 103; 113;
  114; 130; 134; 137; 139;
  142; 148; 149; 151; 156;
  256; 257
Kognitive Ethnologie 58; 68;
  70; 233; 259
Kohäsion 86; 87; 100; 105;
  106; 113; 114; 117; 120;
  122; 123; 127; 136; 148;
  151; 156; 177; 192; 194;
  200; 203; 204
Kohl, K.H. 258
Köhler, J. 32
Kokot, W. 252
Kolumbien 209
Kompetenz 234; 236; 237;
  238; 239; 240
Komplexe Gesellschaft 32
Komponente 54; 92; 93; 118;
  155; 177; 178; 179; 180;
  181; 182; 187; 228; 229; 230
Kondo, D.K. 63
Konflikt 116
Konformität 91; 115; 116
König, R. 24

Konsensusanalyse 68; 142; 207; 212; 233; 235; 236; 237; 238; 239; 240; 265
Konstitution 70; 107
Kontrolle 65; 74; 115; 116; 125; 128; 130; 133; 151; 188; 190
Kooperation 39
Korrektheit e. Theorie 152
Korrelation 78; 80; 93; 94; 95; 96; 103; 212; 213; 215; 217; 236
Korrespondenzanalyse 87; 207; 209; 210; 211; 212; 215; 216
Kottak, C. 146
Krackhardt, D. 162
KRACKPLOT-Programm 162; 265
Krämer, W. 75
Krankheit 233; 254
Kreis 77; 81; 83; 88; 95; 98; 100; 118; 125; 127; 181; 186; 192
Krempel, L. 76; 78; 94; 96; 172; 264
Kreuztabelle 211
Kritik 16; 34; 55; 61; 62; 64; 66; 69; 73; 109; 134; 139; 194; 258
Kroeber, A.L. 33
Kruskal, J.B. 209; 211; 216
Kularing 155; 160; 162; 176; 182; 184; 185; 186; 187; 188; 193; 199; 201
Kultur 13; 22; 29; 30; 40; 50; 55; 56; 57; 59; 60; 61; 62; 64; 65; 66; 67; 68; 69; 70; 73; 88; 106; 108; 112; 135; 140; 152; 156; 233; 236; 238; 239; 254; 256; 258

kulturelle Bedeutung 21; 22; 57; 133; 139
kultureller Konsens 66; 70; 235; 236; 237; 238; 239; 240
Kulturgebundenheit 259
Kumbasar, E. 235
Kunst 254
Kuper, A. 15; 19; 56; 108
Kupfergürtel, Zentralafrika 11

lachender Dritter 22; 39; 111; 116; 121; 122; 126; 127; 128; 129; 130; 141; 151; 181; 188; 190; 194; 195; 196; 204; 249
Lafontaine, O. 129
Lager 72; 77; 78; 81; 129
Laienwissen 235
Lamnek, S. 71
Lang, H. 17; 45; 58; 60; 168; 218
Längsschnittdaten 146
Längsschnittuntersuchung 146; 256
Laumann, E.O. 25
Lazega, E. 255
Leach, E.R. 15; 33; 34; 160; 220; 258; 261
Leach, J.W. 160
Lebeaux, M.O. 46; 255
Lebensgeschichte 76; 132
Lebenszyklus 83
Lee, B.A. 242; 246
Lee, J. 146
Lee, R.B. 60; 71; 72
Leinhardt, S. 17; 24
LeVine, R.A. 17; 56
Lévi-Strauss, C. 15; 17; 29; 35; 37; 38; 219; 258
Liebow, E. 245
Lindenberg, S. 139

Index

Lindstrom, L. 63
Linie 46; 47; 80; 98; 123; 160; 161; 162; 164; 167; 176; 179; 180; 181; 182; 183; 193; 200; 211; 221; 223; 228; 229
Liniendiagramm 46; 47; 48; 50; 221
Linton, R. 29; 34; 37; 263
Lokalität 77; 78; 82; 87; 91; 103; 106; 135; 231; 261
Lomnitz, L.A. 125
London 117
Lorrain, F. 195
Los Angeles 250
Lutz, C.A. 63

Madsen, R. 42; 44; 51; 52
Mair, L. 32
Makroebene, Makrostudie 252
Malinowski, B. 23; 65; 160; 261
Malta 241
Marbach, J. 242
Marcus, G.E. 19; 56; 61; 62; 108
Marshall, L. 71; 73
Maryanski, A. 32; 58
Matrix 92; 94; 160; 162; 163; 166; 167; 172; 197; 199; 200; 210; 214; 216; 217
maximaler Subgraph 179; 182; 224
McCallister, L. 246; 247
McCann, H.G. 254
McCay, B.M. 40
McGrady, G.A. 244
McGrath, C. 162
Medici 139; 181; 213; 254
Menge 37; 46; 75; 79; 95; 98; 122; 130; 159; 163; 166; 167; 168; 169; 172; 182; 187; 204; 210; 211; 213; 218; 226; 234; 239; 242; 247; 250; 253
Mengenverband 164
Methodenmischung 107
Middleton, J. 15; 32
Mikroebene, Mikrostudie 33; 252
Milgram, S. 75
Mische, A. 113; 142; 143; 144; 145; 146
Mitchell, J.C. 11; 16; 17; 18; 20; 25; 32; 33; 41; 113; 156; 204; 252
Modell 29; 35; 36; 38; 45; 47; 51; 52; 97; 137; 149; 151; 166; 193; 200; 207; 219; 221; 235; 257
Modellbildungsproblem 35
Mohr, J.W. 97
Moore, C.C. 211
multiethnisch 63; 64; 250; 254
multiplex 33; 37; 112; 114; 115; 116; 117
Murdock, G.P. 15; 221

Nachbar, Nachbarschaft 30; 42; 53; 83; 85; 86; 89; 90; 94; 95; 96; 102; 103; 104; 105; 106; 108; 135; 184; 186; 216; 231; 251
Nachkommen 221
Nadel, S.F. 14; 17; 29; 31; 34; 37; 258
Nader, L. 116
Nähe 14; 37; 86; 95; 103; 106; 108; 187; 211; 217; 233; 247
Nakao, K. 146; 254
Namensgenerator 245; 246; 247; 248

Namensidentifikator 248
Namibia 57; 71; 171
Netzstruktur 22; 111; 115; 117; 134; 135; 137; 138; 139; 140; 142; 149; 150; 151
Netzwerkstratege 123
Neururer, P. 255
New York 125; 134; 254; 255
Newcomb, T.M. 146; 254
Neyer, F. 242
Nippes, Stadtteil v. Köln 245
Nohria, N. 255
Norm 31; 32; 33; 34; 40; 41; 58; 67; 70; 71; 84; 86; 94
Normalisierung 215
Notwendigkeit, s.a. Agency 67; 259
Nutini, H.F. 45

Omaha, indian. Ethnie 220
One-mode-Daten 166
Orange County, Südkalifornien 236; 250
Ordnungsdiagramm 164; 193
Ordnungsrelation 164
Organisation 167; 254
Orientierungsrahmen 58; 134
Ortner, S.B. 19; 56; 62; 257

Padgett, J.F. 97; 131; 139; 168; 181; 213; 254
Pappi, F.U. 20; 25; 37; 157
Papua Neuguinea 160
Paradoxie 127
Pariser Kommune 138
Parteivorsitz 128
Patron, Patronage 105; 125; 230
Pattison, P. 37; 142; 220; 235
Pauli, J. 235; 254
Peletz, M.G. 19; 218

Pemberton, J. 63
persönliches Netzwerk 169; 173; 207; 218; 241; 243; 249
Pgraph 207; 212; 220; 221; 222; 223; 225; 227; 228; 231; 256
PGRAPH-Programm 221; 223; 224; 225; 228; 232; 264
Plattner, S. 32; 58; 70
Poel, M.G.M. van der 242; 246
Polymerverbindung 131
polytome Daten 234
Popkin, S.L. 40
Position 31; 34; 43; 50; 96; 111; 125; 128; 129; 136; 151; 155; 181; 195; 196; 200
Positionsanalyse 136; 194; 195; 201; 203
Postmoderne 19; 22; 55; 56; 58; 59; 61; 62; 63; 64; 65; 66; 67; 68; 69; 70; 74; 108; 254; 257; 258
Potter, J.M. 42
Potter, S.H. 42
Praxis 259
Praxistheorie 19; 41; 142; 144; 151
Prestige 183
Pretest 249
Primaten 255
probabilistisch 150
Problem d. sozialen Ordnung 55; 67; 69; 109; 157; 258
Prominenz 183; 185
Protestbewegung 254
Prüfung 21; 23; 107; 108; 207; 213; 217; 229; 231
Pul Eliya, Dorf in Sri Lanka 220
Punkt 59; 77; 79; 82; 92; 93; 95; 96; 100; 101; 102; 103;

161; 162; 174; 177; 179;
180; 181; 182; 185; 186;
187; 188; 189; 190; 192;
193; 194; 195; 196; 200;
208; 210; 219; 221; 223;
228; 229; 231
punktbezogene Maßzahl 183

QAP 78; 93; 95; 96; 203; 207;
212; 213; 214; 215; 217; 240
quadratische Matrix 162; 166
qualitative Daten, Auswertung
45; 107; 175
Querschnittsuntersuchung 146
Quinn, N. 19; 68; 141; 151

r, Korrelationskoeffizient 78;
93; 96; 97; 103; 196; 197;
198; 213; 217; 246
Radcliffe-Brown, A.R. 14; 15;
17; 29
Rahmenbedingung 67; 70; 71;
72; 83; 85; 105; 107; 117;
126; 138; 141
Randbedingung, s.a.
Rahmenbedingung 67; 139;
149
Random Walk Design 244;
245; 251
Rao, A. 32
Rationalitätsbegriff 138
Rau, J. 128
Read, D.W. 219
rechteckige Datenmatrix 164
Redundanz 122; 123; 128
Regel 22; 34; 73; 74; 76; 78;
82; 84; 86; 89; 91; 94; 99;
106; 219; 231; 233
reguläre Äquvalenz,
Ähnlichkeit 196
Reitz, K.P. 24; 25

relationale Daten 155; 159;
160; 164; 166; 167; 175;
202; 208
Relationsanalyse 107; 136;
155; 190; 192; 203
Religion 103
Ressourcen 15; 39; 40; 43;
159; 220
Reuband, K.H. 25
Reziprozität 73
Ritual, s.a. Fest 11; 22; 25; 55;
57; 83; 85; 86; 88; 92; 94;
95; 96; 150; 213; 215; 218;
225
Roberts, J.M. Jr. 211
Robertson, A.F. 19; 218
robust 137; 138; 181; 182
Rolle 15; 34; 51; 53; 58; 70;
73; 76; 89; 97; 103; 106;
108; 120; 133; 144; 156;
214; 218; 236; 248; 251
Romney, A.K. 19; 24; 37; 53;
66; 68; 142; 146; 157; 175;
209; 211; 213; 215; 216;
217; 233; 235; 236; 254
Ronchi, D. 242
Röpke, J. 40
Roscoe, P.B. 64
Roth, P.A. 56
Rothenberg, R.B. 243
Ruan, D. 252
Rutten, A. 40

Sade, D.S. 255
Sahlins, M.D. 17; 67; 76; 152
Sailer, L.D. 195
Salinas Pedraza, J. 65
Sambia 116; 146
Sanjek, R. 56
Sawahan, javan. Dorf 84; 88
Scharping, R. 128

Schefold, B. 145
Schenk, M. 20; 241; 246; 248
Scheuch, E.K. 25
Schlüsselinformant 86; 94; 147; 172; 225; 240; 241
Schnegg, M. 170; 218; 235; 250; 254
Schneider, D.M. 17; 56; 67; 218; 231
Schoepfle, M.J. 65; 140
Schreiben 63
Schröder, G. 128
Schulklasse 254; 259
Schulte Nordholt, H. 61
schwache Beziehung 113; 118; 120; 123; 127; 130; 156; 247
Schweizer, M. 94
Schweizer, T. 19; 20; 33; 37; 38; 42; 45; 47; 52; 53; 54; 57; 58; 62; 72; 75; 83; 84; 85; 86; 87; 94; 105; 137; 157; 170; 172; 173; 194; 201; 205; 211; 218; 223; 225; 232; 250; 260; 261; 264
Scott, J. 19; 37; 157; 159; 169
Scudder, T. 146
Segalen, M. 218
Seidman, S.D. 192; 242
Seitz, S. 32
Selbstwert 236; 239
Shankman, P. 61
Shelley, G.A. 250
Shimizu, A. 17; 218
Shostak, M. 73
Shweder, R.A. 17; 56
Sidedness 224; 231
Sik, E. 54
Simmel, G. 126
Simonis, H. 129
Situationslogik 68; 139; 260
Siu, H.F. 42

Skyhorse, P. 221; 236; 237; 239; 240
slametan, javan. Fest 22; 55; 83; 86; 88; 92; 93; 96; 99; 101; 102; 104; 106
Snijders, T. 170; 244; 249
Social Anthropology 13; 24; 30; 261
Sodeur, W. 120; 249
SONIS-Programm 265
soziale Beziehung 14; 17; 29; 33; 37; 38; 70; 76; 85; 95; 103; 107; 114; 115; 116; 118; 120; 122; 123; 124; 130; 133; 136; 140; 159; 163; 166; 167; 168; 176; 185; 187; 191; 192; 195; 196; 197; 200; 203; 207; 213; 217; 228; 241; 248; 260
soziale Dimension 55; 57; 112; 235
soziale Einbettung 19; 57; 68; 157
soziale Kognition 235
soziale Ordnung 10; 14; 18; 20; 21; 22; 30; 31; 32; 35; 38; 46; 48; 50; 51; 53; 55; 57; 67; 68; 69; 70; 71; 74; 82; 91; 94; 96; 104; 106; 107; 109; 116; 118; 127; 130; 135; 140; 142; 151; 156; 157; 164; 166; 175; 178; 190; 194; 195; 201; 202; 203; 204; 208; 219; 228; 233; 253; 254; 255; 258; 260
soziale Organisation 25; 131
soziale Praxis 9; 41; 86; 91; 101; 105; 113; 141; 142; 249

soziale Schicht 83; 85; 87; 91; 93; 94; 96; 106; 108; 117; 135; 150; 231; 238; 249; 261
soziale Umgebung 23; 242; 249
soziale Unterstützung 14; 85; 159; 241; 252
soziale Verbreitung v. Wissen 69
sozialer Prozeß, s.a. Längsschnittuntersuchung 146; 256; 258
soziales Kapital 121; 128
Sozialethnologie 13; 14; 15; 18; 20; 22; 30; 31; 32; 33; 36; 41; 53; 54; 205; 253; 258
Sozialstruktur 14; 18; 22; 23; 25; 29; 30; 31; 32; 33; 34; 35; 36; 38; 40; 41; 44; 51; 53; 54; 112; 155; 158; 166; 195; 197; 201; 203; 255; 260
Soziologie 24; 113; 133; 134; 140; 141; 157; 158; 218; 253; 264
SPD 128
Sprachgemeinschaft 209; 210; 211; 215; 224
Spreen, M. 170; 243
Sri Lanka 220
Stadt 11; 16; 18; 32; 49; 52; 58; 84; 88; 121; 125; 163; 207; 241; 243; 246; 250; 255; 259
Stadtethnologie 41; 252
Stammesgesellschaft 17; 32
starke Beziehung 120; 123
Statik, s.a. Dynamik 146; 149
statistische Signifikanz 78; 93; 103; 213
statistisches Standardverfahren 208; 264

Status 34; 44; 50
Steedly, M.M. 63
Stellrecht, I. 56
Stephenson, K. 93
Stern, J. 45; 188; 190
Strategie, strateg. Handeln 122; 126; 127; 140; 245; 254
Strathern, A. 76
Strauss, C. 19; 68; 70; 141; 149; 151
Struktur 15; 17; 22; 31; 41; 98; 131; 135; 137; 139; 140; 142; 145; 146; 148; 149; 151; 161; 162; 166; 175; 188; 197; 201; 207; 213; 215; 224; 228; 229; 232; 242; 243; 254; 259
Strukturalismus 16; 59; 258
strukturelle Äquivalenz 97; 194; 196
strukturelle Autonomie 127; 128
strukturelle Bedingung 126; 142
struktureller Kern 114
struktureller Konstruktivismus 136
strukturelles Loch 122; 123; 125; 126; 127; 130; 156; 194
Strukturfunktionalismus 13; 17; 258
Strukturmatrix 217
Student 207; 237; 239; 263; 265
Subgraph 179; 182; 191; 192; 224
subjektiver Sinn 140
Surakarta, Stadt in Mitteljava 84
symbolischer Kulturbegriff 59

symmetrische Relation 75; 76; 92; 167; 168; 214; 216

Tait, D. 15; 32
Tausch 22; 39; 45; 53; 55; 57; 71; 73; 74; 75; 76; 78; 81; 82; 92; 108; 158; 160; 162; 168; 171; 174; 176; 180; 182; 186; 200; 212
Terrell, J. 211
tertius gaudens, s.a. lachender Dritte 126
Testtheorie 233
Text 22; 52; 55; 56; 57; 58; 59; 60; 61; 63; 64; 65; 67; 69; 70; 71; 73; 78; 88; 106; 109; 156; 196; 212; 235; 241
Theaterstaat 61
theoretischer Kern d. Netzwerkanalyse 113
Theorie des rationalen Handelns 22; 29; 36; 38; 40; 41; 43; 54; 58; 112; 131
Theoriebegriff 58
Tjon Sie Fat, F.E. 35; 219
Todd, H.F. Jr. 116
Tonga, Ethnie aus Sambia 146
Tortorice, J. 220
Traditionsgebundenheit 149
Transformation 79; 151; 152; 254; 258
Trautmann, T. 19
triviale, nicht-tr. Komponente 179; 181
Trotter, R.T. II 249; 250; 254
Tsing, A.L. 63
Tsumkwe, Ort in Namibia 71; 72; 73; 77; 81
Turner, J.H. 32; 58
Typologie 258

Überzeugung 34; 56; 67; 114; 135; 136; 138; 149; 259

UCINET-Programmpaket 21; 78; 93; 157; 162; 168; 182; 185; 186; 190; 193; 198; 212; 213; 214; 216; 264; 265
Ulin, R.C. 56
Umbruch 254; 257
Umfrageforschung 241; 243
Umwelt 147; 148; 149
Unger, J. 42; 44; 51; 52
ungerichteter Graph, s.a. gewöhnlicher Graph 176; 183
uniplex 33; 115; 116
unternehmerische Motivation 126
Ursache 259

Van de Geer, J.P. 209; 211
Variable, Variablenanalyse 93; 103; 107; 112; 151; 158; 204; 208; 211; 213; 214; 241
Verankerung 57; 67
Verband 46
Verbandsmodell 51
Verbandstheorie 45; 95
verbindungsbezogene Auswahl 243
verbotene Triade 119; 120
Verbundenheit 14; 17; 22; 33; 37; 73; 75; 77; 92; 93; 95; 106; 111; 115; 117; 120; 123; 124; 126; 136; 152; 155; 157; 159; 172; 179; 180; 181; 182; 186; 188; 190; 192; 194; 196; 202; 221; 223; 228; 230; 241; 243; 253

Index

Vererbung 37; 107; 159; 220; 232
Vergleich 14; 15; 38; 60; 66; 68; 102; 103; 104; 108; 127; 164; 173; 176; 184; 185; 189; 198; 201; 207; 212; 217; 253; 256
Vergleichbarkeit 246; 256
Verhalten 107; 175; 256; 260
Verkettung 44; 49; 164; 168; 244
Verstehen 59; 60; 63; 258
Verwandte, Verwandtschaft 14; 15; 45; 53; 73; 78; 80; 82; 83; 85; 89; 96; 104; 105; 108; 115; 125; 146; 157; 207; 213; 218; 229; 232; 242; 245; 247; 251
Verwandtschaftsnetz 219; 224; 225; 229; 231
Verwandtschaftsverhalten 219
Vielstimmigkeit 62
Visualisierung 76; 81; 82; 95; 96; 107; 172; 215; 264; 265
Vogt, F. 46
Völker, B. 54; 146; 247; 254
vollständiger Subgraph 191
Vollständigkeit 90; 141; 155; 179; 180; 192; 194; 202

Wagner, R. 62
Walker, M.E. 241
Wandel 16; 33; 36; 39; 40; 42; 43; 51; 137; 143; 146; 149; 152; 195; 258
Wasserman, S. 18; 19; 23; 37; 93; 113; 114; 135; 136; 157; 159; 168; 170; 175; 183; 191; 192; 194; 204; 211; 219; 241; 254; 255
Wassmann, J. 70

Weber, M. 60
Webster, C.M. 103; 142; 175; 235
Weede, E. 25
Weil, A. 219
Weiler 86; 87; 91; 93; 94; 95; 96; 100; 101; 102; 103; 104; 107; 135; 207; 215; 225; 227; 228; 229; 231; 232
Weller, S.C. 66; 68; 142; 209; 211; 216; 233; 236; 255
Wellman, B. 16; 18; 19; 24; 37; 62; 126; 137; 157; 241; 252; 255
Welsch, R.L. 211
Welsch, W. 62
Weltz, G. 252
Werner, O. 65; 140
White, C.A. 254
White, D.R. 17; 19; 24; 25; 35; 36; 37; 45; 46; 53; 85; 93; 107; 119; 147; 157; 158; 164; 165; 203; 205; 218; 220; 221; 223; 224; 225; 229; 232; 250; 254; 256; 261; 264
White, H.C. 17; 20; 96; 111; 112; 113; 130; 131; 132; 133; 134; 139; 169; 194; 195; 196; 219; 254
Whiting, J.W.M. 211
Wiessner, P. 71; 72; 73; 75; 76; 78; 171
Wille, R. 46
Wimmer, A. 19; 68; 70; 142
Wippler, R. 40
Wish, M. 209; 211; 216
wissenschaftliche Revolution 254
Wortley, S. 241; 252; 255

Yang, M.M. 63
Yogyakarta, Stadt in Mitteljava 84

Zeitbegriff 22; 82; 130; 143; 144; 145; 149; 256
Zeitbezug 144
Zelen, M. 93
Zensus 218; 223; 225
Zentralarchiv 25; 246
zentraler Akteur 80; 81
Zentralinstanz 202

Zentralisiertheit 37; 75; 77; 83; 93; 155; 172; 183; 184; 185; 186; 187; 188; 190
Zentralität 79; 129; 155; 183; 184; 185; 186; 187; 188; 189; 190; 201; 203
Zerbrechlichkeit 181; 202
Ziegler, R. 25; 149; 160; 202; 228; 255
Ziel 14; 39; 138; 149; 150
Zinacantan, Gemeinde in Mexiko 146
Zinkfabrik 116
Zufall 67; 78

ETHNOLOGISCHE PAPERBACKS

REIMER

Thomas Schweizer
Netzwerkanalyse
Ethnologische Perspektiven
VIII und 229 Seiten mit 15 Tabellen,
20 Grafiken und 2 Karten
Broschiert / ISBN 3-496-00969-1

Thomas Schweizer / Margarete Schweizer /
Waltraud Kokot (Hg.)
Handbuch der Ethnologie
664 Seiten. Broschiert / ISBN 3-496-00446-0
Leinen / ISBN 3-496 02508-5

Hans Fischer (Hg.)
Ethnologie
Einführung und Überblick
Dritte, verbesserte und erweiterte Auflage
463 Seiten. Broschiert / ISBN 3-496-00423-1

Wolfdietrich Schmied-Kowarzik /
Justin Stagl (Hg.)
Grundfragen der Ethnologie
Beiträge zur gegenwärtigen Theorie-Diskussion
Zweite, überarbeitete und erweiterte Auflage
XVI und 480 Seiten
Broschiert / ISBN 3-496-00432-0

Michel Panoff / Michel Perrin
Taschenwörterbuch der Ethnologie
Begriffe und Definitionen zur Einführung
Dritte, verbesserte und erweiterte Auflage
360 Seiten. Broschiert / ISBN 3-496-00163-1

Brigitta Hauser-Schäublin (Hg.)
Ethnologische Frauenforschung
333 Seiten mit 20 Abbildungen
Broschiert / ISBN 3-496-00492-4

REIMER

REIMER

ETHNOLOGISCHE PAPERBACKS

Waltraud Kokot / Dorle Dracklé (Hg.)
Ethnologie Europas
Grenzen · Konflikte · Identitäten
384 Seiten
Broschiert / ISBN 3-496-02608-1

Erwin Orywal / Aparna Rao /
Michael Bollig (Hg.)
Krieg und Kampf
Die Gewalt in unseren Köpfen
196 Seiten
Broschiert / ISBN 3-496-02585-9

Regina Bendix
Amerikanische Folkloristik
Eine Einführung
269 Seiten
Broschiert / ISBN 3-496-02565-4

Beatrix Pfleiderer / Katarina Greifeld /
Wolfgang Bichmann
Ritual und Heilung
Eine Einführung in die Ethnomedizin
Zweite, vollständig überarbeitete und erweiterte
Auflage des Werkes *Krankheit und Kultur*
268 Seiten
Broschiert / ISBN 3-496-02544-1

Rolf W. Brednich (Hg.)
Grundriß der Volkskunde
Einführung in die Forschungsfelder
der Europäischen Ethnologie
Zweite, überarbeitete und erweiterte Auflage
594 Seiten mit 5 Abbildungen
Broschiert / ISBN 3-496-02516-6

REIMER

ETHNOLOGISCHE PAPERBACKS

REIMER

Hans Fischer
Lehrbuch der Genealogischen Methode
222 Seiten mit 38 Abbildungen und 1 Falttafel
Broschiert / ISBN 3-496-02600-6

Hartmut Lang
Wissenschaftstheorie für die ethnologische Praxis
Zweite, vollständig überarbeitete und erweiterte Auflage. IX und 203 Seiten
Broschiert / ISBN 3-496-02545-X

Walter Hirschberg / Alfred Janata (Hg.)
Technologie und Ergologie in der Völkerkunde (1)
Unter Mitarbeit von Wilhelm P. Bauer
und Christian F. Feest
Zweite, verbesserte Auflage
322 Seiten mit 264 Abbildungen,
Namens- und Sachregister
Broschiert / ISBN 3-496-00123-2

Christian F. Feest / Alfred Janata (Hg.)
Technologie und Ergologie in der Völkerkunde (2)
290 Seiten mit zahlreichen Abbildungen, Sach-
verzeichnis und Glossar
Broschiert / ISBN 3-496-00127-5

Edmund Ballhaus / Beate Engelbrecht (Hg.)
Der ethnographische Film
Einführung in Methoden und Praxis
291 Seiten, Glossar
Broschiert / ISBN 3-496-02552-2

REIMER

REIMER

ETHNOLOGISCHE PAPERBACKS

Walter Hirschberg (Hg.)
Neues Wörterbuch der Völkerkunde
Redaktion Marianne Fries
536 Seiten mit über 1800 Stichwörtern
Broschiert / ISBN 3-496-00875-X
Leinen / ISBN 3-496-00876-8

Hans Fischer (Hg.)
Feldforschungen
Berichte zur Einführung in Probleme
und Methoden
310 Seiten mit 20 Abbildungen und 10 Karten
Broschiert / ISBN 3-496-00823-7

Hans Fischer (Hg.)
Wege zum Beruf
Möglichkeiten für Kultur-
und Sozialwissenschaftler
21 Berichte
250 Seiten
Broschiert / ISBN 3-496-00943-8

Peter Heine
**Ethnologie des Nahen
und Mittleren Ostens**
Eine Einführung
209 Seiten und 3 Karten
Broschiert / ISBN 3-496-00967-5

Thomas Bargatzky
Einführung in die Kulturökologie
Umwelt, Kultur, Gesellschaft
248 Seiten mit 20 Abbildungen, 2 Tabellen
und einer Karte
Broschiert / ISBN 3-496-00841-5

REIMER